高等院校经济学专业“十二五”规划教材

国际政治与经济

主　编　逯宇铎
副主编　刘锋　蔡莉　姜晓

对外经济贸易大学出版社
中国·北京

图书在版编目（CIP）数据

国际政治与经济／逯宇铎主编．—北京：对外经济贸易大学出版社，2014
高等院校经济学专业“十二五”规划教材
ISBN 978-7-5663-0991-4

Ⅰ.①国… Ⅱ.①逯… Ⅲ.①国际政治-高等学校-教材②国际经济学-高等学校-教材 Ⅳ.①D5②F11-0

中国版本图书馆 CIP 数据核字（2014）第 058758 号

国际政治与经济

逯宇铎 主编

责任编辑：郭华良 胡晓雪

对外经济贸易大学出版社

北京市朝阳区惠新东街 10 号 邮政编码：100029

邮购电话：010-64492338 发行部电话：010-64492342

网址：http://www.uibep.com E-mail：uibep@126.com

山东省沂南县汇丰印刷有限公司印装 新华书店北京发行所发行

成品尺寸：185mm×260mm 17 印张 392 千字

2014 年 4 月北京第 1 版 2014 年 4 月第 1 次印刷

ISBN 978-7-5663-0991-4

印数：0 001-2 000 册 定价：35.00 元

前言

我们正处于一个不断变化中的世界。在世界和平与发展的大背景下，国际政治格局在悄然发生着变化。随着新兴市场经济体的逐步崛起，传统以美欧等发达国家和地区主导的国际格局正在向多元化演进。进入21世纪之后，经济全球化程度进一步深化，新一轮多边贸易谈判的启动，欧元区的建立以及区域经济组织的迅速发展，加上美国次贷危机和欧洲主权债务危机都给世界经济的发展带来了新的变化。当代大学生除完成本专业课程的学习还应对国际政治与经济有一定的了解，掌握我们生活的这个国际社会中的国家与市场的关系，以及在经济全球化的过程中由各国之间的经济关系所导致的政治后果，掌握分析国家与市场之间的现实问题的方法和基本思路。这就是编写本教材的初衷所在。本书旨在用通俗易懂的语言全面阐释当代国际政治经济现状和发展趋势，作为通识课教材适用于各类高等院校不同专业的大学本科生使用。

《国际政治与经济》一书从国际关系的历史和理论出发，在阐述国际政治与国际经济体系形成演变的基础上，系统介绍了当今世界主要国家和地区的政治与经济，并从政治与经济的视角分析了国际贸易、国际投资和国际金融领域的热点问题。本教材由三部分十一章组成，内容循序渐进，形成了完整的国际政治与经济知识体系。

第一部分的内容是国际政治与经济的宏观分析。第一章介绍国际政治体系的形成与演变的基础知识，包含了国际政治的基本概念、雅尔塔体系、两极以及一超多极等国际政治体系。第二章侧重于介绍国际经济体系的形成与演变，即第二次世界大战后经济格局与经济全球化。第三章介绍世界贸易组织、国际货币基金组织、世界银行等主要国际经济组织。第四章介绍主要区域经济组织，如北美自由贸易区、欧盟、亚太经合组织等。

第二部分的内容是国际政治与经济的中观分析。第五章到第八章将分别分析世界主要经济体美国、日本、俄罗斯以及欧盟的政治与经济。

第三部分的内容是国际政治与经济的微观分析。第九章是国际贸易政治经济分析，第十章是国际投资政治经济分析，第十一章是国际金融政治经济分析，主要围绕国际收支、汇率、金融风险等方面展开详细的分析。

参加本书编著工作的有：大连理工大学国际贸易研究所所长、博士生导师逯宇铎教授，以及博士研究生、硕士研究生刘锋同学、蔡莉同学和姜晓同学。本书由逯宇铎撰写大纲及统稿并对文稿负责。

感谢大连理工大学教材出版基金（JC201303、JGXM201221）给予的支持。

本书参阅了一些国内外本专业领域经典专著及教材，主要参考文献在书后一一列明，特致谢意。

当然由于国际政治与经济的综合性和实践性都比较强，而且处于不断的发展变化中，囿于作者知识水平有限，书中难免有不当和错讹之处，敬请诸位同仁及读者批评指正。

国际贸易研究所所长　逯宇铎　教授

2013年10月　于大连理工大学科技园

目　　录

第三部分　国际政治与经济微观分析

第一部分

国际政治与经济宏观分析

第一章

国际政治体系的形成与演变

第一节　国际关系的基本概念

一、国家主权

1. 国家特征

作为国家必须具备以下四个基本特征：有定居的人民、有固定的领土、拥有一定形式的政府和拥有主权。

2. 国家主权

主权是一个国家独立自主地处理内外事务的最高权力。国家主权是民族国家最重要的特征和最根本的属性，所以民族国家也被称为主权国家。

主权是国家的最高权力，具有永久性、普遍性、不可分割与不可让与的特征。国家主权不受侵犯是公认的国际关系基本准则。

国家主权具有对内和对外双重属性，即对内主权和对外主权。在对内方面，国家主权表现为对本国一切内政事务具有排他性的最高统治权，即在本国内部不得有外部的权威凌驾于本国权力之上。国家的对外主权是国家主权在国际关系中总的体现，它表现为国家在国际关系中的独立权、平等权以及军事上的自卫权。

权力的边界是权利，主权的边界就是他国的主权。

在新的历史条件下，主权不可侵犯的原则开始受到人们的质疑和挑战，主要来自于以下几个方面：来自全球化的挑战，来自区域一体化的挑战，来自霸权主义的挑战。

二、国家利益

1. 国家利益的含义和意义

马克思主义认为，人们奋斗所争取的一切，都同他们的利益相关。这些利益，都以经济利益，即物质利益为基础，对这些利益的追求，满足人们生存和发展的需要，成为人们活动的动因。国家利益这个概念在汉语的表达中有双重含义。一个是指国内政治意义上的国家利益，即政府所代表的全国性利益；另一个含义是指国际政治领域中的国家利益，即民族国家利益。

2. 国家利益的构成

按其重要程度，国家利益分为主要利益和次要利益；按时效来说，国家利益可分为长远利益和近期利益；就其空间范围来说，国家利益分为国内利益和国外利益；就其属性来说，它可分为阶级利益、民族利益和人类共同利益。

国家利益的核心利益主要有安全利益、发展利益和政治利益。

（1）国家的安全利益，即国家的生存利益。安全利益是国家利益中最基本也是最重要的利益。

（2）国家的发展利益，又称经济利益。发展利益表现为追求国家的经济发展和繁荣，人民福利水平的提高。在对外关系中对经济利益的追求，表现为维护本国的经济主权，保障本国经济发展必需的原材料和能源，从而推动本国经济的健康发展，实现国强民富。

（3）国家的政治利益。国家的政治利益一方面表现为国家要维护本国的政治、经济和社会制度，维护本国统治阶级意识形态的正统性；另一方面表现为追求国际权力，即国际地位和国际影响力。

国家的安全利益、经济利益和政治利益是相互联系、相互影响的有机整体。

三、国家力量

国家力量，又称国家实力，因其是各种要素的综合，所以今天又被经常称为综合国力。它既包括已有实力，也包含潜力及其转化为实力的机制。

1. 国家力量的构成

国家力量可分为两大类：一类是物质力量，或称为硬实力；另一类是非物质力量即精神力量，或称为软实力。

（1）国家的物质力量

国家的物质力量包括以下六个方面：人口、领土、自然资源、经济力量、科技力量、军事实力。

（2）非物质国家力量

非物质国家力量主要指非物质层面的国家力量，主要包括：社会凝聚力、政治体制及其政府运转的效率、国家战略目标的合理性与正确性、意识形态和文化因素。意识形态和文化的扩张是最有效最廉价的扩张本国影响力的途径。

国家实力是质与量的统一，精神因素和物质因素的统一。

2. 国家力量的评价

一个国家只有对自身和其他国家的实力有一个正确的估计，才能制定出切实可行的国家利益目标和相应的对外政策。

美国乔治敦大学克莱因教授 1975 年提出了评价国家力量的公式，即克莱因方程式：

$$Pp = (C + E + M) \times (S + W)$$

式中：Pp代表权力；C代表基本整体，人口与领土各占一半；E代表经济实力；M代表军事实力；S代表国家的战略意图；W代表贯彻国家战略意图的意志。

四、国际合作

1. 国际合作的含义及其原因

国际合作是指国际关系行为主体全面或局部的协调、联合等协力行为，是一种相互适应，也是基于各行为主体在一定领域和范围内利益或目标的基本一致或部分一致。

2. 国际合作的发展

国际合作的依据和动力是国家利益。它既可以是两国间的双边合作，也可以是地区性或全球性的多边合作；既可以是彼此间的默契，也可以是经常性的对话与协商；既可以是通过条约或协定，也可以借助于常设机构的国际组织。

第二次世界大战以后，以多边国际条约和国际组织为主要内容的国际合作体制发展非常迅速，几乎涵盖了国际社会的所有领域，在全球性事务和各个领域的专门性事务中发挥着不可缺少的作用。比如在经济领域，有世界贸易组织、国际货币基金组织和世界银行等全球性的国际组织，也有许多区域性的经济组织，如欧盟、北美自由贸易区、亚太经合组织和东盟等。

第二节　西方国际关系理论

一、理想主义

20世纪20年代，美国总统威尔逊是这类思想家的代表，他提出了一系列理论和主张，谋求建立一种和平稳定的国际秩序，以避免战争，实现和平。这些思想和理论开创了现代意义的国际关系理论，后人称之为国际关系理论的理想主义学派。理想主义学派主要有以下几方面的观点：第一，人类的本性是善良的，战争不是人性的产物，而是环境的产物。第二，倡导国际主义，强调国家之间的利益是可以协调的。第三，建立国际组织，开展国际合作，保障集体安全。第四，提倡国际道德，确保世界和平。总之，倡导国际主义，建立国际组织和国际法，弘扬国际道德，成为理想主义的主要思想。

二、现实主义

1939年，英国学者爱德华·卡尔发表了《20年危机（1919—1939）：国际关系研究导论》一书，提出权力是政治活动的主要因素。这标志着现实主义学派的兴起。汉斯·摩根索于1948年出版的《国家间政治：为权力与和平而斗争》提出了著名的现实主义六原则。摩根索也成为现实主义的最著名的代表人物。

政治现实主义六原则：（1）现实主义认为，像社会的一般现象一样，政治受到根植于人性的法则的支配。（2）用权力界定利益之概念，是帮助现实主义找到穿越国际政治领域的途径之界标。（3）现实主义认为，被界定为权力的利益这一概念是普遍适用的客观范畴，但是，它并不赋予这个概念一个永久固定的含义。（4）现实主义明白政治行动的道德意义，它也清楚在道德要求和政治行动成功的条件之间存在着不可避免的冲突，现实主义坚持认为，普遍的道义原则在抽象的普遍形式下，是无法适用于国家行为的，必须把道义原则渗透到具体时间和地点的环境中加以贯彻。（5）政治现实主义拒绝把特定国家的道义原则与普天下适用的道义原则等同起来。（6）现实主义和其他学派之间的差异是真实的、深刻的。

以摩根索为代表的现实主义国际关系理论，其主要内容是三论：国际冲突论、国家利益论和权力政治论。首先，现实主义认为人性是自私的，国际作为人的集合体其本性自然是自私的，会千方百计地追求自身利益。这一点决定了冲突与斗争是国际关系中最基本的特征。其次，现实主义非常重视国家利益在国家政治中的作用。国际道德和国际法既不能作为衡量一个国家外交政策的标准，也无法约束一个国家的对外行为。最后，现实主义必须按照权力来界定国家利益。国家之间的关系是一种权力关系，国际政治的实质是权力政治。国家在国际关系中的地位主要由国家在国际政治中的权力地位来决定，而国家权力主要来自于国家的实力。现实主义理论特别强调权力，即实力在国际政治中的作用，所以它又被称为权力政治理论。

三、新现实主义

新现实主义学派最重要的代表人物是肯尼斯·华尔兹，其代表作是1979年出版的《国际政治理论》。

新现实主义学派坚持国家主权、权力政治、国家利益、国际冲突以及无政府状态等传统现实主义的概念和范畴。

新现实主义对传统现实主义的修正和发展主要体现在以下几个方面：

1. 新现实主义摒弃了古典主义的人性决定论。华尔兹提出国际政治体系的结构决定了国家的行为，他的理论又称为“结构现实主义”。

2. 新现实主义强调了国际经济关系的作用。

3. 新现实主义重视国际合作关系。

4. 新现实主义强调权力本身不是目的，而是实现国家目标的有用手段。传统现实主义则将权力首先看作军事实力，而新现实主义则认为权力应是国家的“综合实力”。

四、新自由主义

20 世纪 70 年代初布雷顿森林体系的瓦解、世界性石油危机的爆发造成了国际关系局势的动荡。一些学者认为必须从全球和超国家的研究范式来对这些现象作出回答，于是新自由主义应运而生。

新自由主义继承了传统的自由主义思想，例如重商主义（强调自由贸易）、民主自由主义（强调民主政治）、调节性自由主义（强调国家间关系的规则和机构的重要性）、社会自由主义（强调跨国利益和联系在国际社会中的重要性）；又深受以威尔逊为代表的理想主义学派的影响，注重跨国关系，主张建立国际制度和国际机构来管理世界事务。

新自由主义的代表人物是罗伯特·基欧汉和约瑟夫·奈。他们的代表作是两人合著的《跨国关系与世界政治》和《权力与相互依赖》。他们认为国家间存在着一种利益的和谐，合作对于所有的国家来说是互利的，不仅有利于经济利益，而且有利于国家安全。

新现实主义和新自由主义的比较：

1. 新现实主义主张以国家为中心；新自由主义则主张以全球相互依存为中心。

2. 新现实主义强调的是系统的“结构层次”的分析；而新自由主义则注重系统的“过程层次”的分析。

3. 新现实主义将权力作为国家的目的和手段；新自由主义认为权力不再是国家行为的唯一目标，全球相互依存、经济技术合作正在逐渐占据国际关系的主导地位。

4. 新现实主义强调国家间的利益冲突；新自由主义则注重国家间的利益的一致性与协调性。

5. 新现实主义认为国际体制只是大国谋取自己利益的工具；而新自由主义认为国际体制一旦形成就独立运行。

一般认为，在主权、安全等高级政治领域，新现实主义相对而言更有说服力，而在经贸、金融和环境等领域，新自由主义的分析更令人信服。

五、建构主义

1999 年建构主义的代表人物亚历山大·温特发表了《国际政治的社会理论》一书，全面系统地提出了建构主义国际关系理论体系，从此建构主义成为与目前两大流派并列的国际关系理论第三大流派。

建构主义有两个重要原则：一是反理性主义原则；二是反物质主义原则。

建构主义的结构包含三个主要因素：共有知识、物质性因素、社会结构。

第三节 近代国际关系的发展

国际关系是历史发展到一定阶段的产物，早期的国际关系表现为以下几个特点：交往发生的偶然性，交往范围的区域局限性，交往内容和途径的有限性，以及交往规则的幼稚性。真正的国际关系产生于17世纪的欧洲。

一、威斯特伐利亚体系

近代意义上的国际关系是从威斯特伐利亚和会开始的。1618—1648年，由于欧洲天主教与新教之间的宗教矛盾、德意志内部神圣罗马帝国皇帝与各诸侯邦之间的矛盾、诸邻国争夺地区霸权的矛盾，以及封建王朝同新兴资产阶级的矛盾，导致欧洲近代史上第一次大规模的战争。后人称为“三十年战争”。

威斯特伐利亚和会及其条约是近代国际关系的开端，具有深远的影响：它开创了以国际会议形式解决国际争端和结束国际战争的先例；破除了罗马教皇神权统治体系的世界主权论，在欧洲出现了一批拥有主权的国家；缔约国在实践中接受了一些国际关系准则，如领土主权、主权平等等原则；它创立了条约必须得到遵守、对违约国可实施集体制裁的案例。

二、维也纳体系

18世纪末，随着资产阶级革命的胜利以及工业革命的发展，英国逐渐成为头号海上强国，在世界各地进行大规模的殖民扩张，最终建成了号称“日不落”的大英帝国。法国经过多年征战，势力越来越大，渴望成为整个欧洲大陆的霸王。在拿破仑统治时期，法国发动了大规模的战争，征服了许多欧洲的国家。法国在欧洲大陆的称霸对英国产生了严重的威胁。之后英国组织了多次反法同盟，打败了拿破仑帝国，恢复了欧洲的均势。

拿破仑战争结束后，1815年，在奥地利首都维也纳召开了国际会议，即维也纳会议，是国际关系史上的又一重要会议。维也纳与会国最终签订了《维也纳会议最终议定书》，维也纳会议形成的英、法、普、奥、俄五强并立、相互制约的维也纳体系，开创了欧洲历史上长达65年的和平局面。

维也纳会议后的《神圣同盟条约》、《四国同盟条约》构成了所谓“欧洲协议”体制，它是欧洲大国为维护欧洲的均势，反对资产阶级革命而进行的经常性的协调机制，开创了多边外交的先河。这一协调机制存在了将近一百年，后来的联合国安理会的运作机制就明显带有“欧洲协调”的痕迹。

维也纳体系维持了欧洲相当长的和平时期，但随着欧洲列强实力发展的不平衡，多极均衡格局最终还是被破坏，从而引发了新的更大规模的战争，后来的德奥和英法俄的两大军事集团的成立，宣告了维也纳体系下英、法、普、奥、俄五国均势格局的终结。

为了防止可能到来的欧洲战争，在沙皇俄国的提议下，1899 年 5 月至 7 月，第一次世界规模的和平会议在荷兰海牙召开，英美俄法德日中等 26 个国家参加了此次会议。1907 年 6 月至 10 月，第一次会议的与会国和中南美洲国家共 44 个国家在海牙举行了第二次国际和平会议。两次海牙会议是第一次在和平的环境下召开的重大外交会议，对于后来的国际法和国际组织的发展产生了重要影响。

三、凡尔赛－华盛顿体系

19 世纪末和 20 世纪初，帝国主义列强之间争夺殖民地和势力范围的斗争愈演愈烈，在欧洲形成了德奥和英法俄两大帝国主义军事集团的对抗，最终演变成了第一次世界大战。

1917 年，奥匈帝国皇太子在萨拉热窝被刺成为这次世界大战的导火索，此后两大同盟国与协约国先后相互宣战，美国也在 1917 年 4 月对德宣战。1917 年 11 月，俄国发生了十月革命，列宁宣布俄国退出帝国主义战争并呼吁交战国停战，签订不割地不赔款条约。从此，社会主义国家与资本主义国家之间的斗争构成了 20 世纪国际关系的重要内容。1918 年 11 月，德国宣告投降，一战结束。

1919 年 1 月，战胜国在巴黎召开国际和会，美国总统、英国首相、法国总理成了巴黎和会的操纵者。列强于 1919 年 6 月在凡尔赛宫签订了《凡尔赛条约》。在巴黎和会上还有一个重要议题，即建立国际联盟，国际联盟于 1920 年宣告成立，总部在日内瓦。国际联盟是人类历史上第一个全球性的国际政治组织。巴黎和会上签订的《凡尔赛条约》、《国际联盟盟约》及其后签订的各项合约，构成了一战后列强在欧洲、西亚、非洲建立起来的新秩序，即凡尔赛体系。

凡尔赛体系由于未能获得美国国会的批准，刚刚建立就面临巨大的缺陷。1921 年 11 月在美国华盛顿召开了限制军备、远东及太平洋会议，美英法日签订了《四国条约》，美英法日意签订了《五国条约》，会议上还签订了《九国条约》。华盛顿会议于 1922 年 3 月闭会。会上签订的条约、通过的决议和发表的声明，通称为华盛顿体系。

在第一次世界大战结束 20 年后，德意日三个法西斯国家结成了法西斯阵营，挑起了第二次世界大战。

四、雅尔塔体系

第二次世界大战以法西斯的失败而告终。在战争期间，美苏英在以雅尔塔会议为代表的一系列会议上，就战后利益的分配及维护战后秩序等问题达成了一系列协约，形成了雅尔塔体系。雅尔塔体系的另一个重要内容就是建立联合国。

1941 年 8 月，美国总统罗斯福和英国首相丘吉尔签署了《太平洋宪章》，提出了建立“广泛而永久的普遍安全制度”；1943 年 10 月，美英苏中四大国代表在莫斯科会议上共同发表了《莫斯科普遍安全宣言》；1944 年 8 至 10 月，美苏英中在敦巴顿橡树园召开会议，提出了《关于建立普遍性国际组织的建议案》；

1945 年 4 月召开了“联合国家国际组织会议”，6 月与会代表一致通过了《联合国宪章》，1945 年 10 月 24 日，联合国宪章正式生效，联合国宣告成立。

联合国的宗旨是：维护国际安全，发展各国友好关系，促进国际合作，协调各国行动。

宪章规定联合国本身及其成员国在国际关系中应遵循的原则是：成员国主权平等，履行宪章义务，和平解决国际争端，禁止武力威胁或使用武力，集体协助，确保会员遵循宪章原则，不干涉内政等。

联合国设立了六个主要机构：联合国大会、安全理事会、经社理事会、托管理事会、国际法院、秘书处等。联合国将维护世界和平与安全的权力和责任授予了安理会，并在安理会中确立了“大国一致原则”，赋予了美英苏法中五个安理会常任理事国以“世界警察”地位。联合国是真正意义上的全球性国际组织，是国际关系发展进程中的一个高峰，是人类社会的历史性进步。

从 1648 年开始的国际关系史，是欧美国家相互争权夺利的争霸史。面对核战争的恐怖前景，面对经济国际化和全球化，人类社会具有了越来越多的共同利益。在 20 世纪的最后阶段，世界主要国家终于结束了彼此间的冷战，虽然在当今及今后的国际关系中仍然会不乏强权政治和霸权主义，但毕竟谋和平求发展已是时代的主旋律，国际关系的民主化已是大势所趋。

第四节　战后两极格局的形成与发展

一、国际政治格局的含义

国际政治格局指国际舞台上主要政治力量（大国或大国集团）从自身利益出发，相互作用、相互制约所形成的一种相对稳定的结构状态。国际政治格局是一定时期国际关系的集中反映，它对各国之间的关系具有普遍的制约作用，决定着国际社会竞争与合作、摩擦与协调的形式与趋势。国际格局是国际关系中的核心问题，也是研究国际问题的起点。国际格局是一个国家生存和发展的基本外部环境，是国家正确估价其在国际社会中的地位和作用的基本依据。

影响当代世界政治发展的重要因素包括：

1. 当代世界政治行为主体

当代世界政治的行为主体可以分为三类：主权国家、政府间国际组织和非政府间国际组织。主权国家是最基本、最重要、最活跃的国际行为主体，也是政府间组织建立、活动和发展的基础。政府间国际组织，是以主权国家为成员，以各国合法政府为代表进行组织和活动。它们在协调国家间关系，解决国际和地区矛盾与冲突中发挥着至关重要的作用。进入 21 世纪，国际政治行为主体日益多元化。不仅非政府间国际组织，包括国际政党组织、国际范围的政治运动等，成为公认的国际政治行为主体，而且国际经济组织、跨国公司乃至个人等也被一些学者视为国际政治行为主体。

2. 影响国际政治发展的因素

当代国际政治发展是多元行为主体相互联系、相互矛盾、相互作用、对立统一的结果。影响其发展的因素错综复杂，有主要因素也有次要因素，有持久因素也有临时因素。概括起来这些因素是：

（1）国家利益。利益关系是当代世界政治中影响各个国际政治行为主体行为的最根本要素。

（2）国家实力。各国的实力大小不一样，捍卫和谋求自身利益的方法、手段也不一样，从而对世界政治产生不同的影响。

（3）国家战略。各国战略特别是大国的国际战略的确立和实施，对世界政治产生最直接、最重要的影响。

（4）国家关系。国家间关系，特别是大国间关系，一直制约着世界政治的发展。

（5）国际组织。国际组织包括政府间国际组织和非政府间国际组织，尤其是联合国，在协调各国关系、缓和国际矛盾、解决国际争端、调节国际冲突、维护和促进世界发展稳定方面发挥着重要作用。

（6）国际事件。重大国际事件尤其是各类战争的爆发、结束及其为此而召开的国际会议、达成的协议或条约，往往成为世界政治发展的转折点。

（7）世界经济。冷战结束后，随着经济全球化的深入发展和新科技革命的日新月异，经济因素对世界政治的影响越来越大。

二、两极格局的形成

第二次世界大战后期，随着第二次世界大战结局的明朗，新的世界政治格局也在酝酿之中，美、英、苏三国在新的世界政治格局的形成中起着决定性的作用。

1945 年 2 月 4 日至 11 日，苏、美、英三国领导人斯大林、罗斯福和丘吉尔在雅尔塔举行战时的第二次首脑会议。会议的宗旨是划分势力范围，商讨战后大国合作和维护世界秩序问题。正是这次“三巨头”会议，形成了雅尔塔体系。联合国的建立既是雅尔塔协议的一项重要内容，也是各国合作的一个重要标志。

所谓雅尔塔体系（或称雅尔塔体制），就是美、苏、英三大国首脑主要通过 1943 年德黑兰会议、1945 年雅尔塔会议、波茨坦会议所确定的战后世界秩序和政治格局的基本蓝图，其实质是大国划分势力范围。战后两极格局基本是在雅尔塔体系的基础上形成的。雅尔塔体系具有一定的积极意义，它加速了反法西斯战争的胜利，表明不同社会制度的国家可以实现合作、和平相处。但它明显具有大国霸权主义和强权政治色彩，对战后世界政治的发展产生了深远的消极影响。以美苏为首的两大阵营在政治上相互对立，经济上相互隔绝，军事上相互对峙，意识形态上相互对抗，形成了所谓“冷战体制”。雅尔塔体系对战后世界格局有很大的影响。

1946 年 3 月 5 日，丘吉尔的“铁幕演说”揭开了“冷战”的序幕。1950 年至 1953 年的朝鲜战争，1950 年美军进驻中国台湾，封锁台湾海峡，以及 1954 年取得胜利的越南人民抗法战争，实际上是战后两大阵营间的军事较量，虽然未引发两大阵营的全面热战和世界大战，但明显加剧了它们之间的军事对抗。从 1950 年至 1954 年，美国在亚洲建立了一个针对社会主义国家的军事体系。1955 年 5 月 5 日，联邦德国正式加入北约。这样，以美国为主的军事同盟就在欧洲和亚洲分别形成了对社会主义国家的包围圈，并包括了德、日两个原法西斯国家。在这种情况下，苏、波、捷、匈、保、罗、阿和民主德国于 1955 年 5 月 14 日签订《华沙条约》，正式结成政治军事同盟，即华沙条约组织（简称华约）。

至此，在欧洲就形成了北约与华约两大军事集团的对立，在全球就出现了美国阵营和苏联阵营全面对抗的局面，世界政治形成两极格局。两极格局是以美苏为中心，以两大集团、两大阵营全面对抗为特点的格局。政治上表现为两面旗帜的斗争；经济上表现为封锁与反封锁的斗争；军事上表现为全面“冷战”和局部的侵略与反侵略战争；意识形态上表现为“和平演变”与“反和平演变”的斗争。二战期间美苏两大国之间的合作关系逐渐演变为战后长时间的对抗关系，导致两极格局的出现，形成了二战之后以美国为首的资本主义阵营和以苏联为首的社会主义阵营对峙格局。而后，由于东欧的剧变和苏联的解体，旧的两极格局彻底解体。

三、两极格局的演变

1. 20 世纪 60 年代国际力量的分化与改组

（1）由于经济政治发展不平衡规律，导致帝国主义阵营内部发生分化，美、日、欧三足鼎立。

（2）苏联推行霸权主义政策，导致社会主义阵营解体。1956 年波兹兰事件和匈牙利事件，中苏两个社会主义大国关系的彻底破裂，标志着社会主义阵营的完全解体。民族独立国家的大批涌现，第三世界的崛起，推动了世界格局的变化。1955 年 4 月，亚非万隆会议召开，成为第三世界兴起的一个里程碑，随后的不结盟运动和“77 国集团”在支持和巩固发展中国家民族独立和经济发展、维护成员国权益等方面发挥了重要作用，发展中国家逐渐成为国际社会的重要力量。

2. 20 世纪 70 年代美苏的激烈争霸与多种力量的迅速增长

从 20 世纪 50 年代中期至 60 年代末期，世界政治在两极格局的大框架下，出现动荡、分化和改组。这一时期，影响世界政治发展的重大事件有：1956 年的苏共二十大和波匈事件；60 年代的中苏论战、国际共运分裂、社会主义阵营瓦解；1961 年民主德国筑起柏林墙；1962 年的古巴导弹危机；1965 年美国扩大对越战争，局部战争开始；1964 年中法建交、1966 年法国退出北约的军事一体化机构；1956 年和 1967 年的第二次、第三次中东战争；1955 年的亚非会议；1961 年的不结盟国家第一次首脑会议；1964 年七十七国集团成立等。

3. 20 世纪七八十年代两极格局的松动与瓦解

（1）美苏争夺世界霸权

20 世纪 70 年代初至 80 年代末期，世界政治格局的突出变化就是从两极逐步向多极化转变。

从 70 年代到 80 年代中期，两个超级大国激烈争夺世界霸权，攻守的态势互有转换。70 年代苏联咄咄逼人，美国处于守势；80 年代美国采取了攻势，苏联则处于守势。

苏联 1985 年主动提出与美国进行谈判，美国立即表示同意。从此，美苏关系出现缓和趋势。

（2）多种力量快速发展

伴随着实力增强，西欧进一步走向联合。日本经济实力迅速增强，提出“多边自主外交”，谋求“国际国家”地位。中国在国际舞台上发挥着独特的、越来越大的作用。发展中国家成为世界政治中的一支重要力量。

四、当今国际政治格局及其特点

20 世纪 80 年代之后，美苏两个超级大国的对抗走向缓和。到 1991 年，苏联全面解体，东欧剧变，两德统一，标志着两极格局终结。

1. 两极格局解体

进入 20 世纪 80 年代，苏联东欧各国经济发展遇到困难，同西方国家差距拉大。为了克服困难，振兴经济，它们都在不同程度上进行了改革或调整。戈尔巴乔夫奉行民主社会主义，照搬西方民主模式，搞政治多元化。结果不仅搞乱了苏联，也引起东欧的动荡。80 年代末 90 年代初，东欧各国先后发生剧变。

1991 年 12 月 7 日，俄罗斯、乌克兰、白俄罗斯签署了独立国家联合体协议，12 月 26 日宣布苏联解体。苏联解体标志着持续近 50 年的“雅尔塔体系”终结，两极格局瓦解。

20 世纪 90 年代以来，世界政治行为主体特别是大国之间的力量对比和相互关系已成为决定当今世界政治格局的两个最核心因素。从力量对比来看，世界出现“一超多强”的态势。然而，影响甚至决定世界政治格局的，除了力量对比因素，更重要的是相互关系因素。国家间的相互关系，特别是大国关系，在很大程度上决定当今的世界政治格局。随着经济全球化和国际关系民主化的深入发展，世界政治行为主体之间通过彼此的对话合作而不是对抗来共同解决面临的问题，化解矛盾与冲突，形成相互依赖、共同发展的态势。

当今世界政治格局多极化中的“极”，主要是指全球或地区中具有广泛而强大的吸引力、影响力、作用力和协调功能的中心，即重要国际关系行为主体。世界政治格局由两极转向多极，不仅是“极”的数量的增加，更重要的是格局的特点和“极”的内涵出现如下一些变化，吸引力、影响力、作用力和协调功能取代两“极”的控制力和支配力成为多极化中的“极”的主要内涵。我们主张世界政治格局朝多极化发展，并不是要形成多个类似原美、苏那样的超级军事强国和北约、华约那样的新的军事政治集团。同时，多极化与美国力图建立的单极世界，在内涵上也有本质区别，多极化是要建立一种反对霸权主义的公正合理的国际政治新秩序。

2. 两极格局解体的原因

（1）东欧剧变、苏联解体，社会主义国家与西方国家之间两种政治制度的对立、两种思想体系的斗争缓和。

（2）华沙条约组织和经互会已经宣告解散，欧洲两大军事和经济集团的对立不复存在。

（3）两德统一，苏军宣布从德国东部撤军。“雅尔塔体系”的原始宗旨之一，就是确定对法西斯德国的分区占领。德国既然统一，“雅尔塔体系”自然宣告终结。

（4）俄罗斯尽管继承了苏联的主要财富和在联合国的地位，但其实力已今非昔比，且内外交困，再不可能作为一个超级大国同美国争夺世界霸权了。

3. 当今国际政治发展的基本特点

（1）维护和平和促进发展是不可阻挡的历史趋势

经济全球化趋势的发展，给世界的和平与发展带来机遇和有利条件，反对和制止战争的力量在不断增强，同时世界多极化趋势有利于世界的和平与稳定。

（2）世界多极化趋势在曲折中发展

多极化是世界政治格局发展的趋势而非定势。多极化正朝着牵制美国、反对美国霸权主义和强权政治的方向发展。多极化趋势错综复杂，发展进程不会一帆风顺。美国的单边主义和霸权主义受到多方面的挑战，各国经济发展不平衡，世界各种力量出现新的分化组合，世界发展呈现多样性，联合国等国际组织在国际事务中仍发挥着重要作用。

（3）大国关系进行深刻调整

冷战结束后，大国关系进行了重大调整并继续进行深刻的调整。大国关系的调整与改善，有利于和平与发展。朝多元化、建立和平稳定外部环境的方向发展，探索与构筑新型“伙伴关系”或建设性关系，各国元首通过直接的沟通与交流，克服障碍，发展国家间关系。

（4）以联合国为主的全球性、区域性组织的作用不断加强

冷战结束后，随着世界政治格局多极化趋势的发展，联合国的作用不断加强。在维护世界和平和地区稳定方面，联合国发挥了冷战时期所未曾发挥过的作用。在核军控和核裁军方面，联合国也作出了积极有益的贡献。在促进经济和社会发展、保护生态环境方面，联合国也做了大量工作，成为各国、各地区的协调中心。联合国在解决国际争端方面也发挥了重要作用。

（5）经济因素增强，经济与政治的互动对世界政治的影响日益增大

当今世界政治的特点之一是经济因素增强，经济与政治互动，对世界政治的

影响越来越大，成为决定国际关系发展的首要因素。其原因就在于：首先，科技革命、经济发展直接导致各国综合国力的变化，从而影响到世界政治的发展。其次，经济全球化使各国争夺资源的斗争加剧，甚至导致地区的政治、军事冲突。最后，国家的经济利益往往成为国家关系发展的主导因素，制约着政治制度与意识形态的对抗，使它们的关系一般不致脱离和平与发展这一主潮流。

五、当今国际政治面临的主要问题

1. 新干涉主义盛行

西方大国任意干涉别国内政，其借口从国家利益、国家安全、“人权”到民族问题无所不包，其手段更是从经济制裁到直接出兵干涉，无所不用。干涉的范围也包含政治、经济、文化多个领域。它们鼓吹“人权高于主权”，利用它们所控制的军事集团或政治军事同盟，绕开联合国，任意干涉他国内政，直至对一个主权国家进行直接军事打击，推翻该国的合法政府。

2. 传统安全威胁和非传统安全威胁相互交织，恐怖主义危害上升

传统安全威胁，从行为主体看主要是来自其他国家；从行为方式看主要指其他国家军队实施的武装入侵或针对国家政权组织实施的颠覆活动。非传统安全威胁，从行为主体看出现多元化的趋势，涉及非政府组织、国际运动、国际思潮乃至个人；从行为方式看出现多样化的现象，已从传统的军事威胁扩大到恐怖袭击、破坏信息及其他公共实施，制造民族分裂、宗教冲突和社会动乱，特别是恐怖主义手段；从威胁的对象来看，不仅危害发达国家和地区，而且危害发展中国家和地区。当前，国际社会不同程度上受到国际恐怖主义、民族分裂主义和宗教极端势力的威胁，其中恐怖主义尤其值得关注和警惕。

恐怖主义是对世界和平与发展以及各国安全的直接威胁。恐怖主义的主要特点是：使用爆炸、袭击、投毒、暗杀、劫机、绑架人质等暴力手段或以暴力相威胁，以达到某种政治目的，这是它与一般以经济利益为目标的绑匪、劫匪的区别；采取密谋的方式，其袭击目标既对准政府也对准平民。恐怖主义的形式包括国内恐怖主义、国家恐怖主义和国际恐怖主义。当前威胁最大的是国际恐怖主义。中国也是恐怖主义的受害者，坚决反对各种形式的恐怖主义。中国也曾遭到“东突”等民族分裂主义、宗教极端势力的恐怖袭击。反恐要加强国际合作，坚持防范和打击的相互结合，努力消除产生恐怖主义的根源。

本章小结

理解国际政治格局的含义，了解战后国际政治格局的演进历程。能够解释两极格局解体的原因，并对当今国际政治面临的主要问题有所把握，认识到当今世

界和平发展的历史潮流。

关键词

雅尔塔体系　现实主义　国家主权　国家利益　两极格局

思考题

1. 近代国际关系的发展历程主要分为几个阶段？
2. 西方国际关系的主要理论流派有哪些？
3. 战后世界政治格局是怎样发展演变的？
4. 当今世界政治面临哪些主要问题？
5. 冷战后国际形势的重大变化为什么突出表现在世界多极化趋势的进一步发展？

第二章

国际经济体系的形成与演变

全球经济体系指世界各国、各地区通过密切的经济交往和国际经济协调，在经济上相互联系和依存、相互渗透和扩张、相互竞争和制约已发展到了很高的程度，形成了世界经济从资源配置、生产到流通和消费的多层次和多形式的交织和融合，使全球经济形成一个不可分割的有机整体。相对于原有的世界经济格局，这种经济发展态势、发展进程、发展趋势的集合称之为全球经济体系。

第一节　世界经济形成的基础

一、国际分工

国际分工是世界各国和地区之间相互依赖的专业化劳动分工，是社会分工的延伸与发展。国际分工不同于社会分工。社会分工是社会生产各部门之间的分工，最早出现于原始社会时期，并存在于其他社会经济形态之中。随着国际贸易的扩展，社会分工逐渐形成趋于外向型的发展格局，并且进一步在国际市场上发挥作用，演变成为国际分工。

1. 国际分工的形成原因

从资本主义发展历史看，国际分工形成阶段的起点是 18 世纪 60 年代爆发的以蒸汽机的发明为标志的第一次科技革命。在这次革命中，以英国为首的欧美发达国家从手工工具时代过渡到大机器时代，使社会生产力和生产规模得到了空前的发展，由此为国际分工的发展奠定了坚实的物质基础。国际分工的发展阶段是 19 世纪 70 年代到第二次世界大战结束。在此期间爆发了以电力和内燃机的广泛应用为标志的第二次科技革命，推动了社会生产力的飞速发展，资本主义从自由竞争过渡到垄断竞争，统一的资本主义世界经济体系最终形成，也形成了一个由一组西方发达国家为中心的资本主义国际分工体系。国际分工形成的原因在于：

一是自然条件的差异，如以各国资源、气候、地理位置、国土面积等的差异为基础的分工。由于各国的自然条件基本不会发生太大变化，所以建立在该基础上的国际分工是比较稳定的。

二是社会经济技术条件所形成的差异。每个国家经济技术条件不同，例如发达国家在资金和技术上具有优势，大多数发展中国家在劳动力资源方面具有优势，从而形成分工。

三是社会生产力水平的提高。社会生产力是国际分工形成与发展的决定因素。各国生产力的发展水平决定了其在国际分工中的地位，以及在国际分工中的形式和产品内容。历史上，英国是最早完成第一次工业革命的国家，其生产力得到飞速发展。在此期间，英国大肆对外扩张殖民地抢夺原料与占领市场，成为了“世界工厂”，在国际分工中居于中心主导地位。第二次世界大战后，亚非拉殖民地半殖民地国家的民族独立运动纷纷成功，在政治上取得独立。这些国家和地区努力发展民族经济，生产力得到较快的发展，逐步改善过去在国际分工中的不利地位。

2. 国际分工的形式

（1）按分工深度，国际分工可分为产业间分工和产业内分工。产业间分工是指社会生产各大部门之间的分工和社会生产各大部门内各小部门与行业之间的分工。产业内分工是指由产品专业化、零部件专业化、工艺专业化和阶段专业化而形成的，生产同一产业内不同产品的国际分工。产品专业化是指同一种类产品的品种、规格、花色专业化。零部件专业化是指同一产品的不同配件、部件、零件专业化。工艺专业化是指同一生产流程的不同工序专业化。阶段专业化是指产品研发、生产与服务之间包括服务内部的分工专业化。

（2）按要素密集度，国际分工可分为劳动密集型产业、资本密集型产业以及知识、技术密集型产业之间的国际分工。由于各国拥有的生产要素的数量和质量不同，主要产业要素密集度不同，以及各国的经济发展水平和经济发展战略存在差异，由此形成了各国间劳动密集型产业、资本密集型产业以及知识、技术密集型产业之间的国际分工。

（3）按参与国际分工国家或地区间的社会经济水平不同，国际分工可以分为垂直型分工、水平型分工和混合型分工。垂直型分工是指经济发展水平相差悬殊的国家之间制造业与农矿业、工业制成品和初级产品之间的分工，一般指发达国家和发展中国家或先进国家和后进国家之间的分工；水平型分工是指经济发展水平基本相当的国家或地区在工业制成品生产上的国际分工，一般指发达国家或者发展中国家之间的分工；混合型分工是指一国在参与国际分工中，既有垂直型分工，又有水平型分工，这种分工一般发生在发达国家。

3. 国际分工的影响

国际分工随着世界经济的发展不断深化，反过来也强有力的推动着世界经济的不断进步。国际分工一方面促使世界范围内各国的生产专业化水平的不断提升与生产效率的不断提高，优化资源配置，充分发挥各国自身的经济与资源优势，促使世界范围的生产力水平的巨大上升，积极地促进了世界经济向前发展。另一方面，由于发达资本主义国家在国际分工产生与形成时期占据了主导地位，广大发展中国家在参与国际分工体系中被迫接受发达国家制定的各种规则，增大了发展中国家和地区经济发展的脆弱性和对发达资本主义国家的依附性。

4. 国际分工发展的新趋势

二战之后，随着以原子能、电子计算机和空间技术为标志的第三次科技革命的兴起，国际分工进入了深化阶段。在此期间，亚非拉殖民地半殖民地国家纷纷独立，打破了原有以宗主国和殖民地经济联系为主的国际分工旧格局。除此以外，一批社会主义国家的成立，科学技术的巨大进步，以及跨国公司的迅速发展，使得国际分工具有新的特征：（1）工业国家之间的国际分工占主导地位。由于战后生产力水平和科学技术的巨大发展，以自然资源为基础的世界工业与农业的分工逐步发展为以现代化工艺技术为基础的世界工业与工业的分工。发达国家和一些新兴工业化国家间经济的相似性使相互间的分工合作和贸易更为频繁，且彼此交换的商品是相同或者相似的。发达国家与发展中国家以及发展中国家之间相互的分工合作相对发展缓慢。根据关税及贸易总协定（GATT）以及世界贸易组织（WTO）的统计资料显示，自20世纪60年代以来，约2/3甚至更多的世界贸易发生在技术、资源禀赋比较类似的发达国家之间，而发展中国家与发达国家之间的贸易，以及发展中国家之间的贸易，在世界贸易中所占的比重不足1/3。（2）各国间产业部门内部分工有逐渐增强的趋势。二战后，随着科技的进步，原有的生产部门逐渐划分为更多、更细的部门，原来一个部门逐渐变成若干个新的独立的部门。当国内市场的有限性无法容纳更多的生产细分，越来越多的次级部门跨越国界，形成国家间的部门内部分工。（3）发达资本主义国家与发展中国家间的工业部门分工在发展，而工业国与农业国、矿业国的分工在削弱。战后由于科技革命和跨国公司的迅速发展，知识和技术密集型产业逐渐成为发达国家的支柱产业。发达国家在优化产业的同时，将传统产业或者边际产业向发展中国家转移，出现了资本技术密集型产品和劳动密集型产品的分工，高技术工业与一般工业的分工。发展中国家除了向发达国家主要出口初级产品和劳动密集型产品外，有些“新型工业化国家”还出口一些资本和技术密集型产品（如电子产品、机械制品等），在一定程度上打破了传统工业国与农业国、宗主国与殖民地的国际分工格局。

此外，随着战后科学技术革命和社会生产力的不断提高，国际分工从有形商品生产和贸易领域向服务部门扩展渗透，从垂直型分工向水平型分工过渡，跨国公司的发展使跨国公司的内部分工成为一种新的国际分工形式。

二、世界市场

世界市场是一个动态的和发展的概念，是商品经济的范畴，而不是一个地理概念。世界市场是世界各国之间进行商品和劳务交换关系的总和，其内涵指的是与交换过程有关的全部条件和交换的结果，包括商品、技术转让、货币、运输、保险等业务，其中商品是主体，其他业务是为商品和劳务交换服务的，但技术转让、运输等业务在世界市场中的份额呈快速上升趋势，呈现出国际分工进一步深化的趋势。世界市场是商品的货币关系在世界范围内发展的结果，与国际分工和国际贸易相适应，直接地反应世界各国商品交换关系，间接地反映世界各国的生产和分配关系。

1. 世界市场的形成与发展

世界市场产生于16世纪，形成于19世纪中叶，而其发展贯穿了整个世界经济发展的过程。世界市场的形成大致经历三个阶段：区域性国际市场阶段、早期的世界市场阶段和世界市场最终形成阶段。

（1）区域性的国际市场

早在人类社会的中古时期，已经存在跨越国家和民族界限的贸易活动。但由于受到世界生产力水平低下的制约，以自给自足为特征的自然经济在各国占主导地位，可以用来交换的商品极其有限，再加上运输工具的限制，因此，在当时的经济发展水平和运输条件下，可以进行贸易的商品极其有限，一般为体积小，重量轻的奢侈品，如香料、丝绸、宝石、茶叶等，且贸易一般都在相邻国家进行。中世界西欧城市兴起后，手工业和商业开始得到发展，推动了欧洲商品货币关系和国家间贸易的发展，形成了一些固定的国际性集市，也吸引了其他国家和地区的参与，从而推动了更大范围内的区域性贸易的发展，并在此基础上促进了洲际贸易的发展。因此在15世纪，区域性市场成为当时国际贸易的重要特征。在欧洲主要的几个区域性市场中（例如以意大利城市威尼斯、热那亚和比萨为中心的地中海贸易区），不仅在区内形成了以自然差异为基础的国际分工和交换，而且各贸易区之间也有了贸易活动，亚洲的一些国家，手工业和农业发展到较高的水平，国家间的贸易也得到了较快的发展，并且形成了几个比较重要的贸易区，如中国、日本、朝鲜之间的东亚贸易区，以印度为中心的南亚贸易区等。由于当时社会分工和商品经济都不发达，统一的国际市场并未形成，国际贸易只能在有限的区域内进行，但是区域内国际贸易的发展为统一的世界市场的形成奠定了基础。

（2）早期的世界市场

15世纪随着资本主义萌芽的产生，新航路的开辟，科学技术的进步特别是交通运输工具的改进以及地理大发现，促进了早期世界市场的形成。其中，资本主义生产方式的萌芽是决定性因素。资本主义生产方式一旦产生，就产生了强烈的原始积累的愿望。由于欧洲内部财富和资源有限，基于追求贵金属和财富的渴望，对外扩张成为了欧洲封建贵族、商人以及手工场主的一致愿望，而地理大发现和交通工具的改进使这种愿望变成了现实，并且使国际贸易的范围与内容都发生了巨大的变化。新航路开辟后，欧洲殖民主义者利用暴力征服了非洲、美洲、亚洲的大部分地区，殖民者一方面将殖民地世世代代积累起来的金银和其他财富运往欧洲，另一方面大力推行重商主义政策，积极鼓励发展航海业和对外贸易，鼓励出口以及进行殖民掠夺，追求货币，增加国内的金银储量。据估计，在1545年至1560年间，每年从非洲运往西班牙的黄金达5 500千克，白银达246 000千克，此外还有大量的糖、烟草、棉花等。欧洲殖民政策打破了原有的相对封闭的各个区域性国际市场，建立在区域性市场内部的分工开始服从于以欧洲为核心的国际分工体系，形成了以欧洲为中心的早期统一市场。

与区域性国际市场相比，早期的世界市场有了显著的变化。首先，国际贸易的规模和范围都扩大了。进行贸易的商品除了传统的奢侈品外，手工业产品成为欧洲重要的出口商品，并且殖民地种植的棉花、可可等生产原料也成了贸易商品。其次，国家开始自觉地参与和干预贸易，贸易作为欧洲国家发展本国经济的一种重要工具，重商主义政策盛行，追求贸易顺差，保护国内工业，成为日后贸易保护主义的最初形式。

（3）世界市场的最终形成

18 世纪 60 年代末到 19 世纪初，欧美主要资本主义国家先后发生了产业革命，建立了大机器工业生产，这对于统一世界市场的最终形成起决定性作用，从根本上改变了早期世界市场的商品结构和价格机制。

世界市场的形成需要一定的基础条件，其中包括：

① 国际分工体系的建立

国际分工不仅是国际贸易和世界市场的基础，也是世界经济全部发展过程的基础。在国际分工形成之前，国际贸易实质上只是剩余产品在国家间的交换，它并不构成社会生产的基础条件。国际分工体系的建立，打破了各国的孤立性和封闭性，将原本分散的各国的国民经济联系起来，使各国的经济交往更为密切，每个国家都不能脱离其他国家单独生存，国家间商品和劳务的交换活动成为一种稳固、必然的经济现象。

② 资本主义生产方式的确立

在资本主义生产方式下，一方面天生地追求利润最大化和巨大的竞争压力迫使资本家不得不不断向外扩张，占领广阔的市场和掠夺丰富的生产原料，持续保持竞争优势，使得资本主义生产本身具有不断对外扩张的动力；另一方面资本主义生产方式的内在矛盾也使其不断地开拓国外市场，利用开拓国外市场转嫁矛盾成为资本主义维持生产再循环的必要手段。所以，资本主义生产方式的建立是推动世界市场形成的内在动力。

③ 机器大工业体系的建立

基于资本主义工厂手工业发展产生的机器大工业是工业革命的产物，具有强大的生产能力和雄厚的物质基础以及强烈的对外扩张性。由于科技水平和生产技术的不断进步，机器大工业一方面需要不断扩大的商品销售市场，另一方面也需要不断增加的产品原料供应来源，这种强烈的对外扩张性需要把商品交换关系推向整个世界市场。同时由于机器大工业所带来的现代化交通工具的变革，例如远洋轮船、铁路的发展，使得国际的经济交往规模更大，世界市场上商品的数量和种类也大幅增加，各国的生产同世界市场的联系更为紧密。所以，机器大工业生产体系的建立为世界市场的形成准备了必要的物质基础。

工业革命对世界市场的形成起决定作用，主要表现在两个方面。

一方面，世界市场的商品结构发生重大变化。早期世界市场在重商主义政策的指导下，奢侈品和金银在国际贸易中占主导地位，商人和手工场主也主要靠掠夺金银完成原始积累。且由于早期手工工场的生产水平较低，难以对殖民地自给自足的自然经济造成冲击。工业革命的发生使得欧洲出现了大量成本低廉的工业制成品，例如纺织品、金属制品和机器设备等。这些工业品的出口彻底瓦解了殖民地自给自足的自然经济。同时，从殖民地运往欧洲宗主国的商品也发生了变化，由以往以满足由封建贵族消费的奢侈品为主转向了以工业制成品生产所需要的大宗原材料和燃料为主。工业制成品以及与工业制成品生产相关的原材料的贸易结构，成为统一世界市场形成的一个重要标志。以后每发生一次工业革命，进入世界市场的工业制成品的种类就越多，与之对应的原材料的供给也不断增加。

另一方面，世界市场的价格机制发生重大变化。早期世界市场的贸易表现主要通过殖民战争和宗主国对殖民地的掠夺。商品的国际交换价格由宗主国决定而不是取决于商品价格和供求关系，价格机制是不平等价格机制。工业革命发生后，欧洲由于实现了工业制成品的规模生产，生产成本大幅下降，并且殖民地人民的不断反抗也使得原有依靠暴力开拓市场的交易成本大幅上升，这一时期的世界市场逐步形成了以国际价格为核心的等价交换机制。但是由于对产品的需求弹性等存在差异，在世界市场上工业制成品的价格形成机制相对于初级产品的价格形成机制往往更为有利，所以等价交换机制并不等同于平等交换，在统一世界市场上仍存在着大量等价但是不平等的交易现象。

19 世纪 70 年代至 20 世纪初，第二次科技革命的爆发促进了工业的高速发展以及生产和资本的集中，资本主义由自由竞争阶段过渡到了垄断竞争阶段。同时资本输出的加强，国际分工的进一步发展，最终形成了统一的无所不包的世界市场。

2. 世界市场的新发展

第二次世界大战后，随着第三次科技革命的兴起，世界政治经济形势发生了巨大的变化，世界市场的发展也随之产生了一些新特点：

（1）世界市场参与国类型趋于多样化发展

在第二次世界大战前，世界市场参与国类型比较单一，主要是少数西方发达工业国家在世界市场上占统治地位，唯一的社会主义国家是苏联，但是由于其对外贸易额比较小，对世界市场影响不大。广大亚非拉国家大多数还是殖民地和半殖民地，在贸易中处于附属地位，是宗主国的产品倾销地和原料供应地。战后，国际形势发生根本性变化，广大亚非拉国家纷纷独立，在全球范围内掀起民族独立运动的浪潮，帝国主义殖民体系瓦解，统一的资本主义世界市场不复存在。发达资本主义各国在世界市场上的地位有所变化。美国在世界市场上的绝对优势地位逐渐削弱，德国、日本在世界市场上的地位快速提高。发展中国家作为世界经济正在迅速成长的不容忽视的独立力量，在发展民族经济，改变旧的国际经济秩序中取得了突出的成就。尽管发达国家仍然在世界市场上占据绝对的主导地位，但是发展中国家正在以较高的增长速度进行追赶，不断增强自己在世界市场上的实力。所有的这些都导致当今的世界经济格局发生重大变化，参与国类型趋向多样化发展。

（2）世界市场的范围和规模急速扩大，国家贸易及国际经济合作方式多样化

第二次世界大战前，国际分工的主要形式是宗主国与殖民地、半殖民地国家

之间的制成品和初级产品的垂直型分工。战后，随着第三次科技革命的发展，发达国家之间的相互贸易额在世界贸易额中所占的比重迅速提高，发展中国家相互的经济合作不断加强，发达国家和发展中国家的经济联系有所发展。所有这些都意味着世界市场的范围得到了空前发展，世界各国之间的相互联系和相互依存度都进一步加深。从规模上看，不论是商品贸易，还是劳务贸易，发展速度相当快。不仅世界贸易量的增长速度大大超过战前，世界贸易的增长速度也快于工业生产的增长速度，这充分反映了战后对外贸易在世界各国经济发展中的重要性以及各国经济对世界市场的依赖性增强，并且也体现了世界市场规模的扩大。在市场范围和规模扩大的同时，对世界市场的参与更多地来自于技术革命的要求。战后科学技术革命使社会生产力获得飞速发展，国际分工也向纵深推进，现代大生产的社会化和国际化更多地要求资金、技术、劳务和知识产权实现国际间联合，共同开发市场，这就促进了国际经济合作形式的多样化和国际贸易方式的多样化。

（3）世界市场的商品结构发生了重大变化

二战前世界市场中的初级产品交易的比重一直高于工业制成品。战后随着科技水平的提高，生产力的发展，国际分工向纵深发展，国际贸易中的中间产品交易的比重大大增加，而且发达国家加强了替代品的研制工作和原料的利用率和回收率，使制成品交易日趋活跃。从1954年起，制成品交易在世界市场贸易总额中所占的比重开始超过初级产品，初级产品的价格则直线下降。在工业制成品贸易中，机械产品在各大类商品中增长最为迅速，石化产品的重要性进一步增强。在初级产品贸易中，原料和食品等的比重都呈直线下跌趋势，而燃料所占比重则趋于上升。这主要是由于战后农业的“绿色革命”和石化工业的发展，以及石油输出国组织（OPEC）对石油限量生产导致石油价格急剧上涨的结果。同时，随着第三产业和信息产业的兴起，技术与知识密集型产品在整个商品贸易中所占的比重也不断上升，生产要素在国际的流动加强，服务贸易得到了迅速发展。

3. 世界市场上的垄断和竞争

第二次世界大战后，世界市场上的垄断现象进一步加剧，1958年1月1日欧洲经济共同体正式成立，目的在于形成欧洲统一大市场，与美国、日本抗衡。1994年1月1日生效的美国、加拿大、墨西哥3国签署的“北美自由贸易协定”，意味着北美大陆上出现一个拥有3.6亿人口和年产值6万亿美元的世界最大自由贸易区。日本也企图建立以它为首的亚太经济共同体。与此同时，发展中国家也积极组织对外贸易集团。虽然区域性经济组织在一定程度上促进了区域内各国贸易的发展，但是这种封闭式的贸易方式会使世界市场被分割，商品流通受到阻碍。跨国公司战后也在加强垄断的趋势，在经济集团分割市场的情况下，各主要资本主义国家通过跨国公司在许多国家建立分支机构，绕过关税和非关税壁垒，从内部占领市场。跨国公司凭借自身雄厚的资金、技术、销售网络等以寡头垄断的方式实行全球战略，直接垄断了许多产品的生产和销售。近年来，公司内部贸易在世界贸易总额中所占的比重逐步上升，使得自由市场进一步缩小。并且战后随着国家垄断资本主义的发展，国家对经济的干预也进一步加强，这里包括对私人垄断组织的干预和对外贸易的干预等。

在资本主义垄断不断加剧的趋势下，世界市场上的竞争更趋激烈。垄断资本争夺市场的竞争在力度、广度和深度上都进一步深化了。单一的价格竞争逐渐转向非价格竞争，从关注产品品质，增加产品品种，改进销售服务来增大市场竞争力。为减少市场单一化所致的政治与经济上的风险与损失，许多国家的生产者致力于广泛开辟新市场，向出口市场多元化发展；同时，各资本主义国家也采取了各种关税和非关税壁垒方式、奖出限入的外贸政策以及对外援助等维持国内市场，并积极参与世界市场的争夺。

第二节　科技革命与世界经济的发展

科技革命是科学革命和技术革命的合称。科学革命是人们对客观世界认识上所取得的质的飞跃，它表现为新的科学理论体系的诞生；技术革命是人们在对客观世界改造上取得的质的飞跃，它表现为生产工具和工艺过程方面的重大变革。科技革命是技术革命的基础和出发点，科技革命引起了技术的进步；而技术革命是科技革命的结果，先进的技术及其应用成果反过来又为科学研究提供了有力的工具。科技革命是指科学知识或理论加速转化为技术革命，进而引起生产力的飞速发展的过程。

一、科技革命与世界经济

资本主义生产关系的建立，为生产力的大发展和生产关系的大变革提供了可能，为世界经济的发展奠定了基础。同时科学技术的巨大进步，使这种可能变成了现实。资本主义建立后，科技革命的爆发推动着世界经济的发展和生产力布局的变化，且作用程度一次比一次强。

1. 地理大发现与世界经济的萌芽

14 至 15 世纪欧洲封建社会末期，生产力得到了较大提高，商品经济日益发展，推动了城市的兴起以及手工业和商业的发展，西欧国家内部出现了资本主义生产方式的萌芽。在商品经济发展的同时黄金作为货币的职能越来越重要，对黄金的狂热渴求、封建贵族与商人的支持以及造船业和航海技术的进步，促成了地理大发现的产生。西欧国家走在了海上探险活动的最前列，开辟了通往东方的新航路和发现了美洲大陆，将整个世界紧密地联系到了一起。地理大发现对欧洲的经济生活产生了巨大的影响，引发了“商业革命”和“价格革命”，同时引发了欧洲经济重心的转移。欧洲的贸易中心从地中海沿岸转移到大西洋沿岸，意大利各城市的商业地位逐渐被葡萄牙的里斯本、西班牙的加的斯、尼德兰的安特卫普、荷兰的阿姆斯特丹等大西洋沿岸国家的城市所代替。地理大发现打破了全球的闭塞性，各大洲传统的地区性的海上贸易转变为面向世界的全球贸易，交换商品的种类和数量也随之增加，世界各地区之间的经济联系逐渐增强，世界市场初步形成。从地理大发现后，西欧商业强国纷纷在亚非拉的大部分地区抢夺殖民地和市场，建立起以国际分工为特征的早期资本主义专业化生产，将原来具有地域色彩的国际分工逐渐扩展到世界各地。这种早期的国际分工和世界市场的出现，标志着世界经济的萌芽。

2. 英国产业革命与世界经济的初步形成

产业革命的发生具有客观的社会经济条件。在17世纪末，欧洲国家农业生产力的提高、资本主义工场手工业的大发展、对外贸易的扩大以及世界市场的形成，导致对手工业制品的增加。由于以手工工具为特征的生产方式已不能满足生产需要，所以必须变革生产方式，将工厂手工业转向大机器生产，这是产业革命发生的根本动力。西欧国家原始积累的完成、科学技术的发展和资产阶级革命的胜利是产业革命爆发的重要条件。18世纪60年代开始，欧美发达国家先后发生影响深远、范围广阔的产业革命，英国是首先发生产业革命的国家。

产业革命首先在英国发生，是长期的社会经济发展的必然结果。它主要具备了以下几个条件：（1）16—18世纪的圈地运动、殖民掠夺和奴隶贸易，为产业革命准备了大批自由劳动者、货币资本和国内外市场。（2）以毛纺织业为中心的工场手工业的发展，为过渡到机器大生产准备了必要的物质技术条件。17—18世纪，毛纺织业在整个经济中已占有重要地位。同时在采矿、制盐、冶金、金属加工、玻璃、造纸、啤酒、丝绸、棉织等众多行业中，工场手工业也发展起来。工场手工业内部分工的发展和生产技术的改进，不仅提高了劳动生产率，也为机器大工业的出现创造了必要的技术条件。（3）随着资本主义工场手工业的发展，英国的社会阶级结构发生了重大变化，资本主义农业和工商业的新贵族以及工商业资产阶级从封建贵族、商人和手工业者中分离出来，形成了一股新的反对封建统治的强大力量，取得了资产阶级革命的胜利，确立了资产阶级统治，为资本主义的迅速发展提供了有利的政治条件。

英国的产业革命发生后，法国、德国、美国等主要资本主义国家相继开展产业革命并得以完成，资本主义生产方式最终确立。同时英国也确立了其“世界工厂”和世界贸易中心的地位。产业革命的爆发不仅促使了资本主义生产方式的确立，也推动了生产力的发展和社会分工的扩大。在机器大工业的生产方式下，国内的社会分工向国外延伸，将越来越多国家的社会生产吸纳到国家分工体系中来。随着交通运输技术的进步，各国间的商品贸易更为便捷，国际贸易在空间上扩展到世界大部分地区，贸易商品的种类与数量大大增加，世界市场进一步深化。单一世界货币的形成，使得世界市场汇率经常保持稳定，世界市场的作用机制更为完善。通过国际分工和世界市场，各国经济之间的相互联系日益紧密，标志着世界经济的初步形成。

3. 第二次科技革命与世界经济的最终形成

从19世纪70年代起，资本主义世界发生了以电的发明和应用为主要标志，以内燃机、电动机为核心，以重化工业为经济发展中心的第二次科技革命。这次科技革命不仅为自由竞争资本主义过渡到垄断竞争资本主义奠定了物质基础，也为世界经济的最终形成提供了强大的动力。

第二次科技革命对社会生产力产生了巨大的推动，进而促进了国际分工的深化和世界市场的不断扩大。世界工业生产量在1850—1870年的20年中增长了1倍，在1870—1900年的30年中增长了22倍。第二次科技革命产生的一系列新产品、新部门带动了重工业部门的发展，工业产量首次超过农业，一些资本主义国家从农业国转为工业国，与初级产品生产国之间形成了垂直分工的国际分工体系。交通运输业和通信业发生了真正的革命，火车、轮船、电报得以普及和发展。到20世纪初，铁路开始大规模地向落后国家普及，并在南美大陆、南亚次大陆以及远东地区形成建设铁路的高潮。铁路港口从沿海延伸至大陆腹地，而轮船又通过海运将世界各地的铁路系统连接成一个跨洲的庞大的国际交通运输网。与此同时，电报的普及使整个世界形成了迅捷的信息网络。交通和通讯的发展将世界不同发展水平的国家拉入了世界经济体系之中。同时，生产规模的空前扩大导致了生产和资本的集聚与集中，并在此基础上形成了垄断资本和金融寡头。为了寻找更多的利于投资的场所，大量资本涌向海外，资本输出成为了这一时期国际经济关系中最重要的经济现象。

综上所述，科技革命及其生产力的发展，推动了国际分工的不断深化和世界市场的不断扩大，世界市场于20世纪初最终形成。

二、第二次世界大战后科技革命的内容及其特点

1. 战后科技革命的主要内容

第二次世界大战后，西方主要资本主义国家爆发了以原子能、电子计算机和空间科学的发明与应用为标志的第三次科技革命。这次科技革命从20世纪50年代的美国开始后，逐渐扩展到其他国家，科技革命巨大的规模和空前的内容同时引发了技术革命的爆发，其大体内容如下：

（1）信息技术

信息技术是指应用信息科学的原理和方法，研究信息的采集、传递和处理的技术。信息技术是电子技术的一个分支，是技术革命的先导，主要包括传感技术、通信技术和计算机技术。自20世纪60年代开始随着微电子技术、电子计算机科学的发展，信息的获取、传递、加工、处理、储存等方面发生了革命性的变化，逐步形成现代信息技术。其主要涵盖计算机、微电子、通信以及网络等多个领域。

（2）新材料技术

新材料技术是指通过化学或物理的方法，以人工合成制造的新型材料替代天然材料的技术。新材料技术是技术革命的基础，是高新技术各领域的重要突破口。新材料主要包括新型金属材料、无机材料和高分子材料三大类。并且由于科

技和生产力的发展，人们对于各种高性能材料的需求越来越大，通过一些特殊的手段将以上三大类材料结合在一起可以制作出更多品种、性能优越的材料，为高技术产业的发展提供了良好的基础。

（3）新能源技术

新能源技术主要是指二战后，人们开发和利用可再生的新能源，例如太阳能、风能、生物能、核能和地热能等可再生能源，去替代传统常规能源的现代能源技术。新能源技术主要包括生物质能利用技术、太阳能利用技术、受控核能利用技术、氢能利用技术、地热能利用技术、水能利用技术、风能利用技术、海洋能利用技术。

（4）空间技术

空间技术是指以各种高新技术为基础，开放和利用空间为人类生产与生活服务的高度综合性技术。空间技术主要包括运载火箭、空间通信、载人航天、空间站、卫星定位和深空探测等，是第三次科技革命的标志性技术之一，也是衡量一个国家高新技术发展水平和工业发展程度的重要标志之一，是高技术的综合体现。1957 年 10 月 4 日苏联成功发射了第一颗人造卫星，标志着空间技术的形成。此后，美国、法国、日本和中国等国相继发射了自己的人造卫星。2004 年中国将“神舟五号”载人飞船送入太空并成功回收，标志着中国在载人航天技术领域已经取得重大突破。半个世纪以来，人类在航天运载工具、人造地球卫星、载人航天和深空探测逐步取得了巨大的成就。空间技术的不断发展，使得人类可以摆脱地球的束缚，探索浩瀚的宇宙的秘密。并且空间技术在通信、气象、导航等多方面的广泛应用，也对于发展生产力、改善人民生活、推动社会进步起到了越来越重要的作用。

（5）生物技术

生物技术是以分子生物学、细胞生物学、生物化学等理论为指导，采用现代技术进行生物品种变革和促进生物转化及生物生长的综合技术。按历史发展和使用方法，生物技术可分为传统生物技术和现代生物技术两大类。传统生物技术主要是指发酵工程、酶工程、遗传育种技术等，现代生物技术主要包括基因工程技术、蛋白质技术、克隆技术、人类基因组计划等。

2. 战后科技革命的主要特点

（1）科技革命对社会生产生活的各个方面产生了重大影响。相较于前两次科技革命，第三次科技革命涉及的领域更加广泛。从科技革命本身来看，第三次科技革命几乎在二十多个国家同时兴起，基本涉及所有学科和技术领域，而前两次科技革命主要是在英、美等发达资本主义国家的少数领域发生，而且只在个别自然科学领域，主要是物理学和相关技术领域产生突破，并且只由英美等国垄断和享用。从科技革命的影响看，相较于前两次科技革命，第三次科技革命使其影响的部门从工业扩展到工业、农业、服务业等所有领域；影响的生产要素从劳动工具扩展到劳动对象和劳动者；影响的空间从陆地扩展到海、陆、空；从影响人类的生产方式扩展到生活方式；从促进经济增长到促进经济可持续发展。

（2）科技对经济的促进作用明显增强。前两次科学革命和技术革命彼此分离，没有达到相互促进的效果。而第三次科技革命表现出科技融合技术发展的特点，既科学指导技术革命，技术革命推动科学发展，科技的进步带动经济的全面发展，三者密不可分，全面发展。并且科学和技术的相互促进和联动性也是空前的。例如，信息技术提高了各个领域的自动化水平，新材料技术为工业生产和设备的进步提供了先进的原料和基础，空间技术和海洋技术为发展新材料提供了强有力的技术支撑。各个学科和各个领域相互交叉、相互联系，涌现了许多边缘学科和技术门类，产生了许多新兴产业。

由于科学和技术的紧密配合，许多科研成果转化为技术应用的周期都大大地缩短了，科学技术成为了第一生产力。据计算，1885—1919 年，从一种发明到工业上的应用，平均时间是 30 年。从生产上掌握技术到最终投放市场，平均时间是 7 年，整个实现时间是 37 年。1920—1944 年，上述三个时间分别缩短为 16 年、8 年和 24 年。1945—1964 年，又缩短为 9 年、5 年和 14 年。当今世界，科技与生产几乎同步发展，这一周期仍在缩短。随着社会的不断进步，科学技术是第一生产力的作用日益凸显，科技对经济增长的促进作用不断扩大。20 世纪初，一些国家科技进步对经济增长的贡献率为 5% ~20%，目前科技对经济的贡献率已达 60% ~80%。

（3）科学技术的发展得到各国政府的大力支持。现代科技进步的难度和风险非常大，往往需要大量的资金和人力投入，甚至需要多个国家的技术合作，这是个人和企业很难承担的。事实证明，第三次科技革命中许多具有划时代意义的科学发现和技术发明均是在政府的积极组织和大力投入下取得的。美国早在 20 世纪 50 年代就建立了国家科学基金会，专门负责制定科研政策，资助和监督科研计划的实施。1993 年，美国政府成立了国家科学技术委员会，在总统的领导下制定国家的发展战略、科技政策和研发目标，统一组织全美的科技活动，推动科技合作。欧洲经济共同体在 20 世纪 80 年代提出了“尤里卡”计划，全面加强欧洲国家在信息技术、生物技术和新材料技术领域的科技攻关。各国在支持研发的同时，也重视并鼓励培养科技人才和科技管理人才。同时，各国非常重视发展教育，投入大量的资金用于普及教育和提高教育质量，并采取各种措施吸引人才，广泛开展各类人才培训，进一步提高人才的科技水平和研发能力。通过各国的有效组织，第三次科技革命对人类社会的全面发展与进步发挥了巨大的推动作用。

3. 战后科技革命对世界经济的影响

战后第三次科技革命的发展促进了经济的快速增长，伴随着新技术以及新发明纷纷涌现，人们的社会生活也发生了相应的改变。

（1）科技革命促进生产力的发展

第三次科技革命通过对诸多生产力要素的改造推动了生产力的发展。首先，新型劳动工具的出现和传统劳动工具的改造，提高了劳动工具的自动化程度和工作效率。随着第三次科技革命中信息技术的不断推广与应用，机器生产实现了由手工操作的机械化生产向自动化生产转变，极大地提高了生产效率。例如，数控机床已进入了微机控制时代，工作效率是普通机床的5～6倍。并且，生产对劳动者的智力水平提出了更高的要求。由于生产过程自动化和劳动工具的改造，生产对于劳动者体力的要求下降，对劳动者智力要求提高，要求劳动者一般具有足够的科学知识和专业技能，呈现出劳动者智力化的趋势。同时，新的以及人工合成的劳动对象日益增多。随着科技的发展，新材料正在逐渐取代自然资源，成为制造先进劳动工具的前提。其次，第三次科技革命促进了国际分工的深化和生产社会化的发展。国际分工进入生产过程这一深层次，使得世界经济的发展获得了前所未有的内在动力。最后，第三次科技革命还为生产力的发展提供了其他条件。例如货币资本的大幅度增加、物质资本和人力资本逐渐充裕和商品市场的不断扩大。综上，第三次科技革命通过改造生产要素、提高国际分工的深度与生产社会化水平，极大地提高了劳动生产率，为生产力的进一步发展提供了条件，促进了整个战后生产力的巨大发展。

（2）科技革命推动产业结构升级

科技革命不仅促进了生产力的巨大发展，还推动了整个产业结构的升级。二战后，三大产业之间的比例不断地发生变化。整体趋势是：第一产业比重不断下降，第二产业比重由上升转为下降，第三产业比重持续上升。产业结构的变动趋势在发达国家尤为明显，在发展中国家则略有不同。产业比例之间的变动在发展到一定程度后便趋于稳定。并且三次产业之间相互融合，第一产业中出现了第二产业的工业生产方式和第三产业的服务内容，第三产业的服务内容增多。第一产业与第二、三产业相融合，农业出现产业化、现代化的趋势。例如，农牧产品的加工程度不断提高，农牧产品通过工业生产的方法进行深加工后才进入市场销售。20世纪70年代初，美国消费的农产品，有85%～90%是经过各种程度和不同方式加工处理的农产品。第三产业与第二产业相融合，生产企业对服务的需求也不断增多，生产性服务不断扩大。第三产业内部知识投入不断增加，原有服务的信息化程度不断提高，涌现出新的新兴部门，例如计算机服务、信息咨询、企业诊断、互联网网站等。科技进步逐渐渗透到经济发展和社会生活的各个领域，一方面极大地丰富了人们的生活，另一方面对世界产业结构格局产生了巨大的影响。

（3）科技革命加剧了世界经济发展的不平衡性，改变了世界经济的格局

到了近代，科学技术已经成为世界各国经济发展的决定因素。谁掌握了先进科学技术，谁就可以在逐渐激烈的全球竞争中占据有利位置。首先，由于发达国家大力发展信息技术和高新产品，发展中国家即使走上工业化的传统道路，仍然落后于发达国家。且由于发展中国家薄弱的工业基础和在世界市场中的不利地位，使其很难享受到科技革命带来的成果，从而与发达国家的差距进一步加大，南北经济发展不平衡程度加剧。其次，发达国家将一部分传统产业转移到发展中国家，自身继续加深对科技的研究与开发，促使更多新材料的出现，减少了发达国家对发展中国家的原材料和传统廉价劳动力的依赖。反之，由于发展中国家先进技术和生产设备的欠缺，发展中国家对发达国家的依赖程度加深。

(4) 科技革命促进信息革命的繁荣

20世纪中期第三次科技革命的兴起导致一大批知识密集型、技术密集型新兴工业部门迅速兴起，其重要经济成果是促使了信息产业的形成和相关的全球经济信息化。70年代起，科技革命进入了一个新的发展阶段，产生了以网络技术为核心的信息革命，人类开始迈入信息经济时代。信息革命作为第三次科技革命的延伸，对世界经济的影响主要体现在以下几个方面：第一，信息革命为全球性金融市场的形成提供了重要的技术支持。通过通信卫星的发明和计算机网络的推广，现已形成了纽约、东京、伦敦、香港、巴黎的真正的全球性国际金融市场，极大地促进了国际资本的流通和规模的扩大。第二，信息革命也推动了国际贸易和国际金融的发展。由于各项信息技术的不断完善，世界各国之间的联系更为紧密，经济相互影响的程度越来越大。第三，信息技术在世界各国应用程度的不同加剧了世界经济增长的不平衡性。由于发展中国家在新科技研究上资金的不足和硬件条件的欠缺，发展中国家消化吸收信息革命的成果的速度较慢，扩大了与发达国家间的差距。

随着个人计算机的普及和互联网的推广，信息革命在国家发展过程中占据重要地位。2000年9月在冲绳举行的八国首脑会议通过了《全球信息社会冲绳宪章》，其中指出：信息通信技术是21世纪社会发展的最强有力的动力之一，信息通信技术将对人类生活和经济活动带来前所未有的冲击和变革。占全球生产总值三分之二的八个国家达成共识，协调一致，最大限度地利用信息革命带来的成果和益处，保证世界经济持续稳定地发展。

第三节 当代世界经济格局及其演变

所谓世界经济格局，实际上是世界各国或集团相互作用而形成的世界经济内在结构的外在表现，是指在一定历史时期活跃于世界经济领域并充当主角的国家和世界经济组织之间相互关系的一种结构和状态，其核心内容是大国或国家集团之间的经济力量对比关系和支配别国经济乃至世界经济的权力配置情况。二战后，由于国际政治经济局势发生重大变化，世界经济格局经历了从单极格局到两极格局至多极格局的演变。

一、第二次世界大战以前的世界经济

1. 1929—1933年大危机对世界经济的冲击

一战后，除了美国以外的世界主要资本主义国家在这次战争中元气大伤，美国在这场战争中经济实力大增，由战前的债务国跃居为战后资本主义世界的

主要债权国和首位经济大国。经济的扩张使美国的股市持续上涨最终导致了经济的泡沫化，致使发生了1929年10月的股市崩盘，触发了世界经济发展史上持续时间最长、损失最严重的经济危机。1929—1932年间，美国的全国产出下降了32%，工业产量的降幅接近一半，失业率也从1929年的3.1%上升到1933年的23.6%。除此之外，这场危机从美国蔓延到德、日、英、法等主要资本主义国家，波及殖民地半殖民地和不发达国家，席卷了整个资本主义世界。这次危机同时引发了货币、金融和信贷危机，大量银行倒闭，大批企业破产或停工，成千上万的劳动者失业，自由市场体系彻底崩溃，社会生产力遭到极大破坏。1933年，整个资本主义世界工业生产下降40%，各国工业产量倒退到19世纪末的水平，资本主义世界贸易总额减少2/3，美、德、法、英共有29万家企业破产，资本主义世界的失业工人达到3 000多万，整个世界经济的发展受到了巨大的冲击。

2. 二战前世界经济格局的变化

在世界经济格局中，第一个称雄世界的是荷兰。但是由于依靠商业资本建立起来的经济优势和世界霸权地位不牢靠，很快让位于继起的工业资本强大的英国。19世纪末20世纪初，世界经济中心一开始从英国向美国和德国转移。由于资本主义各国经济发展的不平衡和在世界经济地位中的不平衡，导致了1914—1918年重新瓜分世界的第一次世界大战。战后，资本主义各国的力量对比发生新的变化。美国和日本大发战争横财，世界经济地位空前上升。美国从英国和欧洲的债务国，一跃成为英国和欧洲的债权国，成为当时世界最大的债主。主要欧洲国家力量大大削弱，美国利用主要欧洲国家暂时退出世界贸易和投资市场竞争的良机大肆进行经济扩张，世界经济和金融中心加速向美国转移。虽然美国受到了30年代经济危机和大萧条的严重打击，但是其经济仍有所发展，在资本主义世界仍占有绝对优势。德国在美英两国的扶持下，经济得到较快恢复，成为仅次于美国的资本主义国家。英国和法国仍居第三和第四位。日本上升到第五位。二战前，苏联在1917年建立社会主义制度后，依靠其高度集中的经济体制和集中发展重工业的发展战略，经济增长很快。苏联工业产值在世界经济中的比重由1913年的2.6%提高到1937年的13.7%，由世界第五位跃居第二位，成为仅次于美国的第二工业大国。

二、第二次世界大战以后的世界经济

第二次世界大战是人类历史上的一次浩劫，它不仅给人类造成了巨大的生命损失和物质财富损失，也使世界经济的发展受到巨大打击，欧洲的世界中心地位受到前所未有的冲击，原有的世界经济体系发生了深刻的变化。

1. 美国经济霸权地位的确立和两极格局

二战后，世界主要资本主义国家都受到了惨重的损失，只有美国没有受到战争的破坏，反而利用战争增强了自身的经济实力，成为资本主义世界中唯一的超级大国。战后初期，美国的工业生产达到世界工业生产总额的55%，拥有世界贸易总额的33%、世界黄金储备的75%，雄厚的经济实力为美国成为世界经济的霸主提供了物质基础。在国际金融领域，1944年7月，美国以联合国名义在美国布雷顿森林召开了“联合国货币金融会议”，使美元与黄金挂钩，形成了以美元为中心的国际货币体系；在1945年底，按照美国的意志在华盛顿成立了国际货币基金组织和国际复兴开发银行（即世界银行）两大机构，美国获得了在国际金融决策中的支配性地位。在贸易领域，美国领导与成立了关税与贸易总协定，为美国战后初期的对外经济扩张带来了巨大的便利。在对待各主要资本主义国家方面，美国对西欧实施了“马歇尔计划”，不仅将大量商品打入西欧市场，也实现了对西欧国家的控制。对发展中国家方面，美国总统杜鲁门于1949年1月提出了“第四点计划”，即援助开发和落后地区的“技术援助落后地区计划”，通过对不发达国家的经济技术援助进行政治经济渗透，拓展美国的势力范围，抑制共产主义。对社会主义国家方面，美国实行经济技术封锁、贸易禁运、军事封锁等手段遏制社会主义国家的发展。总之，战后美国凭借雄厚的经济、军事实力，通过上述一系列措施，按自己的意志建立了战后世界经济格局，成为资本主义世界经济的霸主，也成为世界经济的中心。

所谓两极格局，是指由两个世界大国或国家集团在国际政治中占据主导地位，且在这种格局中，两个大国或国家集团之间形成一种势力均衡的状态，共同影响国际事务，主导国际进程。1945年的雅尔塔会议为两极格局的形成奠定了基础，同时也给美苏争霸埋下了伏笔。第二次世界大战不仅造就了美国这一超级大国，同时苏联也从战争中崛起，政治影响不断增强，经济军事实力日益强大，成为当时世界与美国抗衡的主要力量。二战后，社会主义由一国发展到多国，各国纷纷效仿苏联，建立了高度集中的政治经济体制。由于担心受到美国的操纵，社会主义国家没有参加国际货币基金组织、世界银行和关税及贸易总协定，拒绝美国的援助计划，受到了以美国为首的资本主义阵营的经济封锁。为维护自身主权与权益，苏联和各社会主义国家从政治、经济、军事各方面加强了联系，签订了一系列双边和多边条约，形成了以苏联为首的社会主义阵营。为打破西方国家的经济封锁，1947年苏联实施“莫托洛夫计划”，帮助东欧国家发展经济，加强同东欧国家的经济联系。1949年，苏联、保加利亚、匈牙利、波兰、捷克斯洛伐克、罗马尼亚6国在莫斯科举行经济会议，决定成立“经济互助委员会”，标志着社会主义经济集团的形成。随后，阿尔巴尼亚、民主德国等四国加入了经济互助委员会的阵营，进一步壮大社会主义经济集团的力量。军事上，美国和其他资本主义国家建立了北大西洋公约组织，苏联与中国缔结友好合约，和东欧国家成立了华沙条约组织，与资本主义阵营抗衡。随后。两个阵营出现了一连串的冲突，如朝鲜战争、越南战争、柏林危机等。在意识形态方面，两大阵营也进行了激烈的对抗。20世纪90年代末，东欧剧变、苏联解体，经互会于1991年6月28日解散。随后，苏联于同年12月26日宣布苏联不复存在，苏联的解体，使持续了近半个世纪的东西方两大集团之间激烈对抗的两极格局彻底终结，世界经济格局重新发生新的变化。

2. 发达资本主义国家的新变化及其深层矛盾

第二次世界大战后，发达资本主义国家开始发生新的变化。20 世纪 50 年代，西欧与日本的经济都已恢复至战前的水平，到 60 年代末 70 年代初，发达国家进入了战后经济高速增长的黄金时期，西欧与日本的经济增长速度已超过美国，与美国的差距在逐步缩小。70 年代起，美国的经济霸主地位开始动摇，逐步被美、日、欧三足鼎立的格局所取代，世界格局开始向多极化方向发展。

第二次世界大战后，主要资本主义国家的力量严重削弱，对殖民地和半殖民地的控制减弱。并且殖民地半殖民地人民在反法西斯战争中的觉悟不断提高，民族民主意识增强，亚非民族解放运动高涨，殖民体系开始瓦解。随着民族解放运动的兴起与发展，一大批亚非拉国家纷纷摆脱殖民地的控制，建立了独立的国家。亚洲越南、中国、印度等国家独立，1960 年非洲有 17 个国家宣布独立，帝国主义殖民体系不断瓦解。1990 年纳米比亚的独立，标志着帝国主义殖民体系的最终瓦解。二战后，摆脱了原殖民体系控制的广大亚、非、拉地区成立了新的政治独立的国家，即发展中国家。对于刚刚获得独立的发展中国家来说，经济发展是其首要的任务。尽管各个发展中国家选择的经济制度不同，但是发展中国家通过取消帝国主义国家的经济特权、实施土地改革、调整产业结构、促进出口以及积极参加国家合作等措施，在经济上取得了长足的发展。据世界银行统计，1965—1980 年，发展中国家国内生产总值实际增长率为 6% 。不仅高于其历史上的任何时期，而且高于发达国家 4.7% 的经济增长速度。发展中国家的出口总额从 1970 年的 565 亿美元增加到 1980 年的 5 671 亿美元，在世界贸易中的比重也从 1970 年的 17.9% 上升到 1980 年的 28.1% 。从总体上看，发展中国家作为世界经济的一股新兴力量，在战后世界经济的演变过程中具有重要的意义。

更为突出的是在亚洲和拉美出现了一批新型工业化国家和地区，其中主要有拉美的墨西哥、巴西、阿根廷、智利以及被誉为“亚洲四小龙”的新加坡、韩国、中国香港、中国台湾地区。尽管这些国家和地区在地理、资源条件上有很大差别，但他们利用战后发达国家经济调整的时机，实行出口导向和大力引进外资政策，实现了经济的腾飞，并且也为发展中国家的经济发展道路提供了一种新的模式。

三、社会主义国家的经济成就与发展的曲折性

二战后，以苏联为首的社会主义国家通过实行高度集中的计划经济体制，挽救了被战争摧毁的国民经济，加速了国家的工业化进程，建立了国家的工业基础，使战后经济落后的国家迅速摆脱了落后的面貌，实现了国家关于经济发展优先性的目标，取得了巨大的经济成就。但是高度集中的计划经济体制带来的经济生活、资产的高度国有化、资源配置的调拨化、管理权限的集中化以及管理方法的行政化必然导致经济结构的畸形和失衡以及经济效率的低下，同时也遏制了经济的活力和动力，形成了一种高消耗、低效益的粗放型经济，人民群众的劳动积极性、物质文化生活等都受到了严重的限制与束缚。苏联以及东欧国家在 20 世

纪50年代的经济增长率较高，但是随着时间的推移，经济增长率愈发下降。到80年代，苏联的经济增长率只有2%，东欧国家的经济增长率同样较低。到80年代末，东欧甚至出现了零增长与负增长，体现了计划经济的很多缺陷。

从20世纪50年代起，苏联和东欧国家开始经济改革。改革之初，各国取得了一些成效，但是随着改革的深化，各种阻力加大和配套政策实施的不当，改革陷入停顿，有些引发了经济危机，有些国家还出现了社会动荡。苏联的改革始于赫鲁晓夫时期，停止于戈尔巴乔夫执政时期。戈尔巴乔夫利用政治体制配合经济体制改革，但是其经济体制改革失败，政治体制改革也走向反面，导致了社会思想的极度混乱，最终引发了经济危机和社会动荡，苏联解体。东欧国家从20世纪50年代起经济改革，开始下放国家权力，逐步引入市场机制，但是由于缺乏成熟的改革理论的指导以及政治体制和经济体制两种体制的矛盾，导致经济发展缓慢甚至陷入社会危机。1989年，由于国内社会经济矛盾的加剧，东欧国家发生剧变，领导东欧国家走社会主义道路的工人党或共产党或被迫退出执政舞台或改为其他党派，东欧开始了经济转轨，逐步放弃社会主义目标，走上了资本主义道路。

四、世界经济发展的新阶段

20世纪70年代后，世界经济进入了一个新的发展阶段，产生了许多新的发展特点。世界经济新格局由两极格局向多极化方向发展，国际经济秩序面临新的挑战，经济全球化的趋势不可阻挡。尤其进入新世纪以来，世界经济在和平与发展的国家大背景下取得了稳定的发展。

1. 世界经济格局的新变化

战后初期的世界经济格局是资本主义经济体系和社会主义经济体系并存的世界经济。20世纪70年代，世界经济中各种力量变动，国际经济贸易关系发展较快，第三世界国家处于有利地位。20世纪80年代，随着东欧剧变、苏联解体，世界经济格局发生根本性变化，战后初期的两极格局结束，世界经济格局向多极化方向发展。在变动的经济格局中，社会主义经济力量大大削弱，处于不利地位，而发达资本主义国家重新处于有利地位，主导世界经济的发展。美国的世界经济霸主地位逐渐被削弱，西欧和日本的经济实力逐渐雄厚，世界经济格局呈现美国、日本、欧洲三足鼎立的局面。随着经济格局的变化，各国一方面对内部经济、政治、安全进行调整，一方面积极加强同周边国家的交流与合作，促进区域集团化迅速发展，世界经济集团化趋势不断加强。目前，全世界双边或多边的经济组织和经济合作协定有100多个，其中欧洲联盟、北美自由贸易区、亚太经合组织这三大区域经济是最引人注目的。进入21世纪，世界主要经济力量依托区域经济组织展开竞争继续发展，这种加强内部联合的方式为区域内国家的经济发展创造了良好环境，增强了各国的经济实力与竞争力，也在一定程度上加速了世界经济多极化趋势的发展。

2. 国际经济秩序面临的挑战

国际秩序是指建立在一定的世界格局基础之上的国际行为规范、保障机制以及它们的运行状态。二战前，由于发达资本主义国家拥有绝对强势的经济军事力量，在世界市场中占据主要领导地位，形成了旧的国际经济秩序。旧国际经济秩序的特征为：以不合理的国际分工为基础的国际生产体系；以不等价交换为特征的国际贸易体系；以国际垄断资本占支配地位的国际货币金融体系；发达资本主义国家占主导地位的国际经济组织和国际协调机制。二战后，发展中国家摆脱了殖民体系的控制，走上了发展民族经济的道路。但在旧的国际经济秩序下，发展中国家仍处于受制于人的局面，主要表现为南北经济差距不断拉大，发展中国家债务负担沉重等。为冲破旧秩序的束缚，创造良好的国际经济环境，发展中国家展开了长期不懈的努力。20世纪60年代，发展中国家发起的国际组织纷纷成立，为争取国际经济新秩序的斗争做了组织与思想上的准备。1960年石油输出国组织（OPEC）成立，之后各原料生产国组织和区域经济合作组织纷纷成立。1974年联合国召开第六届特别联大，通过了《关于建立新的国际经济秩序宣言》，初步提出了关于建立国际经济新秩序的一些基本准则。并且由于战后国际分工的不断深化，发展中国家与发达国家的经济联系进一步增强。发展中国家为发展民族经济，增强本国实力，需要加强同发达国家的联系，以获得发展所需的资金、技术、设备等。发达国家为保障本国的经济正常运行也需加强同发展中国家的联系，以确保能源、原材料的进口和商品的出口以及对外投资的稳定。由于旧国际经济秩序会阻碍发展中国家的发展和世界的稳定和平发展，建立新的国际经济新秩序成为了大势所趋。并且随着发展中国家不懈的努力和国家力量的不断增强，旧的国际经济秩序面临巨大的挑战。

3. 经济全球化背景下的国际竞争与合作

经济全球化是生产力在全球范围内发展的必然结果，是当今世界的经济发展趋势。在经济全球化的背景下，国际市场的开放性日益增强，企业间的竞争日益激烈，生产技术水平不断上升，产品不断推陈出新。为了在激烈的国际市场竞争中站稳脚跟，我们不仅要断完善我国市场开放法律体系，推动产业结构改革，加强人力资本的培养，提高生产技术水平，还要加强同其他国家的经济交流与合作。随着经济全球化的进一步深化，国家经济合作从双边经济合作发展到区域经济合作后又发展至全球规模的多边合作，国际经济合作的内容愈加丰富，形式更为多样。现在不仅发达国家与发达国家之间进行合作，发达国家和发展中国家、发展中国家和发展中国家之间均存在着广泛的经济合作。目前，区域性经济组织数不胜数，北美自由贸易区、欧盟、亚太经合组织是世界区域经济合作组织中最为突出的三个经济合作组织。中国也在不断加深自身同外界的联系与合作，2001年中国与俄罗斯、哈萨克斯坦、吉尔吉斯斯坦、塔吉克斯坦、乌兹别克斯坦五国在上海成立了“上海合作组织”，加强成员国家的经济和文化交流。2010年，中国—东盟自由贸易区正式成立，成为一个拥有19亿人口、近6万亿美元经济总规模和4万多亿美元贸易总额的世界第三大自由贸易区。同时，中国积极加入国际货币基金组织、世界贸易组织等其他国际经济组织，更利于我国开展多边经济合作，更加了解国际“游戏规则”和弥补自身不足，促进我国经济的健康发展和综合国力的不断提升。

五、经济周期与世界经济危机

经济周期一般是指经济由一个波谷，经过复苏、繁荣到顶峰，然后经历危机、萧条到达另一个波谷的过程，即一国经济以一种有规律的周期性或近似有规律的周期性方式，出现扩张和收缩的一种现象，它可以分为危机、萧条、复苏和繁荣四个阶段。世界经济周期，即指世界范围内的经济活动交替出现扩张与收缩的波动过程，具体表现为世界经济增长率上升与下降的反复交替过程。根据经济周期性波动的持续时间，一般将经济周期分为：① 周期长度为 45 ~ 60 年的长周期，也称康德拉季耶夫周期；② 周期长度为 15 ~ 20 年的建筑业周期，也称库兹涅茨周期；③ 周期长度为 7 ~ 11 年的投资周期，也称朱格拉周期；④ 周期长度为 3 ~ 5 年的短周期，也称存货周期或基钦周期。随着经济全球化的不断深化，世界各国的经济联系更为密切，世界经济周期又出现一些新的特征。发达国家是世界经济的主导者，也是经济全球化的主要推动者，所以发达国家的经济周期及影响构成了整个世界经济周期的基础，研究发达国家的经济周期是研究整个世界经济周期的基础。随着贸易自由化、金融全球化和跨国生产化的发展，各发达国家联系日益紧密，国际经济传导机制的作用在不断增强，发达国家的经济周期相互影响，并向发展中国家转移，世界各国的经济周期基本趋同，出现了世界经济周期的同步性。

在经济周期的四个阶段中，危机是经济周期的基本或决定阶段。它是上一个周期的终点，同时又是下一个周期的起点。萧条的最低点是波谷，标志着经济开始复苏，复苏标志着经济走出衰退转向繁荣；繁荣的最高点是波峰，标志着经济由繁荣转为危机，从而循环往复，构成一个又一个经济周期。经济危机来源于资本主义的基本矛盾，及生产社会化同资本主义私有制的矛盾。世界经济危机是指大体在同一时期发生在世界主要国家的周期性生产过剩危机。资本主义经济危机是资本主义发展到大工业时期才出现的经济现象。随着 1825 年英国首次爆发生产过剩危机到 20 世纪初，英国先后发生了 1836 年、1847 年、1857 年、1866 年、1873 年、1882 年、1890 年和 1900 年 8 次经济危机，基本每十年发生一次危机。19 世纪 50 年代，随着资本主义生产关系的不断巩固，1857 年首次爆发了具有世界性范围的资本主义经济危机，英国、美国、法国和德国都陷入生产过剩的经济危机，危机涉及范围是空前的，从此形成了统一的世界性资本再生产周期和世界性的经济危机。

进入 20 世纪，世界经济危机日益严重，危害更为严重，最严重的是 1929—1932 年的世界经济危机。二战后，世界经济危机又有了新的变化，产生了一些新的特征：

(1) 经济危机的冲击减弱

相较二战前发生的经济危机，战后经济危机的冲击有所减弱。由于战后西方各国政府调节和市场干预作用加强以及企业经营管理水平的不断提高，生产和市场的矛盾在一定程度上得到缓解。并且高新技术的不断发展与生产设备的不断更新，加快了再生产周期的进程，产生了许多新兴工业部门和产品，在一定程度上抑制经济的下降。除此之外，随着世界竞争的加剧，企业技术和设备更新的周期缩短。这些因素的综合作用，使得战后经济危机持续时间缩短，经济危机中生产下降的幅度减少，经济危机中的其他经济状况也有所减弱。

（2）经济周期的四阶段不明显

第二次世界大战前经济周期一般明显分为危机、萧条、复苏和繁荣四个阶段。战后经济周期的四个阶段差异逐渐淡化，阶段性差异小，不易区分。由于西方国家政府长期推行扩张性的经济政策，大量运用扩张性的财政货币政策，以增加有效需求，结果导致了货币供应量大大超过实际生产发展需要，通货膨胀率不断上升。结果在战后的经济危机中，高失业率与高物价贯穿整个经济周期。并且随着经济部门的激烈变动和消费需求结构的急剧变化，中间性危机和结构性危机掺杂在经济周期中，经济周期相较战前更为复杂。

（3）经济危机同期性与非经济危机同期性交替出现

第二次世界大战前，世界主要资本主义国家经济危机具有很强的同期性，而战后世界经济危机出现了同期性和非同期性交替的现象。出现这种现象的原因一方面是由于战后世界经济力量发生变化和战后各国经济实力的差异，各国发生生产过剩的时间参差不齐。并且由于各国不同的宏观政策和对经济的干预程度以及科技革命的影响，各国生产周期运动不一致。1948 年美国爆发了战后世界第一次经济危机，而日本、欧洲由于受战争影响，推迟了经济危机的爆发。另一方面，战后世界贸易规模和资本输出已超越战前，区域性经济组织出现并不断发展，使得各国经济联系相较战前更为紧密，对世界再生产运动周期的一致性起了明显的促进作用。

（4）经济危机与财政赤字、通货膨胀相结合

“反周期”政策与措施是战后发达资本主义国家宏观调控的主要内容，而财政政策和货币政策是“反周期”政策的主要内容与手段。当经济危机出现时，政府通过扩大财政支出、减税、降低利率来刺激社会需求，促进经济回升。20 世纪 60 年代，财政政策和货币政策超出各国经济发展，导致物价快速上升。20 世纪 70 年代爆发的经济危机使通货膨胀加速，经济危机与财政赤字、通货膨胀相融合，使得经济危机更难以摆脱，美国一度出现了“滞胀”的局面，美国经济增长趋于停滞。各国高额的财政赤字与通货膨胀，使国际金融市场动荡，导致战后以美元为中心的国际货币体系的崩溃。

（5）干预经济危机手段的变化

因为经济具有自我调节的能力，战前资本主义对于经济危机一般采取放任自流的方式，希望利用市场调节使经济逐渐恢复。但是 20 世纪 30 年代的大萧条，使得凯恩斯国家干预政策在世界范围内流行。面对经济危机时，发达国家开始推行扩张性的财政政策和货币政策，来刺激需求，促进经济增长，以期走出经济危机。“反周期”政策与措施出现标志着战后应对经济危机的方式发生了显著变化。

第四节 经济全球化

随着世界生产力的发展，世界各国间的经济联系和相互依赖日益增强，逐步形成有组织、可协调、高速运转的世界经济体系，世界经济进入一个新的时期。在这一时期，随着第三次科技革命的迅猛发展，产业结构发生了深刻变化。国际贸易、国际金融和国际投资突飞猛进，各国经济体制都发生了重大且深远的改变，其突出表现是经济全球化的大发展。

一、经济全球化的内涵

关于经济全球化的概念，至今也没有一个公认的概念，许多学者从生产关系等角度对经济全球化概念作出解释。有的学者认为，经济全球化这一概念最早是由美国经济学家 T·莱维在 1985 年提出的；也有的学者认为，最早提出这一概念的是经济合作与发展组织（OECD）的前首席经济学家 S. 奥斯特雷，他在 1990 年指出，经济全球化主要是指生产要素在全球范围内广泛流动，实现资源最佳配置的过程。1996 年，联合国贸易和发展会议对经济全球化所下的定义是：全球化是世界各国在经济上跨国界联系和相互依存日益加强的过程，运输、通信和信息技术的迅速进步有力地促进了这一过程。而经济合作与发展组织的定义是，在产品及服务贸易、资本流动和技术转移与扩散基础上，不同国家市场和生产之间的依赖程度不断加深的动态过程。国际货币基金组织（IMF）认为："经济全球化是指跨国商品与服务贸易及资本流动规模和形式的增加，以及技术的广泛迅速传播使世界各国经济的相互依赖性增强。"不管经济全球化的定义如何，它作为世界经济不可逆转的一种趋势，已显示出强大的生命力，并对世界各国经济、政治、军事、社会、文化等所有方面，甚至包括思维方式等，都造成了巨大的冲击。任何国家都无法回避经济全球化，唯一的办法是积极应对经济全球化带来的机遇和挑战，在历史大潮中接受检验。

1. 经济全球化的动因

经济全球化是世界历史发展的必然，是不可抗拒的历史潮流。当今世界经济全球化正在朝着更高层次发展，究其原因是多方面的。

(1) 科技进步和生产力的迅速发展为经济全球化奠定了物质基础

二战后科技革命以及生产力的迅猛发展对世界经济的各个方面产生了巨大的影响。信息技术的扩散，使得各国之间的联系日益紧密。交通及通信技术的发展，大大减少了商品和技术的流动成本，缩短了国家间的时空距离，使得信息的获得与交换更为方便快捷，有力地推动了全球化的发展。同时科技进步使得国际分工日益深化，有力地促进了生产过程的国际分工与合作，使得贸易的内容更加丰富，贸易的规模不断扩大，生产全球化不断发展。

（2）跨国公司成为经济全球化的重要载体

跨国公司在二战以后得到迅猛发展。1980 年全球有 15 万家跨国公司，其子公司达到 35 万家。《世界投资报告》2007 年数据显示，全世界跨国公司约有 7.7 万家，子公司超过 66 万家。跨国公司已经控制了世界生产的 40%，国际贸易的 50% ~60%，国际投资的 90%，国际技术贸易的 60% ~70%。跨国公司的发展，从微观角度上带动了世界经济的发展。跨国公司在世界各地建立子公司，开展全球生产和销售业务，在子母公司之间配置人员、技术、资金、原材料和零部件，带动了人员、资金、商品和技术等生产要素的全球化。

（3）区域经济一体化组织不断扩大

20 世纪 90 年代后，区域经济一体化已成为势不可挡的潮流在全球范围内兴起，近 80% 的区域经贸协定是在 1990 年后登记的。区域经济一体化组织在内部取消各种关税和非关税壁垒，推动商品和生产要素在区域内部自由流动，实际上是经济全球化在区域范围内更加深化的具体表现。随着区域一体化组织内部经济的不断发展，内部市场变得狭小，需要在其他国家寻找生产和投资场所，客观上产生了向区域外扩展的要求，而这种扩张一方面促进国际化生产和贸易的发展，另一方面使世界各国联系更为紧密，加快了全球化的步伐。

（4）国际经济组织的发展为经济全球化提供了便利条件

第二次世界大战后，各国间的联系日益紧密，但是国家间频发的贸易摩擦客观上要求建立国际性经济组织，协调世界范围内的贸易、投资和金融领域间的摩擦。战后，为创造良好的国际环境，1944 年在美国布雷顿森林会议上成立了国际货币基金组织和国际复兴开发银行。1995 年替代关税及贸易总协定的世界贸易组织成立，以上三个国际经济组织为发展中国家的经济发展提供一定的扶持，在世界范围内影响深远，有力地促进了世界贸易的进步与发展。各国际经济组织的共同努力，极大地推动了世界范围内贸易、投资和金融的自由化，使得国家间的经济往来更为顺利，为经济全球化提供了重要条件。

（5）世界政治格局的变化是经济全球化的重要的政治动因

冷战结束后，两极格局瓦解，世界格局发生变化。以美国为代表的西方资本主义国家希望占领东欧等苏联遗留的势力真空，且发展中国家的改革开放和广阔的市场是西方国家竞相争夺的焦点。发达资本主义国家在失去原有共同的对手后，其内部的矛盾逐渐显现，它们纷纷将精力集中在经济竞争上，争夺亚洲、非洲、拉丁美洲的市场。美欧之间、美日之间的贸易战、金融战、投资战此起彼伏，西方发达国家的经济“热战”代替了过去美苏之间的政治“冷战”，且西方发达国家争夺世界市场的行为推动了经济全球化的进程，特别是美国为实现全球战略目的，极力推动经济全球化，也是经济全球化的动因之一。

此外，推动经济全球化的现实原因还有两方面，一方面发达国家与发展中国家都选择了经济自由化道路，使得世界经济体制趋同与全球化逐渐升级与扩散。并且由于越来越多的国家实行自由化政策，为商品、服务与生产要素的跨国流动创造了更大的市场空间，为经济全球化提供了有利的制度环境和制度保证。另一方面，战后在西方发达国家大行其道的凯恩斯主义，由于20世纪70年代的经济“滞涨”而失势，取而代之的是新自由主义思潮的兴起。20世纪70年代末，西方国家纷纷取消或放松政府管制，推动了贸易、金融、投资自由化的发展。在乌拉圭回合谈判中，成员国达成了从降低关税和削减非关税壁垒、从货物贸易到服务贸易、从国际贸易到国家投资规模庞大的贸易自由化协议，推动了贸易的不断发展。而且在布雷顿森林体系崩溃后，资本的高度引起了空前的金融创新活动。除此之外，各国纷纷取消外汇管制，开放资本账户，促进了对外投资额的进一步扩大。

2. 经济全球化的表现

经济全球化将世界各国各地区的经济生活紧密联系起来，使不同社会制度、不同发展水平的国家都纳入统计的全球经济体系之中，其主要表现为：

（1）贸易全球化

从宏观层面来说，生产全球化体现了国家之间的产业分工和产业关联。在这一方面表现为由世界范围内的产业结构调整和转移带来的国家间的产业分工。二战后，世界各国工业化水平各不相同，形成了阶梯状的产业布局。其中，发达国家的主导产业已由劳动、资本密集型转为知识、技术密集型，新型工业化国家的主导产业已从劳动密集型转向资本密集型，发展中国家承接发达国家和新型工业化国家向其转移的产业，以劳动密集型产业为主导产业。在产业结构调整过程中，各国都将成熟的、标准化的产业转移到工业化程度较低的国家，从而形成了世界范围内的梯次发展格局。近年来，这种产业调整趋势明显加快，并且还出现了同一产业内不同要素密集度生产环节转移的新现象。另外，生产全球化的宏观层次体现在由跨国公司形成的国家间联系上。由跨国公司形成的国家间联系体现了生产过程中国家间的经济关联和国际分工，各国成为了产业体系的宏观组成部分。

（2）金融全球化

金融全球化，是指世界各国、各地区在金融业务、金融政策等方面相互交往和协调、相互渗透和扩展、相互竞争和制约，进而使全球金融形成一个联系密切、不可分割的整体。随着世界经济全球化的进一步发展，金融领域的跨国活动日益频繁，各国的金融市场逐渐融为一体，为广大企业融资、跨国生产和经营提供了极大地方便。金融全球化不仅成为经济全球化发展的关键一环，也成为经济全球化发展最快的领域。

进入20世纪70年代以来，世界上不同发展水平的国家都先后实行金融改革与深化，采取放松金融管制的措施。一方面，放松对金融机构的业务限制，取消银行与证券业分业经营的限制；另一方面，实行金融开放政策，放松或取消外汇管制，实施利率、汇率市场化等，使国内金融市场和国际金融市场日益融合。随着金融自由化的浪潮席卷全球，西方发达国家纷纷开展了金融创新活动，涌现了大量金融创新工具、金融市场和金融机构。许多发展中国家纷纷效仿，随着发展中国家逐渐开放本国金融市场和电子化、网络化技术的应用，20世纪90年代形成了国内金融市场和国际金融市场相贯通，以国际金融中心为依托，通过信息网络和金融网络运行的全球统一的、不受时空限制的、无国界的金融大市场。金融全球化促使资金在全世界范围内重新配置，在使欧美等国金融中心蓬勃发展的同时，也使发展中国家特别是新兴市场经济国家获得了大量经济发展所需的资金。世界经济的发展离不开金融全球化的推动。

（3）劳动力的国际流动

冷战期间，东西方的相互对立仇视导致劳动力自由流动的阀门紧闭。冷战结束后，随着经济全球化的快速发展，劳动力作为一种重要的生产要素，其国际流动发展迅速，人力资源在国家和地区间流动的自由度大幅提高。劳动力的国际流动已和商品贸易结合在一起，共同促进经济的发展。20 世纪五六十年代，西欧每年吸收大约 60 ~ 110 万移民，逐渐成为世界性的劳动力市场。另据国际基金组织和世界银行统计，1985—1990 年世界各国净流入人员每年为 110 万人。同期，墨西哥、菲律宾等 10 个劳动力出口最多的国家就净流出劳动力 287 万人，美国等 10 个劳动力输入最多的国家吸纳了劳动力 490 万人。且随着当今世界对高素质人才需求的不断增加以及发达经济体普遍出现“人口老龄化”的问题，劳动力的国际流动必然增多。

目前，劳动力流动的格局未变，但已呈现明显的分散性和对流性。亚、非、拉三大洲的发展中国家仍是劳动力的主要输出国，北美和大洋洲的发达国家仍是劳动力的主要输入国，但是已呈现分散性和对流性。例如 20 世纪 70 年代末全球有 2 000 万劳动力跨国流动，其中 1 200 万人来自三大洲的发展中国家，其余则来自发达国家。而且劳动力还出现了对流现象。1976 年 603 万劳动力流入欧共体，其中 347 万人来自西欧，162 万人来自欧共体。随着劳动力流动规模的增大，目前，劳动力的国际流动大都受到政府的鼓励与支持，且劳动力流动更趋法规化、国家化。二战后，劳动力流动的原因也发生了变化。原有劳动力流动原因是各国就业水平和工资差异，现在又加上了国际经济技术、国际援助和跨国公司发展等原因。劳动力的国际间流动会对欧美、亚洲等人口流动较大国家的工资水平、就业结构、经济增长和国际收支产生一定的影响，对流入、流出国经济的影响则根据人才和一般劳动力的区分而不同。但是劳动力和人才的大规模流动，对世界经济带来了积极的影响。劳动力和人才的大规模流动，一方面实现了人力资源在全球的配置，与其他资源相结合，有力地促进了生产力的发展和经济效率的提高；另一方面，劳动力和人才的全球流动具有溢出效应，促使科学技术和劳动技能在全球范围内传播，并且通过劳动力的自由流动，还可以使不同国家、不同民族间的文化相互交流，相互学习，增进各个民族间的认识与了解，促进世界的和平与进步。

二、经济全球化对世界经济的影响

经济全球化对整个世界来说既带来了机遇又带来了挑战，如何抓住机遇，面对挑战是我们需要做的事。但是，经济全球化对于发达国家和发展中国家带来的影响是不同的，发达国家和发展中国家的应对措施也是不尽相同的。

1. 经济全球化对发达国家的影响

从目前看，发达国家凭借先进的科学、技术、信息、人才优势以及在国际货币基金组织、世界银行、世界贸易组织等国际组织中的主导优势，主导甚至在一定程度上支配经济全球化的进程，成为经济全球化的最大受益者。经济全球化对其影响的典型表现是：

（1）经济全球化意味着国际贸易迅猛增长，国家贸易的发展速度远远超过了世界国内生产总值的增长。由于经济全球化的起步和加速发展是在现有国际经济旧秩序的背景下开始的，因此在贸易的迅猛发展中发达国家成为了最大的赢家。美、日、欧三方在世界贸易所占的份额高达50%以上，世界贸易其实被这三方所垄断。

（2）经济全球化还为发达国家提供了更广阔的经济活动空间，使它们凭借各自的优势和经济实力，积极活跃在世界市场的舞台上，不断在全球范围内获得更大的销售、投资和劳动力市场，不断扩大势力范围，谋求最大利益。

（3）经济全球化促进了发达国家跨国公司的发展和全球扩张，使得其对外投资规模不断扩大。目前，全球生产的40%左右、国际贸易的50%~60%、国际技术贸易的60%~70%、科研开发的80%~90%、国际投资额的90%都被发达国家的跨国公司所控制。

（4）经济全球化带来的空前的竞争促使发达国家经济向科技和资本密集型产业升级，在科学领域不断创新，研究和开发知识含量高的更有市场竞争力的新产品，并及时推向市场，保持自身在高新技术产业的优势地位。

综上，现行的以发达国家经济社会条件为依据制定的国际经济规则，是当今世界各国经济交往的基本依据，因此，西方发达国家是国际“游戏规则”的制定者和经济全球化的主要受益者。发达国家凭借其先进的生产技术、强大的国家竞争力以及掌握国际经济规则的主导地位，在经济全球化进程中始终保持其有利的地位。

但是尽管经济全球化给发达国家带来了莫大的好处，它依旧会存在不利于发达国家的方面。经济全球化推动了全球产业结构调整，势必会对发达国家造成一定的冲击。随着发达国家资本输出的加大，发达国家本国劳动密集型产业的就业机会减少，工资待遇也会受到相应的影响。并且经济全球化还扩大了发达国家的贫富差距。经济全球化使得发达国家各产业的受益不同。中小企业、传统产业受到了较大冲击，大型跨国公司由于在全球范围内优化整合资源，抗风险能力较强，导致了国家内部发展不平衡。这种多层次的不平衡相互交织，加剧了发达国家内部的分化与不同阶层间的利益冲突。

2. 经济全球化对发展中国家的影响

发展中国家由于在经济全球化中长期处于弱势地位，且这种弱势状态在短期内难以发生根本性变化，因此发展中国家在经济全球化的进程中面临着比发达国家更严峻的挑战。但是从长远看，经济全球化为发展中国家的发展带来了难得的历史机遇。

（1）大量外资的进入缓解了发展中国家资金匮乏的问题。近年来发展中国家的经济增长速度较快，尤其是中国、印度、波兰等国家表现较为突出，成为全球经济的亮点，这些国家丰富且低成本的劳动力，稳定的经济增长、广阔的市场规模和优惠的引进外资政策为吸引外资提供了良好的条件。中国是利用外资最多的发展中国家，2011 年中国的国际直接投资（FDI）流入额大约 1.5 万亿美元。大量资本的进入有利于发展中国家引进发达国家的先进技术和管理经验，缓解由于自身资金匮乏面临的约束，还有利于缩短发展中国家从二元经济向现代化经济转型的时间，加快现代经济制度的形成。

（2）资本的进入带来了先进的科学技术和管理经验。发达国家在将产品和资本输入发展中国家的同时，也将其先进的生产技术和管理经验带入发展中国家，为发展中国家学习和借鉴先进技术提供了参考。同时，通过并购当地企业的外资有利于传统产业的转型升级和产品竞争。

（3）大量外来资本的注入有助于促进本地安排大量的过剩劳动力从事有效就业，进而发展自身具有国际分工优势的劳动密集型产业和产品。但是跨国公司总有一种摆脱当地政府控制的倾向，在利用廉价劳动力获得好处的同时，往往会对所并购的企业进行大量裁员，以建立相对资本密集型的企业。所以，外资的正的“雇员效应”从发展中国家来看总体上并不明显。

（4）发展中国家利用外贸的发展促进了经济的增长。20 世纪“亚洲四小龙”的出口替代战略利用国际贸易使经济增长速度大幅度提高，成为推动现代化的典范。尽管发达国家是贸易增长的最大受益者，但是有一些发展中国家例如中国也受益于国家贸易，其贸易额约占世界贸易总额的 20%，促进了国民经济的平稳较快发展。

尽管经济全球化在一定程度上促进了发展中国家的发展，但是由于发展中国家在国家经济旧秩序中的弱势地位，使其在经济全球化的进程中处于被动的状态。由于经济全球化条件下世界范围内市场力量增强，贸易自由化、金融自由化和跨国公司的不断扩张，很大程度上冲击了发展中国家国内的部分产业。且发达国家凭借自身资金、技术等方面的优势以及发展中国家引进管理、技术、资金的迫切需求，发达国家强迫发展中国家让渡了更多自身的主权，不断扩张的跨国经济也控制了发展中国家中事关国计民生的重要产业，威胁到了发展中国家的国内市场和经济安全。并且，发达国家进行产业转移的同时，将高污染、高消耗的产业转移到发展中国家，破坏了当地的生态环境，造成了严重的环境污染。同时适应经济全球化需要而成立的专门性国际经济组织也对发展中国家的经济主权形成约束。发展中国家不得不对发达国家作出更多的让步。

三、经济全球化的发展趋势

近 20 年来，在技术进步的推动下，以国际互联网为代表的信息技术在生产、流通、消费等领域得到了广泛的应用，大幅提高了劳动生产率，降低了劳动成本，极大地改变了人类生产和生活方式。随着跨国公司的发展和对外投资规模的扩大，世界各国生产活动之间的相关度提高。经济全球化进程加快，逐渐成为世界经济发展的主流。

在21世纪可预见的时期内，经济全球化将出现新特征：一是网络经济将带动电信、银行、保险和运输等全球服务业市场继续扩张。而且随着交易手段和交易方式的不断创新，交易额将大幅上升。二是跨国公司将继续加大对外扩张的脚步，全球购并将踏入更多的领域，跨国公司规模和市场份额的不断扩大将使生产、营销、消费日益具有全球性。三是WTO等多边组织、国际政策协调机制、非政府组织和区域性经济组织，通过全球范围内贸易和投资的自由安排，将在推动经济全球化的进程中发挥越来越重要的作用。

四、经济全球化与中国

江泽民在总结近代以来中国落后的原因时明确指出："十五世纪以后中国的经济技术所以落后了，很重要的原因是丧失了一些重要的机遇，没有做好发展的文章。"① 虽然经济全球化是一把双刃剑，但是对中国来说，既有机遇又有挑战。如果把握得当，经济全球化则为中国经济的发展提供一次难得的机遇。

第一，参与经济全球化，有利于实现国内市场和国外市场的对接，充分利用国内、国外两个市场，实现资源的优化配置。改革开放后，1993年我国确立了实行社会主义市场经济体制，为经济全球化的发展与利用国内国外两个市场提供了制度保障。随着我国贸易地位的不断上升以及对外贸易依存的增大，我国对国际市场的依赖越来越深。但是贸易保护主义的抬头特别是一些国家对我国商品实行反倾销、反补贴以及其他贸易壁垒，给我国贸易和经济的发展设置了较大阻碍，并且也给我国经济安全带来更多不确定性。我们要抓住贸易全球化机遇，实施对外贸易市场多元化战略，以适应国内经济和对外贸易发展的需要。

第二，经济全球化带来的产业结构的调整和升级，是我国经济发展的重要机遇。世纪之交之际，我国面临着以信息产业为代表的高科技生产制造环节。在此期间，发达国家将劳动密集型产业和资源密集型产业向发展中国家转移，特别是把这些产业中包括劳动密集型生产环节向发展中国家转移。我国可以抓住发达国家产业转移的机会，逐步学会先进的劳动经验和管理经验，掌握先进的技术。并且全球产业结构大调整也加速了我国产业结构的调整，促使我国淘汰落后产业。外商直接投资带来的先进技术和管理经验将直接参与改造我国仍有潜力的传统产业。抓住这一个机遇，我们可以在更广阔的范围内、更大的程度上参与到资源的优化配置中去，不仅可以实现我国传统产业的升级，还可以促使我国高新技术产业实现跨越式发展。

第三，积极参与区域经济合作，趋利避害，应对经济全球化的挑战。积极构建和参与区域经济合作安排，就是要利用区域经济合力发挥比较优势，最大限度

---

① 江泽民论中国特色社会主义（专题摘编）. 北京：中央文献出版社，2002：93.

地规避对外开放的风险，扩大我国在世界经济中的影响力，成为国际经济规则的制定者和受益者。20 世纪 90 年代后，亚太经合组织、亚欧会议、中日韩—东盟“10 +3”等区域合作新形式等纷纷出现，为了适应区域经济合作的发展趋势，我国已经参加了亚太经合组织、亚欧会议以及上海合作组织等新兴区域合作。与此同时，我国还积极参与到中国—东盟自由贸易区那样的传统意义上的区域经济合作中。我国将在今后一个时期内采取多种形式的区域经济合作形式。

我国参与经济全球化的道路绝不是一帆风顺的，参与经济全球化，将对我国经济生活乃至社会生活的各个方面产生一定的冲击。

首先，经济全球化在短期内将直接冲击我国民族经济的发展。对于刚刚走进市场经济的绝大多数中国企业不仅缺乏市场经济的经验，而且不具备规模效益优势，在尚不具备国际市场竞争力的条件下与世界经济接轨，其艰难可想而知。从规模上看，中国大型企业的年销售额与世界知名大型跨国公司相比差距很大。从产品开发方面，中国企业不掌握核心技术，在产品的质量、知名度等方面无法与跨国公司相比，跨国公司具有雄厚的资金和先进的技术以及丰富的开拓海外市场的经验，对于中国企业来说带来了巨大的压力。并且跨国公司凭借其先进的管理理念和优厚的待遇条件，吸引了大量人才进入，其竞争力大大超过了国内民族企业。另外，中国加入世界贸易组织导致竞争加剧，国内民族企业受到了较大的冲击。

其次，国家经济安全受到威胁。目前，国际金融资本的巨额流动和金融投机活动的庞大规模，远远超出一般国家特别是发展中国家的抵御能力。经济全球化引发的经济危机或者潜在危机对仍处于国际分工中下端的中国经济造成巨大威胁。经济全球化对我们提出了新的要求，即中国的对外开放必须建立在自力更生的基础上，同时特别注意好把握好对外开放的节奏、领域与政策。根据本国的条件，发挥本国起主导作用的制度优势，实现自己的发展目标。

最后，经济全球化有可能加大经济发展的不平衡性，不利于防止两极分化。世界范围内的两极分化必然会影响各国国内的两极分化。所以为了抓住经济全球化的机遇，中国必须趋利避害，吸收其他国家发展过程中的经验教训，注意合理分配和社会公平，减少我国两极分化程度，促使经济又好又快健康发展。

本章小结

掌握国际分工和世界市场两个基础概念，理解科技革命在世界经济发展中的作用。了解二战后世界经济的格局及其发展演变，理解经济全球化的内涵、影响和发展趋势，学会分析反全球化现象，对于中国在经济全球化进程中的地位和作用有所把握。

关 键 词

国际分工　世界市场　经济全球化

思 考 题

1. 国际分工有哪些类型，影响国际分工发展的主要因素有哪些？
2. 二战后世界经济发展呈现哪些新特征？
3. 什么是反全球化运动，其主要成因与影响什么？

第三章

主要国际经济组织

第一节 世界贸易组织

世界贸易组织（World Trade Organization，WTO）的前身是关税及贸易总协定（General Agreement on Tariffs and Trade，GATT）。GATT于1948年1月1日正式生效，其宗旨是通过削减关税和非关税壁垒，消除国际贸易中存在的差别待遇，从而促进国际贸易自由化。GATT自生效实施开始，先后开展了八轮多边贸易谈判。贸易谈判不仅使各缔约方的关税水平大幅削减，同时也为各种非关税壁垒逐步建立了贸易规则。1986年开启的乌拉圭回合（Uruguay Round）谈判是GATT历次谈判中取得成果最丰富的一次，它不仅将农产品和纺织品贸易谈判纳入多边贸易框架之内，同时也将多边贸易规则的范围扩展到服务贸易、知识产权以及与贸易有关的投资措施等领域。此外，乌拉圭回合谈判决定在1995年1月1日成立WTO以取代GATT。

WTO的宗旨主要包括以下四方面：提高居民生活水平，保证充分就业，提高居民实际收入和有效需求；扩大货物和服务的生产和贸易；以可持续发展的原则利用世界资源和保护环境；确保发展中国家尤其是最不发达国家在国际贸易增长中，享有与其经济发展水平相适应的利益份额。在此宗旨的基础上，WTO的原则主要包括非歧视原则（最惠国待遇原则与国民待遇原则）、贸易自由化原则、透明度原则、公平贸易原则、发展中国家优惠待遇原则五方面内容。

为了确保这些原则得以实施，世界贸易组织成员在各个贸易领域签订了议定书，并受其约束。WTO为其成员提供了统一的制度框架，以规范各成员的贸易政策及措施。WTO的制度框架由成员达成的各类贸易协定构成，这些协定主要分为有关货物贸易的多边协议、服务贸易总协定、与贸易有关的知识产权协定，以及WTO争端解决机制与贸易政策审议机制等五个方面。在此制度框架下，WTO履行其实施贸易协定、提供贸易谈判场所、解决贸易争端、审议贸易政策、协调与其他国际组织的关系的职能。与此相适应，世界贸易组织在部长级会议（具有立法机构的作用）下设了总理事会负责贸易政策审议和争端解决，而于总理事会之下设了货物贸易理事会、服务贸易理事会和与贸易有关的知识产权理事会及其他分理事会。

一、货物贸易协定

国际货物贸易是国际贸易的主要内容，是国际经济贸易中最早得到多边贸易体制调整的，也是法律制度最为成熟和完善的领域。

WTO 与货物贸易有关的规则主要体现在《关税及贸易总协定》及其附件中。根据各类协议的不同内容，可以分为特殊产品规则，技术、标准与安全规则，贸易救济规则以及非关税壁垒规则等四个方面，如图 3－1 所示。WTO 与货物贸易有关的各具体协议为：《农业协议》、《纺织品与服装协议》（2005 年 1 月 1 日废止）、《卫生和动植物检疫措施协议》、《技术性贸易壁垒协议》、《与贸易有关的投资措施协议》、《反倾销协议》、《补贴与反补贴协议》、《保障措施协议》、《海关估价协议》、《装船前检验协议》、《原产地规则协议》、《进口许可证协议》。

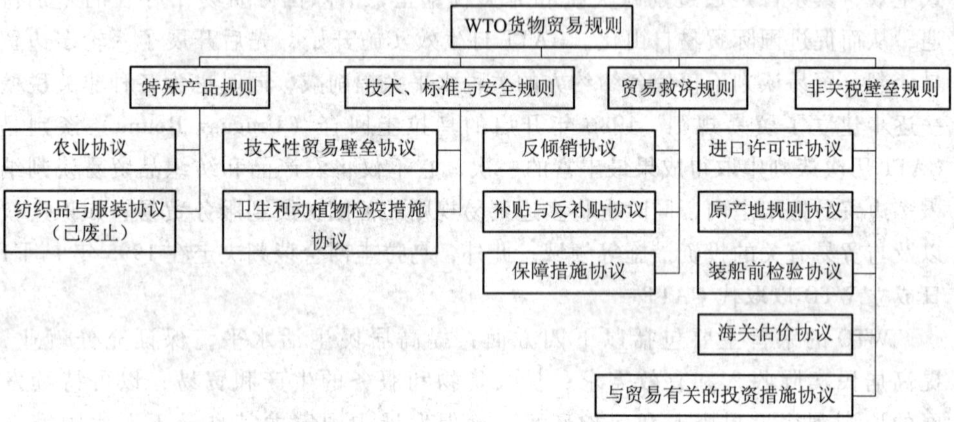

图 3－1　WTO 货物贸易规则结构

1. 特殊产品规则

（1）《农业协议》（Agreement on Agriculture，AOA）

农产品贸易是 GATT 乌拉圭回合谈判的焦点之一，各国在该领域中的分歧是导致乌拉圭回合迟迟无法达成一致的重要原因之一。世贸组织的农产品协议主要涉及两大方面内容：一是非关税措施关税化及关税减让；二是补贴额度的计算及削减。乌拉圭回合谈判达成的《农业协议》由序言、正文（13 个部分，共 21 个条款）及 5 个附件组成。协议最主要的内容是对农产品贸易政策三个方面的规定：市场准入、国内支持和出口补贴。

① 市场准入（Market Access）

在市场准入方面，协议将农产品贸易的非关税措施关税化，将各种收费、进口限制、自动出口限制和进口配额通过一定的方式量化为关税水平，以便对之加以削减。根据该协议，世贸组织成员承诺，在世界贸易组织成立的6～10年内，发达成员和发展中成员分别将农产品关税（包括由非关税措施转换来的关税）削减36%和24%，且每个关税表都有最低削减。当然，该协议也规定了豁免条件：若某种农产品进口量不足国内消费量的3%～5%，则可以保留一定的关税配额；对于农业品进口激增或者进口农产品价格过低的情况，世贸组织成员在削减关税方面也可以享有豁免权。发达成员削减期限为6年，发展中成员为10年，最不发达成员不需削减。

② 国内支持（Domestic Support）

WTO成员方实施的对贸易扭曲作用最低的国内支持政策为“绿箱”政策，包括一般政府服务，如研发投入、疾病控制、基础设施、食物安全、对生产者的直接支付，例如与生产“脱钩”的收入支持、结构调整援助、环保计划下的直接支付和地区援助计划等。“绿箱”政策不受减让承诺的约束。除“绿箱”政策之外，对生产和贸易产生扭曲作用的国内支持措施为“黄箱”政策，包括价格支持、营销贷款、种植面积补贴、农业生产投入补贴等，成员方需要承诺减让。从1995年起，发达成员应在6年内削减20%，发展中成员在10年内削减13.3%，最不发达成员不需削减。①

③ 出口补贴（Export Subsidies）

《农业协议》规定了成员方承担削减出口补贴的义务。数量减让方面，以1986—1990年为基期，发达成员在6年内削减21%，发展中成员在10年内削减14%；金额减让方面，发达成员在6年内减少36%，发展中成员在10年内削减24%，最不发达成员不需削减。

（2）《纺织品与服装协议》（Agreement on Textiles and Clothing，ATC）

与农产品类似，纺织品贸易也长期游离于多边贸易体制之外。由于纺织品和服装属于劳动密集型产品，发展中成员生产纺织品和服装具有明显的比较优势，因而发达成员的纺织品与服装产业面临着发展中成员产品进口的压力。长期以来，发达成员采取配额等数量限制措施限制来自发展中成员纺织品和服装的进口。为了促进纺织品和服装贸易的自由化，削减贸易壁垒，在GATT的主持下，42个主要纺织品贸易国达成了《多种纤维协定》（Multifibre Arrangement，MFA），并于1974年1月1日正式生效。《多种纤维协定》对纺织品和服装的配额等贸易措施进行了规定和约束，但并没有完全消除这些贸易壁垒。经过艰苦谈判，乌拉圭回合最终达成了《纺织品与服装协定》以取代《多种纤维协定》，目标是确保最终将纺织品和服装纳入到GATT统一的规则之中。《纺织品与服装协定》有效期为10年，从1995年1月1日生效至2005年1月1日终止。从2005年开始，纺织品贸易正式纳入WTO多边贸易体制之内。

---

① 一国削减补贴所依据的基期年份选择对于该国削减补贴的实际数量有重要影响。若该国所选择的补贴额计算基期年份存在大量补贴，那么，该国削减后的最终补贴水平仍会很高。

2. 技术法规与产品标准和安全的规则

（1）《实施动植物卫生检疫措施协议》（Agreement on Sanitary and Phytosanitary Measures, SPS）

《实施动植物卫生检疫措施协议》是有关食物安全和动植物健康的规则。其宗旨体现在三方面：一是保证各成员方有权采用为保护人类、动植物的生命或健康所必需的卫生检疫措施，但这些措施不得背离科学证据，也不能对国际贸易构成不必要的限制；二是建立多边规则体制约束各成员方制定、采用和实施卫生检疫措施；三是将卫生检疫措施对贸易的负面影响减少到最低程度。协议由14个条款和3个附件组成，主要包括成员方应遵守的规则，发展中成员的特殊和差别待遇，动植物卫生检疫措施委员会职责以及争端解决等内容。

它既是单独的协议，又是《农业协议》的第八部分。

（2）《技术性贸易壁垒协议》（Agreement on Technical Barriers to Trade, TBT）

《技术性贸易壁垒协议》包括正文和3个附件，主要内容包括：协议的宗旨；技术法规、标准及合格评定程序；通报、评议及咨询制度；机构、磋商及争端解决等方面。协议适用于包括工业品和农产品在内的所有产品，但各国政府制定的采购规则不受协议的约束。此外，协议未涉及动植物卫生检疫措施，有关问题由《实施动植物卫生检疫措施协议》规范。

《技术性贸易壁垒协议》将技术性贸易壁垒分为技术法规、技术标准和合格评定程序三个方面。技术法规是规定强制执行的产品特性或相关工艺和生产方法，主要包括有关产品、工艺或生产方法的技术规范、指南、准则、专门术语、符号、包装、标志或标签要求。技术标准是经公认机构批准、规定非强制执行的、供通用或反复使用的产品或相关工艺和生产方法的规则、指南或特性的文件。合格评定程序是指任何直接或间接确定产品是否满足技术法规或标准要求的程序，主要包括抽样、检验和检查，评估、验证和合格保证，注册、认可和批准，以及各项程序的组合。

3. 贸易救济规则

（1）《反倾销协议》（Agreement on Implementation of Article VI（Agreement on Antidumping））

一般来说，反倾销法律由反倾销国际规范和反倾销国内规范组成，两者相互补充。世界贸易组织的《反倾销协议》属于反倾销国际规范，而各国的反倾销规范，也即各国或地区针对并适用进口产品倾销行为而制定的有关反倾销法律规范则是国内反倾销规范，如我国的《反倾销条例》。①

《反倾销协议》对倾销及反倾销措施方面作出了详细的规定。在倾销认定方面，该协议规定，认定倾销必须符合三个条件：第一，确定出口产品倾销的存在；第二，确定实质损害或实质损害威胁进口国已建立的某项工业，或实质阻碍

---

① 与WTO相关协议一致，入世后，我国在1997年颁布的《反倾销和反补贴条例》基础上，分别颁布了《反倾销条例》、《反补贴条例》和《保障措施条例》。

国内工业发展的事实；第三，这种国内工业的实质损害或实质损害威胁是由出口国产品的倾销所造成的，即两者之间具有因果关系。该协议还对如何确定倾销是否存在，以及倾销中出口价格、正常价值、同类产品、可比价格、正常贸易过程、国家垄断贸易的定义均作了规定。而在确定产业损害方面，该协议对国内工业、确定损害的标准和方法也都做了详细的规定。

为了确保出口产品倾销、产业损害及其两者之间因果关系的确定等实体性反倾销法律得以正确实施，世贸组织不断改进和完善反倾销协议。2007 年 11 月 30 日，作为多哈回合反倾销规则谈判所取得的最新成果，世贸组织公布了一份有关《反倾销协议》的修订草案，该草案在归零法、因果关系认定、反规避、日落复审等方面提出了重要的修订意见，并试图协调成员方的不同立场和利益。

《反倾销协议》是《关于履行 1994 年关税与贸易总协定第六条的协议》的简称，由三部分 18 个条款及 2 个附件组成，主要包括倾销的确定、损害的确定、倾销与损害的因果关系、反倾销调查程序、反倾销措施等方面内容。

① 倾销的确定。《反倾销协议》界定倾销的定义为：一种产品的出口价格，低于在正常贸易过程中出口国供消费的同类产品的可比价格，即以低于正常价值的价格进入另一国市场。可见判断是否存在倾销取决于“正常价值”和“出口价格”的比较，因此《反倾销协议》分别规定了正常价值和出口价格的确定方法。正常价格的确定方法有三种，一是按产品在出口国国内市场的销售价格，二是按出口国向第三国正常贸易的出口商品价格，三是按产品的结构价格。只有当第一种方法无法采用时，才能采用后两种方法。出口价格一般是指出口商将商品出售给进口商的价格。在确定了正常价格和出口价格之后，就可以确定是否存在倾销以及倾销的幅度大小。

② 损害的确定。《反倾销协议》将损害分为三种情况：进口商品对进口方生产同类产品的国内产业的实质性损害、实质性损害威胁，或者对建立产业构成的实质性阻碍。确定损害的依据是：一是进口商品的数量是否大量增加；二是进口商品的价格对进口方同类产品价格是否产生影响；三是进口商品对进口方同类产品的生产商是否造成影响。《反倾销协议》还规定了确定损害威胁的依据。此外，需要注意的是《反倾销协议》对“国内产业”的定义。“国内产业”的范围应为国内同类产品的全部生产商，或者是产品总产量占国内全部同类产品产量相当部分的生产商。如果生产商与进出口商有关联，或者该生产商本身就是倾销产品的进口商，则不算做“国内产业”范围之内。

③ 倾销与损害的因果关系。《反倾销协议》规定，在确认倾销与损害的存在后，还应当确定二者之间的因果关系，这是采取反倾销措施的必要条件之一。调查当局必须在审查所有相关证据的基础上，证明倾销是造成损害的原因。

④ 反倾销调查程序。反倾销调查程序是成员方反倾销行政主管部门根据国内遭受倾销产品损害的国内产业提出的申请，对被控倾销产品进行调查的过程。反倾销调查程序包括提出申请、证据收集、裁定以及行政复审等阶段。

⑤ 反倾销措施。反倾销措施包括临时措施、价格承诺和反倾销税三种。临

时措施是进口方在正式征收反倾销税之前，为保护国内产业而采取的临时性救济措施，包括征收临时反倾销税和担保方式两种措施，但这两种措施的金额不得高于初步裁定的倾销幅度；价格承诺是进口方当局与出口商或出口方政府达成的协议，旨在提高产品出口价格以消除对进口方国内产业的损害；反倾销税是最主要的反倾销措施，是反倾销调查当局在作出倾销与损害的肯定性的最终裁决后征收的税收。

（2）《补贴与反补贴措施协议》（Agreement on Subsidies and Countervailing Measures, SCM Agreement）

世界贸易组织的《补贴与反补贴措施协议》将补贴定义为 WTO 成员政府或任何公共机构向某一企业或某一产业提供财政捐助或对价格或收入的支持，结果直接或间接增加从其领土输出某种产品或减少向其领土内输入某种产品，或者因此对其他成员利益造成损害的政府性行为或措施，是一种促进出口限制进口的国际贸易手段。为了与《补贴与反补贴措施协议》相配套，我国颁布有《反补贴条例》。

《补贴与反补贴措施协议》（以下简称《协议》）由 11 个部分 32 条和 7 个附件组成，根据不同的情况将补贴区分为禁止的补贴、可申诉的补贴和不可申诉的补贴。对三种不同的补贴形式，《协议》均作出了具体规定。此外，《协议》第 11 条对调查程序、《协议》第 14 条对补贴额的计算、《协议》第 15 条和第 16 条对损害的确定、《协议》第 18 条对承诺、19 条对反补贴税的征收也做了相关规定。

① 补贴的定义与补贴的专向性。《协议》界定补贴是指由政府或公共机构提供的财政资助或任何形式的收入或价格支持。补贴的专向性是成员方政府给予特定企业、产业、地区的补贴。只有当补贴具有专向性时才受到《补贴与反补贴措施协议》的约束。

② 补贴的分类。《协议》将专向性补贴分为禁止性补贴、可诉补贴和不可诉补贴三类。禁止性补贴又称为“红灯补贴”，包括出口补贴和进口替代补贴两种类型，任何成员不得实施或维持此类补贴，农产品出口补贴的削减由《农业协定》规定；可诉补贴又称为“黄灯补贴”，是指在一定范围内允许实施，但如果给其他成员方的利益造成负面影响，则受损害的成员可以采取反补贴措施，并可诉诸争端解决机制；不可诉补贴又称为“绿灯补贴”，包括不具有专向性的补贴和符合特定要求的专向性补贴两种，由于不可诉补贴对贸易的影响很小，其他成员方不应采取反补贴措施，也不可以诉诸争端解决机制。

③ 反补贴措施。进口成员方采取反补贴措施要经过以下程序：一是调查，进口调查当局应以国内产业或其代表的书面申请为依据，并有充分的证据证明存在补贴，而且补贴产品对进口成员方的国内产业造成损害，补贴与损害之间存在因果关系，在满足上述条件后进口调查当局才可以立案调查。二是证据，在立案调查的过程中，调查当局应向各利益方发出通知，要求其提供书面证据。三是协商，在立案及调查过程中，任何一方都应给予对方合理的机会进行协商，以澄清事实或达成各方都能接受的解决办法。四是补贴额度的计算，调查当局计算接受

补贴企业所得利益的方法应在有关法律法规中作出规定。五是损害的确定，应建立在确定证据基础上，并客观的检查受补贴产品的进口量及补贴产品对进口国内同类产品价格的影响，以及对国内同类产品生产者的冲击程度。调查当局经过立案、调查、取证、裁决之后，证实补贴的存在和损害事实的存在以及补贴与损害之间有因果关系之后，就可以采取反补贴措施。反补贴措施包括临时措施、承诺和征收反补贴税三种形式。

④ 发展中成员方的优惠待遇。《补贴与反补贴措施协议》承认补贴在发展中国家经济发展中发挥着重要作用，因此给予发展中成员方优惠待遇，主要包括：最不发达成员方和人均 GNP 低于 1 000 美元的发展中成员方可以不受禁止性出口补贴纪律的约束；对其他发展中成员方，禁止性出口补贴将在建立 WTO 协议生效之后 8 年内生效；如果补贴总体水平没有超过产品价值的 2%（一些发展中成员方 3%），或者受补贴的进口量占同类产品进口总量低于 4%，针对发展中成员的反补贴调查将被终止。

（3）《保障措施协议》（Agreement on Safeguards）

乌拉圭回合达成的《保障措施协议》由 14 个条款和 1 个附件组成，主要包括实施保障措施的条件、保障措施调查、严重损害或严重损害威胁的确定、保障措施的实施、临时保障措施、保障措施的期限和审议、补偿与报复、对发展中国家成员的特殊待遇、禁止"灰色区域"措施、监督及争端解决等内容。

① 实施保障措施的条件。《保障措施协议》规定，成员方采取保障措施，必须通过调查证明存在某一产品的进口不可预见的增长，且该产品的进口增长导致进口方相关产业的严重损害或严重损害威胁，同时进口增长与严重损害或者严重损害威胁之间存在因果关系。

② 实施保障措施的程序。为保证保障措施的公正和透明，尽量减轻由实施保障措施造成的贸易扭曲，《保障措施协议》对保障措施调查规定了非常严格的通知义务，并特别强调拟实施保障措施的成员必须在整个调查过程中，给其他利益相关成员方提供充分的磋商机会。

③ 保障措施的形式和实施期限。保障措施的形式包括提高关税、数量限制、配额和关税配额等。但保障措施应仅在防止或救济严重损害的必要限度内实施。保障措施的实施期限一般不超过 4 年，特殊情况下可以延长，但总期限不得超过 8 年。超过 1 年的保障措施应逐步放宽限制，如果实施期超过 3 年，成员方应在实施期限的中期之前对其进行审议，根据审议结果撤销或加快放宽保障措施。

④ 补偿与报复。由于保障措施针对的是公平贸易条件下的产品进口，因此实施保障措施必将影响出口方的利益。为此协议规定，实施保障措施的成员与其他有利害关系的成员可以就贸易补偿问题进行谈判。如果双方在 30 日内没能达成补偿方案，则利益受损的出口成员，在货物贸易委员会受到其报复的书面通知 30 日后，且在保障措施实施 90 日后，且货物贸易理事会没有提出反对意见，则出口成员方可以采取对等的报复措施。

⑤ 发展中成员的优惠待遇。《保障措施协议》规定，如果发展中成员产品的

进口份额不超过3%，则不得对之实施保障措施，但不超过3%进口份额的发展中成员份额总计占产品总进口应不超过9%。发展中成员有权延长保障措施的实施期，最长适用期可为10年。针对同一产品的保障措施，发展中成员也可以在一定期限条件下再次实施。

⑥“灰色区域”措施的禁止和取消。“灰色区域”措施是各成员方因规避GATT规则与义务而产生的，包括“自愿出口限制”、“有秩序销售安排”等措施。《保障措施协议》规定，任何成员方不得对产品进口采取或寻求“灰色区域”措施，或者使这些措施符合《保障措施协议》的规定。“灰色区域”措施应在WTO成立后4年内取消，但允许每个进口成员至多有一项此类措施延长使用至1999年12月31日。

⑦ 监督及争端解决。《保障措施协议》决定在货物贸易理事会下设立保障措施委员会，以监督协议的实施。此外，协议也规定，该协议下的磋商与争端解决适用于WTO争端解决机制的规定。

4. 非关税壁垒规则

(1)《进口许可证程序协议》(Agreement on Import Licensing Procedures)

《进口许可证程序协议》由序言和8个条款组成，主要涉及进口许可证程序的一般原则、自动进口许可规则、非自动进口许可规则、通知和审议等内容。

① 进口许可程序的一般原则。协议规定，成员方进口许可管理部门应公布进口许可证申请程序的规定及其相关信息，公布的时间应不迟于上述规定生效前21天，特殊情况不得迟于生效之日；成员方应尽量简化许可证申请和延期手续；成员方不得因非故意差错或申请文件的基本数据错误而拒绝批准进口；不得在外汇使用上实施歧视性的差别待遇。

② 自动进口许可规则。成员方只有在条件具备，且没有其他更合适的手段的情况下才可以实施该项规则；不得歧视符合要求的许可证申请者，成员方应迅速给予批准，批准期限最长不得超过自收到申请之日起的10个工作日。

③ 非自动进口许可规则。协议规定，要保证许可证管理的透明度；及时、公正的实施许可程序；分配许可证应考虑申请人过去的进口实绩，并适当考虑新的进口商；关于误差的补偿，进口货物的数量、金额等因微小误差而超过许可证规定的水平，管理部门应在未来的许可证分配时作出补偿性调整。

④ 通知和审议。成员方应在公布有关程序后的60天内通知WTO，内容包括许可证的管理类别、目的和措施、许可程序的预计期限、许可证管理的产品清单等资料，WTO成立进口许可证程序委员会，每两年对《进口许可证程序协议》进行审议。

(2)《海关估价协议》(Agreement on Implementation of Article VII (Customs Valuation))

《海关估价协议》由4个部分、24个条款组成，其宗旨是消除或减少海关估价对贸易的不利影响，并建立统一的海关估价制度。协议的主要内容包括海关估价的规则与方法、对发展中成员的特殊和差别待遇、海关估价的管理、磋商和争端解决等几方面，其中海关估价的规则与方法是协议的核心内容。

① 海关估价的规则与方法。《海关估价协议》按使用的顺序，具体规定了6种估价方法，并规定只有在前一种方法不足以进行估价时，才可以使用后一种方法，以此类推。这6种估价方法依此为：交易价值法、相同商品交易价值法、相似商品交易价值法、倒扣价格法或扣除法、估算价值法、顺序类推法。

② 发展中成员的特殊待遇。协议规定，发展中成员可在协议生效之日起享有5年过渡期以推迟适用协议的条款；只有征得发展中成员海关同意，进口商才可在倒扣法或估算价格法之间作出选择，而进口商无须征得发达成员海关的同意进行选择；发展中成员在征得其他成员方同意后，可以在过渡期内保留最低价值估价方法；发展中成员的代理商、批发商等面临海关估价问题时，经该成员政府的请求，各方应对此项问题进行研究以寻求解决途径。

③ 海关估价的管理、磋商和争端解决。协议决定设立海关估价委员会，每年召开一次会议就海关估价问题进行磋商。海关估价协议中的磋商和争端解决适用于WTO争端解决机制的规则。

(3)《装船前检验协议》(Agreement on Preshipment Inspection)

《装船前检验协议》由序言和正文组成，正文有9个条款，主要包括适用范围、进口方和出口方的义务、独立审议程序、执行协议的通知、审议、磋商与争端解决等内容。

① 适用范围。《装船前检验协议》适用于各成员方政府通过政府授权或政府合约的方式，制定检验机构对进口产品的质量、数量、价格以及产品的海关分类等所有活动进行装船前检验。

② 进口成员方的义务。这是《装船前检验协议》的核心内容，其中最重要的是进口方在价格审核方面应遵守的规则。这些规则基本上是针对装船前检验机构的，但由于WTO主要约束政府行为，因此进口方政府承担了应确保检验机构遵守这些规则的义务。进口成员方的义务包括：非歧视地从事装船前检验活动、在出口方进行有关检验活动、检验产品质量和数量的标准、价格审核应遵循的原则、保持装船前检验的透明度、避免产生不必要的延迟、检验机构保守商业秘密。

③ 出口成员方的义务。主要包括：出口方应保证有关装船前检验的法律法规以非歧视的方式实施，出口方应及时公布有关装船前检验的法律法规，出口方应根据进口方提出的请求向其提供有关技术援助。

④ 独立审议程序。如果检验机构与出口商之间发生争端，WTO首先鼓励双方通过协商的方式解决。如果出口商提出投诉两天后争端仍未解决，则根据《装船前检验协议》规定的独立审议程序解决。独立审议机构由代表检验机构的代表、出口商代表和双方共同提名的国际贸易专家组成。

⑤ 通知、审议、磋商与争端解决。《装船前检验协议》规定，各成员方有义务向秘书处通知其实施的与装船前检验相关的法律法规；在《装船前检验协议》生效后的每3年，部长级会议对协议条款及其实施和运用情况进行审议，并根据审议结果修订协议的条款；成员方之间有关协议的争端适用于WTO争端解决机

制的规定。

(4)《原产地规则协议》(Agreement on Rules of Origin)

世界贸易组织的《原产地规则协议》旨在协调各成员的原产地规则。该协议有以下几方面的基本原则：一是一国在国际贸易领域实施原产地规则不得严于其在国内贸易领域实施的原产地规则，这体现了国民待遇原则和非歧视原则；二是原产地规则必须前后一致、统一、公正合理，这是透明化原则的体现；三是政府相关机构必须在150天之内完成原产地认定，有效期为3年，这体现了贸易便利化原则；四是一国新制定的原产地规则不适用于该原则制定前的商品，也即不具有追溯力，这体现了贸易促进原则；五是加强了对原产地认定时所使用属于商业机密信息的保护力度，这体现了世贸组织考虑到了企业的关切，从而促进贸易公平有序发展的原则。

《原产地规则协议》共分为4个部分，由9个条款和2个附件组成，主要内容包括协议的适用范围、原产地规则的协调、实施原产地规则的纪律等方面。

① 适用范围。《原产地规则协议》只适用于有关非优惠性商业政策措施的原产地规则，具体包括实行最惠国待遇、反倾销和反补贴措施、保障措施、原产地标记要求、任何歧视性的数量限制或关税配额以及政府采购和贸易统计中所使用的原产地规则。协议不适用于优惠性措施中使用的原产地规则。

② 原产地规则的协调。自1995年起，世界海关组织原产地规则技术委员会负责WTO成员方非优惠原产地规则的协调工作。协调工作以协调编码制度中的商品类别为基础，按照协调编码制度目录中的类、章所代表的商品类别进行。

③ 实施原产地规则的纪律规定。在原产地规则协调工作计划完成之前的过渡期间，成员方应遵守以下纪律：一是明确中性的原产地规则审议标准；二是原产地规则应以肯定性标准为基础；三是进出口商或持有正当理由的任何人要求有关当局对原产地规则作出评定；四是任何与确定法国原产地有关的政府行为都应立即独立于原产地评定意见的当局的司法、仲裁及行政听证或行政程序的审查。

(5)《与贸易有关的投资措施协议》(Agreement on Trade Related Aspects of Investment Measures, TRIMs)

《与贸易有关的投资措施协议》旨在为企业的国际投资活动争取到国民待遇和非歧视待遇。世界各国的国内政策法规往往起到阻碍国际投资活动的作用，这些政策法规包括：要求外资企业在当地采购一定数额的生产投入品，外资企业必须达到一定的出口业绩才能获准进口一定数额的中间品，对外资企业进口投资品实施外汇管制。《与贸易有关的投资措施协议》达成后，要求世贸组织成员给予其他成员在本国的投资活动以国民待遇，并在附件列出了世贸组织成员不应实施的影响国际投资活动的政策措施清单。

《与贸易有关的投资措施协议》由9个条款和1个附件组成，主要内容包括基本原则、禁止使用的与贸易有关的投资措施、发展中成员优惠待遇、通知和过渡性安排、透明度要求、管理机构与争端解决等方面。

① 协议的基本原则。《与贸易有关的投资措施协议》规定，成员方实施与贸易有关的投资措施时，不得违背《关贸总协定》的国民待遇原则和取消数量限制原则。

② 禁止使用的与贸易有关的投资措施。违反国民待遇原则的与贸易有关的投资措施形式包括两种：一是要求外国投资企业购买或使用本国产品或来源国内渠道的产品，也称为当地成分要求；二是要求外国企业购买或使用进口产品的数量或价值应与该企业出口当地产品的数量或价值相当，也称为贸易平衡要求。违反一般禁止数量限制原则的与贸易有关的投资措施形式包括三种：一是限制企业用于当地生产或相关产品的进口；二是限制企业可使用的外汇以限制企业用于当地生产或相关产品的进口；三是限制企业出口或供出口的产品销售。

③ 通知和过渡性安排。协议规定，成员方在《WTO 协定》生效后 90 天内将正在实施的与本协议不符的投资措施通知货物贸易理事会；自本协议生效之日起，发达成员应在 2 年过渡期内取消已向货物贸易理事会通知的投资措施，发展中成员有 5 年过渡期，最不发达成员有 7 年过渡期；成员方在过渡期内设立新企业也受到协议规则的约束。

④ 透明度要求、管理机构与争端解决。成员方应将其与贸易有关的投资措施的出版物通知 WTO 秘书处。协议设立了与贸易有关的投资措施委员会。委员会每年至少召开一次会议，或在任何成员请求下召开会议；为成员方就协定有关的问题提供磋商机会；监督协定的执行，每年向货物贸易理事会报告。货物贸易理事会在《WTO 协定》生效 5 年后审议本协议的运作情况，并适时向部长级会议提出修改和补充建议。WTO 争端解决规则和程序适用于本协议下的争端解决。

总体来看，《与贸易有关的投资措施协议》对投资措施的规定只是一般性规定，而全球主要地区（如北美自由贸易区和欧盟）层面上的投资协议和正式或非正式的企业行为准则①在管辖和规范国际投资行为方面发挥着主要的作用。值得一提的是，经济合作和发展组织（OECD）曾于 1998 年提出了签订国际性的《多边投资协议》的构想，但相关各国并未达成一致，此后 OECD 将这一议题转交世贸组织商讨。2000 年，世贸组织西雅图会议失败后，世界各国在国际投资领域达成进一步协议的努力并未取得新的进展。

二、服务贸易协定

关税及贸易总协定经历 8 年的乌拉圭回合谈判，最终达成了《服务贸易总协定》(General Agreement on Trade in Services，GATS)，成为 WTO 三大协定之一。该协定旨在消除国际服务贸易的壁垒，促进服务贸易的自由化。该协定是国际贸易历史上第一个关于服务贸易的全球性具有法律约束力的多边协定，极大地丰富

① 如《跨国公司行为准则》。

了国际贸易法的内容。

《服务贸易总协定》国际服务贸易分为11大类142个服务项目，并定义了四种服务贸易提供方式，分别为：从一成员方境内向任何其他成员方境内提供服务，即“过境提供”；在一成员方境内向任何其他成员方消费者提供服务，即“境外消费”；一成员方在其他任何成员方境内通过提供服务的商业机构或其他专业机构而提供服务，即“商业存在”；一成员方的自然人在其他任何成员方境内提供服务，即“自然人流动”。该协定共包括三个部分以及9项决议，涉及一般义务和纪律，具体承诺，逐步自由化，组织机构条款等。以下介绍《服务贸易总协定》涉及的主要服务领域的有关规定。

1. 国际金融服务贸易

国际金融服务贸易主要通过“商业存在”和“人员流动”实现。由于国际金融服务贸易存在着市场准入壁垒和经营性限制等限制措施，因而阻碍了各国金融服务贸易的发展。针对这一问题，世界贸易组织成员通过多边谈判的方式，达成了如何和在多大程度上开放国内金融服务市场的协定，所取得的成果形成了《服务贸易总协定》的《关于金融服务谈判的附件》。根据该项谈判成果，世界贸易组织成员就银行、证券、保险领域均作出了开放承诺，承担遵守市场准入、国民待遇、政策透明化和最惠国待遇等方面的义务。

2007年，随着我国加入世界贸易组织有关服务贸易市场开放的6年过渡期满，外资银行已可以全面经营人民币业务，外国金融机构也进入了外汇市场、黄金市场和期货市场，并可以参股我国的证券公司和基金公司。

2. 国际电信服务贸易

根据《服务贸易总协定》，电信服务是指传送与接收电磁信号的服务。① 电信服务可分为基础电信和增值电信。基础电信的“基础”二字是指该类服务在电信服务领域中所处的基础地位，通常是指语音通信。而增值电信服务主要包括以下服务：电子信箱、电子数据交换、在线数据的加工与信息处理、在线数据库存储与检索、增值传真和代码转换等。

我国加入世界贸易组织后，按照《服务贸易总协定》及其《有关电信服务的附件》的要求，加快了电信市场的改革和开放，有关电信服务贸易方面的法律体系也日趋完善。目前，国务院已经颁发了两项重要的电信管理规章，即《中华人民共和国电信条例》和《外商投资电信企业规定》。这些规章条例为国内外运营商在我国投资经营提供了明确的指导。

3. 国际海运服务贸易

《服务贸易总协定》将国际海运服务界定为国际班轮与租船运输服务、提供港口设施服务、各种辅助性服务、在境外设立船运服务机构或代理机构、海

① 目前，世界贸易组织法律体系中共有4个协议直接涉及电信服务业，即货物贸易中的信息技术协议、服务贸易中的服务贸易总协议和基础电信协议以及和贸易有关的知识产权协议，此外，还未达成协议的电子商务议题也涉及电信服务业。

员雇用服务等。国际海运服务谈判的成果主要体现在《服务贸易总协定》的《海运服务谈判的附录》中，但由于全球主要航线上的班轮公会对海运业市场开放及定价具有很强的影响力，因此世界贸易组织对这个领域的管辖权并不强。

根据《服务贸易总协定》和我国在海运谈判中的承诺，我国已经建立了三个层次的全面的海运服务法律法规体系：分别为包括《海商法》、《对外贸易法》等在内的基本法律；《中华人民共和国国际海运条例》、《国际班轮运输管理规定》等行政法规规章；涉及外国船舶和船员进出港口、停留、航行等地方性法规。

4. 国际航空服务贸易

《服务贸易总协定》的《航空运输服务附件》所规范的国际航空服务的具体内容包括三个方面：飞机的保养和维修服务，空运服务的销售、营销和计算机预订系统服务。由于航空运输服务涉及国家主权和国家安全，同时还具有技术水平高和安全保障要求高的特点，从而决定了世界各国在参与乌拉圭回合的服务贸易谈判中，采取了有选择、分阶段的开放航空服务贸易的市场的态度。与国际航空服务贸易法有关的法律中，除国内法外，绝大部分是由多边、双边国际公约组成，世界贸易组织对这个领域的管辖力并不强。

我国于1995年通过了《中华人民共和国民用航空法》，而加入世界贸易组织的十多年以来，我国相继颁布了《外商投资民用航空业规定》以及相关的《外商投资民用航空业规定》补充规定等一系列法规规章制度。

5. 国际专业技术服务贸易

随着交通和通信技术的发展，专业技术人士（律师、注册会计师、经理人员和工程技术人员等）的商务、科技和文化的国际交流日益频繁。而一个国家限制国外的专业人士进入本国从事专业技术服务活动的措施就构成了国际专业服务贸易壁垒。国际上常见的专业服务贸易壁垒主要涉及在国民待遇方面的限制，市场准入方面的限制，政策法律方面的限制。

《服务贸易总协定》在国际专业技术人士的签证、居留和资质认证等方面作出了规定。目前，我国规范国际专业技术服务贸易的法律体系包括国内法和加入世界贸易组织的相关承诺。如在律师服务业领域，我国的相关法律制度包括《关于外国律师事务所在中国境内设立办事处的暂行规定》和《律师法》等。

三、与贸易有关的知识产权协议

世界贸易组织《与贸易有关的知识产权协议》（Trade Related Intellectual Property Rights，简称TRIPS）以有关保护文学和艺术作品版权的《伯尔尼公约》（Berne Convention）① 为基础，涵盖了所有知识产权领域。在著作权保护方面，

① 不包括著作人格权（Moral Right），又称著作人身权，是著作权组成部分，其内涵包括了公开发表权、姓名表示权及禁止他人以扭曲、变更方式，利用著作损害著作人名誉的权利。

涉及了计算机软件和数据库、计算机软件和音频所有者租赁授权、影视和音频资料①等方面。在专利权保护方面，《与贸易有关的知识产权协议》（主要依据《巴黎公约》（Paris Convention）），对专利权给予20年的保护期，同时，为了帮助发展中国家发展公共健康事业和保证农业安全，该协议还设计了针对药物和农药产品专利及生产过程专利的强制许可制度。在商标权保护方面，该协议涉及了服务商标的保护，并禁止企业将当地品牌标识与国外商标加以联系，从而加强了对国际驰名商标的保护。此外，《与贸易有关的知识产权协议》还加强了对商业秘密、工业设计和地域商标的保护，并在《华盛顿公约》（Washington Treaty）的基础上加强了对集成电路设计方案的保护。而为了加强对知识产权保护的执行力，《与贸易有关的知识产权协议》作出了有关禁令、损害赔偿、海关扣押及举证方面的规定。

于2001年启动的多哈回合为了帮助发展中成员应对公共健康问题，最终达成了《药物协议》（Medicine Agreement）。根据该项协议，发展中成员在面临严重的公共健康问题时，可以取得相关药物的强制许可，但条件是不能将这一许可用于产业和商业目的，而且使用该许可生产的通用药物（Generic Medicine）所使用的标识和包装也应作相应调整，以防止其回流至发达国家市场。

四、争端解决机制

世界贸易组织成员可以通过向该组织的争端解决机构提起诉讼请求，从而启动争端解决机制的方式，维护其作为成员应享有的利益。事实上，GATT也有一套争端解决机制，但主要缺点是缺乏强制力。针对这一问题，世界贸易组织《关于争端解决规则和程序的谅解书》对GATT的贸易争端解决机制进行了完善，从而使贸易争端解决机制具备了司法化特征。

世界贸易组织争端解决的一般程序可以区别为争端解决结论形成程序和结论形成后的执行程序。结论形成程序又包括磋商程序、斡旋、调解和调停程序、专家小组程序、上诉复审程序和终裁程序。争端解决的执行程序包括裁决或建议的执行程序和补偿的执行和减让义务的终止。

五、政府采购协议

各国政府在采购时，通常倾向于向国内企业采购，而这与世界贸易组织所奉行的非歧视原则相悖。自东京回合以来，开放政府采购市场的议题进入了GATT/WTO谈判议程。1996年达成的《政府采购协议》进一步将服务、建筑工程、政府开办的公共设施和政府转包合同纳入了管辖范围。更为重要的是，该协议在政府采购程序和争端解决方面取得了进展。根据该协议，如果一国政府机构违反了有关采购竞标程序的规定，当事方可以对之提出诉讼。由于《政府采购协议》是诸边协议（Plurilateral Agreement），因而，世贸组织成员可以决定是否加入，

① 规定了对影视和音频资料的50年保护期。

而这限制了该项协议发挥作用的范围。典型的例子是，虽然美国加入了该项协议，但其国内立法权相对独立的各州则可能未加入该协议，而次贷危机后，美国实行的一系列经济刺激计划和企业救助计划的相关规定也与该协议相抵触。中国自2007年12月末正式向WTO提交了加入《政府采购协议》的申请，到2013年11月已经提交了4份出价清单，中央政府部门、京津沪苏浙闽鲁等发达省市的地方政府部门作为采购主体已经纳入出价清单中，随着谈判的不断推进，中国距离加入《政府采购协议》的标准越来越近。

第二节　国际货币基金组织

国际货币基金组织（International Momentary Fund，IMF）是政府间的国际金融组织。在第二次世界大战尚未结束时，美国就开始考虑战后的国际经济秩序问题。鉴于两次大战之间国际经济领域的混乱给各国带来了损失，美国当时决心凭借自己在战争中膨胀起来的实力，在第二次世界大战后建立一个以美国为主导的稳定的多边的国际贸易和金融秩序。战后国际经济领域的三大全球性机构——国际货币基金组织（IMF）、世界银行集团（包括国际复兴开发银行，IBRD；国际开发协会，IDA；国际金融公司，IFC），以及关税和贸易总协定（GATT），就是美国贯彻实施其意图的产物。截至2001年，国际货币基金组织已有184个成员国，其总部设在华盛顿。

根据《国际货币基金协定》第一条，国际货币基金组织的宗旨是：① 建立一个永久性的国际货币机构，并就国际货币问题进行磋商与协作，从而促进国际货币领域的合作；② 促进国际贸易的扩大与平衡发展，借以提高和维持高水平就业与实际收入，为开发成员国的生产资源提供便利条件；③ 促进汇率稳定，保持成员国之间有秩序的汇总安排、避免竞争性通货贬值；④ 协助成员国之间建立经常性交易的多边支付体系，取消阻碍国际贸易发展的外汇限制；⑤ 协助成员国改善国际收支状况，通过贷款解决成员国国际收支困难，树立起改善国际收支失衡的信心，避免采取有损于本国或国际经济繁荣的调整性措施；⑥ 缩短成员国国际收支失衡的时间，减轻失衡的程度。

一、国际货币基金组织的组织机构

国际货币基金组织由理事会（board of governors）、执行董事会（board of executive directors）、总裁（managing director）和众多业务机构组成。理事会和执行董事会任命若干特定的常设委员会，理事会还可以建立临时委员会。各常设委员会向理事会提供建议，但不行使权利，也不直接贯彻执行理事会的决议。理事会和执行董事会决议的通过和执行，原则上是以各国在国际货币基金组织的投票权的多少作为依据。

(1) 理事会

理事会是最高权力机构，由成员国各派理事和副理事一人组成，任期5年，可以连任。各国委派的理事大都是财政部长或中央银行行长，副理事只是在理事缺席时才有投票权。理事会的主要职能是：批准接纳新理事国、批准修改成员国的基金份额、批准成员国的货币平价的变动、分配特别提款权以及其他有关国际货币制度的重大问题。理事会每年举行一次年会，当出席会议的理事投票权合计数占总投票权的2/3以上时，即达到法定人数。必要时可举行特别会议。

(2) 执行董事会

执行董事会是常设机构，负责处理日常业务工作。它由在国际货币基金组织内占有份额最多的6个成员国，即美国、英国、德国、法国、日本、沙特阿拉伯单独委派1名执行董事，其他成员国按地理区域划分16个选区，各推举1名执行董事。其中，中国为一个单独选区指派1名执行董事。目前执行董事会由24人组成，任期2年，执行董事不得兼任理事。

(3) 总裁

总裁是国际货币基金组织的最高行政首脑，负责管理国际货币基金组织的日常业务工作。总裁由执行董事会推选，任期5年，并兼任执行董事会主席，总裁可以参加理事会。总裁平时无投票权，只有在执行董事会表决双方票数相等时，才可投决定性的1票。总裁下设副总裁1名，辅佐总裁工作。

(4) 业务机构

国际货币基金组织设有16个部门，负责经营日常业务活动。此外，国际货币基金组织还有两个永久性的海外机构，即欧洲办事处（设在巴黎）和日内瓦办事处，并在纽约联合国总部派遣特别代表。

二、国际货币基金组织的资金来源

国际货币基金组织为贯彻其宗旨，维护组织内部的正常运营，必须有充足的资金。其资金来源由以下三部分构成：

(1) 会员国缴纳的份额

会员国缴纳的份额，是国际货币基金组织的主要资金来源。会员国要向国际货币基金组织认缴一定的份额，各成员国在国际货币基金组织的份额，决定其在国际货币基金组织的投票权、借款的数额以及分配特别提款权的份额。各会员国的份额大小由理事会决定，要综合考虑会员国的国民收入、黄金与外汇储备、平均进出口额和变化率以及出口额占国民生产总值的比例等多方面的因素。对各会员国份额，每隔5年重新审定一次，并对个别国家的份额进行调整。份额的单位原为美元，后改为特别提款权计算。国际货币基金组织最初创立时各会员国认缴的份额总值为76亿美元。此后，随着新会员国的不断增加以及份额不断调整，份额总数不断增加。到2001年，基金份额为2 120亿特别提款权（合2 690亿美元）。

在1975年以前，会员国份额的25%以黄金缴纳，其余部分以本国货币缴纳，存放于本国中央银行，但国际货币基金组织需要时随时可以动用。自 1976 年牙买加会议以后，国际货币基金组织废除了黄金条款，份额的 25% 改为以特别提款权或自由兑换货币缴纳。会员国在国际货币基金组织的投票权按照其缴纳份额的大小来确定，根据平等法则，每个会员国有 250 票基本投票权。此外，再按各国在国际货币基金组织所缴纳的份额每 10 万特别提款权增加 1 票，两者相加，就是该会员国的投票总数。因此，会员国的份额越大，投票表决权也越大，可以借用的贷款份额也越大。所以，美国在国际货币基金组织的各项活动中，始终起着决定性的作用，它拥有 10% 左右的投票权，而最小的会员国只拥有不到 1% 的投票权。在专栏 3 - 1 显示了投票权最多的 14 个成员国名单。

国际货币基金组织的各国理事和执行董事的权利大小，实际上是由他们所代表的会员国拥有票数的多少决定。一般的决议由简单多数票即可通过，但是对于重大问题的决议，如修订基金条款和调整会员国份额等，则需获得总投票权的 85% 以上才能通过。

（2）借款

此外，国际货币基金组织还可以通过借款来组织资金来源。1962 年 10 月 24 日生效的“十国集团”的“借款总安排”，是第一次借款安排，目的是稳定美元汇率。1974—1976 年间，为了解决非产油国家的石油出口和国际收支困难，国际货币基金组织设立了“石油贷款”，其资金来源也是通过借款筹得。1977 年和 1981 年，国际货币基金组织成立“补充贷款”和“扩大贷款”，资金来源也是采取由部分会员国提供资金的方法。

（3）信托资金

信托资金设立于 1976 年，国际货币基金组织废除黄金条款以后，在 1976 年 6 月至 1980 年 5 月间将持有黄金的 1/6 以市价卖出后，用所获利润（市价超过 35 美元官价的部分）建立一笔信托资金，按优惠条件向低收入的发展中国家提供贷款。

专栏 3 - 1

IMF 中投票权排名前 14 的成员国名单

IMF 成员国	配额（百万 SDRs）	配额（所占百分比）	董事	候补董事	投票（票数）	投票权（所占百分比）
其余 172 国	60 081.4	39.14	Respective	Respective	637 067	38.38
荷兰	5 162.4	2.38	A. H. E. M. Wellink	L. B. J. van Geest	51 874	2.34
英国	10 738.5	4.94	Alistair Darling	Mervyn King	107 635	4.86

续表

IMF成员国	配额（百万 SDRs）	配额（所占百分比）	董事	候补董事	投票（票数）	投票权（所占百分比）
美国	37 149.3	17.09	Timothy F. Geithner	Ben Bernanke	371 743	16.79
瑞士	3 458.5	1.59	Jean-Pierre Roth	Hans-Rudolf Merz	34 835	1.57
澳大利亚	3 236.4	1.49	Wayne Swan	Ken Henry	32 614	1.47
法国	10 738.5	4.94	Christine Lagarde	Christian Noyer	107 635	4.86
沙特阿拉伯	6 985.5	3.21	Ibrahim A. Al-Assaf	Hamad Al-Sayari	70 105	3.17
比利时	4 605.2	2.12	Guy Quaden	Jean-Pierre Arnoldi	46 302	2.09
日本	13 312.8	6.13	Koji Omi	Toshihiko Fukui	133 378	6.02
意大利	7 055.5	3.25	Giulio Tremonti	Mario Draghi	70 805	3.2
德国	13 008.2	5.99	Axel A. Weber	Peer Steinbruck	130 332	5.88
加拿大	6 369.2	2.93	Jim Flaherty	Mark Carney	63 942	2.89
俄罗斯	5 945.4	2.74	Aleksei Kudrin	Sergey Ignatiev	59 704	2.7
中国	8 090.1	3.72	周小川	胡晓炼	81 151	3.66

资料来源：http：//www. imf. org/external/np/sec/memdir/members. htm. IMF. 2007 年 9 月 24 日.

三、国际货币基金组织的主要业务

1. 汇率监督与政策协调

国际货币基金组织成立初期实行的是以美元为中心的固定汇率制，不仅使各国间汇率波动较小，保持相对的稳定性，而且便利了国际结算。这对于国际贸易的增长和第二次世界大战后各国经济复兴十分有利。在目前的浮动汇率制条件下，会员国调整汇率虽不必像在布雷顿森林体系下那样，需征求国际货币基金组织的同意，但是，国际货币基金组织汇率监督的职能并没有因此而丧失，它仍然要对会员国的汇率政策进行全面估价，这种估价要考虑其对内和对外政策对国际收支调整以及实现持续经济增长、财政稳定和维持就业水平的作用。

除了对汇率政策的监督外，国际货币基金组织在原则上每年与各会员进行一次磋商，以对会员国经济和金融形势以及经济政策作出评价，这种磋商的目的是使基金组织能够履行监督会员国汇率的责任，并且有助于使基金组织了解会员国的经济发展状况和采取的政策措施，从而能够迅速处理会员国申请贷款的要求。国际货币基金组织每年派出经济学家组成的专家小组到会员国搜集统计资料，听取政府对经济形势的估计，并同一些特别重要的国家进行特别磋商。

2. 贷款业务

根据国际货币基金组织协定，当会员国发生国际收支暂时性不平衡时，国际货币基金组织向会员国提供短期信贷。国际货币基金组织发放的贷款不同于国际金融市场上的贷款。

（1）贷款特点

① 贷款对象：贷款对象仅限于成员国政府，对私人企业和组织不贷款。只对成员国的政府、财政部、中央银行、外汇平准部门或其他类似财政金融机构发放贷款。

② 贷款用途：贷款用途仅限于解决成员国国际收支不平衡的短期资金需要，即用于弥补成员国因经常项目收支而发生的国际收支的暂时不平衡。

③ 贷款额度：贷款额度受成员国缴纳的份额限制，与成员国在国际货币基金组织缴纳的份额成正比。储备头寸贷款是无条件的，不经批准即可动用，但其限额不能超过该成员国份额的25%。

④ 贷款期限：贷款期限一般为3~5年，其中有3年宽限期，属于中期贷款。成员国不能长期占用国际货币基金组织的信贷资金。

⑤ 贷款方式：国际货币基金组织的贷款方式独特，采取“购买”和“购回”方式。成员国需要借款时，要用本国货币向国际货币基金组织换取其他成员国的货币或特别提款权，这种行为称为“购买”，或称为“提款”。归还时，借款的成员国必须用原来借取的其他成员国的货币或特别提款权换回本国货币，这种行为称为“购回”。

⑥ 费用和酬金：国际货币基金组织发放贷款因为是“购买”而不是“贷款”，所以不称之为“利息”，而是费用和酬金。国际货币基金组织向成员国提供贷款，收取以下三种费用：一是手续费，除了储备头寸部分贷款不收取手续费外，其他各种贷款都收取手续费，费率为0.5%，在提款时一次付清；二是承诺费，对成员国立即提款的，不收取承诺费，对备用安排和中期安排的贷款，要收取年率为0.25%的承诺费；三是其他费用：国际货币基金组织对持有某成员国货币超过该国份额的部分，定期收取费用，实际上是收取利息。因为这种超过份额的持有额实际上是成员国从国际货币基金组织购买其他国家货币或其他一些费用增加国际货币基金组织持有额的交易造成的。

国际货币基金组织对除资金来源于借款外的所有贷款均收年率为6.25%的固定使用费。对于补充贷款项下的贷款，则采用浮动使用费，因为国际货币基金组织借入这些资金是采用浮动利率的。至于浮动使用费的水平，则根据国际货币基金组织借入资金时的利率再加上一个差额，每半年确定一次。这个差额从0.2%～0.325%不等，按贷款金额和偿还时间长短而定。对于扩大贷款项下的贷款，使用费等于国际货币基金组织借入资金时的利率再加上0.2%的固定差额。

酬金是国际货币基金组织使用某一成员国认缴份额中缴付的本国货币而付给该国的报酬。国际货币基金组织贷出的外汇实际上是它贷出货币所属国向国际货币基金组织已缴纳额中缴付的本国货币。由于国际货币基金组织使用了这个国家的货币发放了贷款，必然使这个国家缴付的本国货币低于其份额。对于这个差额部分，国际货币基金组织要付给该成员国酬金，因为国际货币基金组织利用该成员国所缴纳份额中的本国货币发放贷款是收取使用费的。从1981年5月起，酬金率为国际货币基金组织支付SDRs利率的85%，但国际货币基金组织可按需要提高到100%或降到80%。

（2）贷款种类

① 普通贷款

（A）储备部分贷款（reserve tranche drawings）。又称为“黄金份额贷款”（gold tranche）。它是指成员国在其基金账户中储备部分额度内向基金借取（以本币购买）的贷款。即会员国申请不高于本国份额25%的贷款，正好等于成员国用SDR或可兑换外币向IMF缴纳的份额部分。因此，此贷款是无条件的，成员国只需事先通知IMF便可借用，它可被视为一国政府的自有储备。

（B）信用部分贷款（credit tranche）。此贷款是储备部分贷款之上的普通贷款，其最高限额为份额的100%，共分四档，每档25%，贷款条件逐档严格，利率逐档升高，年限3～5年，多采用备用信贷的形式提供。

② 专门贷款

（A）进出口波动补偿贷款（compensatory financing facility）。此贷款设立于1963年，因市场因素而出现国际收支困难的初级产品出口国，可在普通贷款外向国际货币基金组织申请。贷款最高限额分别为份额的83%（出口收入减少时或进口支付增加时），两项合计不超过份额的105%，该贷款于1988年8月改名为“进出口波动补偿与偶然性收支困难贷款”（compensatory and contingency financing facility）。

（B）缓冲库存贷款（buffer stock financing facility）。这是1969年6月为帮助初级产品出口国维持库存进而稳定物价而设立的一种贷款，其最高限额为成员国份额的45%，期限3～5年。该贷款与进出口波动补偿贷款合计不得超过借款国份额的105%。

（C）石油贷款（oil facility）。此贷款用于解决成员国因石油涨价引起的国际收支困难，分别于1974年6月和1975年4月在临时性的基础上设立，贷款总额为38亿特别提款权，由石油输出国组织提供。1976年5月，这项贷款业务已告结束。

（D）延伸贷款（extended financing facility）。这是为解决成员国在特殊情况下的国际收支困难而提供的贷款，是信用贷款的延伸和扩充，两项合计不得超过份额的 165% 。该贷款设立于 1974 年 9 月 13 日，用于解决长期性、结构性国际收支失衡，借款期限 4 ~ 10 年，又称为"中期贷款"。贷款采用分阶段提款形式，国际货币基金组织规定了借款国应遵循的行为准则和必须分阶段实施的具体政策措施及政策目标等，如果借款国不能达到要求，国际货币基金组织有权停止贷款。

（E）信托基金贷款（trust fund facility）。此贷款设立于 1976 年，用于援助 1973 年人均国民收入低于 300 美元的国家和 1975 年人均国民收入低于 520 美元的国家。资金来源为国际货币基金组织以拍卖持有黄金所得利润建立的"信托基金"，贷款条件优惠。

（F）补充贷款（supplementary financing facility）。此贷款又称"韦特文基金"，设立于 1979 年 2 月，总计 100 亿美元，是对"延伸贷款"的一种补充，用以帮助成员国解决持续的巨额国际收支逆差。贷款期限为 3 年半到 7 年，采用备用信贷安排方式，最高限额为成员国份额的 140% 。该贷款于 1980 年承诺完毕后，国际货币基金组织于 1981 年 5 月又设立"扩大借款政策"（enlarged access policy），作为对"补充贷款"的一种继续，贷款限额由国际货币基金组织视情况逐个确定。

（G）结构调整贷款（structural adjustment facility）和加强的结构调整贷款（enhanced structural adjustment facility）。这两项贷款分别设立于 1986 年 3 月和 1987 年 12 月，用于帮助国际收支发生持续性逆差的低收入国家进行国际收支调节。前者最高限额为份额的 70% ；后者最高限额在一般情况下为份额的 250% ，遇特殊情况可超此限额，但借款数额还取决于借款国与国际货币基金组织的合作程度以及作出的调节努力。这两项贷款的资金来源是信托基金贷款的还款、国际货币基金组织的利息收入以及对外借款。

（H）制度转型贷款（systemic transformation facility）。此贷款于 1993 年 4 月设立，旨在帮助解决由计划价格向市场价格转变引起的收支困难；由双边贸易向多边贸易转化引起的收支困难；以及由游离于国际货币体系之外到融入国际货币体系之内的过程引起的收支困难。贷款的最高限额为份额的 50% ，期限为 4 ~ 10 年。成员国在提出借款申请时，必须制定一项经济稳定与制度改革方案，如果借款国为此作出了切实有效的努力并与国际货币基金组织充分合作，国际货币基金组织才继续向借款国贷款。这项贷款已于 1995 年 12 月底停止运作。

（I）紧急贷款机制。这是国际货币基金组织为解决成员国出现的突发性金融危机，防止危机在更大范围内蔓延而设置的贷款安排，在 1994 年底至 1995 年初的墨西哥金融危机和 1997 年发生的亚洲金融危机的解决中发挥了一定的作用。它实际上是一项可保证执行董事会在成员国满足必要的贷款条件时，能够迅速批准其贷款申请的特殊程序。根据紧急贷款机制，国际货币基金组织一旦与成员国就调整规划达成协议，执行董事会应加速审议成员国提出的贷款申请；在危机得到彻底解决以前，国际货币基金组织要对成员国政策回应的有效性进行经常性检查；一旦金融危机迅速得到解决，成员国应提前偿还其根据紧急贷款程序所提用的资金。

案　例

当代美元霸权与世界经济货币体系的“中心—外围”化

通过布雷顿森林体系确立的美元霸权并没有随着布雷顿森林体系的瓦解而终结。尽管此后国际货币体系出现了储备货币多元化的趋势，但是美元仍旧在国际货币体系中发挥着核心作用，占据着主导地位。美国凭借美元支配了整个世界的经济资源并影响了其他国家经济金融的稳定。

1. “中心—外围”的世界经济货币体系

布雷顿森林体系崩溃后，国际货币体系中的美元霸权集中表现为“中心—外围”架构。美国经济学家杜利（2003）等根据世界各经济体的功能，将世界分为三个主要经济货币区，中心地区为美国；贸易账户区为亚洲；资本账户区为欧洲、加拿大、澳大利亚和拉丁美洲国家。美国居于“中心—外围”架构的核心，亚洲和欧洲、澳大利亚、加拿大、拉丁美洲国家位于这一架构的外围。

第一类外围国家——亚洲（主要是东亚），执行出口导向型发展战略，并以美国为主要出口市场。为了保持出口产品对美国消费者的吸引力，亚洲各经济体或将本国货币兑美元的汇率固定在某一具体水平（中国大陆、中国香港地区和马来西亚）或通过出售本国货币购进美元的方式抑制本币上扬（日本、韩国和中国台湾地区）。贸易扩大的结果使亚洲各央行手中积累了大量美元，而这些美元储备多数以美元国债的形式存在。

另一类外围国家——欧洲、加拿大、澳大利亚及大部分拉美国家，这些国家的投资者购买了大量由美国公司或者美国政府发行的金融资产，他们关注国际投资的风险和收益，以及持有美元的风险。

美国作为货币体系的核心，从与东亚国家的贸易和金融往来中，获得了巨大的好处：第一，美国通过经常账户逆差输出大量美元，获取东亚出口的廉价商品和服务这既满足了国内的消费需求，又有利于维持国内物价的稳定，压制通货膨胀趋势。第二，亚洲经济体的国际储备积累对美元资产的大量投资压低了美国长期利率，为美国经常项目逆差提供了廉价融资，从而避免了经常项目逆差的不可持续。如图 3－2 和图 3－3 所示。

根据美国财政部的统计，东亚国家和地区现在已经成为美国国债最大的外国买家。截至 2005 年 11 月底，仅日本、中国大陆、中国台湾地区、韩国、中国香港地区、新加坡和泰国所购买的美国国债就达到 11 573 亿美元，占美国国债境外持有量的比重高达53%。在私人资本流入减缓的情况下，美国迄今为止之所以还能维持国际收支平衡，在很大程度上依赖于东亚国家外汇储备资金的重新注入。因此，可以说，在亚洲和美国两者之间已经形成了一种共生模式。

2007 年次贷危机发生以来，美国财政部总共发行的9.5 万亿美元的国债余额当中，美国以外的政府和投资者持有的债券比重高达27.9%。从增量来看，同期美国国债余额共增加了6 243 亿美元，其中72.7%为外国投资者的增持。自2008 年以来，中国持有美国国债的数量已经大大超过原债主国日本。2009 年美国财政部数据表明，中国持有的美国国债从 2 月份的 7 442 亿美元猛增到 3 月份的 7 679 亿美元。法新社 17 日发自华盛顿的一则电讯说，这个数字不包括作为中国特别行政区香港所持有的美国债券。香港持有的美国国债从 763 亿美元增加到了 789 亿美元。

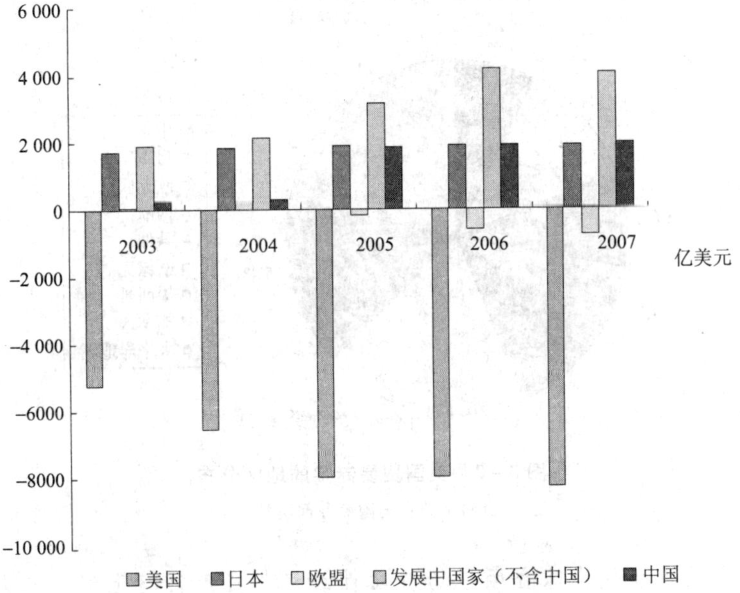

图 3－2　全球主要国家经常账户余额

资料来源：联合国官方网站：2006—2007 年世界经济概览

http：//www. un. org/chinese/esa/economic/review07/wesp2. html.

这些数据显示，尽管中国近年来试图实现外汇储备的多样化，但如今仍是美国国债的头号买家。对于美国经常项目赤字增加和中国盈余猛增，国内外一些专家认为这是导致全球失衡的原因。全球经济失衡也被认为是 2008 年爆发全球金融危机的原因之一。

2. 美元霸权对世界经济货币体系产生的影响

（1）美元霸权使处于核心的美国与其外围贸易国家经济失衡。美国凭借美元的国际储备货币地位，可以在无须外汇储备的情况下从外围的贸易国家获取所需的商品。而处在外围的贸易国家，尤其是东亚各国，经济资源则更多地配置在本国的出口部门，导致国内的非制造业部门与制造业部门的生产率之间的差距不断扩大，使商品贸易自由化迅速发展与金融发展水平滞后的矛盾不断加剧。贸易国家的高储蓄不能有效地转化为投资与消费，而主要依靠大规模引进FDI扩大出口拉动经济增长。与此同时，通过汇率长期盯住美元使其劳动密集型和低端的资本密集型行业获得出口竞争力，从而造成经常项目的顺差（项卫星，2009）。根据美国商务部的统计，美国对华贸易在2000年达到838.1亿美元，中国首次超过日本，成为美国最大的贸易逆差来源国；2007年美国对华贸易逆差达到2 562.7亿美元，占美国贸易逆差总额的31.4%，如图3－3。外围贸易国家把所积累的美元重新投入到美国资本市场，购买美国的国债即形成对美国的资本回流。美国与“贸易国家”之间的贸易失衡与金融失衡由此得以持续并不断扩大。这种自我强化的机制以中美经济关系的失衡最为典型。

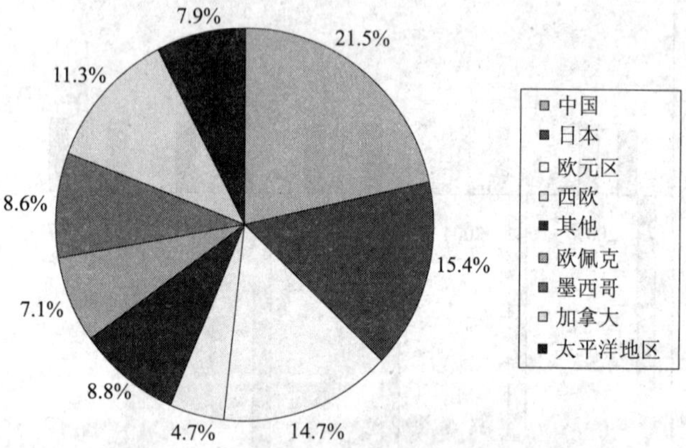

图3－3　美国贸易赤字的地区分布

资料来源：美国商务部网站。

（2）美元霸权使全球金融市场流动性过剩，资产价格上涨，金融泡沫增大。在美元本位制下，作为国际储备货币的美元不受任何实物约束，即美元的发行没有黄金约束，美国国债的发行也没有国内储蓄的约束（邓肯，2007）。因此，美元本位制下全球货币供应量和通货膨胀水平在很大程度上取决于美国政府的货币政策与美国的流动性状况。自2001年起美联储连续12次降息使狭义和广义货币供应量的增长率大幅上升。过剩的流动性不断推动资产价格泡沫膨胀。据国际货币基金组织统计，2002—2006年，美国的股票市场价格涨幅达到75.5%。同时，美国的房地产市场价格从2003年开始出现快速上升，到2006年翻了一番左右。资产价格的上涨造成家庭财富价值上升，进而导致许多居民进行举债消费。

与此同时，流动性过剩促使美元不断贬值，一方面造成全球能源及初级产品价格上涨；另一方面，流动性过剩助长了能源与初级产品交易中的投机行为，出现了期货市场价格上涨推动现货市场价格上涨的倒逼现象，从而进一步加大了全球通货膨胀的压力。

美元本位制下美国的扩张性货币政策通过贸易和投资等渠道使流动性过剩不断向外围贸易国家蔓延。由于东亚国家大多实施事实上的钉住汇率制，外汇占款增加将该国基础货币扩大，从而导致通货膨胀压力。基础货币投放速度的加快，也使东亚各国流动性过剩加剧。对中国来说，外汇储备的持续高速积累是货币被动扩张的主要原因之一，央行票据难以根本对冲，结果对固定资产投资过热和房地产、金融市场泡沫起了推波助澜的作用。

(3) 美元霸权下金融市场监管缺失使金融衍生品市场风险扩散加大。美元本位制被认为是无约束，无体系的体系。在该体系下催化了美国金融市场的发展，美联储放任金融创新，长时间使利率保持在过低水平，与此同时美国监管部门给了市场活动家过多的自由，任由一个极度铺张的信贷市场发展。2007 年爆发的次贷危机引发全球金融市场动荡说明，美国作为金融发达的核心国家，当其经济金融运行的某一环节或某一领域由于金融监管的缺失，以及金融衍生工具的滥用，而使国内金融市场出现问题时，其他国家的金融市场乃至全球金融体系也都有可能出现动荡或危机。

由于美元霸权在很大程度上将世界经济货币体系下外围国家与美国的利益紧密地联系在一起，因此，在该体系下各国共同依旧承担维持美元稳定的责任。但在长期内，美元本位制将面临越来越严峻的挑战，国际货币体系改革势在必行。

第三节　世界银行集团

一、世界银行集团的发展历程

世界银行集团（英语：World Bank Group，缩写 WBG）成立于二战末期(1944 年)，总部在美国华盛顿特区，其最初的使命是帮助在第二次世界大战中被破坏的国家的重建。世行集团通过向发展中国家提供低息贷款、无息信贷和赠款来资助这些国家克服穷困，各机构在减轻贫困和提高生活水平的使命中发挥独特的作用。截止 2011 年，世行集团提供的贷款累计超过 5 000 亿美元。

1944 年 7 月，在美国新罕布什尔州召开“联合国和盟国货币金融会议”（称为“布雷顿森林会议”），通过了《联合国货币金融协议最后决议书》、《国际货币基金组织协定》和《国际复兴开发银行协定》两个附件，建立了两大国际金融机构即国际货币基金组织和世界银行。1946 年 6 月 25 日世界银行开始商业化运行，1947 年 5 月 9 日它批准了第一批贷款，向法国贷款 2.5 亿美元，转换为今天的价值这依然是世界银行提供的数额最大的一批贷款。

一开始世界银行的目的是出于战后重建的需要，帮助欧洲国家和日本在二战后的重建，此外它宣称应该辅助非洲、亚洲和拉丁美洲国家的经济发展。一开始世界银行的贷款主要集中于大规模的基础建设如高速公路、飞机场和发电厂等。在日本和西欧国家"毕业"（达到一定的人均收入水平）并在20世纪80年代日本对美国经济构成严重挑战后世界银行完全集中于发展中国家。从1990年代初开始世界银行也开始向东欧国家和原苏联国家贷款，同时美国也成功地在其中一些国家掀起民主化浪潮。

二、世界银行集团的组织结构

世界银行集团由5个机构组成，分别是：国际复兴开发银行（IBRD），国际开发协会（IDA），国际金融公司，多边投资担保机构，国际投资争端解决中心。其中，国际复兴开发银行与国际开发协会常被合称为"世界银行"。而在非正式场合，"世界银行"一词也被作为世界银行集团的简称。

在世界银行集团的组织结构中，一国政府可以自己决定它愿意成为哪些组织的成员。目前IBRD由188个联合国成员国以及科索沃组成；其他机构有140到176个成员政府不等。世界银行集团的所有组织都由一个每年召开一次的理事会会议来领导。每个成员都指派一名理事，一般都是财政部长担任。世界银行集团的日常管理是由一个拥有25个执行理事的董事会领导。每个理事代表一个国家（重要的付钱国）或一组国家，拥有一定的权力。理事由该国或国家群任命。

表3-1　　世界银行集团的组织机构

机构名称	成立时间	主要业务
国际复兴开发银行（IBRD）	1945年	提供基于主权担保的债务融资
国际金融公司（IFC）	1956年	提供不需要主权担保多种形式的融资，主要针对私人企业
国际开发协会（IDA）	1960年	提供优惠的融资（无息贷款或补助金），经常需要主权担保
国际投资争端解决中心（MIGA）	1966年	提供针对特定风险的保险，包括政治风险，主要针对私人企业
多边投资担保机构（ICSID）	1988年	与政府合作，减小投资风险

三、世界银行集团的主要业务

世界银行向发展中国家提供长期贷款和技术协助来帮助这些国家实现它们的反贫穷政策。世界银行的贷款被用在非常广泛的领域中，从对医疗和教育系统的改革到诸如堤坝、公路和国家公园等环境和基础设施的建设。除财政帮助外世界银行还在所有的经济发展方面提供顾问和技术协助。

世界银行向政府或公共企业贷款，不过一个政府（或“主权”）必须保证贷款的偿还。贷款的基金主要来自发行世界银行债券。这些债券的信用被列为AAA（最高），因为有成员国的资本支持它们，而且借款人有国家主权的保证。由于世界银行的信用非常高，它可以以非常低的利率贷款。由于大多数发展中国家的信用比世行贷款的信用低得多，即使世界银行向受贷人提取约1%的管理费，世界银行向这些国家的贷款对这些国家来说是非常有吸引力的。

除此之外世界银行集团的国际开发协会向最不发达国家（一般人均年收入少于500美元）提供“软”的贷款，贷款期为约30年，不收利息。国际开发协会的基金直接来自成员国的捐献。

近年来世界银行开始放弃它一直追求的经济发展而更加集中于减轻贫穷。它也开始更重视支持小型地区性的企业，它意识到干净的水、教育和可持续发展对经济发展是非常关键的，并开始在这些项目中投入巨资。作为对批评的回应，世界银行采纳了许多环境和社会保护政策来保证其项目在受贷国内不造成对当地人或人群的损害。虽然如此，非政府组织依然经常谴责世界银行集团的项目带来环境和社会的破坏。

私营部门发展是世界银行的一个战略，其目的是推动发展中国家的私营化。世界银行的所有其他战略都与这个战略相协调。

最后，世界银行的工作经常受到以反全球化人士为主的非政府组织和学者的严厉批评。世界银行受到的指责包括新殖民主义（比如受发达国家控制，为它们施行有利于自己的经济政策），新自由主义（有时不当的推进市场经济改革对发展中国家的经济反而造成破坏）。

虽然全世界许多贫穷的政府依靠世界银行来资助它们的发展计划，世界银行常常受到大公司“新殖民主义”全球化的反对者的批评。世界银行在政治上受到一些国家（尤其是美国）的影响，因此其政策往往趋向这些国家的利益。世界银行内部的权力结构是另一个批评的焦点。这些反全球化人士也是世界银行最主要的批评者，他们批评世界银行使用各种结构性调整措施削弱受贷国家政府的主权、追求经济自由主义和削弱国家的作用。

另一个批评是世界银行的宗旨是新自由主义，其原则是相信市场是唯一可以为一个国家带来财富的机能。一个国家只有在实行自由市场竞争才能昌盛。但是在有军事冲突的国家中（内战或外战）或在长期被压迫的国家（独裁或殖民主义）以及在政治不稳定和不民主的国家中新自由主义的原则和改革不起作用。在这些情况下世界银行偏向引入外国企业从而摧毁当地的经济系统的发展。另一方面，自由主义者批评世界银行完全是一个政治组织。他们认为世界银行不相信市场调节经济的能力，而是一个国家拥有、调整国际经济的工具，其目的是来掩盖这些国家的政策对世界经济的控制。

本章小结

国际经济组织是国际政治经济中重要的组成部分，掌握世界贸易组织的原则和主要规则，国际货币基金组织的主要业务和职能，世界银行集团的组成部分及其相应的业务。

关 键 词

世界贸易组织　争端解决　国际货币基金组织　特别提款权　世界银行集团

思 考 题

1. WTO 如何定义倾销？倾销成立的要件有哪些？
2. IMF 中的份额分配有哪些特征？这种分配制度是否合理？
3. 简述世界银行集团五个组成机构的主要职能。

第四章

主要区域经济组织

第二次世界大战后，科学技术的重大进步、生产力的空前发展、国际分工的不断深化以及世界经济相互依赖程度的加深，客观上要求打破国家边界对资源配置的限制，要求地理上相互临近、经济上密切联系的国家或地区实现对资源的跨国配置以及对宏观经济和市场运行规则的联合调控，以促进经济的持续发展。因此，世界大部分国家和地区纷纷建立了区域经济一体化组织，区域经济一体化得到了蓬勃发展。在众多区域经济合作组织中，欧盟、北美自由贸易区的生产能力、技术水平和资本总量都达到了相当的规模，对国际经济的发展和世界多极化格局产生了相当大的影响。同时，在亚洲，区域经济合作组织也在不断涌现，并且以较快的速度不断向前发展。其中，亚太经济合作组织、中国—东盟自由贸易区在众多区域经济合作组织中较为突出，它们的建立与深入发展对我国乃至世界经济的发展产生了重要的影响。

第一节 区域经济一体化

19 世纪末，世界经济的初步形成促进了世界生产力的发展，而世界生产力的进一步发展又要求确立与之相适应的“生产力的国际关系”，即世界经济体制。这方面的探索一方面表现为关税及贸易总协定关于世界自由贸易体制、国际货币基金组织关于国际金融体制以及世界银行、联合国等国际组织关于世界发展等方面所作的安排；另一方面表现为在区域层次上率先建立多边自由市场经济体制的尝试——区域经济一体化。

一、区域经济一体化的含义及形式

1. 区域经济一体化的含义

区域是人类一切活动都离不开的空间区域，任何国家的经济发展都是在一定区域内完成和实现的。区域经济学关于区域的概念可以表述为：经济活动相对独立、内部联系紧密而较为完整、具备特定功能的地域区间。作为这一概念的内涵应具有地域性、独立性和开放性等。

“一体化（integration）”一词来源于拉丁文 integratio。根据《牛津英语词典》

的解释，一体化含有将各部分结合成一个整体的意思。一体化最初来源于企业之间的联合。企业之间通过卡特尔、托拉斯以及其他兼并方式联合而成的产业组织，可分为水平一体化和垂直一体化两种形式。

区域经济一体化这一专有名词最早出现是在20世纪40年代的西欧，从此有关区域经济一体化理论的探讨也就开始了。美国经济学家贝拉·巴萨拉（Bela Balassa）1961年对“经济一体化”的定义也作了明确的阐述：“我们将经济一体化定义为既是一个过程，又是一种状态。”巴拉萨的这一定义在西方经济学中具有经典性意义。此后许多经济学家关于区域一体化的解释，基本上围绕着“过程”和“状态”而展开的。

20世纪50年代，随着欧洲区域经济一体化的推进，区域经济一体化引起很多经济学家的极大兴趣。经济学家维多利亚·柯森（Victoria Curson）在1974年从生产要素配置的角度解释了经济一体化，把一体化“过程”理解为趋向全面一体化的成员国之间的生产要素的再配置，把一体化“状态”理解为业已一体化成员国的生产要素的最佳配置。经济学家彼得·林德特给区域经济一体化下的定义是：通过共同的商品市场、共同的生产要素市场，或者两者的结合，达到生产要素价格的均等。对此，经济学家彼得·罗伯逊（Peter Robon）则强调：“区域经济一体化是一种手段，而不是目的。”同时他认为区域经济一体化的安排应该体现三个方面特征：在某种条件下，成员国之间歧视的消失；维持对非成员国的歧视；成员国之间在企图拥有持久的共同特征和限制经济政策工具的单边使用上有一直的结论。

综上所述，所谓区域经济一体化，是指两个或两个以上地理上临近的国家通过协定或条约建立起来的经济合作组织。其特点是具有法律约束力、以地缘为基础、政府间的经济交流与合作，核心是通过取消成员之间的贸易壁垒，促进商品、服务、资本、技术和人员自由流动，实现区域内经济的共同发展，每一个成员国能获取比单独一国时更大的利益。

经济一体化的实质就是生产要素不断趋向自由流动的一个动态化的过程，在过程的每一个阶段，则表现为具体的生产要素流动程度的一种状态。区域经济一体化包括以下内涵：一是一体化的主体，这个主体是具有独立国民经济的实体——国家。二是一体化进程进展的驱动力。在成员国之间进行协作分工，实现成员国共同的经济利益和经济目标，使每一个成员能获取比个体更大的利益。三是组织的组成一般应是地缘相邻的国家或地区。四是区域经济一体化是一个动态化的过程，具有一系列的区域经济一体化形式。

2. 区域经济一体化的形式

按照一体化程度的不同，区域经济一体化可划分为以下几种形式：

（1）优惠贸易安排（Preferential Trade Agreement，PTA）

优惠贸易安排是指成员方之间对全部或部分商品实行特别的关税优惠。这是区域经济一体化中最低级、最松散的一种形式。例如二战后初期的东南亚联盟。

(2) 自由贸易区（Free Trade Area，FTA）

它是指在区内消除关税壁垒和数量限制，达成贸易自由化协议的区域性一体化形式。各国仍将实行对非成员国的关税和其他贸易的限制。自由贸易区的一个关键性基石便是原产地原则，据此能防止非成员国利用转口贸易方式在低关税成员国获取额外的利益。例如瑞典和奥地利都是欧洲自由贸易联盟的成员，且分别对进口汽车征收高关税和低关税，则第三国产品可以先进入奥地利，再进入瑞典，从而逃避高关税。因此，成员都规定进口商品应持有原产地证书。

(3) 关税同盟（Customs Union，CU）

它是指成员国在取消区内贸易的关税和数量限制的基础上，对非成员国贸易实行统一关税政策的区域性一体化形式。关税同盟的成员国不仅在贸易方面实行一致的政策，而且在有关国际贸易和关税的谈判中也取得一致，甚至就是以一个整体参与谈判，使得关税同盟开始具有超国家因素。例如早期的“欧洲经济共同体关税同盟”和 1973 年改建的“加勒比海共同市场”就属于典型的关税同盟。

(4) 共同市场（Common Market，CM）

它是指除了取消区内贸易壁垒和对外实行统一的关税政策之外，实施资本、劳务等生产要素的自由流动的区域性一体化形式。同样，在有关要素流动的政策和规则方面对非成员国也实行一致的政策。例如欧共体于 1992 年底建立了统一的市场，其主要内容是实现商品、人员、劳务、资本等在成员间的自由流动。

(5) 经济联盟（Economic Union，EU）

它是指在共同市场的基础上谋求协调一致的财政、货币、产业、区域发展等政策的区域性一体化形式。经济联盟是现实中存在的最高级的区域经济一体化形式，目前来说欧盟是唯一达到这一标准的区域经济一体化组织。

(6) 完全经济一体化（Complete Economic Integration，CEI）

它是区域经济一体化的最高形式，它是指各成员国融合成为一个拥有极大经济权威的超国家机构进行管理，实行单一经济政策的整体。完全经济一体化也是实现政治一体化的基础。目前，欧盟正向完全经济一体化的目标迈进。

按照经济一体化程度的不同，我们可以把区域经济一体化的主要形式由低到高排列如下：优惠贸易安排→自由贸易区→关税同盟→共同市场→经济联盟→完全经济一体化。但是我们必须注意到上述对区域经济一体化类型的这一划分并不反映具体区域经济一体化实践的路径。在现实中，区域经济一体化的起点并非一定是自由贸易区，具体的区域经济一体化也可能兼有两种类型的某些特征。例如北美自由贸易区已经突破商品的自由流动，还涉及其他生产要素的流动。总之，正如区域经济一体化的追求目的可以是多元化的，区域经济一体化的类型也呈多样性。

二、区域经济一体化的理论基础及现实动因

1. 理论基础

西方区域经济一体化理论形成于 20 世纪中期，在短短的半个多世纪的时间

里，伴随着区域经济一体化实践的蓬勃发展，已经形成了完善而丰富的理论体系，主要包括以下理论：

（1）贸易保护理论

弗里德里希·李斯特（Friedrich List）在《政治经济学的国民体系》中曾指出："一个单独的城市或一个小邦与大国竞争时，绝不能够成功地建立或保持保护政策。"以后的学者将此观点加以延伸，认为小国难以与大国在贸易关系上形成对立，因此小国要强化自身的抗衡力量则必须联合起来，形成足够大的内部市场，联合对外以增强自身谈判的能力，保护自身利益。这一理论因而成为一些国家参与区域经济一体化最适当的理由和最有可能的选择。从这一角度看，区域经济一体化的产生实际上与贸易保护相关联。

（2）关税同盟理论

作为区域经济一体化理论核心部分的关税同盟理论，公认的是瓦伊那（Viner）创立的。美国经济学家瓦伊那1950年提出的现代关税同盟理论成为经济一体化理论的核心，瓦伊那和李普西（K. G. Lipsey）主要就关税同盟的静态效果和动态效果进行了系统阐述。瓦伊那提出的"贸易创造"和"贸易转移"两个衡量关税同盟实际效果的新概念，使关税同盟的理论从定性分析发展到了定量分析，为区域经济一体化静态效应的后续研究奠定了基础。

（3）经济一体化理论

第一届诺贝尔经济学奖的获得者荷兰经济学家丁伯根（Tinbergen）于1951年在其重要著作《论经济政策》中首次提出经济一体化的定义。1954年丁伯根在其《国际经济一体化》论著中更详尽和系统地解释了世界经济一体化的现象，并指出："经济一体化就是将有关阻碍经济最有效运行的人为因素加以清除，通过相互协调和统一，创造最适宜的国际经济结构。"丁伯根还把经济一体化分为消极一体化和积极一体化。1962年经济学家巴萨拉在其《经济一体化理论》中对经济一体化作了更广泛和深入的分析：一体化既是一种过程，又是一种状态。就过程而言，它包括旨在消除各国经济单位之间差别待遇的种种举措；就状态而言，则表现为各国间各种形式的差别待遇的消失。经济一体化就是指产品和生产要素的流动不受政府的任何限制。

（4）大市场理论

该理论的核心是：通过扩大市场，获得规模经济，从而实现经济利益。也可以表述为：通过确立共同市场，使得市场扩大，将比较分散的生产集中起来进行规模化的大生产，这样机器得到充分利用，生产更加专业化、社会化，高新科技得到更广泛的利用，竞争更加激烈，从而生产成本下降，加之取消了关税及其他一些费用，使得销售价格下降。这必将导致区域内购买力的增强与生活水平的提高，消费也会增加，消费的增加又促进投资的增加。于是，经济便进入了良性的循环之中。

（5）协议性国际分工理论

小岛清的国际分工理论认为，经济一体化容易在同等发展阶段的国家之间建立，这是一种水平的国际协调分工；在发达国家间可以进行协议分工的商品范围越广，利益也越大；生活水平和文化等相互类似、毗邻的地区更容易达成协议，且容易保证相互需求的均衡增长。

(6)“中心—外围”理论

阿根廷经济学家劳拉·普雷比什（Roul Prebisch）把国际经济体系分为中心和外围两个部分，技术进步的国家根据国际分工成了世界经济体系的“中心”，处于落后地位的国家则沦落为这一体系的“外围”。随着经济全球化进程的加深，“中心”国家为了保持对一些先进的技术和产品所拥有的垄断优势，不断地将过时落伍的技术和产品生产转向“外围”国家，使“外围”国家对“中心”国家在技术方面的依附性更进一步加深。普雷比什认为，“中心—外围结构”的本质是支配与被支配关系，外围国家能够以何种方式加入和在多大程度上受惠于“中心”，取决于他们能多大程度上满足中心国家的利益需求。作为一种模仿，外围国家永远不可能赶上中心国家，出路只有通过建立国际政治经济新秩序来打破这种不合理的世界结构。

(7) 互补性竞争论

中国的刘光溪教授提出互补性竞争论，他认为互补性竞争是区域合作与多边贸易体制关系的核心，区域合作与多边贸易体制的关系是一种相得益彰、兼容协同的竞争与互补效应相互转化的动态关系，两者在发挥各自优势的情况下产生了竞争，这种竞争结局是两者彼此取长补短，互相补充，互补的效应进一步提高两者在开辟和实施贸易自由化领域的竞争层次，又丰富和增加了两者互补的内涵，直至全球经济一体化的实现。

2. 现实动因

世界各个地区建立经济一体化组织的初衷各不相同，其成员国的动机和目的也各种各样。但从深层次和根本性来说，区域经济一体化是世界经济生活国际化和全球化的产物。也就是说，区域经济一体化组织的形成虽然与某些国家和地区为了解决眼前的困难或者为了应付国际政治经济矛盾直接相关，但其能存在和发展下去，还在于经济生活国际化和全球化是其基础。

(1) 国际分工的不断深化与经济生活国际化程度的进一步提高是区域经济一体化发展的主要经济基础

在战后新技术革命推动下，世界各国、各地区之间的分工与经济依赖日益加深，生产社会化、国际化程度不断提高，使各国的生产和流通及其经济活动进一步越出国界。这就必然要求消除阻碍经济国际化发展的边界障碍、市场障碍和体制障碍，改变旧的国家关系和经济关系，建立新的更加密切的经济政治合作关系，建立区域性经济一体化组织就是这一要求得以实现的载体或形式。

(2) 经济发展不平衡以及世界经济多极化方向发展是区域经济一体化形成的重要原因

世界经济走向一体化是社会经济发展的客观趋势，是经济全球化发展的必然结果。但是，经济政治发展不平衡又是世界各国和各地区发展长期存在的客观事实。这个现实决定了世界或全球经济走向一体化的过程必然经历许多过渡性步骤，不可能一蹴而就。区域经济一体化的各种形式，就是世界经济走向一体化的各种步骤和各种过渡形式。各种区域一体化组织合作层次不断升级的过程和合作范围不断扩大的过程，就是世界经济走向和接近一体化的过程。同时，在世界政治经济不平衡发展中，各国的经济实力及在世界经济中的地位是经常发生变化的。这种变化使旧的不平衡关系不断被打破，新的不平衡关系不断形成。此外，广大的发展中国家虽处境不同，但在现存世界经济秩序下，在国际竞争中都处于不利的地位，他们为了促进本国经济的稳定和发展，寻求有利的贸易条件和投资环境，一方面在加强发展中国家相互之间的联合与合作，组成层次不同的区域一体化组织，另一方面一些国家也在积极地向发达国家的区域一体化组织靠拢。这些情况无疑也促进了区域经济一体化的形成和发展。

(3) 当代世界竞争的日益加剧是区域经济一体化发展的直接动因

在日益激化的竞争面前，各个国家都在寻求进一步消除贸易障碍、提高竞争力、缓解国家之间的经济摩擦和矛盾的途径。而建立区域经济一体化组织，是实现这一目标的重要途径。

(4) 区域经济一体化是国家广泛干预国际经济关系的产物

世界上形式多样、层次各异的区域经济集团，都是由有关国家直接出面建立起来的，都是以条约或协定固定下来的，并设有超国家的共同决策机构。没有国家的直接参与，国际经济一体化组织的形成和发展是不可能的。在现代市场经济条件下国家不仅广泛而有力地干预国内经济的运行过程，而且也广泛地干预并直接参与国际经济活动。区域经济一体化是面对国际竞争日益激化，国家积极干预经济生活的一个结果。

三、区域经济一体化的发展及其对世界经济的影响

1. 区域经济一体化的产生与发展

区域经济一体化是随着生产力和科学技术的发展而产生和发展的。随着生产力和科学技术的进步，世界各国间的经济联系越来越紧密，尤其是利益相近的国家更是具有加强联合的要求。随着世界经济的不断发展，区域经济一体化程度不断加深，在50多年演进过程中，区域经济一体化主要经历了三个阶段：

第一，区域经济一体化的初始发展阶段：20世纪50年代至70年代。50年代初，瓦伊那首先引入了现代关税同盟的理论，这一理论成为当时国际经济一体化理论的核心。与这一理论同步发展的是欧洲经济一体化的实践。20世纪六七十年代，发展中国家也积极投身到一体化的进程之中，亚洲、美洲、非洲的一些国家都先后建立了发展中国家内部的区域经济一体化组织。

第二，区域经济一体化的快速发展阶段：20世纪70年代至80年代。两次石油危机以后，全球贸易主义抬头，世界各国更多地将实现自由贸易的希望寄托于建立区域性贸易型集团，由此引发了第二次区域经济一体化的高潮。这一时期，发达国家的区域经济一体化稳步发展。同期，发展中国家区域经济一体化的进展也较为显

著，出现了许多新的较大规模的一体化组织。这一阶段，区域经济一体化虽然仍未摆脱冷战时期的政治与安全色彩，但是，经济利益的重要性已日趋突出。

第三，区域经济一体化的全方位发展阶段：20 世纪 90 年代至今。20 世纪 90 年代冷战结束以来，在世界经济全球化和科技革命的推动下，区域经济一体化进程明显加快，不仅原有的区域经济一体化有的进行了调整或改组，范围上有所扩大，经济一体化组织有更深入的进展，而且新的区域经济组织层出不穷、不断涌现，经济一体化组织的浪潮席卷世界各个地区、各个类型的国家，尤其是建立区域性贸易安排，已经成为各国区域政策的重点内容。原有的一些发展中国家一体化组织，如东南亚国家联盟，确立了明确的贸易投资自由化目标，向实质性的合作方向迈进。

2. 区域经济一体化对世界经济的影响

区域经济一体化对世界经济以及经济全球化的影响是相当复杂的。这种复杂性表现在，短期效应和长期效应的交织，不同约束条件下正效应和负效应的交织。

（1）区域经济一体化对国际经济秩序的影响

相当长时期以来，南北关系是国际经济秩序争论的核心问题，然而鉴于时代的背景，讨论往往局限于带有冷战思维的南南合作、南北对话以及南北对抗。进入 20 世纪 90 年代，区域经济一体化的全面发展，使国际经济新秩序的探索进入一个新时期。

第一，北北模式一定程度上使南北差距更趋扩大。纵观 40 余年的区域经济一体化进程，欧共体（现在的欧盟）无疑是最为成功的，它代表的是一种强强相加的所谓北北模式的区域经济一体化。参加一体化集团的都是发达的工业化国家，它们通过商品、资本、技术、劳动力四大要素的部分或者完全自由流动，形成了规模经济，以及更趋合理的产业结构和更高新的技术创新。

第二，区域合作模式的发展——南北模式使南北关系的解决有可能进入一个新的阶段。以北美自由贸易区为代表的南北一体化模式，突破了原始意义上的一体化模式。它通过发达国家与发展中国家的区域内垂直分工，同样达到了规模经济，解决了发达国家资金相对过剩问题，解决了市场问题，使发达国家与发展中国家能携手共进。

（2）区域经济一体化对世界经济格局产生的影响

随着区域经济一体化的不断深化，各区域经济集团内部贸易、投资的障碍逐渐减小，促进了成员国内部贸易的不断增长，加速了成员国资本集中和垄断的发展，因此世界经济格局也在不断发生变化。下面我们从全球贸易格局和全球要素流动格局两个方面讨论区域经济一体化对世界经济格局产生的影响。

第一，区域经济一体化对全球贸易格局的影响主要表现在两个方面：①由一体化区域的贸易转移和贸易创造效应所引致的全球商品流动格局的变化。以欧共体为例，欧共体在 20 世纪六七十年代经历了内部贸易的强劲增长，1960 年欧共体 6 国的内部贸易比重为 34.6%，1970 年增长到 48.9%。在成员国不断扩大的八九十年代保持了超过 50% 的内部贸易比重，1980 年扩展至 9 国的欧共体内部贸易比重增至52.8%，整个20世纪维持在55%～60%。总体上内部贸易有所发展，但并不稳定，而且从比重上看显然不是其国际贸易的主角。属于“南北合作型一体化”的北美和东亚两大经济圈同样存在区内贸易比重不高的现象。② 区域经济一体化所形成的集体谈判能力使全球贸易关系中实力对比发生了变化，表现在所谓的以“一个声音”说话的集团谈判能力增强。仍以欧盟为例，它所达成的集团谈判能力，在欧洲同美国就农产品贸易、补贴以及高技术高附加值产品等领域的竞争、谈判中都表现出重大的价值。

第二，从全球要素流动格局看，较高层次的区域经济一体化往往将自由流动从商品扩展至资本、技术及劳动力等生产要素。但要素流动的规律并不完全等同于商品流动规律，它并非完全与供求状况相吻合。我们以资本为例，来把握区域经济一体化条件下要素流动的状况。资本流动的目的是趋利，国际资本流动的决定因素是资本价格、投资收益率和投资风险。然而世界并非均质，区域经济一体化的盛行使全球经济呈现差异性，区域内部的资本内部化流动趋势强劲，跨区域的资本流动也趋明显，集团外国家尤其是不发达国家对外资吸引力下降。

（3）区域经济一体化对经济全球化的影响

区域经济一体化是经济全球化的必要阶段，区域经济一体化对经济全球化既有积极的促进作用，又存在消极的负面影响。

区域经济一体化与经济全球化既有区别又有联系。一方面，经济一体化是以大量的区域性实践为形式，但其根本方向仍是全球范围内的经济活动融合。区域经济一体化意味着国家主权的某种让渡，一种超国家经济组织或规则在一定区域的存在。经济全球化在部分让渡国家主权方面还不如区域经济一体化，而更多地表现在非让渡主权的形式上，更深刻的国际分工、更广泛的国际交换、更具体的经济形式、更密切的相互依存、更成熟的运行机制等等，都意味着经济国际化的高度发展。因此，区域经济一体化与经济全球化的区别在于，在组织化程度上，区域经济一体化强于经济全球化；在一体化的内容上，经济全球化更具有机制上的联合意义。另一方面，区域经济一体化与经济全球化的联系在于区域经济一体化是世界经济走向经济全球化的必要阶段。在世界各地区、各民族国家经济差距悬殊的情况下，经济全球化是难以一步到位的，而区域经济一体化将推进区域经济的发展，从而可能在区域内部采取较小差距的合作形式。同时，区域经济一体化一旦形成，又能不断吸收新的成员国来扩大它的规模和范围。所以事实上，区域经济一体化是全球经济一体化的必经之路。

在当今世界中，不仅民族国家作为经济主体，而且各种形式的自由贸易区、共同市场等也作为经济主体参与世界经济活动。如欧洲共同体是作为一个经济主体来参与许多国际谈判的。它已成为实现全球合作的典范，又如，亚太地区的一体化是经济全球化趋势的反映，大大增强了各国的利益纽带。同时也表明了区域经济一体化对经济全球化的积极作用。尽管区域经济一体化和经济全球化的承接关系得到了广泛的确认，但是地区性贸易协定所伴随的对外歧视等负面影响，也引起了现实的担忧，需要有适当的约束。

第二节 欧洲联盟

发达国家经济一体化首先在西欧地区获得了广泛的发展。20 世纪 50 年代末欧洲先后成立的了两个不同形式的一体化经济集团：欧洲经济共同体和欧洲自由贸易联盟。由于西欧疆域狭小国家林立，高度发达的生产力和狭小的国内市场矛盾尖锐。所以打破国家壁垒扩大市场成为了西欧国家的共同要求。与此同时，第二次世界大战后西欧国家力量严重削弱，为了抵抗美国的控制，西欧国家必须联合起来壮大自身力量。并且西欧各国相近的经济发展水平和历史文化以及彼此毗邻的地理位置也为西欧国家走向联合提供了有利条件，所有这一切促成了西欧国家联合以及欧盟的产生。西欧区域经济一体化经历了 50 多年，它本身的历史就是区域经济一体化理论和实践的创新，同时也为其他地区的区域经济一体化建设提供了宝贵经验。欧盟是目前世界上最大同时也是经济一体化程度最高的一体化组织。

一、欧洲的政治经济一体化进程

1. 西欧经济一体化的起步

1950 年 5 月 9 日，法国外长舒曼发表了在欧洲历史上影响深远的声明，指出欧洲统一的关键在于解决法德冲突，而解决法德矛盾的有效途径就在于把两国全部煤炭和钢铁生产置于一个其他国家可参加的高级联营机构的控制下。舒曼计划出台后，虽然遭到英国的反对，但得到了美国、联邦德国以及联邦德国周边国家的响应，最终在 1951 年 4 月，法、西德、意、荷、比、卢 6 国签署了《欧洲煤钢共同体条约》。条约规定，煤钢共同体的使命是，在六国间建立取消关税、商品数量限制和其他歧视性措施的煤钢共同市场，以发展经济，扩大就业，提高生活水平。煤钢共同体自 1952 年 7 月 25 日正式运营后，其主要活动是建立煤钢产品的共同市场，使之不受国界限制自由流通，并在平等的基础上自由竞争；扩大和发展煤钢生产；兴办一些改善生产或生活条件的社会福利事业。欧洲煤钢共同体的成立，是欧洲走向经济联合和实现国家主权转移的一次具体实践和极其重要的一步。

2. 欧洲共同体的建立

欧洲煤钢联营的成立和成功实践，促使上述六国就全面展开一体化问题不断进行磋商与谈判，并于 1957 年 3 月在意大利的罗马达成一致，签订了《罗马条约》。根据条约，六国将建立欧洲经济共同体和原子能共同体。《罗马条约》于 1958 年 1 月 1 日正式生效，标志着六国实施全面经济一体化的开始。1967 年 7 月 1 日欧洲经济共同体与欧洲原子能共同体和欧洲煤钢共同体合并，改称“欧洲共同体”，简称欧共体。欧共体的主要内容是建立工业品关税同盟和实施共同农业政策。

（1）欧共体工业品关税同盟。欧共体经济一体化是从关税同盟出发的。选择关税同盟作为一体化的开端，一方面反映了欧洲各国经济互相依存的客观要求，反映了各国有限的市场与不断扩大的生产能力之间的矛盾，更重要的是反映了欧共体各国想从关税同盟入手，进而实现欧洲经济乃至政治上统一的意图。从国家主权来说，成员国让渡的仅是关税自主权，因而易为各国所接受。关税同盟包括内、外两大机制。其内部机制由以下几个方面构成：第一，取消成员国之间的关税；第二，禁止具有与关税同等效力的捐税；第三，取消数量限制；第四，禁止具有与数量限制同等效力的措施。取消成员国之间的关税于1968年7月全部完成，比《罗马条约》规定的期限提前一年半实现。而工业品的进口配额即数量限制的取消，则完成得更早，于1961年底便提前实现。关税同盟的外部机制，是指共同体对外实行统一的关税，实施共同的海关政策。共同海关税则包括：实行统一的对外税率；统一税则商品分类目录；统一海关估价；统一商品原产地标准。

（2）共同农业政策。根据《罗马条约》，欧洲共同体农业政策的主要目标是：促进农业劳动生产率的提高，对农产品市场进行管理，以此改善农民生活，保证居民生活和经济发展的需要。为此，欧共体在农业方面制定了两项政策：市场管理政策和结构政策。在管理政策方面制定欧共体统一农产品价格；建立共同的对外关税壁垒，对农产品征收差价税；给予农产品出口以补贴。在结构政策方面，促进农业生产的现代化，改善农产品的加工和销售条件以及缩小地区差别。为贯彻实施上述政策，建立了“欧洲农业指导和保证基金”，提供资金保证。共同农业政策的实施，使农业部门成为欧共体一体化程度较高的一个部门。共同农业政策成为欧洲经济一体化的一个大基石。

（3）其他方面的政策。为了保证工业品关税同盟的运作和共同农业政策的实施，欧共体还制定了一些其他方面的政策：第一，共同竞争政策。欧共体成员国都是发达的市场经济国家，市场在欧共体资源配置上起主导作用，因而有必要制定共同的竞争政策。其目标在于生产要素的有效配置，加速共同市场的形成，保证共同市场的有效运行。第二，共同运输政策。随着欧共体内部贸易的发展，生产专业化和国际分工的加深，客观上要求共同体各国在运输政策上进行协调，以充分发挥共同市场的效益。第三，地区政策和社会政策。为了解决欧共体内部地区差别和社会不平等，缓解社会阶级矛盾，共同体制定了收入再分配政策，即地区政策和社会政策。其主要内容是：促进落后地区的开发；促进工业衰退地区的结构改造；解决长期失业问题；帮助年轻人就业并适应职业生活；对农村地区的社会经济结构进行调整等。

为了保证上述政策的有效实施，欧共体建立了一整套超国家机构，使其具有法人资格，拥有一定权力，在其所管辖范围内各成员国政府和议员都必须服从，其中包括欧洲委员会、欧洲议会、部长理事会、欧洲理事会、欧洲法院等。此外，欧共体还制定了单独预算和预算制度。1970年欧共体决定建立“自有财源”，形成了共同财政预算收支体系。共同财政来源有三：成员国全部进口关税，农产品进口差价税和糖税，以及成员国增值税提成。共同体的独立财政预算体系的形成，体现了欧共体对其成员国部分国民收入进行超国家再分配的职能。

3. 内部大市场的建立

欧共体成立时，只有法、西德、意、荷、比、卢等六国。此后，其经济和政治上的成就吸引着其他欧洲国家，英国、丹麦和爱尔兰于1973年1月1日加入；希腊于1981年1月1日加入；西班牙和葡萄牙于1986年1月1日加入；奥地利、瑞典和芬兰于1995年1月1日加入，使欧共体发展成为包括15个成员国、人口33 400万、国民生产总值6.9万亿美元、经济贸易一体化程度高、影响最大的一体化组织。但是，随着成员国的增加，他们之间的经济差距和政治差距也在扩大，各国都引用《罗马条约》的保留条款保护本国经济，非关税壁垒广泛被采用，导致各国经济增长缓慢，失业增加。内部大市场计划正是在这一背景下出台的，为了推进共同体一体化，增强共同体成员国的经济实力，与美、日两个产业经济和技术大国相抗衡，必须消除成员国之间的“围墙”。

非关税壁垒的增加，使欧共体的关税同盟离《罗马条约》的规定越来越远，在欧共体内客观存在着十几个分割市场。这种市场的分割，给欧共体经济带来了巨大的消极影响。为此，1985年6月，欧共体通过了《完成内部市场》的白皮书，制定了于1992年底完成内部大市场的建设蓝图。

二、欧元区的建立和发展

1. 经济与货币联盟的雏形

欧共体在20世纪60年代消除了关税和进口配额对商品流通的限制，实施了共同农业政策，但各自为政的货币制度使得成员国在贸易和投资时都要进行换汇，汇率被动的风险及换汇成本成为巩固和加强一体化的一大障碍。

1969年12月欧共体在荷兰海牙召开首脑会议，决定建立经济货币联盟。欧共体委员会委托由卢森堡首相皮埃尔·维尔纳负责的小组起草一份组建经济与货币联盟的计划。1970年10月维尔纳小组完成了《关于在共同体内分阶段实现经济与货币联盟的报告》（后简称《维尔纳报告》），报告建议1972年2月至1980年分三阶段实现货币联盟的目标，其中包括对内实行可调整的中心汇率制，并规定成员国货币汇率的波动幅度，对外实行联合浮动制；建立欧洲合作基金；形成欧洲计算单位，用于成员国中央银行间的结算和支持联合浮动汇率机制的运行。

1971年和1973年美元的大幅度贬值，两次石油危机引发的严重的世界性经济危机，使得共同体各国政府穷于应付更难克服的滞胀，无暇实施经济与货币联盟（后简称经货联盟）计划。《维尔纳报告》的计划虽然没有成功，但它在第一阶段完成的目标却作为重要的成果留了下来。首先，建立了“蛇形浮动”汇率制及后来的联合浮动汇率制，为共同体内部最终建立固定汇率制作了有益的试验，也为后来欧洲货币体系的汇率机制的建立打下了基础。其次，1973年4月建立了欧洲货币合作基金，为发生支付困难的成员国提供短期货币支持，确保内部汇率制度的顺利运行，集中调整各成员国中央银行的储备，协调成员国之间的货币金融事务，成为各成员国的债务清算中心。再次，1974 年 7 月创建了欧洲计算单位，用于各成员国中央银行之间的结算及“蛇形浮动”业务的开展，也为后来的欧洲货币单位的设立打下基础。

2. 欧洲货币体系

1977 年 10 月欧共体提出重建经货联盟，此后欧共体委员会开始着手拟订新的经货联盟计划。1978 年 4 月法国总统德斯坦和德国总理施密特联合提出建立欧洲货币体系的建议，后被于 1978 年 7 月在不来梅召开的欧共体首脑会议采纳，并达成原则协议。欧洲货币体系于 1979 年 3 月 13 日开始运行，1986 年《欧洲单一文件》将这个体系正式并入《罗马条约》。欧洲货币体系由三部分组成。

（1）设立欧洲货币单位（European Currency Unit，ECU）。欧洲货币单位是一篮子复合货币，它不仅是决定成员国货币中心汇率的标准，而且是成员国货币当局之间的结算工具和规定农产品价格的价值尺度。另外，它还作为各成员国货币当局对外汇市场进行干预的手段。各成员国货币作为欧洲货币单位的组成部分，按协议各占有一定的权数。各成员国在货币篮子中的权数根据各成员国在共同体内部贸易中所占的比重及其国内生产总值在共同体国内生产总额中所占的比重来确定。

（2）建立欧洲汇率机制。欧洲货币体系的目标是实现共同体成员国货币的相对稳定。欧洲货币体系对内实行可调整的固定汇率制，对第三国货币实行联合浮动制。欧洲汇率机制有两个中心汇率。一个是成员国货币对欧洲货币单位的一篮子中心汇率；另一个是每两个成员国货币之间的双边中心汇率。共同体内部相互之间货币实行固定汇率，但允许成员国货币之间在上下 2.25% 的范围内波动，意大利里拉波动范围可扩大到上下 6%。当某种货币偏离法定比价达到一定程度时，有关国货币当局就应采取相应措施。欧洲货币体系的汇率机制对一篮子中心汇率和双边中心汇率的干预采用了两种干预体系。一种是平价网体系，另一种是货币篮子体系。

（3）建立欧洲货币基金。欧洲货币基金是欧洲共同体为缩小成员国之间的汇率差距，加强相关货币和经济政策的协调，增强共同干预货币金融市场的力量而建立起来的。欧洲货币基金集中了欧共体九国黄金及外汇储备的 20% 及相应数量的各国货币。欧洲货币基金的信贷分为三种，第一种是短期信贷，其作用是维持最大限度的波动幅度，对所有参加汇率机制的成员国中央银行适用。第二种是短期货币支持，所有共同体国家都可以要求短期货币支持，用于因国际收支赤字引起的短期需要。第三种是中期财政援助，共同体成员向发生严重国际收支困难的其他成员国提供援助。欧洲货币体系的成立对维持西欧国家货币稳定，推动经济一体化都起到了一定的积极作用。

3. 欧元的诞生

欧元的成功启动改变了美元独霸天下的局面，表明欧洲经济联盟向货币统一迈出了重要的一步，为建立真正的欧洲联盟奠定了重要基础。

(1) 加入经货联盟的国家的经济趋同标准。根据《经济与货币联盟条约》的有关规定，想要加入经货联盟的共同体成员国家需要在如下五个方面达标：① 成员国家的年通货膨胀率不能超过欧洲联盟中通货膨胀率最低的三个国家的平均数 1.5 个百分点。② 成员国家长期利率水平（以一年国库券收益率为准）不能超过欧洲联盟中物价最为稳定的三个国家的平均利率 2 个百分点。③ 成员国家各级政府的预算赤字总额不能超过本国国内生产总值的 3%。除非该国的预算赤字已在显著和继续下降，并接近上述规定的百分比，或者只是暂时地超过标准。④ 成员国家政府债务总额不能超过本国国内生产总值的 60%，除非该国的政府债务已明显下降并以较快的速度接近上述百分比。⑤ 成员国家货币币值至少在过去两年里一直在欧洲货币体系的汇率机制所规定的幅度内（±15%）波动，尤其是在同一时期内，该国不能主动降低它与任何一个欧盟成员国之间的双边中央汇率。

(2) 建立货币联盟的三个阶段。第一阶段是从 1990 年 7 月 1 日至 1993 年 12 月 31 日。这个阶段的主要任务是：与统一大市场同步，协调宏观经济政治政策，缩小地区政策与社会结构政策的区别，使成员国经济更趋接近；确保资本自由流动；要求成员国货币都应加入欧洲货币体系机制。第二阶段是从 1994 年 1 月 1 日开始，是过渡阶段。主要任务是：建立欧洲货币机构，这一机构的主要职能是负责各国货币政策的协调，为实现单一货币政策做技术上的准备；所有成员国的中央银行都独立于各国政府的控制；固定各成员国在欧洲货币单位的货币篮子中的比重。第三阶段从 1997 年开始，这一阶段的任务是：建立欧洲中央银行体系；固定参加欧洲货币联盟的国家货币之间以及同欧洲货币单位之间的汇率；通过多数表决制建立财政和经济政策的新框架；将各国中央银行的外汇储备部分转移给欧洲中央银行。经济货币联盟的实现和欧元的诞生改善了世界宏观经济环境，促进了全球货币体系合理化，欧元与美元共同承担稳定国际货币体系的作用。它有助于增强欧洲市场的凝聚力，促进欧盟经济和内部贸易的发展。欧元的启动将导致欧盟内新一轮优胜劣汰的竞争，使企业进一步趋向联合化与大型化，成为名副其实的欧洲跨国集团，有效抗衡美、日的竞争，在经济全球化进程中占据有利的地位。

4. 欧洲经济区的建设

从欧洲煤钢共同体到欧洲统一大市场的建立，再到欧洲经济货币联盟的不断发展，欧洲经济一体化吸引着周边国家不断向其靠拢。不仅欧洲自由贸易联盟强化其同欧共体经济联系的意愿不断加强，而且东欧国家在其向市场经济的转轨中也迫切要求加强同欧共体的关系，连地中海沿岸的一些国家也正式提出加入欧共体的申请。

欧洲自由贸易联盟成立于 1960 年。欧洲自由贸易联盟与欧共体建立欧洲经济区的过程经历了两个阶段。第一阶段从 1972 年开始着手建立自由贸易区。到 20 世纪 80 年代初，欧共体与欧洲自由贸易联盟国家相互间的工业品贸易关税和数量限制全部取消，西欧形成了世界上最大的自由贸易区。第二阶段是建立欧洲经济区。1984 年欧共体和欧洲自由贸易联盟就建立一个单一的欧洲经济区发表《卢森堡宣言》，双方的正式谈判从 1989 年开始，经过多次协商谈判，1991 年 10 月 22 日欧洲共同体和欧洲自由贸易联盟在比利时首都布鲁塞尔达成了建立欧洲经济区的协议。

欧洲经济区本质上仍是自由贸易区。欧共体同其他国家的经济关系的规则不适应于经济区，欧洲经济区也没有共同的对外贸易政策、渔业政策和农业政策。欧洲自由贸易联盟国家既不参加欧洲货币体系，也不参加欧洲货币联盟。同时，欧洲自由贸易联盟国家也不参加欧共体向政治联盟发展的过程，因此它的一体化过程大大低于欧共体。

三、欧盟建立的影响与发展前景

欧盟是成立最早、起点最高、范围最广、程度最深、收益最大的区域经济合作组织，对世界范围的区域经济合作格局构成影响，并对区域经济合作的发展起到示范作用。目前，世界范围内存在欧盟、北美自由贸易区以及亚太经合组织三大区域经济合作组织，这种三足鼎立之势与欧盟的影响是分不开的。就北美而言，战后初期的美国政治、经济力量极强，它不需要与别国结盟便可“主宰”世界。但随着美国政治、经济地位的相对下降及欧共体的不断壮大，使得美国难以孤军作战，从而导致 1989 年《美加自由贸易协定》的生效。在此基础上，1994 年 1 月 1 日诞生了北美自由贸易区。欧洲的结盟，北美的联合，加快了日本“东亚经济圈”建设的步伐，美国不甘心失去亚洲市场，积极参与亚洲的活动。于是 1989 年亚太经合组织正式成立。自 1958 年欧洲经济共同体成立以来，世界范围内出现了形形色色的区域经济合作组织。究其原因是多方面的，但是明显这些国家看到了欧共体的组建和经济合作推行的益处。可见，欧盟对世界范围内的区域经济合作浪潮起到了推波助澜的作用。欧共体一直是区域经济合作的领头羊，其产生、发展反映了区域经济合作发展和变化的过程，区域经济合作是世界经济发展的必然趋势。

欧盟在区域经济一体化方面已经取得了巨大的进展，欧洲的区域经济一体化继续深化。同时，欧盟在政治经济一体化的目标已经确定并开始采取了相应的措施。从发展前景上看，欧盟在 21 世纪将在经济和政治上不断完善和巩固一体化的成果，稳步向完全一体化迈进。欧盟将成为世界经济格局中的重要一极，它的扩大将使自身的经济政治实力大大增强，可以预见欧盟将在国际事务中发挥越来越重要的作用。此外，欧洲经济一体化对世界经济一体化具有重要的示范作用，以经济一体化作为其他一体化的先导，必须以法律制度的建立与完善作为一体化的基础，还需以渐进的方式实现预定的目标等经验都值得世界其他地区的经济一体化借鉴。

第三节 北美自由贸易区

北美自由贸易区是区域经济合作浪潮中，为了与欧盟相抗衡而由美国联合加拿大和墨西哥组成的。北美自由贸易区协定自1994年1月1日正式生效，其宗旨是：逐步取消成员国之间的关税与非关税壁垒，实行商品的自由流通，创造公平竞争的条件，相互开放金融市场，增加投资和就业机会，对知识产权提供适当保护，建立执行协定和解决争端有效程序，促进三边的和多边的合作。

一、北美自由贸易区形成的原因

北美自由贸易区的形成既有外部因素的影响，又有内部因素的推动。概括起来，是下述因素共同作用的结果：（1）战后西欧、日本经济的迅速发展和经济实力的大幅增强，使得美国在世界经济中的地位相对下降。1990年日本的人均国民生产总值达2.4万美元，超过同年美国的2.2万美元水平；欧共体国民生产总值高达5万亿美元，接近美国水平。欧洲一体化的迅速发展，更加构成了对美国的潜在威胁。美国为了巩固和提高自己的国际地位，特别是阻止美国制造业竞争能力的下降，加强同日本、欧共体的竞争能力，将目光转回本地区，期望通过建立以自身为中心的北美经济集团，增强自己的国际竞争力和国际影响力。（2）战后，美国一直以其先进的科学技术和强大的经济实力作为基础，通过关税及贸易总协定，倡导和维持国际自由贸易体制。但是随着美国经济实力的相对削弱以及自身国际竞争力的下降，对外贸易逆差不断扩大，美国外贸保护政策中的保护主义色彩日益浓重。美国公开承认现在已出现一个多极化的世界，美国的世界地位受到挑战，美国必须努力维持自身的经济利益。为此，必须制定一项对外经济战略，使得本国产品可以打入外国市场，并避免外国市场被像日本这样的一些竞争力较强的国家占领。建立北美自由贸易区，依靠巨大的内部市场，用差别待遇对付外部竞争，这是美国这一对外经济战略的实践。（3）美国、加拿大、墨西哥三国毗邻，语言、风俗、习惯和价值观念相近，交通运输方便，经济上具有互补性，相互依存度较高。就美、加而言，双方互为对方的第一大贸易伙伴。1986年在美国的外贸进口中，加拿大占1/5；同年，在加拿大的外贸进口中，美国约占2/3。就美、墨而言，墨西哥是美国第三大贸易伙伴，反过来美国的贸易占墨西哥贸易总额的2/3以上。1990年3国相互贸易额达2 370亿美元。从对外投资看，1986年美国对加拿大的直接投资总额为502亿美元，占美国对外投资总额的1/5。美资约占墨外资的2/3，美国还是墨西哥的最大债权国，占墨西哥所欠外债的35%。另外，美、加、墨3国在经常项目上都存在大量逆差，都需要增加出口以改善收支不平衡。

建立北美自由贸易区给美、加、墨三国带来如下好处：第一，墨西哥将更多地获得美、加的投资和新技术，改造自身工业结构，创造新的就业机会，开辟新的市场，并解决长期以来债台高筑的问题。第二，加拿大在贸易上依赖美国程度较深，倘若置身于同一大市场中，减少了关税和非关税壁垒，就可有效地防止美国的贸易保护主义，巩固和扩大其美国市场，还可以开发墨西哥市场。第三，对美国来说，墨西哥的廉价劳动力和丰富资源具有很大吸引力，在墨投资可使美产品成本降低；而且，美国劳动密集型产业进一步南移，可加速国内产业结构的升级换代，提高美产品的综合竞争能力。建立北美自由贸易区，有助于墨西哥经济的稳定增长，从而有助于缓解长期困扰美国的墨西哥非法移民涌入美国的问题。同时，美国把墨西哥纳入北美自由贸易区，也是为了吸引拉美国家效仿，推动南北美洲经济一体化进程。

二、北美自由贸易区的组建

美国和加拿大两国毗邻，长期以来在生产、贸易、投资等领域联系十分密切，双方之间在经济上的合作始于1965年签订的《汽车协定》。该协定仅涉及两国生产的汽车及配件的自由贸易，同时，由于加拿大的汽车业大部分已与美国合资经营，其实际意义已日趋减少。鉴于《汽车协定》以及适用于两国贸易的关贸总协定越来越不能满足两国经贸发展的需要，1980年里根在竞选美国总统时，提出了建立美加自由贸易区的问题。20世纪80年代中期，当美国的贸易保护主义有所抬头时，加拿大制造商为了保住他们在美国市场的份额，敦促加拿大政府同美国进行贸易谈判。早在1983年加拿大就提出了关于建立美加自由贸易区的设想。经过几年的酝酿，1985年3月加拿大总理马尔罗尼同美国总统里根会晤，首次正式提出了美加实行自由贸易的主张。由于两国的生活习俗相近，交通运输便利，经济上相互依赖程度很高，所以从1986年5月21日开始两国正式进行自由贸易谈判。经过16个月的谈判，于1987年10月3日达成协议，次年1月2日，两国政府正式签署了《美加自由贸易协定》。经美国国会和加拿大联邦议会批准，于1989年1月1日生效。根据协定，从1989年1月1日开始的10年之内，双方将逐步完全取消相互贸易关税，建成统一的北美市场。协定内容不仅包括撤销商品和劳务贸易的种种壁垒，建立解决贸易纠纷的机构和程序，还包括放松对各自金融市场的管制，改善投资环境，实现投资自由化。美加自由贸易协定已经不只是一个单纯的贸易协定，而是包括劳务、投资、人员流动等在内的全面经济协定。协定实施以来，两国贸易得以持续增长。1990年美国对加拿大的商品出口达840亿美元，比1989年增长18%。美国对加拿大的直接投资净额在协定生效后的第一年已达12亿加元，比1988年的1.48亿加元猛增长了7倍。据美、加两国政府预测，在协定有效期内，将使加拿大国民收入增加5%，对美国出口增加120亿美元，将使美国国民收入增加1%，对加拿大出口增加440亿美元。这个内容广泛的双边经济协作协议的签订，是美加经济关系史上的一个重要里程碑。

区域经济集团化的发展使国家间的竞争发展为国家集团之间的竞争。为了保持美国在西欧和世界的影响力，增强与欧共体抗衡和竞争的能力，美国在继续与加拿大加强合作的同时又与墨西哥和拉丁美洲28个国家加强了联系。

1987年10月，美加自由贸易区达成协议后，同年11月美墨两国政府首脑正式会谈，草签了一项有关磋商两国间贸易和投资的框架原则和程序的协议。1988年12月萨利纳斯就任墨西哥总统，大力推进经济改革，墨西哥对美墨自由贸易谈判的态度更加积极起来。1990年6月，萨利纳斯访美，为美墨自由贸易铺平道路。美国总统布什也向前跨出一步，同年9月向国会正式提出开始美墨自由贸易谈判的要求，并于11月底访墨加以推动谈判。布什访墨期间，双方一致认为加拿大也应参加磋商，并决定在1991年6月举行正式谈判，争取在1992年底达成协议。1991年2月5日，美、加、墨三国政府同时宣布尽快举行三边会谈。6月12日，三国谈判团首次举行部长级会议，确定了市场准入、贸易规范、劳务、投资、知识产权和纠纷处理六项议题，并建立17个专门工作组。从7月份起，由这些工作组对各自分担的议题进行具体研究和磋商。尽管谈判于1991年底一度出现僵局，但经过三国互相让步和积极设法推动，于1992年8月12日就北美自由贸易协定文本达成协议。1991年12月17日，美、加、墨三国领导人分别签署了这份协定。1994年1月1日，北美自由贸易协定正式生效执行。自此，世界上最大的自由贸易区在北美宣告诞生。

三、北美自由贸易区的主要内容

缔结北美自由贸易协定的目的是消除贸易壁垒，促进平等竞争，增加投资机会，保护知识产权，解决贸易争端以及促进三边、区域性和多边合作。该协定的主要内容有：

1. 减免关税和取消非关税壁垒。对来自北美的产品大部分立即取消关税，有些产品的关税在5~10年内逐步取消，某些敏感的产品关税可在15年内取消。为了取消关税，三国同意采用1991年7月1日已在美加生效的税率。三国还将取消边境进出口中有关配额许可证的禁令与限制。该协定还规定，在过渡时期内，如进口国从其他成员国进口了大量纺织品及服装，致使本国纺织工业面临严重损害时，可以暂时提高关税率，或强行采取进口配额，在货物符合协定规定的情况下，进口国只能采用关税进行保护。另外，协定对海关手续费、退税等做了详细规定。该协定还不允许征收出口税，不准阻碍正常的出口供应渠道，不可对成员国采取高于国内价格的出口价格。

2. 确定原产地原则。原产地原则是为了确定哪些商品可以享受优惠关税待遇，从而使北美地区制造的产品进入自由贸易区可以享受优惠，而在其他国家制造的产品不能享受优惠。按照原产地原则规定，凡全部在北美地区制造的产品即为原产地产品；凡非该地区原料所制造的产品，只要在北美自由贸易区任何一个成员国内加工，也可视为原产地产品。有些商品难以按税目分类确定是否属于原产地产品，则须按商品在当地生产增值的比例加以评判。例如，小轿车的成本应由62.5%的本地含量才视为原产地产品。大部分纺织品实行“纱以后”规则，即用该协定成员国内生产的纱进行加工的纺织品和服装可享受优惠待遇。对某些纺织品还制定了“纤维以后”规则。为了确保上述规则的执行，海关作出了统一产地证书、简化手续、解决意见分歧等一系列规定。

3. 取消投资障碍。协议规定，美、加在对方新建、收购、经营或出售企业时，可享受与所在国投资者相同的国民待遇。而且任何一方不得阻止投资者转移其合法所得的利润、利息、使用费及出售商品的全部或部分收入。同时也规定了美、加企业可在墨西哥建立公司并享受墨政府给予本国企业的待遇，但外资在墨市场所占份额在过渡时期内有一定限制。

4. 农业。协定规定，美、墨农场主可以自由地向对方出售农产品，但在15年内要受到数量限制。加、墨之间将单独订立农业贸易协议。

5. 金融和服务业。协定规定，各成员国要对在农、林、矿业、建筑业、保险、房地产、商业批发与零售、旅游、计算机和通信等领域，互相提供服务者国民待遇；设在本自由贸易区的金融机构，可以享受与成员国本地的金融机构同等的待遇。在银行、保险和证券等金融领域，墨西哥逐渐放弃限制，以致最后取消限制。

除上述内容外，协定还对环境保护、专利和知识产权以及争端的解决做了相应的规定。从上述主要协定内容可以看出，北美自由贸易协定是一个内容极为广泛的三边协议，它不仅涉及贸易，而且涉及生产、服务、投资、环保、劳工标准等方面，几乎是一个全面的经济协议。北美自由贸易协定，打破了理论上所论述的自由贸易区只局限于贸易领域合作的内容；北美自由贸易区也树立了一种由经济发展水平差异较大、经济结构不同国家组建区域一体化组织的模式。

四、北美自由贸易区的进展

北美自由贸易区是当今世界上最大的自由贸易区。根据世界银行的统计数据，截至2003年年底，GDP总值为11.4万亿美元，约占全世界GDP总值的32.7%，比欧盟高出约7个百分点。在过去的十年里，北美自由贸易区取得了很大的成功。由于取消贸易壁垒和开放市场，3个国家都实现了经济增长和生产力的提高。1993—2003年，美、加、墨三国经济分别增长了38%、30.9%、30%。

从北美自由贸易区贸易状况来看，经过10年的发展，成员国之间的贸易额增长迅速，三边贸易额翻了一番。根据IMF的数据，从1993年的3 060亿美元增长到2002年的6 210亿美元。加向美出口从1 136亿美元增长到2 139亿美元；加向墨出口则达到16亿美元。美向加的出口从96亿美元增加至1 529亿美元；美向墨的出口则从511亿美元增至1 072亿美元。墨向美的出口增长234%，达到了1 361亿美元；墨向加的出口也从29亿美元增加至88亿美元，几乎增长了203%。不过，北美自由贸易区对三国贸易相互依赖的影响并不相同，美加贸易基本保持稳定增长，而墨西哥与伙伴国的贸易则增长迅速，从1993—2002年墨西哥向美国和加拿大的出口都翻了一番，变化最明显的是墨西哥在美国贸易的比重，其出口占美全部进口比重从9.0%上升到

13.5%，进口从6.8%上升到11.6%。墨西哥与美、加的贸易额占其本国GDP的比重，从1993年的25%上升到2000年的51%，可见，北美自由贸易区对于墨西哥的贸易发展作用尤为显著。

在直接投资方面，北美自由贸易区提供了一个良好的环境，以确保长期投资所需要的信心与稳定性。在一个确定且透明的投资框架下，北美自由贸易区已经吸引了创纪录的直接投资。2000年，北美自由贸易区三国之间的直接投资达到了2 992亿美元，是1993年1 369亿美元的两倍多。与贸易类似，北美自由贸易区协定实施以后，美加之间直接投资增长基本比较稳定；而美国和加拿大在墨西哥的投资迅速增长，美加在墨西哥外资中的比重也有所增长。墨西哥在1991—1993年期间的直接投资流量为120亿美元，而2000—2002年期间则增长为约540亿美元，直接投资占其国内总投资的比重也从1993年的6%增长到2002年的11%，而这些主要是由其北美自由贸易区伙伴国提供。

除贸易和投资外，北美自由贸易区的建立还在服务贸易、提高成员国福利水平、环境保护以及改善劳工条件方面也取得了一些积极的进展。基于北美自由贸易区的经验和成果，三国还积极参与了其他的双边自由贸易活动。

运行了10余年的北美自由贸易区在很多领域都取得了进展，但针对北美自由贸易区的批评之声始终未曾停歇。批评意见主要集中在失业问题和贫富差距问题上。美国抱怨北美自由贸易区的建立，使本国企业处在同拉美廉价劳动力成本的不公平竞争之中，导致国内失业增加，加剧了美国的就业压力。美、加对墨西哥投资增加创造更多就业机会的同时，也大大降低了墨西哥工人的工资水平。贫富差距拉大是另一个争议焦点，美、加、墨三国的综合国力和市场成熟程度悬殊，但要实行同等程度的贸易投资自由化，这就意味着墨西哥是在同美国、加拿大进行一种不公平竞争。相对落后和缺乏竞争力的墨西哥立即对世界上最发达国家敞开大门，实行自由贸易，并在条件极不对等的情况下开展竞争，势必将付出相当大的代价，具体表现为社会生活水平的降低和贫困的增加。墨西哥的贫困率从1984—1994年的平均34%上升到了1999年的60%，墨西哥的部分中小企业和小农场因经不起美国、加拿大的商品竞争而临近破产。虽然相关规定对农产品贸易规定了较长的过渡期，但在协定生效后的21个月中，墨西哥农牧业产品出口仅增长了6%，而进口却剧增了21%。墨西哥脆弱的金融市场也无法承受与美国、加拿大同等的金融开放自由度。由此可以判断，北美自由贸易区必将还要经历一个漫长而曲折的发展历程。

第四节　亚太区域的经济合作

所谓亚太地区，从狭义来说，指临近太平洋的亚洲地区，主要指东亚地区。

从广义来说指环太平洋周边地域，包括东亚或西太平洋沿岸的日本和韩国、新加坡、中国香港地区、中国台湾地区“亚洲四小龙”；印度尼西亚、马来西亚、菲律宾、泰国、文莱等东盟国家；中国、朝鲜、俄罗斯远东地区；西南太平洋的澳大利亚和新西兰、巴布亚新几内亚和众多太平洋岛国；北美自由贸易区三国和濒临太平洋的拉美各国。近年来，亚太区域内区域合作组织不断增多，本节将介绍与中国联系较紧密、涉及国家较多、影响较大的四个区域经济合作组织。

一、亚太经济合作组织

亚太经济合作组织（APEC）是亚太地区最具影响的经济合作官方论坛。1989 年 11 月 5 日至 7 日，澳大利亚、美国、加拿大、日本、韩国、新西兰和东盟六国在澳大利亚首都堪培拉举行亚太经济合作会议首届部长级会议，标志着亚太经济合作会议的成立。1993 年 6 月改名为亚太经济合作组织。1991 年 11 月，中国以主权国家身份，中国台湾和中国香港以地区经济体名义正式加入亚太经济合作组织。亚太经济合作组织共有 21 个成员，总人口达 26 亿，约占世界人口的 40%；国内生产总值之和超过 19 万亿美元，约占世界的 56%；贸易额约占世界总量的 48%，在全球经济活动中具有举足轻重的地位。2012 年 9 月 5 日，APEC 第 24 届部长级会议在俄罗斯符拉迪沃斯托克开幕。APEC 的宗旨和目标是为该地区人民的共同利益保持经济的增长与发展，促进成员间经济的相互依存，加强开放的多边贸易体制，减少区域贸易和投资壁垒。APEC 主要讨论与全球及区域经济有关的议题，如促进全球多边贸易体制，实施亚太地区贸易投资自由化和便利化，推动金融稳定和改革，开展经济技术合作和能力建设。广泛性、开放性、自愿性、松散性是 APEC 的特点。近年来，APEC 也开始介入一些与经济相关的其他议题，如人类安全（包括反恐、卫生、能源）、反腐败、备灾和文化合作等。

APEC 的发展主要经历了初始阶段、快速发展阶段和调整阶段。初始阶段是从 1989 年至 1992 年，这一阶段 APEC 建立了它作为一个区域性经济组织的基本构架。快速发展阶段是从 1993 年至 1997 年，自 1993 年，APEC 从部长级会议升格到经济体领导人非正式会议，发展进程加快。1993—1997 年，每年都有新进展，解决了区域合作所面临的不同问题，是 APEC 进程的“五部曲”。1993 年解决“APEC 不应该做什么”，1994 年解决“APEC 应该做什么”，1995 年解决“APEC 应该怎么做”，1996 年制定合理的蓝图，1997 年实现加速。调整阶段是从 1998 年至今，亚洲金融危机直接影响到 APEC 进程，危机受害者开始对贸易投资自由化采取慎重态度，在 APEC 内部，始于 1997 年的部门提前自由化在一定程度上超越了地区的现实情况，难以按原有设想加以推进。经济技术合作得以保持发展势头，但因成员态度消极，实质性进展仍需时日。1998 年和 1999 年两年，APEC 进入一个巩固、徘徊和再摸索的调整阶段。2000 年非正式领导人会议重申了应坚持贸易投资自由化目标，并加强人力、基础设施和市场等方面的能力建设活动。

APEC 共有 5 个层次的运行机制，即领导人非正式会议（自 1993 年至 2012

年以来共举行了19次），部长级会议（包括外交、外贸双部长会议以及专业部长会议，双部长会议每年在领导人会议前举行一次，专业部长会议不定期举行），高官会，委员会和工作组，秘书处。

APEC的建立具有重要的历史意义，它表明亚太经济合作机构已由基本属于民间性协商机构向官方的政策协调和协调机构过渡，标志着亚太经济合作已步入实质性阶段，并且已开始着手实施具体合作项目。

二、跨太平洋伙伴关系协议

跨太平洋伙伴关系协议（TPP）的前身是跨太平洋战略经济伙伴关系协定，是由亚太经济合作会议成员国中的新加坡、新西兰、智利和文莱四个国家发起，从2002年开始酝酿的一组多边关系的自由贸易协定，原名亚太自由贸易区，旨在促进亚太地区的贸易自由化。该协议是于2005年在亚太经合组织（APEC）框架内签署的小型多边贸易协议。跨太平洋伙伴关系协议将突破传统的自由贸易协定（FTA）模式，达成包括所有商品和服务在内的综合性自由贸易协议。跨太平洋伙伴关系协议将对亚太经济一体化进程产生重要影响，可能将亚太地区的两大区域合作组织，亦即亚洲太平洋经济合作组织和东南亚国家联盟发展成为涵盖亚洲太平洋经济合作组织大多数成员在内的亚太自由贸易区，成为亚太区域内的小型世界贸易组织。

与过去的经济合作协议不同，TPP增加了“战略合作”内容，涵括知识产权保护、劳工标准、环境标准、促进中小企业发展等内容。2009年新加坡APEC会议上，美国总统奥巴马高调宣布美国加入TPP谈判。

从国际贸易的角度讲，TPP提出的“战略合作”内容，更有助美国推行有利于自己的贸易标准。TPP是美国在传统的WTO之外，推动自由贸易的新途径。TPP是一个涵括商品贸易、服务贸易的综合协议，而服务贸易和部分高级商品贸易谈判，不可避免地将涉及政府补贴、知识产权保护规则等贸易伙伴国国内政策的制定。TPP关注贸易规则，并试图在谈判中统一规则，并为国际贸易制定标准。不少美国商人在亚太地区做生意时常常会遭遇监管困惑，不同国家有不同的贸易规则，因此美国想借TPP在这个全球经济增长最快的区域统一规则。

但从柯克主持下的美国贸易代表办公室（USTR）为TPP谈判拟定的知识产权章节来看，美国输出自身规则的目的也很明显。西方媒体在最近披露的该章节条款表明，美国正试图将自身知识产权立法输出到尽可能多的国家，例如，美国就要求澳大利亚、新西兰、新加坡、智利和越南等国接受自身数字千年版权法案规定。有分析人士批评说，USTR的建议限制了各国制定版权法的权力。

此外，美国的劳动工资标准和环保标准也高于多数TPP谈判方和其他亚太地区新兴市场国家的标准，因此有分析人士认为，通过TPP谈判制定相关新标准，有助于美国和区域内国家的竞争，以摆脱长期逆差的局面。

美国通过TPP绸缪国际贸易新规则的努力，无疑对中国是一个巨大的挑战。美国说服了澳大利亚、秘鲁、越南、马来西亚加入TPP谈判；而日本、韩国、加拿大、菲律宾、泰国、巴基斯坦等国也表露过参加的意愿。国际货币基金组织（IMF）数据表明，2010 年 TPP 成员国 GDP 总额高达 16.9 万亿美元，占世界 GDP 总额的 27.2%，若日本加入，其 GDP 总量将达到 22.3 万亿美元，占世界 35.5%，成为世界最大自贸区。中国正面临着是否加入，什么时候加入，如何参与规则制定等一系列棘手问题。

三、中国—东盟自由贸易区

进入 20 世纪 90 年代，中国与东盟的关系迅速发展，并处于历史上最好的时期。1997 年 12 月，中国与东盟最高领导人首次会晤，确定了中国与东盟建立面向 21 世纪的睦邻互信伙伴关系。随后，中国与东盟所有的 10 个成员国均签署了面向新世纪双边合作的框架协议，确定了双边合作的总体目标、行动准则和合作领域，尤其确立了双边经贸合作的重要地位和具体领域。同时，中国与东盟的合作对话机制逐步建立和完善，并形成了从政府首脑定期会晤到专门机构具体磋商的对话合作机制。进入新世纪，中国与东盟的经贸关系进入一个新的发展阶段。2002 年双边贸易突破 500 亿美元，东盟是中国吸引外资的重要地区，中国企业到东盟国家的投资逐年增长，东盟是我国工程承包与劳务合作的重要伙伴，双边农业合作力度加大，科技交流迅速发展，货币互换网络正在建立，“电子东盟”项目业已启动。中国与东盟经贸关系的日益密切，为建立中国—东盟自由贸易区奠定了坚实基础。

2000 年 11 月，在新加坡举行的第 4 次中国—东盟领导人会议上，中国首次提出建立中国—东盟自由贸易区的宏伟构想。时隔一年后，中国和东盟的领导人在文莱举行的第 5 次中国—东盟领导人会议上宣布决定在 10 年内建成中国—东盟自由贸易区。2002 年 11 月中国与东盟正式签署了《中国与东盟全面经济合作框架协议》，这标志着中国—东盟自由贸易区进程正式开始启动。

中国—东盟自由贸易区的框架内容主要包括：（1）货物贸易自由化。按框架协议规定，2003 年 7 月 1 日，中国—东盟自由贸易区实行 WTO 最惠国关税率，2010 年与原东盟 6 国建立贸易自由区；而与东盟新成员建成的时间为 2015 年。（2）服务贸易自由化。中国—东盟自由贸易区服务业自由化的基本原则是在 GATS 规范的基础上，进一步加强成员国彼此间服务业合作，减少服务贸易限制，逐步实现涵盖众多部门的服务贸易自由化。（3）区内投资安排及便利化措施。中国与东盟在增加投资规模和管理的透明度、建立投资制度等方面将加强合作，促进区域内资本流动和增强对区域外直接投资的吸引力。（4）多层次全面性的合作。中国与东盟合作领域广泛，包括货物贸易、劳务、金融、旅游、人力资源开发、中小企业、产业合作、知识产权、环境保护、林业及其产品、能源及次区域开发等领域，并确定了重点合作领域即农业、信息及通信技术、人力资源开发、投资和湄公河流域开发。（5）对东盟新成员制定了灵活措施。对东盟新成员提供特殊和差别待遇及灵活性。（6）建立相应的组织机构以及标准规则，保证框架协议的有效实施。中国—东盟自由贸易区的目标有 4 个不同层次的协商机制推进，其中包括首脑最高层会议、部长会议、高官会议、联委会和专家组。

《中国与东盟全面经济合作框架协议》的目标是使双方皆为全面经济合作的伙伴，互信的内容是确定自由贸易区范围、措施和时间的法律基础。2004 年 11 月第 10 次东盟首脑会议签署了《中国—东盟交通合作备忘录》、《中国—东盟全面经济合作框架协议货物贸易协定》以及《中国—东盟争端解决机制协议》等文件，并于 2005 年 7 月开始相互实施全面降税。2007 年 1 月，双方签署了自由贸易区《服务贸易协议》，2009 年签署《投资协议》。2010 年 1 月，中国—东盟自由贸易区如期全面建成。中国—东盟自由贸易区成为一个惠及 19 亿人口、国民生产总值达 6 万亿美元、贸易额达 4.5 万亿美元的自由贸易区，是仅次于欧盟和北美自由贸易区的世界第三大自由贸易区，同时也是发展中国家间最大的自由贸易区。自贸区建立后，双方对超过 90% 的产品实行零关税。中国对东盟的平均关税从 9.8% 降到 0.1%，2011 年 1 月至 10 月，双边贸易额已达 2 959 亿美元，同比增长 25.7%。2012 年，中国已成为东盟第一大贸易伙伴，东盟成为中国第三大贸易伙伴。中国—东盟自贸区的建立提高了东盟在国际市场中的经济地位，吸引了世界一些主要国家对东盟的兴趣，日本、美国提出与东盟签署自由贸易协议的意愿。除此以外，东盟还与欧盟、澳大利亚、印度等南亚次大陆国家形成对话伙伴关系。

推进中国和东盟的经济合作进程，实现共同繁荣，是东盟和我国人民的共同愿望，也是双方政府的政治意愿。尽管近年来，双方的相互依存程度不断加深，共同利益不断扩大，但是实现这一目标并不是一帆风顺的。由于自贸区成员内部的经济发展水平差距很大，导致了差距巨大的贫富矛盾，再加上经济体制上的矛盾，不可避免地会影响各成员国之间的经济合作关系。并且，由于不同的发展水平，自贸区各成员各自面临的主要问题不尽相同，所以在国家间合作时承担的经济责任和义务也不同，因此对相互间合作达成一个共同休的目标形成影响。再加上各成员彼此之间存在的领土争端问题、美国的影响以及自贸区缺乏明确目标，各国合作的向心力不足，中国—东盟自由贸易区的发展仍有很长的路要走。

四、中日韩区域经济合作

1. 中日韩三国参与区域经济一体化现状

中日韩三国之间的区域经济合作，目前大大落后于东盟自由贸易区。这三国的经贸合作于 20 世纪 80 年代才刚刚起步，建立区域合作经济体系的构想则起步更晚，基本上是在亚洲金融危机以后才提出。目前三国的合作机制只是局限于“对话”框架内，但三国相互之间的双边合作则已经迈出了步伐。日韩方面，1998 年 10 月，韩国总统金大中在日本访问期间，首次提出了两国应在新世纪建立新的双边关系的建议，1999 年 3 月，两国共同发表了以《通向 21 世纪更紧密的日韩经济关系》为题的研究报告，日韩双方都认为通过振兴两国贸易、投资等经济活动和加强彼此的经济联系、可以巩固双边经济伙伴关系。为了达到这个目的，两国必须尽可能消除存在的各种障碍，并同意在投资促进、税收条约、标准认证部门、知识产权部门和 WTO 新一轮谈判等领域开展合作。中韩方面，2000 年 10 月中韩两国首脑决定探索两国中长期经济合作方案，2001 年双方就共同设立《21 世纪中韩（韩中）经济合作研究会》事宜达成初步协议，同意共同加强中韩经济的中长期合作研究，将合作研究成果作为向两国政府部门提出政策建议的依据，推动两国经贸合作的深入发展。

2000 年在新加坡召开的第四次中国东盟领导人会议上，中国领导人建议研究双方建立长期贸易安排的可能性。2002 年 11 月双方签署框架文件《中国—东盟全面经济合作框架协议》，决定用 10 年的时间建成自由贸易区。2001 年 6 月上海合作组织在上海正式成立。2002 年 6 月 7 日在圣彼得堡元首峰会上签署了《上海合作组织宪章》，为该组织的发展奠定了坚实的法律基础。2003 年 9 月，在上海合作组织成员国签署了《上海合作组织成员国多边经贸合作纲要》等 6 份文件，这标志着上海合作组织的区域经济合作开始步入新的发展阶段。2003 年 6 月 29 日中国内地和香港特别行政区签署了《内地与香港关于建立更紧密经贸关系的安排》，它是在区域经济合作的各种模式中，一种比较初级的形式。

据初步统计，截至 2005 年 11 月，韩国政府已经与 11 个国家或经济体就 FTA 问题进行过接触。目前，已经和韩国签署协定的国家有智利和新加坡。2005 年 12 月 13 日，韩国和东盟 10 国之间签署了《韩国和东盟 FTA 框架协议》，内容涵盖货物、服务、投资、纠纷解决程序以及经济合作等方面。韩国和其他几个国家如加拿大、墨西哥、印度、中国和美国等也就 FTA 问题进行过接触。这些区域安排的实施对韩国贸易将产生举足轻重的影响。

2000 年 12 月，日本和新加坡两国首脑就推动实现自由贸易协定达成共识，由于两国农业问题矛盾很少，经过一年多的谈判，日新自由贸易协定在 2002 年初签署，是日本第一次签署的自由贸易协定。日本与新加坡签订自由贸易协定之后，又与墨西哥加紧进行缔结自由贸易协定的磋商，免得日本企业在墨西哥遇到其他国家的挑战。在日本—东盟关系方面，当中国与东盟之间正式磋商自由贸易协定之后，日本与东盟之间在 2001 年设立了日本东盟专家会议，在 2002 年向日本东盟首脑会议，提出了有关建立日本—东盟自由贸易区的可行性报告。在日本—韩国关系方面，曾经对缔结韩日自由贸易协定进行过某些研究，但因为受韩国对日本的贸易逆差，日本被本国的农业问题困扰等因素的影响，两国尚未取得任何实质性的成果。日本为了摆脱在经济全球化，区域集团化中的被动局面，积极寻求与有关国家和地区建立合作关系或缔结自由贸易协定，但是又担心本国的农业问题。这种矛盾心理影响了日本与东北亚地区经济合作的步伐。近几年来，日本政府和学者发表了大量的文章和讲话，论述参与区域经济合作的必要性，还强调推进以中日韩为中心的东北亚合作是日本今后唯一的选择。

中日韩三国，目前所采取的经济合作形式，综合起来看，中国较多采用多边或一对多边的经济合作形式，但也不排除个别的双边经济合作形式；日本则偏好双边的，即采取一对一签订自由贸易协定的形式；而韩国则介于中日之间，既与日本签订双边自由贸易协定，又积极参与对中国和东盟的多边经济合作进程。

2. 中日韩区域经济合作前景

无论是从经济还是从政治上来说，中国、日本和韩国都有走向区域经济一体化的条件。总体上说，日本是具有先进技术和生产力高度发达的资本主义国家；韩国是具有一定先进生产技术和研发经验的中等发达国家；中国是转型时期的刚刚步入工业化时期的发展中国家。因此，三国具有广阔的合作前景。

（1）经济层面

第一，资源禀赋的比较优势上分析，中国是世界上人口最多的国家，中国在三国人力资源上，具有最大的战略资源优势。此外，中国在自然资源、资本资源等方面也具有相对比较优势。日本和韩国在知识、技术资源上则明显强于中国，而中国知识、技术资源十分匮乏，尤其是中国的技术创新能力与韩国和日本相比差距甚大。中日韩三国资源禀赋的互不相同，形成了不同资源的比较优势，有利于三国间通过进出口贸易和产业分工获得比较利益，进而发展成为区域经济一体化组织，则更有利于达到利益最大化。

第二，三国产业结构层次逐渐趋同，急需重新调整和进行国际分工。中国、日本和韩国三国经济虽然处在不同的发展阶段，但是其发展模式大同小异，即以出口为导向，以制造业为中心。其中，重化工业中的钢铁、汽车、造船、石化、机械、煤炭等生产居于世界前列；轻工业中的服装、鞋类、家电、小五金、半导体等出口也遍布世界各地。过去，日本的材料产品、中国的消费品、韩国的中间材料产品的三角分工结构，随着中国经济技术的突飞猛进，中国在中间材料产品和零部件产品领域的竞争力在逐渐增大，从而使得中国、日本、韩国三国在国际市场份额占有的竞争更加激烈。在这种严峻的国际经济形势下，加快东亚国家产业结构调整已成为必然趋势。而这种趋势客观上要求三国间应统筹兼顾，在区域经济一体化组织框架中，进行有序的产业结构调整和国际分工。

第三，中日韩三国进出口贸易结构，既有互补性又有竞争性。东亚区域各国贸易中，区域内贸易呈持续增长势头，随着中国、日本、韩国三国在国际贸易中所占比重逐渐增加，总出口中，三国之间的出口比重也有所上升。这不仅意味着三国进一步挖掘相互间的贸易合作潜力还有很大余地，也说明东亚地区经济一体化的紧迫性和必要性。同时世界各地的经济发展的经验告诉我们，当一个地区内部的贸易迅速发展，经济增长势头强劲的情况下，是开展投资合作最好的时机。东亚经济的比较优势和经济的高速增长，都对中日韩经济一体化发展提供了良好的发展空间。

（2）政治层面

任何一种区域合作的成功，都需要一定的政治条件。在国际和地区组织中，霸权政治、强权政治越来越少了，但大国政治和实力原则仍然通行。主要表现在一些大国和强国作为核心国家在组织中发挥着主导作用。目前，世界上富有成效的国际组织，几乎都是核心大国相互合作，共同发挥核心作用。在较成功的地区性组织中，核心大国的作用更是显而易见的，欧盟中的德国和法国，北美自由贸易区的美国和加拿大都发挥了这种作用。东亚区域经济合作，也不例外，需要核心大国的作用。没有中日韩三国的合作，就很难形成核心作用，东亚区域经济合作也就停留于主要以市场力量推进的一体化，而自发性的市场驱动，往往难以控制区域经济纠纷与贸易摩擦的进一步升级。因此，为了东亚区域经济的合作，也要求中日韩三国在政治上达成共识，特别是日本要正确认识历史问题。

（3）文化层面

区域一体化的基础中，存在一种共同的文化和地区的认同意识，如“欧洲意识”和“美洲意识”等。作为一个地理概念，东亚指欧亚大陆太平洋沿岸的边缘或半边缘地带，包括中国、朝鲜半岛与日本和东南亚。从历史上说，这个地区的文化宏博深邃，源远流长，具有内在的共通性和相当强的内聚力。传统的东方文化是东亚社会发展的深厚根基，是东亚区域文化认同形成的基础，挖掘东亚传统文化中的良性资源，有利于东亚区域的整体发展。

本章小结

掌握区域经济一体化的含义、分类和理论基础，了解区域经济一体化对世界经济的影响。了解欧盟、北美自由贸易区以及东亚区域经济一体化的进程与发展前景。

关键词

区域经济一体化　自由贸易区　关税同盟　欧元区　北美自由贸易区

思考题

1. 什么是区域经济一体化？它有哪些不同类别？
2. 简述欧元区的建成对欧盟各主要成员国经济的影响。
3. 评价亚太地区区域经济一体化进展。

第二部分

国际政治与经济中观分析

第五章

美国的政治经济分析

第一节 美国的政治

美国是当代最发达、最典型的资本主义国家。1776 年美利坚合众国宣告成立。经过 1775—1783 年的北美独立战争，美国于 1783 年 11 月摆脱英属北美殖民地的地位赢得独立。200 多年来，来自欧洲和世界各地的移民及其后裔经过艰苦的创业，在广袤的北美大陆上建立了一个发达的世界大国。美国的全部历史是一部资本主义的发展史，既显出资本主义在人类历史上创造了超过以往各个历史时期总和的物质文明的巨大功绩，也充分展现了资本主义发展的全部残酷性和深刻危机。它的发展既具有一般资本主义的共性，又具有其特性。美国发展的特性就是“美利坚式道路”。在美国历史发展中有几个特点对它的生产方式、社会经济、政治文化的形态，以及其民族特性的形成有着深远的影响。美国的政治、经济制度集资本主义之大成，堪称典型。研究美国不仅具有现实的政治意义，而且具有广泛的认识作用和理论价值。

19 世纪末 20 世纪初，美国进入帝国主义时期，加入到帝国主义列强瓜分和再瓜分世界的行列，外交上标榜“孤立主义”，鼓吹“利益均等”原则，分获殖民扩张利益，但尚未进入世界政治中心。第二次世界大战是美国历史上的重大转折，美国战后取代了老牌帝国主义强国英国，成为超级大国，瞄准称霸世界的战略目标，在国际经济、政治与外交中起着举足轻重的作用。然而，随着世界格局的不断变化，美国遇到了多种力量的挑战。20 世纪末苏联解体后，美国成为世界上唯一的超级大国，2001 年的“9・11”事件使美国遭到前所未有的打击，对美国的内政外交产生了重大的影响，其单边主义的霸权政策不断膨胀。

一、美国政治传统与模式

美国从 1776 年宣布独立迄今，立国不过短短 200 多年的时间，就从一个殖民地发展成为当今世界经济、政治、军事和科技实力最强大的唯一的超级大国。造成这一历史巨变的原因当然十分复杂，但其中很重要的一点在于，美国自建国之日起就拥有一个相对稳定的政治结构和政治体制，这一体制确立于 18 世纪末，在长期的运作过程中虽然存在许多矛盾和弊端，受到许多人的批评和质疑，也进行过适应性调整和改革，但基本的政治原则和体制框架始终得以维持，从而使美国拥有较为持续一贯的政治传统，进而确保了政治发展和政治制度的演进轨道相对比较平稳，同时也为美国的经济和社会发展提供了一个良好的政治环境。

1. 美国政治传统与基本原则

（1）形成美国政治传统和确立美国政治制度的基础文件

①《五月花号公约》——美国政治传统之魂

在分析美国的政治传统和美国政治制度的缘起时，需要注意到美国作为移民国家的结构性特征，这对其政治传统的形成具有十分重要的影响。除了土著的印第安人外，早期到达北美大陆的是在欧洲遭受宗教迫害的清教徒。1620 年 11 月 11 日，102 位在欧洲受到迫害、希望获得信仰自由的独立派清教徒在历尽艰难前往北美大陆的旅途中，相约订立了后来被称为《五月花号公约》的契约文件，这是美国历史上第一份具有政治意义的约法。公约宣布，“以上帝的名义……共同庄严签约，结成文明国家，为更好地建立秩序并得以保存，以及促进上述目的：随时以认为最适宜于殖民地普遍福利的方式，制定并颁布公正平等的法律、法规、条令、宪法并选任官员”。公约仅有短短 200 余字，但在其中体现出来的契约、自治、尊重法律和互相友爱等观念和精神却构成了美国早期政治传统和政治精神的重要核心。

②《常识》——关于美国政治制度的最初设想

在美国政治制度的建立过程中，最早在理论上提出设想的是托马斯·潘恩。1776 年 1 月，他发表了名为《常识》的小册子，在这本书中，他对英国式的君主政体和世袭制度进行了深刻的批判，认为君主政体里有一些“极端可笑的东西。这个体制首先使一个人无从获得广博的见闻，然而又授权他去解决那些需要十分明智地加以判断的问题”，“因而是十分荒唐的和无用的”，他宣布，“凡不以共和国原则为基础的政府，或者换句话说，凡不以公共事务为其全部和唯一目的的政府，都不是一个好政府”。据此，他提出了自己的民主共和国设想，认为只有民主共和国的体制才“体现了自然状态”，才真正产生于人们的欲望，促使人们相互合作，“积极地促进我们的幸福”。《常识》第一次公开站在北美人民的立场上提出了自己的政治要求，阐释了北美人民对专制的痛恨和对民主、自由、人权的渴望。

③《独立宣言》——美国政治传统之基

美国不是现代民主思想的发源地，但它却是最早将欧洲启蒙学者提出的“天赋人权”、“社会契约”、“三权分立”、“人民主权”等政治理念付诸实践的国家之一。美国的政治传统和政治制度萌芽于殖民地时期，受到欧洲启蒙运动的深刻影响。在欧洲资产阶级革命影响下，1776 年，英国统治下的北美 13 个殖民地爆发反对殖民统治的独立战争，战争期间由著名的民主派人士托马斯·杰弗逊起草的《独立宣言》奠定了美国政治的重要基础。《独立宣言》是对美国革命政治纲领的系统阐述，其间充满着激进的人民主权精神和民主共和的政治意识，把启蒙学者的政治学说首次上升成为政治纲领，马克思把《独立宣言》称之为“第一个人权宣言”，列宁则因此把美国革命赞誉为“这是人类历史上最早的最伟大的真正的解放战争之一，是人类历史上少有的真正的革命战争之一”。

④《美国宪法》——确立美国基本制度的法律规范

1787 年 9 月 17 日通过的《美利坚合众国宪法》确立了美国作为一个联邦国家的基本政治框架。从形式上看，美国宪法具有两个特点：一是稳固性，虽然随着时移势迁而有所增删，但是其基本框架和基本原则历经 200 多年而不衰，依然是制约和指导今日美国政治生活的制度背景和有效准则；二是神圣性，宪法在美国某种程度上具有自然法的性质，具有上帝般的至高无上的地位，“宪法是联邦全部权威的根源”。

美国是最早也是最典型的成文宪法国家。美国宪法是近代世界上第一部成文宪法，也是迄今为止生效时间最长的宪法，它不仅奠定了美国政治制度的基本框架，特别是宪法规定的三权分立、总统制、两院制、联邦与州的分权制、政教分离等，至今仍然构成美国政治制度的基本原则，也为欧洲国家乃至后来许多国家宪法的制定起了示范作用。

美国宪法除一个表述制宪目的的简短序言外，由 7 项条款组成。序言宣布了成立联邦的基本宗旨，将合众国的目的界定为“树立正义，保障国内的安宁，建立共同的国防，增进全民福利和确保我们自己及我们后代能安享自由带来的幸福”。宪法第一条规定了国会的立法权，两院制，众议员的条件限制和人数分配，参议院的权利和参议员，国会的议事程序和权力等；第二条规定了总统制和总统的行政权；第三条规定了法院的司法权；第四条规定了州权；第五条规定了宪法的修正问题；第六条规定了合众国政府的债务继承、联邦法律高于州宪和州法、政教分离原则等；第七条规定了宪法生效必须得到 9 个州制宪大会的批准。为了以基本法的形式确认《独立宣言》中体现的“人民主权”精神，美国又在 1792 年通过了《权利法案》作为宪法修正案，主要目的是以限制联邦政府权力的方式来确立对个体自由权利的宪法保障。

这些文件的制定和发布，奠定了美国政治制度的基本原则和规范，在以后 200 多年的历史进程中，美国得以基本上沿着这些文件所确定的政治轨道发展。

（2）美国政治制度的基本原则

被美国政治奉为圭臬的基本原则主要包括：

① 人民主权原则

人民主权原则，即“主权在民”原则，是同“主权在君”原则相对立的，其含义是：政府的权力来自人民，并最终属于人民，政府及其官员必须向人民负责。这一原则起源于 17 ~ 18 世纪的资产阶级革命，其理论基础是资产阶级启蒙思想家所提出的“天赋人权论”和“社会契约论”，主张人们平等地享有生命、自由和财产等不可转让的权力；认为国家是人们订立的一种契约，人们建立国家、政府的目的就是为了保护他们的生命、自由和财产。《独立宣言》一开始就宣告"人人生而平等"，为了保障天赋人权，"人们才在他们之间建立政府，而政府的正当权利来自被统治者的同意"。即人民是主权者，权利属于人民，政府的权力来自人民，政府和政府官员应向人民负责。宣言还进一步提出，如果政府损害了上述目的，"人民就有权力改变或废除它，以建立新的政府"。

② 限制政府权力的原则

限制政府权力的原则与"人民主权原则"是紧密相连的。即政府的权力不是绝对的，它必须受宪法和法律的限制，政府只能行使人民通过宪法授予它的权力，不得行使宪法禁止它行使的权力。为了保证政府不违背成立时的目的，美国宪法对联邦政府和各州政府的权力均作了相应的限制，这种特别的限制，有效地防止了政府非法侵犯公民的权利。美国的宪法学著作一般认为，美国宪法的精髓就是限权政府原则。正是这一原则，使美国成为真正的宪政国家。

③ 权力分立与制衡原则

分权制衡原则包括两层含义：一是按照不同的功能把政治权力划分为不同的类型；二是不同功能的权力之间形成相互制约关系。分权制衡原则在国家机构设置上的贯彻，通常体现为按不同功能的权力设置不同的权力机关，这些权力机关之间具有相互监督、相互否决的权力。分权与制衡密不可分，分权是制衡的前提和基础，制衡是分权的目的和归宿。美国的建国者们设计了严密的政府内部机构的分权与制衡机制，这主要包括两个方面：在纵向上实行联邦制，联邦和州各自拥有自己的权力范畴，联邦政府不能任意超越州权；在横向上则实行行政权、立法权和司法权三权分立，三种权力分属于总统、国会和法院，三种权力互为牵制，从而构成国家整体权力的运转。

④ 文官控制军队原则

美国制宪者们深受洛克、孟德斯鸠、卢梭等启蒙思想家的思想影响，坚信没有控制的军事权力与暴政是分不开的。杰斐逊在《独立宣言》中谴责英王乔治三世"在和平时期，他不经我们立法机关的同意就在我们各州保持常备军队。他力图使军队独立于文治政权并凌驾于文治政权之上"。制宪者们认为，"罗马的自由牺牲于罗马军团胜利的光环之下"，因此必须把军队置于文治政权的控制之下。这就是文官权力高于军权原则，即文官控制军队原则。美国宪法实行文官权力高于军权的原则，有力地防止了军事政变和军事独裁的出现。文官控制军队，军人不干预政治，已成为美国的传统。美国自建国以来，从未发生军事政变。政党政府的更迭，政权的移交，都是依照法律程序和平地、有序地进行。除其他因素外，文官权力高于军权原则的牢固树立，是一个重要原因。

2. 美国基本政治制度

(1) 共和制

共和制是指由通过国民选举产生，并有一定任期的民意机构和公职人员监督和行使国家权力的国家政权组织形式。在美国，选举是有宪法依据的一种制度安排。按照宪法体现的代议制原则，代表国民的政府和官员都要通过选举来获得合法性，不能世袭。从政治参与的角度看，选举之频繁，居西方国家之首。而且选举相当稳定，时间上可以预期。就包括对外政策在内的政策制定过程而言，选举，特别是四年一度的总统大选，是调整政策的重要时机。

（2）联邦制

联邦制是一种复合制的国家机构。联邦制实行中央政府和地方政府分权，中央政府即联邦政府与地方政府的权力划分，由宪法明文规定，除非通过修宪，不能任意变更。双方在宪法规定的权限内独立行使权力，不受对方干预。在双方法律发生冲突时，联邦宪法及法律高于地方宪法及法律。

美国联邦制的特点是：由联邦宪法规定联邦政府和州政府的权力，即联邦政府和州政府双方的权力都不是对方授予的，而是由宪法赋予的。这一特征，形成了美国联邦制的一系列原则。这些原则也被称为联邦主义，尽管这些原则在不同时期有不同的解释和变化，但仍有一些重要原则被作为联邦制的基础：第一，联邦宪法和联邦法律享有最高法律地位；第二，联邦政府与州政府互相依存；第三，通过司法程序解决联邦和州关于权力划分的争议；第四，联邦和州都不能单方面任意修改宪法；第五，各州地位平等；第六，各州有权选择自己的政府形式。

（3）总统制

总统制是共和制国家的一种政权组织形式，与议会内阁制相区别。在总统制下，作为国家元首，总统直接执掌政府最高行政权。在大部分总统制国家，是否是执政党不取决于是否在国会拥有多数席位，而取决于该党提名的候选人是否当选和担任总统职务。总统定期直接或间接选举产生，任期四年，可连任两届。准入条件是年满 35 岁，在美国出生并在美国居住满 14 年。美国是典型的总统制国家，其特点是：总统既是国家元首，又是政府首脑，还兼任武装部队总司令。总统的权力非常广泛，拥有高级官员和大法官的任免提名权；立法倡议权和部分否决权；制定和颁布行政法规权；对某些罪犯的赦免权；部分对外用兵权，外交权。美国总统直接组织和领导政府。政府不对国会负责，只对总统个人负责。内阁官员由总统提名，国会批准，总统有权接受部长的辞职或解除其职务。美国国家立法机关和行政机关权力分立，相互制衡。议员和政府官员不得相互兼任，国会无倒阁权，政府也无解散国会的权力。总统的权力受到国会的制约，如总统对政府高级官员的任命要得到参议院的认可，总统和政府高级官员如违宪犯法，国会可提出弹劾。国会行使立法权也受总统的制约，如总统对国会通过的法案可行使否决权，但国会如再以 2/3 多数通过，不经总统批准即可成为法律。

（4）两院制国会

美国国会是美国最高立法机关，由参议院和众议院组成。议员不得兼任政府职务。参议员由各州选民直接选出，每州两名，实行各州代表权平等原则，现有议员 100 名。当选议员必须年满 30 岁，作为美国公民已满 9 年，当选时为选出州的居民。任期 6 年，每两年改选 1/3，可以连选连任。众议员数按各州人口比例分配，由直接选举产生，每州至少 1 名，人数约为 435 名，资格为年满 25 岁，作为美国公民满 7 年，当选时为选出州的居民，任期两年，连选可以连任。美国国会议员长期连任的现象极为普遍。由于美国国会两年举行一次选举，因而在四年一次的大选之间举行的国会议员选举称为“中期选举”，中期选举的结果往往体现选民对政府两年来工作的满意度高低。

美国国会行使立法权。议案一般经过提出、委员会审议、全院大会审议等程序。一院通过后，送交另一院，依次经过同样的程序。法案经两院通过后交总统签署；若总统同意并签署，或虽遭总统否决但经两院 2/3 议员重新通过，即正式成为法律。国会还拥有宪法所规定的其他权利，如对外宣战权、修改宪法权等。参众两院各自还拥有特殊权力。如总统与外国缔结的条约及总统任命的高级官员须经参议院“咨询和同意”；参议院还有权审判弹劾案，有权在特殊条件下复选副总统；众议院有权提出财政案和弹劾案，有权在特殊条件下复选总统。美国国会立法活动受院外活动集团的影响很大，有“第三院”之称。院外活动集团代表特定的国内外利益集团，但院外集团并不被美国法律所禁止。国会两院在各自议长主持下工作。众议院议长由全院大会选举产生（实际上往往由议会中的多数党议会党团领袖出任），副总统是参议院的当然议长。两院均设有许多专门委员会，国会工作实际上主要在各委员会中进行。国会还设有由两院议员共同组成的联席委员会。国会中的民主党和共和党议员分别组成本党的议会党团和督导团。

（5）美国司法体制

美国属英美法系国家，美国司法制度的主要特点有：按三权分立的原则实行司法独立；美国法院组织划分为联邦和各州两大系统，名称和审级不尽相同；美国联邦法院和州法院分别适用各自的法律，管辖不同的案件和地域，管辖权限错综复杂。美国法院诉讼实行“三审终审制”，联邦法院系统有三个等级的法院，即联邦最高法院、联邦巡回法院、联邦地区法院。州法院系统一般也分为三个层次：州最高法院，州上诉法院，州初审法院。此外，还有国会根据需要通过有关法令建立的特别法院，如联邦权利申诉法院等。美国法官实行不更换制、专职制、高薪制、退休制。联邦最高法院由总统征得参议院同意后任命的 9 名终身法官组成，其判例对全国有约束力，享有特殊的司法审查权，即有权通过具体案例宣布联邦或各州的法律是否违宪，即违宪审查权。美国检察机关与司法行政机构合一，联邦总检察长即司法部长，为总统和政府的法律顾问和助手，监督司法行政管理。检察官受司法部领导，配属于各级法院。

（6）两党制

美国名义上是多党制国家，但在实践中形成了实际上固定由两个党轮流执政的局面，这一现象出现于 19 世纪 30 年代，确立在南北战争时期。自那时以来，一直是由民主、共和党轮流执政，垄断政府权力，被称为“驴象之争”。目前美国 95% 以上的公职均由两党掌握。虽然美国一直存在不少影响有限的小党，以及在某次选举中突然出现的第三党或独立候选人，但均是昙花一现，未对两党形成真正的威胁。迄今为止，两大党的整体政治动员能力依然比其他任何社会组织都强大。从性质上看，民主与共和两党都属于资产阶级政党，但侧重点有所不同。民主党内自由派较多，标榜代表中下阶层的利益要求；而共和党偏于保守倾向，主张维护中上阶层的利益。政党界线表现出的是不同的政策分野。从组织结构上看，民主与共和两党更类似于社会选举运动。

二、冷战后美国外交战略与目标

1. 冷战后美国国际战略与策略的演变

冷战的结束使美国自二战结束后推行了40余年全球“遏制”战略失去了其赖以生存的基础。面对这个全新而复杂的世界，美国不断调整其全球战略，但其核心思想仍与冷战时期的美国战略一脉相承，即维护和加强美国的领导地位，并按照美国的价值观塑造世界。

（1）巩固冷战胜利阶段——克林顿时期

1993年1月，民主党人比尔·克林顿上台，作为冷战结束后美国的第一任总统，他在前任布什总统安全外交战略调整的基础上，继续对美国外交战略进行调整。

① 克林顿时期的主要外交政策

克林顿将经济、安全、人权作为美国“三大外交支柱”。与前任乔治·布什政府相比，克林顿政府的外交理念具有较强的自由主义和理想主义的色彩，主要特点：一是更多地倾向于使用多边外交手段达到其政策目标；二是更加注重发挥国际机制和国际组织的作用，通过操纵现存的国际组织，建立新的国际机构，来维护美国的利益；三是主张防御性外交，即通过支持民主、提供经济援助、在国外驻军、军队之间进行接触和参加地区多边谈判，来缓和紧张局势，在冲突还未转化为危机之前予以消除；四是采取单边主义与多边主义相结合的干预方式。

克林顿政府时期提出的主要外交政策有：第一，“参与——扩展战略”。所谓“参与”，主要指的是要保持干预海外地区冲突的军事能力，维护现有的安全同盟关系；执行一套有力的经济政策，确保美国的海外市场，以促进国内经济发展。所谓“扩展”，则主要是指“自由市场民主国家共同体”的扩大。这一战略也是克林顿的所谓经济、安全、人权“三大外交支柱”的另一种表述。第二，“塑造—反应—准备战略”。所谓“塑造”，是指美国不仅要适应国际环境的变化，还要更积极地改造国际环境，使之不断朝着有利于美国的方向发展。“反应”意味着按照对美国利益威胁的性质和程度，对世界各种各样的危机作出迅速有效的反应。“准备”是指“立即着手为不确定的未来做准备”。第三，“两洋战略”。即构筑由美国领导的大西洋、太平洋秩序。在大西洋，美国积极推动北约调整战略及北约东扩；在太平洋，美国则强化以美日同盟为核心的同盟体系，并保持强大的前沿军事存在。

② 科索沃战争——美国新战略的试金石

科索沃原是南联盟所辖塞尔维亚共和国的一个自治省，境内有阿尔巴尼亚族、塞尔维亚族、黑山族等。阿族要求脱离南联盟，建立独立的“科索沃共和国”，其极端分子成立了“科索沃解放军”，策划了一系列袭击和暗杀事件，使暴力冲突逐步升级。从1998年2月开始，科索沃局势急剧恶化。科索沃的民族矛盾正好被以美国为首的北约所利用。冷战后，美国希望通过扩大北约的职能范围，使其成为自己独霸全球的工具，在联合国安理会“不听话”情况下，利用北约来达到自己的目的，而科索沃危机正好可以成为北约新战略的“试金石”。因此，以美国为首的北约从一开始就积极卷入科索沃危机，并着手准备对南联盟动武。1999 年 3 月 24 日，北约在美国的领导下，以“保护人权”之名，对南联盟发动了代号为“盟军”的空袭行动，将南联盟拖入战争的深渊。

科索沃战争以大规模空袭为作战方式。以美国为首的北约凭借占绝对优势的空中力量和高技术武器，对南联盟的军事目标和基础设施进行了连续 78 天的轰炸，给南联盟造成了重大财产损失和环境破坏，也造成了许多无辜平民（包括阿族难民）的伤亡。5 月 8 日，北约战机用导弹袭击了中国驻南联盟大使馆，导致 3 人死亡、多人受伤和馆舍的破坏，制造了世界外交史上罕见的重大事件。

与海湾战争不同，北约这次战争行动没有得到联合国安理会的授权，在国际关系史上开创了一个危险的先例。科索沃战争是 20 世纪末世界格局转型进程中的一个重要的阶段性标志。通过这场战争，美国及其西方盟国利用北约组织在推进欧洲地区的整合、实现其主导世界新格局的战略目标方面又迈进了一步。美国通过在波黑、马其顿，随后在科索沃驻军，将整个巴尔干地区完全纳入北约战略体系之中，以完成北约东扩和对俄罗斯的战略挤压。

（2）反恐战争阶段——小布什时期

2001 年 1 月，共和党人乔治 · W · 布什入主白宫，成为美国第 43 任总统。小布什的外交政策中，起主导作用的是地缘政治、权力政治和势力均衡等现实主义理论。因而在其上台后，在外交政策上表现出了强烈的现实主义和单边主义倾向，但其外交政策又因“9 · 11”事件的影响而前后有别。

① 小布什政府初期外交政策的基点

小布什政府初期外交政策的基点包括以下方面：一是强力谋求军事优势。小布什政府一再强调军事因素在国家安全中的重要性，将军事安全置于美国安全战略的首位，强调保持美国的军事优势，进一步增强美国的军事实力，主张扩充军费，进行新军事革命，使美国在军事上始终保持超强地位。二是不顾俄罗斯、中国和欧盟的反对，坚持推进国家导弹防御系统计划。三是重拾传统的权力政治观和冷战思维，以此作为其处理国家关系的出发点。四是实行“有限的国际主义”，主张有选择地介入海外事务，防止把战线拉得过长，以便能够更好地保卫美国的重大利益。

②“9 · 11”事件导致的外交政策调整和反恐战争的发动

“9 · 11”恐怖袭击事件的发生，不仅对美国民众产生了深刻的心理冲击，也对美国的战略安全和外交政策产生了广泛而深刻的影响。恐怖袭击发生后，美国迅速调整其对外战略，主要表现为以下三个方面：一是美国以反对国际恐怖主义为中心，建立起国际反恐联盟；二是立即着手从军事上采取行动，实施打击恐怖主义的军事战略；三是调整国家安全战略，将反对恐怖主义作为外交与安全战略的首要任务。2001 年 10 月，美国同英国一道发动了对阿富汗塔利班和本 · 拉登基地组织的军事打击，推翻了塔利班政权，捣毁了“基地”组织在阿富汗的大本营。“9·11”事件后，美国就以对恐怖主义的态度为线，将全世界划分为敌我两个阵营，制造了“邪恶轴心”的概念，把伊朗、伊拉克和朝鲜三国列入“邪恶轴心”。

③ 单边主义和先发制人

“9·11”事件前，小布什政府在对外政策上表现出强烈的单边主义倾向，“9·11”事件发生后，很多学者都预测由于跨国恐怖主义成为了国际社会的共同敌人，因此美国会收敛其单边主义行径，寻求广泛国际反恐协作。但是与人们的预料恰恰相反，美国在单边主义的道路上越走越远。第一，在反恐问题上，尽管美国政府表示要寻求其他国家的支持与合作，但在具体行动上却是“独断专行”。在未得到联合国授权的情况下，通过先发制人的军事打击推翻了伊拉克萨达姆政权。第二，小布什政府在一系列重大国际问题上一意孤行，不惜开罪别的国家，包括西方盟国，将美国的利益置于国际社会的利益之上。美国不顾俄罗斯与国际社会的强烈反对，废除了1972年与苏联签订的《反导条约》，正式启动国家导弹防御系统（NMD）计划，事实上是抛弃了30年来全球战略平衡的基石，挑起新一轮的军备竞赛。美国还拒绝在《京都议定书》上签字；在巴以冲突中一味偏袒以色列；因要求美国人的豁免起诉未果而退出1998年139国签署的《罗马条约》，阻挠国际刑事法庭的成立，并以退出联合国维和行动要挟安理会等等。小布什政府“无所顾忌”的外交政策已经超越了以前历届美国政府的单边主义倾向，达到了历史上的一个最高点。

（3）巧实力外交——奥巴马时期

2008年年底，奥巴马当选美国首位黑人总统，其外交政策初露端倪，有中国学者概括了几大特点。

① 推崇巧实力

奥巴马政府强调“巧实力”与“3D”的外交理念。所谓巧实力，即将美国的硬实力与软实力结合起来，一体化地运用国家的所有资源来为美国的战略目标服务；“3D”是Diplomacy（外交）、Development（发展）、Defense（国防）三个英文词的首字母。

② 摒弃单边主义

奥巴马摒弃小布什的单边主义，强调与国际组织和联合国合作，尊重国际法。表示要降低军事手段在对外政策中的作用，而强调外交优先，以对话代替对抗。淡化对外政策中的作用，而强调外交优先，以对话代替对抗。淡化对外政策中的意识形态色彩，而更注重务实合作。

③ 结成广泛的“伙伴关系”

国务卿希拉里将美国的“伙伴关系”分为三个层次：一是强化与欧洲和日本、韩国等欧亚传统盟国的关系；二是深化与印度、印尼、巴西和埃及等有地区性影响的国家的关系；三是与中、俄两大具有国际影响力的大国结成坦诚而富有建设性的关系。为强化美日关系，奥巴马将首访白宫的殊荣给了日本首相，在希拉里的亚洲之行中，更表态明确支持将“绑架日本人”问题纳入到朝核问题六方会谈中来。对中美关系，奥巴马保持了政策连续性，在保持战略经济对话机制的同时，提升了战略对话的层级。中美两国元首伦敦会晤时同意两国建立“积极的、建设性的全面合作关系”。

④ 修补美国受损形象

奥巴马主张“通过榜样的力量，而非力量的榜样来领导世界”，以“微笑外交”来修补并改善美国受损的国际关系与道义形象，通过抢占道义制高点来重建美国在全世界的领导地位与影响力。奥巴马承认美国过去的对外政策有过错误，“我们有时脱离接触，有时又强加于人”。奥巴马上台后即宣布关闭备受批评的关塔那摩基地监狱和中央情报局海外监狱；终止使用酷刑；表示对气候变化问题不仅要参与推动而且要起带头作用。奥巴马为了改善美国在伊斯兰世界中的不良形象，上台伊始的首个专访中宣布：“美国不是穆斯林的敌人”，“将以尊重的语言同穆斯林交往”。他向穆斯林喊话，表示“美国从未与伊斯兰开战，事实上，在击退极端意识形态方面我们是伙伴关系”；即便有分歧，他也将“深怀敬意”地“仔细倾听，以消除误解”。

⑤ 喊话对手谈判

奥巴马一改小布什政权与反美抗美对手强硬对抗的作风，采用“柔性外交”手段，喊话“敌对国家”谈判对话。对伊朗，奥巴马表示：只要伊朗松开紧握之拳，美国也将伸出相握之手，没有指称伊朗支持恐怖主义。对古巴，奥巴马在美洲峰会前宣布解除对古巴裔美国人探亲与汇款限制，在峰会上又表示愿与古巴政府进行接触，“寻求与古巴有一个新的开端”，“将美古关系推向一个新的方向”。对哈马斯和真主党，尽管继续要求哈马斯“终止暴力”，但却没有点名哈马斯和真主党为“恐怖组织”，甚至还承认哈马斯拥有民众支持度，并表示无意采用双重标准，而是欢迎所有和平当选的政权，也不再将阿拉伯国家划为“温和派”与“极端派”两个阵营。对俄罗斯，表示美国愿意“重启”与俄罗斯的关系，奥巴马与梅德韦杰夫会晤后宣布两国将立即着手“削减并限制进攻性战略武器”谈判，并拟于年内达成协议。为避免激化矛盾，奥巴马将北约继续东扩问题暂且不提；并对在东欧部署反导系统表示出灵活性。奥巴马还呼吁所有国家都加入反核扩散机制。

⑥ 坚决维护美国的根本利益

奥巴马给美国外交带来某种变革之风，但这只不过是策略手法和风格方式的改变，没有也不可能改变美国外交战略的实质。2009 年 4 月 22 日，奥巴马政府的国务卿希拉里在众议院外事委员会作证时，阐述了奥巴马政府新的外交战略目标，强调美国外交战略的总目标是：确保国家安全；在全球推进美国利益和价值观；强化与传统盟友的结盟关系。

2. 冷战后美国外交政策基本目标

美国外交历经 200 多年的历史发展，这期间现实主义和理想主义交替支配着其外交战略与政策的制定和执行。不同的历史时期其内容和侧重点又各有不同。

当前美国奉行的基本上是一种实力外交政策，具有明显的扩张性，其性质是霸权主义和强权政治。

（1）美国“领导世界”

“领导世界”是冷战后美国外交政策的根本目标，它对21世纪美国外交政策的制定和执行将产生深远的影响。在21世纪，维持唯一超级大国地位，遏制潜在对手，是美国外交的重要内功。美国变本加厉地推行单边主义外交政策，虽四处碰壁，但谋求一超独霸的世界“领导地位”，今后依然是美国外交政策的基本特征。

（2）确保美国在世界经济秩序中的主导地位

随着全球经济一体化趋势的不断加强，美国经济对世界其他国家和地区经济的依赖性不断加重，因此在对外关系上，经济利益的实现和保证日益成为美国“领导世界”这一总体目标的实力基础。经济因素作为美国外交政策的一项重要内容，它的侧重点主要在使更多国家认可并接受根据美国利益所制定的所谓国际经济规则上，以确保美国在世界经济秩序中的领导地位。

3. 美国外交面临的挑战

美国作为后冷战时期的唯一超级大国，拥有无可匹敌的强大经济与军事力量，力求永保全球绝对优势和领导地位。但是，反恐战争和伊拉克战争暴露出美国战线过长、财力有限、兵力不足的弱点。事实证明，即便美国拥有世界顶尖的经济、军事实力，也经不起为了主宰世界而导致的巨大消耗。无疑，在美国向称霸全球目标迈进的道路上充满荆棘。

（1）伊拉克、阿富汗战争困局

伊拉克重建是美国“大中东民主计划”中的重要一环，小布什政府本想在伊拉克建立一个代议制的民主政府给中东各国树立样板，但此构想不但未能实现，美国还深陷伊拉克的乱局，伊拉克安全局势长期难以改观。在阿富汗，塔利班组织和“基地”组织卷土重来，并蔓延到巴基斯坦。

（2）伊朗和朝鲜核危机

自2005年8月内贾德总统上台以来，伊朗核政策转守为攻，从擅自启动铀转换活动到重启位于伊斯法罕核设施的核活动，再到2006年4月11日宣布成功生产出3.5%的低度浓缩铀，伊朗在核问题上越走越远。伊朗核危机的实质是美伊关系问题，因双方交恶近30年，严重缺乏互信，致使伊朗核问题成为“死结”。在伊朗核问题上，美国虽有心动武，但明显力不从心，美国的决策层也因其现在深陷伊拉克、阿富汗战乱泥潭，国力不堪重负，而难以在以武力解决伊朗核问题上达成一致意见。另外美如果试图对伊动武，也必将承受巨大的国际阻力。俄罗斯作为在伊朗的最大既得利益者，一直反对对伊朗采取强硬立场。欧盟虽站在美国一方，但也不希望矛盾激化。而且一旦美国对伊朗实施军事打击，这不但无法确定能否一举摧毁伊朗核设施，相反还会激化西方与伊斯兰世界的固有矛盾。因此美国在伊朗核问题上的选择并不多，只能通过争取各方的支持，以制裁或军事威胁的方式继续“以压促变”。

朝核问题实质是冷战对抗的延续。20世纪50年代末，朝鲜就开始了核技术的研究工作。1985 年 12 月，朝鲜加入《不扩散核武器条约》。按照该条约规定，成员国必须接受国际原子能机构对其核设施的检查，但朝鲜却一直拒绝接受其检查。20 世纪 90 年代初，美国以其卫星照片为依据，怀疑朝鲜有用于研制核武器的设施，扬言要对朝鲜的核武器实行检查。朝鲜反复声明它没有制造核武器的打算和能力，同时指责美国在韩国部署核武器威胁它的安全。由于各执己见，双方在核问题上的争端便由此而生。2003 年 1 月 10 日，朝鲜发表声明宣布正式退出《不扩散核武器条约》。为和平解决朝鲜半岛核危机，2003 年 4 月 23 日至 25 日，在中国的努力协调下，中、朝、美、韩、俄、日参加的关于朝核问题的第一轮六方会谈在北京举行。2005 年 9 月，第四轮六方会谈经过两个阶段的艰苦谈判，与会各方一致通过《第四轮六方会谈共同声明》，就解决朝核问题达成六大共识。朝方承诺，放弃一切核武器及现有核计划，早日重返《不扩散核武器条约》，并回到国际原子能机构保障监督。美方确认，美国在朝鲜半岛没有核武器，无意以核武器或常规武器攻击或入侵朝鲜。朝方声明拥有和平利用核能的权利，其他各方对此表示尊重。然而，在第四轮六方会谈结束不久，美国以朝鲜涉嫌“伪造美元”等为由，宣布对朝鲜实施“金融制裁”。于是，直到 2005 年 11 月的第五轮六方会谈，朝核问题依然由于美朝之间难以互信而步履维艰。2006 年 10 月 9 日，朝鲜宣布其成功地进行了第一次地下核试验。2007 年 2 月，第五轮六方会谈第三阶段会议在北京举行，会议通过了共同文件《落实共同声明起步行动》，六方同意根据“行动对行动”原则，在起步阶段平行采取一系列行动，其中包括以最终废弃为目标，朝方关闭并封存宁边核设施，包括后处理设施；朝方邀请国际原子能机构人员重返朝鲜并进行国际原子能机构和朝方同意的一切必要的监督和验证；各方同意在起步阶段向朝方提供紧急能源援助等行动。但 2009 年 5 月朝鲜进行了第二次核试验，对此美国加强了对朝鲜的制裁。

第二节 美国的经济

美国作为世界上最强大的国家，其最雄厚的基础在于拥有世界上最强大的经济。从殖民地时期至今，美国经过了 300 多年的发展，现已建立起结构合理、技术先进、管理完善的国民经济体系。今天的美国拥有现代化的农业、工业、服务业，引领世界经济的发展潮流，不断推动以信息技术为主导的知识经济革命，并率先完成了经济结构的调整。自 20 世纪初美国国民生产总值跃居世界第一后，它一直保持这一地位，二战后甚至得到了进一步加强。

从总体上看，美国经济发展大致可分为以下几个阶段。

1. 由农业大国到工业大国

（1）“西进运动”与美国农业的发展

美国早期的发展是以开发东北部的 13 个州为核心的。后来经过不断地圈占掠夺印第安人的土地，对法、英及西班牙殖民地的购买，对墨西哥战争胜利后的大规模领土吞并，以及从沙皇俄国购买阿拉斯加，美国国土面积迅速膨胀，成为两洋之国。18 世纪末至 19 世纪末，美国的“西进运动”是其国内的一次大规模移民拓殖运动，它极大地刺激了农业生产活动。农业发展导致了劳动力的严重短缺，于是农业机械和农耕技术得到了普遍推广。对农业机械的大量需求又进而刺激了制造业的进步，而且也推动了采矿、钢铁、冶金业的发展，以及与之相适应的运输业的壮大。因此，“西进运动”是美国人对西部的开发过程，也是美国城市化、工业化和美利坚民族大融合的过程。19 世纪末美国就成为世界上居于领先地位的农业生产者和管理者，并逐步成为世界上首屈一指的农业大国。

（2）美国迅速工业化

美国在 19 世纪初期开始其工业化进程，1890 年美国工业生产总值已达到 94.98 亿美元，多项经济指标已远远超过欧洲老牌帝国英国、法国和德国而稳居世界第一。美国工业化的高潮是南北战争以后掀起的，这主要与三个因素密不可分：

首先，是南方重建。南北战争粉碎了南方奴隶主联盟，这既为美国工业化加速进行创造了适宜的政治环境，也彻底破坏了南方种植园的经济基础。把南方从为欧洲工业提供原料及市场的地区，改造为服务于国内工业需要并与北部经济融为一体的区域。

其次，是开发西部。对西部的开发不仅为工业品销售寻觅到了广阔的市场，也为农产品加工业找到了充足的原料，反过来又加大了对西部资源的大规模开发及铁路的建设。

最后，是靠新科技革命的推动。19 世纪六七十年代开始的新科技革命即第二次科技革命，使美国工业生产由机械化进入了电气化时代。作为这次科技革命最大受益者之一的美国，一战前就已建立起了以电力、电器制造、汽车和通信业发展为主的第二代工业体系。

1894 年美国工业产值跃居世界第一，凌驾英、法、德之上，一个庞大的工业帝国开始形成。这也使美国成功地完成了其由一个农业大国到工业大国的转变。

2. 由工业大国到头号经济强国

美国从工业大国向世界头号经济强国的转变，是在两次世界大战期间完成的。在此时期，美国不仅进一步巩固了它在工业生产领域的领先地位，而且在国际贸易和国际金融领域也赶上或超过了英德等工业强国。

（1）20 世纪 20 年代的经济繁荣

① 第一次世界大战对美国经济的影响

一战对美国经济的影响是全面而深刻的。一战中美国成为身陷战火的欧洲各国的供应商，向它们提供粮食、原料，及其参战所需的大量物资和军械装备，这使美国的重工业生产能力迅速得到提升，其贸易顺差也因此不断扩大。

一战的爆发使以英镑为核心的国际货币体系受到了致命的打击，正当欧洲各国冻结偿付国际债务款项时，美国却利用积存的黄金储备继续支持其银行系统并如期偿付债务，良好的商业信誉确立了它的国际金融地位。从此，美国纽约取代英国伦敦成为世界金融中心，并在一战后作为主要债权国而崛起。

② 20世纪20年代的“柯立芝繁荣”

20世纪20年代是美国历史上经济飞速发展的几个重要时期之一。该时期经济繁荣的突出表现是美国的GDP和工业生产总值达到了创纪录的新水平。1919年美国GDP为742亿美元，1929年达到1 031亿美元。同期工业生产总值也大约增长了53%，到了1929年，美国占资本主义世界工业生产总值的比重已达48.5%。由于此时是柯立芝总统当政，所以此阶段被称为“柯立芝繁荣”。但是由于美国政府信奉保守主义，推行自由放任的社会经济政策，致使20世纪20年代的美国在经济繁荣的掩盖下滋生了一系列社会经济问题，如国民收入分配严重失调、偏袒富人的税收政策和严重的逃税之风、扭曲的高关税政策、疯狂的金融投机等。这些问题的存在，使20年代美国的经济繁荣包含有很多的不稳定性，它无时不在动摇着美国经济繁荣的基础，直接导致了30年代的大危机。

③ 大萧条和罗斯福新政

20世纪20年代后半期，在美国，无论是制造业还是建筑业，都开始大幅度减产，工农业都面临着生产过剩的危机。美国的经济衰退加重了欧洲经济的萧条，欧洲的经济萧条反过来又加剧了美国的经济衰退，从而导致整个资本主义世界的经济大萧条。

此时当选的富兰克林·罗斯福总统决定使用政府强力来干预经济使其恢复。这是美国政府历史上第一次大规模地干预经济，虽然这与美国的自由传统相违背，但是罗斯福还是推行了他的“新政”。“新政”的核心是三个R：改革（Reform）、复兴（Recover）和救济（Relief）。具体实施则是从金融、工业、农业、社会福利四个方面着手。

罗斯福新政开始以克服严重的经济危机为主要目标，进而推动政治、经济和社会改革。它是在维护资本主义制度的前提下作出的政策调整，不可能改变资本主义的本质，无法从根本上消除资本主义的经济危机。但它在一定程度上减轻了经济危机对美国经济的严重破坏，促进了生产力的恢复，缓和了社会矛盾，并开创了美国的国家垄断资本主义。

3. 第二次世界大战对美国获取世界第一经济强国地位的巨大作用

第二次世界大战几乎摧毁了所有工业化国家，而在大战中唯一没有受到重创，从经济角度讲甚至得到强化的工业化国家就是美国，美国正是借助二战实现了其世界大国的梦想。归结起来，二战对于美国经济发展的影响主要表现为以下的两个方面。

（1）二战胜利造就美国超级大国地位，助其成为世界经济霸主

二战给美国造成的损失是较小的，美国本土没有像其他主要工业化国家那样遭受战火蹂躏，美国经济还由于受到世界范围内大量军火需求的刺激而急剧膨胀起来。战争的结果是德意日战败、英法荷等国实力被严重削弱，战后不得不接受美援。通过“马歇尔计划”，美国把巨额资本和大量过剩商品输送到战争中变成

废墟的欧洲，为美国经济提供了广阔的国外市场和新的投资场所，使美国在政治经济和军事上处于优势。美苏对抗也有利于美国巩固其在西方世界的霸主地位。美国成为世界最大军事强国，在很多国家或地方驻扎军队以维护其军事大国地位，力图实现美国在战后全球扩张的战略目标。美国的实力与地位也极大地膨胀了它的领导欲望。美国凭借战争而迅速强大起来的国力，为其登上世界经济霸主地位提供了有力保障。

(2) 美国主导建立二战后的国际经济秩序——布雷顿森林体系

两次世界大战之间的20年中，国际货币体系分裂成几个相互竞争的货币集团，各国货币竞相贬值，动荡不定，因为每一个经济集团都想以牺牲他人利益为代价，解决自身的国际收支和就业问题，呈现出一种无政府状态。二战后，世界各国的经济政治实力发生了重大变化，美国登上了资本主义世界盟主的地位，美元的国际地位因其国际黄金储备的巨大实力而空前稳固。这就使建立一个以美元为支柱的有利于美国对外经济扩张的国际货币体系成为可能。在这一背景下，1944年7月，44个国家的经济特使聚集美国新罕布什尔州的布雷顿森林，商讨战后的世界贸易格局。会议通过了《国际货币基金协定》，决定成立国际复兴开发银行（即世界银行）和国际货币基金组织，以及一个全球性的贸易组织。1945年12月27日，参加布雷顿森林会议国家中的22个国家的代表在《布雷顿森林协定》上签字，正式成立国际货币基金组织和世界银行。自此，布雷顿森林体系正式确立。这也标志着二战后以美国为主导的国际经济新秩序正式确立了。《国际货币基金协定》规定了用黄金确定货币价值的固定比率原则，确认了美国规定的1盎司黄金等于35美元的固定比率；规定会员国货币对外的币值一律用一定数量的黄金或美元表示；规定美元与黄金的固定比率未经总投票85%的多数通过，不得变更。由于美国一家拥有五分之一的投票权，所以事实上不经美国同意就不得随意更改。自此，美元成为了国际支付手段和储备货币，确立了其在国际金融货币体系中的核心地位，美国也因此成为了二战后相当长一段时间内左右世界经济的霸主。

4. 冷战时期美国一直保持世界第一经济大国地位

二战结束后到20世纪90年代初的这段时期内，美国的世界经济大国地位得到了进一步的巩固。主要表现在以下几个方面：第一，美国的工业、农业、交通运输和对外贸易等经济指标稳居世界前列，并实现了生产和经营管理的高度现代化。第二，其国民经济部门结构发生了深刻的变化，第三产业开始兴起。第三，美国不断强化国家对经济生活的干预，缓和了经济和政治矛盾。第四，美国的国家垄断资本主义也得到不断强化。第五，美国的跨国公司迅速发展，实力不断增强。

二战后美国经济实力继续增长，主要可以分为以下几个阶段：

(1) 经济调整和发展时期

1945年底到20世纪40年代末，美国经济从战时经济逐步过渡到平时经济。国民在战争期间被压抑的消费需求开始抬头，其在战争中发展起来的先进的军工技术也开始转向民用，这一切都刺激了美国经济的增长。同时由于二战时其他资本主义国家受到重创，战后初期普遍感到物资紧缺，资金匮乏，这些国家的需求也推动着美国经济的急速发展。

（2）经济快速增长的“黄金时期”

20 世纪 50 年代初至 70 年代初，美国经济进入了高速增长阶段。在经历了 1953—1954 年、1957—1958 年两次经济危机后，从 1961 年 1 月到 1969 年 10 月，美国经济进入了长达 106 个月的持续增长时期，这在美国历史上实属罕见。在此时期，美国经济在第三次科技革命的推动下建立了一系列新的工业部门，如原子能、电子计算机、宇航、激光等新兴工业都在此时期获得长足发展。因此，此时期也被誉为美国经济发展的“黄金时代”。

（3）经济低速运行与政策调整时期

20 世纪 70 年代初到 90 年代初，美国经济步入了经济低速运行与政策调整时期。在 1973—1974 年世界性经济危机的袭击下，美国结束了其经济的高速发展，进入“滞涨”阶段，即“经济停滞”与“通货膨胀”并存。随着美国经济的衰退，以美元为中心的资本主义世界货币体系也于 1973 年 3 月宣告解体。

5. “新经济”使美国经济出现二战后又一个黄金发展期

（1）以信息技术为代表的高新技术产业带来新的繁荣

20 世纪 90 年代以后，美国经济再一次进入了新的繁荣时期，保持了长期稳定增长的势头，而“新经济”的出现正是造成美国经济增长的主要原因。所谓“新经济”是指由信息技术和当代其他高科技驱动，以创造性的人力资源为依托，以知识和信息的生产、加工、分配和使用为基础的新型经济形态。从 20 世纪 80 年代后期起，美国大力发展高科技产业，着力于经济结构的改造，新一轮科技革命对美国经济、社会的影响十分广泛，从 1991 年 3 月至 2001 年 3 月，美国经济出现了连续 120 个月的“高经济增长，低失业率、低通货膨胀、低财政赤字”的新景象。美国经济不仅未被欧洲和日本超越，反而在 20 世纪末呈现出又一次飞速发展的局面，综合国力仍居世界各国之首。

信息和网络技术的发展与应用，使信息产业成为美国经济的“火车头”，带动了美国经济的持续高速增长。“新经济”对于美国经济的发展产生了强有力的推动作用，调查信息在经济发展中作用的资料显示，在促进劳动生产率提高的要素中，有 90% 依赖于广义的信息要素。据 2000 年美国商务部的统计，美国与信息技术有关的服务业在 GDP 中的比重虽然只占 8%，但对全国经济增长的贡献率却达到 35%。而且，美国的信息产业目前在世界市场上处于垄断地位，美国已经成为全球最大的软件出口国，在全世界 3 000 多亿美元的信息产品贸易中，美国占有三分之一的份额。同时信息技术也引起了美国产业结构的重大变化。信息技术提高了美国的生产率、降低了成本、扩大了出口，还提高了劳动者的素质，使经济结构优化，从而增强了美国经济的抗衰退能力。“新经济”的影响还涉及了美国的生产流通领域、贸易领域等方面。总之，美国借助“新经济”的力量再次给其经济注入了活力，促使其在全球经济中的地位回升。

（2）泡沫经济凸显

“新经济”虽然再现经济繁荣，但其面临的问题也不少，由于潜在的通货膨胀的威胁、巨额的外贸逆差、能源价格的暴涨、沉重的公私负债、收入差距拉大以及社会贫困化加剧等问题使美国经济在2000年下半期出现疲软状态。“9·11”事件后，恐怖主义的威胁和伊拉克、阿富汗战争的消耗又延缓了美国经济提升的步伐。美国在信息产业领域的过度扩张造成了巨大的经济泡沫，导致了严重的投资和生产过剩。反映美国高新技术产业兴衰的指标是以科技股为主的纳斯达克指数。该指数在1999年10月至2000年4月期间，仅仅5个月就从2 700点左右（1999年10月）上升到5 048点（2000年3月10日），将近翻了一番。但仅37天，即到2000年4月14日，就下跌到3 321点，下跌32%。美国的房地产业一直泡沫惊人。2004年第四季度，美国西部新建住户住宅的价格上涨年率也逐年上升。1996年以来，新建独户住宅价格上涨年率竟高达7.7%。同时由于对房地产价格上升的预期，大量投资者在踊跃购买房产，用于出租或等待价格上涨后再卖出，由此导致了房屋空置率大幅度上升。1995年第一季度，出租房屋空置率为7.4%，到2005年第一季度，则上升为10.1%。房地产市场泡沫的另一个迹象是房租大大低于正常水平。2001年华盛顿地区房屋月租费是买房月供的82%，而到2004年，这一比例跌倒了59%。

（3）爆发次贷金融危机

小布什政府执政八年间奉行新自由主义的经济政策，导致美国经济2008年出现严重危机，并引发世界经济危机。

次贷危机（subprime mortgage crisis）即次级房贷危机。所谓次贷，是指美国房贷机构针对收入较低，信用记录较差的人群专门设计出的一种特别的房贷。相对于风险较低的“优质”贷款而言，这类贷款人的还贷违约风险较大，因此被称为“次贷”。美国“次贷危机”是从2006年春季开始逐步显现的，2007年8月次贷危机爆发，危机肇始于美国房市泡沫破裂。因次级抵押贷款机构破产、投资基金被迫关闭、股市剧烈震荡引起金融危机。2008年9月，房利美和房地美两大房地产公司被美国当局“国有化”，雷曼兄弟公司破产，美国最大储蓄银行华盛顿互惠银行被收购，通用汽车公司申请破产……金融危机随即传染给实体经济，引发了大规模的经济衰退。美联储前主席格林斯潘承认，这是一场“百年一遇”的金融危机。美国次贷危机更引发了全球金融动荡，一场波及世界的大规模经济危机2008年全面爆发。

6. 美国经济面临的长期问题

（1）收入分配严重失衡

美国政府2006年8月29日发表的《国内家庭消费支出调查报告》显示，2005年，美国的基尼系数又创新高，达到0.469，刷新了1967年采取现行方法进行统计以来的最高纪录。基尼系数是国际上普遍采用的用来衡量收入分配平均程度的一个指标，其值在0~1之间。值越大表示收入分配平均程度越低；反之，值越小，说明收入分配越平均。截至2012年，美国的基尼系数已连续3年上升。

报告同时显示，2005 年美国有 3 700 万人生活在贫困线以下，占总人口的比例为 12.6%。

此外，美国不同种族家庭之间的收入差距也在进一步拉大。美国人口统计局 2006 年 11 月 13 日公布了 2005 年美国人口收入、教育水平、住房拥有率和贫困率统计数据。数据显示，美国白人家庭 2005 年平均收入为 5.06 万美元，而黑人家庭仅为 3.09 万美元，西班牙裔（此处特指拉美裔）家庭为 3.62 万美元。但比较特别的是，亚洲裔家庭收入比白人家庭还要高，为 6.03 万美元。

（2）高消费债务，低水平储蓄率

据美联储 2006 年发布的报告显示，在抵押贷款借贷大幅攀升带动下，2005 年美国家庭债务增长 11.7%，达到创纪录的 11.5 万亿美元，创下 1985 年以来的最大增幅。10 年中，美国消费者的债务翻了一番还多。这意味着许多人缺乏应付财务紧急情况的手段，债务正在向危险的水平累积。20 世纪 90 年代中期，美国约有 9% 的家庭破产，这一数字已升至 15%。根据 2003 年下半年的统计数字看，美国个人申请破产的总共有 161.3 万多例，比此前 12 个月中的 146.6 万多例增加了 10% 之多。2005 年美国破产申请案同比猛增 30.5%，再创历史新高。而据美国商务部公布的报告显示，2006 年美国的个人储蓄率已为 -1%，这是 73 年以来的最糟记录。而如此低的储蓄率却又发生在 7 800 万生育高峰时期出生的一代人即将退休之时。债务问题是悬在美国消费者头顶上的一颗滴答作响的定时炸弹，一旦经济出现突然挫折或者利率猛升，高债务将会引爆许多的家庭。2008 年美国金融危机证明了这一点。

（3）反恐战争的消耗

“9·11”事件给美国带来的人员伤亡和财产损失是第二次世界大战以来最为严重的一次，也是美国自珍珠港事件后首次在本土遭受大规模袭击。2001 年 11 月中旬联合国报告称，“9·11”事件所造成的直接的或间接的损失高达 2 000 亿美元，相当于美国 GDP 的 2%。“9·11”事件以后，美国奉行强硬的全球反恐战略，以“铲除恐怖主义”的名义，发动了阿富汗战争和伊拉克战争。但是世界各地，如巴厘岛、马德里、伦敦等地仍不断地爆发各种形式的恐怖袭击。

2006 年 6 月，美国国会研究办公室公布了一份关于全球反恐战争的调查报告。该报告说，自 2001 年“9·11”恐怖事件以来，美国用于全球反恐战争的资金高达 3 680 亿美元，其中 71%，约 2 610 亿美元用在了伊拉克战争中。报告指出，加上 2006 年 6 月 13 日国会通过的反恐追加拨款，美国政府的全球反恐资金将达到 4 380 亿美元；另外，由于要将 500 亿美元拨入 2007 年的国防预算，那么到 2007 年底，美国全球反恐经费要达到 4 880 亿美元。到 2016 年，全部反恐经费会达到 8 100 亿美元，比越南战争花费的资金还要多，当时美国为支付越南战争共耗资 5 500 亿美元。如何使美国经济不致陷入反恐战争的无底洞，是美国经济发展中不能忽视的一个问题。

本章小结

掌握美国政治与经济现状，正确认识美国在世界多极化中的地位和作用。

关 键 词

美国政治

思 考 题

1. 分析美国政治发展趋势。
2. 分析美国经济发展及其对世界经济的影响。

第六章

日本的政治经济分析

第一节　日本的政治

日本是位于太平洋西侧、亚洲东缘的岛国，领土面积37万平方公里，人口约1.277 2亿人（截至2011年10月1日），是世界人口数量排名第10的大国。它是世界上人口最密集的地区，每平方公里达310多人。日本是一个自然资源贫乏的岛国。日本自20世纪60年代末期起一直是世界公认的第二号资本主义经济强国，科学研发能力居世界第三，同时也是当今世界最主要的贸易国之一。过去日本长期实施君主制，目前为君主立宪制国家。第二次世界大战后颁布的日本国宪法是日本的最高规范，规定日本为一司法权、行政权、立法权三权分立的法治国家。日本的国家理念为立宪主义、国民主权、基本人权的尊重、和平主义，以君主天皇作为日本国家与国民的象征。

战后日本政治进行了变革。主要有制定新宪法，削弱天皇地位；确立权力制衡机制；恢复或改组政治组织；进行"农地改革"和解散旧财阀。日本对外经济与政治关系方面，日本战后贸易迅速发展，已成为世界贸易大国；资本输出发展也很迅速，已成为世界一流金融大国；日本为实现世界"政治大国"的目标而不懈地努力。

从二次大战结束到1955年是日本经济恢复时期，日本由于实行了有利于经济发展的改革，使经济迅速恢复，并有所发展。从1956年到1973年是日本经济迅速发展时期，也是创造"日本奇迹"时期，这时，日本已成为世界经济大国。日本经济迅速发展的原因主要有进行大规模设备投资和积累；大力引进先进技术，并重视引进和创新相结合；重视国民教育和智力开发；积极实行"产业合理化"政策；对企业实行科学管理。

一、变动中的日本政治

二战后，美国占领了日本。为了确保日本不再成为美国的军事威胁，不再危及世界和平与安全，根据《波茨坦公告》的精神，在美国占领当局的督促下，日本进行了战后大规模的民主改革，为日本经济的复兴和腾飞奠定了基础。

1. 日本现行政治体制

(1)“二战”后日本政治制度的确立

① 日本民主化改革的主要内容

非军事化改革——解除日本的全部武装，解散各种法西斯机构和团体，惩办战争罪犯，废除“治安维持法”、“国家总动员法”、“兵役法”等与军国主义相关的法令和条例，铲除军国主义残余势力。

政治民主化改革——1946 年国会通过的《日本国宪法》规定，在日本实行行政、立法、司法三权分立的资产阶级议会民主制度，国民选举产生的国会是国家最高权力机关和唯一立法机关，天皇是日本的象征，天皇的权力受内阁的限制，内阁对国会负责。

经济民主化改革——首先，颁布《解散财阀令》、《禁止垄断法》等，解散了三井、三菱等 83 家持股公司，没收了十大家族财阀的股票以及与之有关的 625 家有限公司的股票，然后公开出售，使股权分散，形成共同持股的竞争机制，彻底瓦解战前日本以家族垄断为核心的经济模式，为垄断资本经营的现代化创造了条件。其次，颁布《农民解放令》，实行土地改革。法令规定，地主出租的土地不得超过一公顷，多余的土地由政府按照战前的价格收购后再转卖给农民，农民在 24 年内付清地价。由于通货膨胀严重，所以这次土地转移几乎成了无偿转移。同时，法令还规定，将实物地租改为货币地租。

教育民主化改革——废除战前教育普及军国主义和法西斯主义等方面的内容，实行教育与神道分离，提倡培养具有独立人格、追求真理、尊重学术自由的精神。

美国主导下的日本战后民主改革，是一次从思想意识到政治经济等各个领域较为彻底的变革，也可以认为是明治维新以来日本资产阶级革命的继续，是资本主义政治经济制度在日本全面确立的标志，是战后日本经济发展和社会稳定的有力保障。在民主化改革的推动下，日本国内出现了许多代表不同阶级和阶层利益的政党组织，其中自由党、进步党（1947 年改名为民主党）、社会党、公民党、共产党、民社党、社会民主联盟、新自由俱乐部等是战后以来日本政坛几大主要的政治力量。根据新宪法确立的议会民主制度，启动了日本政治实现民主化的进程，而战后日本特殊的国情，也决定了日本民主政治独有的特色。与其他西方发达国家议会民主政治不同的是，日本并没有出现保守党和革新党轮流执政的局面。1955 年 11 月，自由党和民主党合并以后，自民党在国会中一直拥有稳定多数，独掌政权长达 38 年，而社会党作为革新派则长期在野，于是形成了西方发达国家政治史上的一个独特现象。

②“55 年体制”的确立

二战后日本政党在议会民主制下重建，并经历了 10 年的分化改组，至 1955 年形成了自民党与社会党对峙的政治格局，这种政治格局被称为“55 年体制”。该体制从 1955 年形成到 1993 年崩溃持续了 38 年之久。对日本战后的政治制度的确立产生了深远的影响。“55 年体制”具有如下特征：

第一，1955 年，日本保守、革新两大势力各党派分别实现了大联合，形成了以自民党和社会党“保革对立”为主要特征的体制。形式上是多党制，实质上却是自民党长期把持政权执政的“一党优势制”、在众议院自民党始终占有 2/3 左右的议席；日本宪法规定首相由众议院确定，1955 年以后，自民党一直是众议院第一大党，自民党的总裁理所当然地被确定为首相。从那时起，以社会党为主的在野党始终未能问鼎政权。出现上述情况的原因之一，是自民党与反对党力量相差过于悬殊。

第二，政府权力的更换由多党轮流执政转变为自民党内不同派系之间的相互更替。自民党内有很多派系，党的总裁一般在党内不同派系的领袖中产生，因此，内阁首相的位置也经常在自民党不同派系的领袖中交换。

第三，政策决策过程被以自民党、政府和四大经济团体为中心的高级官僚与大财团所控制，即所谓“政、官、财”三位一体的决策机制。

（2）日本政治制度的主要机构

① 天皇

战败前的日本天皇处于整个政治制度的中心。二战后日本虽保留了天皇制，但天皇的地位与战前相比已经发生了根本改变。宪法规定：“天皇是日本国的象征，是日本国民整体的象征，其地位以主权所在的全体国民的意志为依据。”新宪法严格规定，天皇只能根据“内阁的建议与承认”，行使诸如公布法令、政令、条约及宪法修正案，召集国会，解散国会，宣布举行选举，任命内阁总理大臣和最高法院院长等形式和礼仪上的国事行为，天皇没有关于国政的职能。

② 国会

战败前的日本国会是辅佐天皇的“协赞”机构。二战后日本宪法规定：“国会是国家的最高权力机关，是国家唯一的立法机关。”修改宪法、制定法律、审计预算、任命内阁总理大臣等国家一切重大问题，均由国会讨论决定。日本国会由参众两院组成。两院议员均由国民直接选举产生，国会对选民负责。

在权力上，众议院优于参议院。现众议院定员 480 名，任期 4 年。参议院定员 242 名，任期 6 年，每 3 年改选半数，不得中途解散。在众议院被解散时，参议院同时休会。在众议院被解散后 40 天内必须举行选举，在重新举行众议员总选举之日起 30 天内必须召开国会特别会议。国会每年 1 月至 6 月开会，会期 150 天。如经 1/4 以上议员要求，可举行临时会议。国会会议除特殊情况，并经 2/3 议员同意外均公开举行，会议记录均予公开发表，必须公布于众。国会议员在开会期间不受逮捕，议员在议会中的演说、表决在院外不得追求其责任。

法案经两议院通过即成为法律。众议院通过的法案，参议院如在 30 天内不作出决议，即以众议院的决议为国会决议。如果众议院通过而参议院作出不同决议，那么须经众议院 2/3 以上多数再次通过，才可成为法律。

在国会与政府的关系上，国会对内阁实施方针有权提出质询，监督行政活动，必要时可以通过不信任案或否决信任案迫使内阁总辞职。而内阁首相有权提前解散众议院重新选举。

③ 内阁

日本宪法规定：国家的行政权属于内阁。内阁是日本的最高行政机关，在国家行政机构体系中处于核心地位。内阁除处理一般的行政事务外，还制定法律、总理国务、处理外交、缔结条约、拟定预算、决定大赦、特赦等。日本内阁还有权对天皇的国事行为提出建议，包括建议天皇解散众议院，这一权力也是内阁对国会权力的一种制约。内阁集体向国会负责，如果众议院通过对内阁的不信任决议案，内阁或者全部辞职，或者在 10 日内解散众议院，举行大选，解散众议院提前举行选举后，内阁也必须全部辞职，由新选出的国会重新决定新的首相人选并组阁。大选后，由获众议院多数席位的政党或政党联盟组阁，内阁成员由首相任命，但其中 1/2 以上必须来自国会议员。内阁成员一律由文职人员担任。

④ 首相

日本首相的正式名称为内阁第一总理大臣。内阁首相是最高行政长官，由国会提名，经议员选举产生，然后由天皇颁发任命。由于国会中占多数席位的政党掌握着议会的多数票，因此，内阁首相实际上总是由多数党的领袖出任。

⑤ 司法部门

根据日本宪法中的三权分立原则，司法权属于法院，日本司法机构分为最高法院和下级法院两大类。最高法院是与国会和内阁处于平行地位的国家最高司法机关，它是一切法律诉讼的终审法院，拥有终审裁判权；是一切违宪立法和法令审查的终审法院，拥有违宪立法裁判权；是一切司法组织、国家司法制度和司法行政的管理机关，拥有司法管理权。最高法院拥有对一切法律、命令、规则是否符合宪法规定的判定权。日本最高法院共 15 名法官，院长由内阁总理大臣推荐，天皇任命，其他法官由内阁任命。其他法院的院长和法官由最高法院提名，内阁任命。宪法规定：所有法官独立行使职权，只受宪法和法律的约束，非经正式弹劾不得罢免。日本法院采取"四级三审制"，"四级"指简易法院、地方法院、高等法院、最高法院。"三审"指审理案件分为"初审"、"控诉审"、"上告审"，第三审为终审。

⑥ 政党

战后日本确立了多党制制度，政党逐渐成为日本现代政治生活的中心，各个政党都力图通过选举进入国会进而参加政府。二战后半个世纪以来，日本政党数目、组合多有变化，日本政党政治的发展大致经历了三个时期。从 1945 年 8 月日本战败投降到 1955 年，是战后初期多党化的不稳定时期。这一时期，代表着各个阶层的政党纷纷建立或重建，各类政党曾多达上百个，政局动荡不安。从 1955 年 11 月自民党成立到 1993 年 8 月，是长达 38 年的自民党独掌政权的"55 年体制"时期，形成多党制下"一党独大"的局面。这种在法制上虽然容许政权交替，但实际上却由一党长期执政的政治结构，通称为"一党优势制"。所以当时日本的多党制实际就是"一党优势制"。1993 年，在日本众议院大选中自民党的惨败，宣告了"55 年体制"的终结。从 1993 年 8 月开始，随着自民党单独执政的结束，日本的政党政治体制开始了重新建构的新的历史时期。

目前参加国会活动的主要政党有自民党、民主党、公明党、共产党、社民党等。其中自民党是最主要的执政党。自由民主党即自民党，1955年由自由党和民主党两大保守主义政党合并而成。其属右翼保守政党，党首称总裁，任期2年，原则上只能连任1次，但可酌情适当延长。从1955年至1993年长达38年自民党长期一党执政。这主要是因为自民党执政期间实现了经济起飞，人民生活水平有大幅度提高；自民党内各派轮番上台，近似其他国家各党轮流执政，在民众面前造成“面目一新”的感觉，有利于维护自民党长期一党执政的局面；自民党得到财团的大力支持，这也是它长期执政的重要原因之一。1993年，日本政局剧变，自民党一党长期执政的时代结束，一度沦为在野党。1994年6月底，自民党加入三党联合政权，重返执政舞台。1996年11月恢复单独组阁。1999年1月与自由党组成联合政权，10月与自由党和公明党组成三党联合政权。2000年4月与公明党、保守党建立联合政权。2006年9月20日，安倍晋三以压倒性优势赢得自民党总裁选举，并于26日与公明党组成联合政权。

2. “冷战”后日本政治的动向

(1)“55年体制”的动摇与一党优势制的重塑

1992年自民党分裂，原自民党成员细川护熙退党并另立门户，成立了日本新党，这是自民党最终分裂及“55年体制”终结的前兆。1993年8月6日，在国会的首相选举中，由非自民党的八党派联合推举的候选人　日本新党党魁细川护熙当选为首相，从而结束了自民党长期“一党独大”的统治局面，自民党也因此第一次从执政党转为在野党，自此“55年体制”宣告终结。随着“55年体制”的终结开始了一个“转型的时代”。但事实证明自民党的作用及其强大的影响力还会持续存在于日本政坛，因为新的政党政治的发展，都没有从根本上脱离自民党的轨道。

(2)“春秋战国”时代政坛的一度动荡不定

1994年4月8日，细川首相宣布辞职，4月25日羽田孜被推举为新首相，社会党宣布退出联合政府；羽田内阁执政不足两个月后又被迫总辞职。6月30日，由社会党、自民党、新党党魁三党联合组阁，社会党首领村山富市被推举为首相。1996年1月5日，村山首相宣布辞职。1月11日，自民党的桥本龙太郎以过半数票当选为日本首相。1998年7月24日，小渊惠三当选为自民党第18任总裁，7月30日正式出任首相并于当日组阁。1999年10月5日，小渊同自民党和公明党经过政策协商，实现三党联合执政，并改组内阁。2000年4月3日，小渊突患脑血栓，不能理政。4月5日，日本国会投票选举森喜朗为新任首相，当日自民党与公明党、保守党组成联合政权。因为经济没有起色，政界没有生气，且贪污腐化事件不断发生，2001年4月26日森喜朗宣布内阁总辞职。当晚自民党的小泉纯一郎当选日本新一任首相。自细川内阁算起，经羽田、村山、桥本、小渊、森喜朗直到小泉纯一郎内阁，8年多的时间，日本换了七任首相。

(3)“一党优势制”重现

2005年9月13日，日本举行第43届众议院选举，自民党赢得了296个席位，超过了议席总数的2/3。这是自民党时隔15年以后，重新赢得超过众议院半数的席位。自此日本政治结构出现了新的变化，“一党优势制”得以重现，在此种政治结构下，首相的决策地位进一步提高，自民党强行通过法案的能力进一步增强。

进入20世纪90年代后，日本加快了向政治大国进军的步伐。国际格局的变化和泡沫经济的破灭，使战后以来以经济中心主义和小国主义为特征的“55年体制”走到了尽头。随着自民党内部的分裂和新政治势力的崛起，自民党在众议院长达38年的多数地位宣告结束。1993年7月，在众议院的大选中，自民党未获得超过半数的席位，被迫与其他政党联合执政。联合政府打破了战后日本近40年相对固定的政治格局，长达38年的“55年体制”宣告终结，日本政治进入了一个重大的转折时期。之后的羽田内阁、村山内阁、桥本内阁、小渊内阁和小泉内阁，都是联合内阁，自民党在联合内阁中虽然还占一定的优势，但这种优势与“55年体制”的优势相比，已经不能同日而语。21世纪的日本政治将会在一个什么样的框架中确定下来，至少现在还是一个变数。

日本国内政治的巨大变化，是冷战后日本面临的国际和国内形势共同作用的结果。无论是自民党一党内阁，还是多党联合内阁，都是资产阶级议会民主制度。但是，对于在日本政治发生重大转折过程中日益滋长的极右主义势力，出现诸如右翼分子冲击中国驻大阪总领馆的恶性事件，以及日本政府在战争反省、历史教科书和参拜靖国神社等问题上的顽固立场，不仅严重损害了亚洲各国人民的民族感情，而且损害了日本自身的政治形象，也无益于其谋求政治大国战略的实现。

二、日本对外政治关系

关于日本对外政治关系，1972年前，日本在外交上完全依附美国，是“一边倒”外交；1972年后实行“多边自主”和“全方位”外交。综观日本对外政治关系可见，它是紧紧围绕“经济大国”走向“政治大国”而开展外交活动的。

进入70年代，日本已经成为世界经济大国，在对外政治关系上，已有条件改变“一边倒”的外交，实行以本国利益为基础的“多边”外交。50年代初美国在侵越战争中失利，从而在亚洲势力减弱，苏联乘虚而入。1972年田中内阁根据变化了的国际形势，提出了以对美协调为主轴，以恢复日中邦交为首要课题，同时还与世界其他战略力量进行符合本国利益交往的“多边自主”外交政策，从而形成了日美合作为基础、借助中国抗衡苏联的日本外交新格局。1972年12月三木执政后，进一步提出以日美关系为基础，对中国、苏联采取“不偏不倚”的“等距离”外交。1977年3月福田赳夫任首相后，又进一步提出“同谁都友好”的“全方位”外交。1988年12月大平正芳上台后，又进一步提出“综合安全保障”战略和“环太平洋”外交。在70年代，尽管几届内阁提出的对外政策侧重点有所不同，但其根本目的都是要加强日本外交的自主性，谋求与经济大国相适应的政治大国地位。

进入80年代后，日本政府一再表示要作为“西方一员”而站到与苏联对抗的西方国家一边。从“亚洲一员”到“西方一员”，反映出日本外交政策的重大转变，即从“经济外交”向“政治外交”或“大国外交”转变。为了实现“政治大国”目标，80年代初日本政府表示要续承70年代后期大平首相提出的“综合安全保障”战略和“环太平洋”外交。日本政府认为，80年代世界面临着“综合性危机”，要对付这种挑战，要靠各国共同势力。日本认为它有强大的经济实力，是争当“政治大国”的好时机。1983年，中曾根康弘首相正式提出了所谓“国际国家”的概念，主张日本“必须朝着受到世界信赖的国际国家的方向前进”，强调在国际事务中不仅要增加“作为经济大国的分量”，而且还要增加“作为政治大国的分量”，在国际政治领域中作出“符合国情国力的贡献”。为此，日本提出“创造性外交”口号，即以经济开路推行自己的政治主张，搞经济与政治相结合的外交；日本提出了“环太平洋经济合作构想”，其目的在于，既解决自身“经济大国”与“资源小国”的矛盾，又要形成一个以日本经济实力为基础、以日本为主导的经济共同体，使日本成为亚太地区的政治领袖，进而在世界成为与美国合作的“国际国家”，再进而实现“日本的世纪”。这是日本外交的宏大目标。

为实现政治大国的目标，日本制定了具体的外交政策，即：坚持以日美同盟为基础，维持美、日、西欧的鼎立格局，使日本成为西方国家一方，负起相应的国际责任；坚持日中友好，维护亚太地区的稳定，以亚太合作为杠杆，确立日本在亚洲的领导地位；继续同苏联对话，一方面与西方一起遏制苏联扩张，利用美、中、苏矛盾谋求自身生存和发展；另一方面又要防止苏联报复，尽量稳定双边关系、避免对抗；发展同第三世界的合作，消除不稳定因素，确保资源供应，防止苏联渗透，以利日本的安全保障。在这一外交政策指导下，80年代中期开始，几届内阁都做了大量工作，使日本国际地位有了明显提高。在当前国际形势急剧变化的情况下，日本政府积极配合美国和整个西方的全球新战略，既保持自己的特色，又加紧向世界政治大国迈进。

三、战后日本对外关系的发展

战后，在美国单独占领下，日本丧失了独立外交权。中国革命的胜利和朝鲜战争的爆发，改变了日本在美国全球战略中的地位，美国对日政策由战后初期的惩罚性政策转变为扶植日本成为西太平洋独立力量中心的政策。1951年9月，美国一手策划的旧金山片面对日媾和条约，结束了对日本占领状态，日本取得了名义上或法律上的独立。但随后签署的《美日安全保障条约》和1952年2月签署的《日美行政协定》，肯定了驻日美军“合法”地位，事实上使日本成为依附于美国的半独立、半被占领的国家。1952年4月，在美国的压力下，日本政府与台湾当局签订了所谓的“日华和约”，宣布建立了“外交关系”。片面对日媾和与日美“安保体制”，把日本正式纳入了美国的亚太军事体系，从此，日本外交进入了被美国控制下的“一边倒”时期，成为美国反苏反共军事体制中重要的一员。

20 世纪 50 年代，为了最大限度地争取美国的经济援助，日本政府在军事上依靠美国“保护”，外交上追随美国。除了全盘接受美国对日本进行改革的一系列政策之外，日本还配合美国的远东战略，促使驻日美军合法化，支持美国在朝鲜的战争，采取敌视中国的政策，参加对中国的禁运和封锁，这些都为日本经济的复兴和重新返回国际社会奠定了基础。1952 年，日本加入国际货币基金组织，1955 年成为关贸总协定的成员方，1956 年在实现日苏关系正常化的基础上，又加入了联合国。从 50 年代末开始，随着日本经济的起飞和美国霸权地位的相对削弱，日美之间控制与反控制的斗争初露端倪。1961 年 1 月，日本迫使美国签署了《日美共同合作安全条约》，代替了 1951 年的安全条约。新条约虽然继续保持了日本对美国的依附关系，但使日本取得了较大的自主权。20 世纪 60 年代，在维持日美军事同盟关系的前提下，日本推行“经济外交”的战略，即以所谓“和平的经济力量”作为发展对外关系的手段，通过扩大出口、投资和贸易等方式，重点发展与东南亚国家的关系，并积极开拓欧美市场，取得了显著的成效。随着日本经济实力的增强，日美贸易摩擦加剧，美国在日美关系中的优势地位逐渐被削弱。1972 年，美国向日本正式移交了冲绳的行政权，日美领土争端最终解决。

20 世纪 70 年代初，随着世界政治格局的重大变化和日本经济实力的提高，日本国内要求改变“经济巨人、政治矮子”形象的呼声越来越强烈。1972 年，尼克松访华和中美关系的改善为日本外交政策的调整提供了契机。针对美国对日本的越顶外交，田中内阁用“多边自主的外交”代替了过去向美国的“一边倒”。“多边”指的是日本除了继续保持日美之间的密切联系外，还要与世界上如中国、苏联等战略力量进行符合日本国家利益的交往；“自主”指的是应该根据国际形势的变化和日本的国家利益，独立自主地决定自己的外交政策，并逐步承担与日本经济大国相称的国际责任。为此，日本政府在维持日美合作关系的同时，开始积极发展和中国、东盟以及其他第三世界国家的关系。1972 年，中日邦交正常化实现。1975 年，日本参加了西方七国首脑会议，正式成为西方的一员。1976 年，福田首相在访问东盟五国和缅甸时，又提出了发展与东南亚国家关系的“福田主义”，即日本保证“不做军事大国”，同东盟国家建立“心心相印”的信任关系，“为东南亚的和平与繁荣作出贡献”。70 年代“多边自主外交”取得的重大成就，开创了日本以美日合作为基础、借助中国抗衡苏联、联合发展中国家、谋求政治大国地位的外交格局。20 世纪 70 年代末，苏联霸权主义的扩张政策、世界经济的衰退、第三世界的动荡、贸易保护主义的盛行、能源危机的激化对日本经济的发展提出了严峻的挑战。为了解决日本经济发展面临的问题，1979 年大平首相提出了“综合安全保障战略”，主张把日本的经济、政治、防卫、外交和文化等力量汇集起来，谋求国家的安全、民生的提高和未来的发展，并以“环太平洋合作圈构想”作为实施“综合安全保障战略”的具体步骤，保证日本的能源及原料供应、商品市场和投资场所，确保日本的生存、发展和繁荣，最终促使日本获得与其经济实力相当的政治大国的地位。进入 80 年代以后，日本的对外战略正式进入了谋求“政治大国”地位的新阶段。1981 年 5 月，铃木首相在访问美国时表示，日本正在开始第三个新的起点，即从被动的受益者转变为积极的创造者。这个讲话就是所谓日本开始“第三次远航”的标志。次年，中曾根首相第一次正式提出了建立“政治大国”的战略目标，即要在世界政治中提高日本的发言权，使日本不仅能够发挥经济大国的作用，而且能够作为政治大国发挥作用。80 年代，日本谋求“政治大国”战略的基本构架是：以日本的经济实力为后盾，确立其在亚太地区的先导地位，并扩大日本在整个发展中国家的影响；以日美同盟为中心，进一步协调与发达资本主义国家的关系，保证日本在发达国家中应有的地位；在综合安全保障原则的基础上，适度扩充军事力量，逐步摆脱国际社会对日本国防的束缚，实现由“专守防卫”向“攻势防卫”的转变；重新构筑日本的对外关系，使之有利于日本政治大国地位的确立。

冷战后，日本加快了谋求政治大国地位的步伐。为了提高日本的国际地位，增强日本对国际事务的影响，日本政府推行“积极进取”的外交，谋求政治大国地位的战略取得了很大进展。

第一，为了跻身世界主导国家的行列，日本凭借其在世界经济格局中的优势地位，提出了建立以美、欧、日三极为主导的世界新秩序的主张。日本通过自己在西方世界和亚太地区的双重角色，加强对国际事务的影响，并于 1994 年宣布，日本将谋求成为联合国安理会常任理事国，以确立日本政治大国的地位。

第二，突破法律约束，利用参与联合国维和行动的名义，加强海外军事活动，力争在亚太地区的安全格局中确立与美国共同主导的地位。1992 年《国际和平合作法》突破了自卫队向海外派兵的禁区；1994 年修改后的《自卫队法》，允许自卫队在外国发生紧急事态时实施救援行动；1995 年的《新防卫计划大纲》和《中期防卫力量整备计划》，规定未来五年日本军费支出为 2 500 亿美元，仅次于美国；1997 年修改的《日美防卫合作指针》，它有三点值得注意：一是扩大了防卫合作的范围，从日本本土扩大到了“日本周边地区”；二是抛弃了专守防卫原则，日本自卫队在没有受到攻击的情况下，只要美国军事介人，就能以“周边有事”而进行合作的名义自动参加本土以外的战争，自卫队的任务由守转为攻；三是模糊日本“周边地区”的范围，把日本本土以外的我国台湾海峡及南沙群岛的一部分地区也划进了“日本周边”的范围。由此可以看出，“新指针”标志着日美军事合作的升级，以中国为主要假想敌，企图利用台湾牵制中国，干涉中国内政，阻挠中国统一，并使美国在远东地区驻军合法化。日美安保体制的西扩，给亚洲的稳定带来威胁引起了包括中国在内的一些亚洲国家的反对和严重不安。进入新世纪以来，日本对其防卫战略又进行了一系列重大调整，加速向世界军事大国目标迈进。2001 年通过的《反恐怖特别措施法案》、《自卫队法修正案》和《海上保安厅法修正案》三个相关法律，表明日本的军事扩展已具有全球性质，更密切了美日军事同盟，共同开发 TMD（战区导弹防御系统），强化质量建军，加快武器装备更新。日本政府于 2004 年 12 月 10 日通过了表明今后 10 年安全保障政策的新《防卫计划大纲》和 2005—2009 年财政年度《中期防卫力量整备计划》。发展导弹防御系统，加强快速反应能力，日本安全政策发生重大调整，其宗旨是为了提高军事力量的战斗力，调整日本的防卫态势，同时提升军事力量在日本安全战略中的地位和作用，扩大日本在国际安全事务中的发言权，为实现其“普通大国”、“政治大国”的目标增添筹码。这是新世纪世界政治军事形势演变进程中的重大动向，是日本国家战略连续发生深刻变化的重要标志，必将对亚太乃至世界安全形势产生重大而深远的影响。

第三，打破僵局，改善日俄关系。苏联解体以后，日俄关系有所缓和。1993年，日俄发表的《东京宣言》和《经济宣言》以及1997年两国首脑推出的“桥本—叶利钦计划”，为双方在经济、政治、金融、军事等领域的全面合作奠定了基础，并希望能在2000年签订日俄和平条约。近几年来，尽管两国领导人进行了许多次谈判，但由于双方在北方四岛的归属问题上分歧太大，这一目标仍然没有实现。

第四，推行具有双重性质的对华政策，在增进日中关系的同时，加强对中国的防范。发展面向21世纪的日中友好合作伙伴关系，一直受到日本政府的重视，但近些年来，随着日本谋求政治大国战略的实施，日本对华政策中存在一些消极因素，例如日本经常在关于侵略战争的反省问题、台湾问题、钓鱼岛问题以及人权、军备、环境等问题上，向中国施加压力，尤其是在日中关系中把中国看做潜在的对手，确实给日中双边关系的发展造成了一些消极影响。日本谋求政治大国的战略是其经济发展的必然结果，本来无可厚非，但是，日本在谋求政治大国地位的过程中，国内政局中表现出来的右倾化，对外政策所表现出来的一些消极倾向，确实应该引起国际社会的高度重视与警惕。国际社会真诚地希望，新世纪的日本能沿着和平民主的道路发展下去，这不仅会造福于日本人民，而且也有利于世界的和平与发展。

第二节　日本的经济

日本是第二次世界大战的战败国，在战争中损失惨重。“二战”后，日本丧失了全部海外殖民地，有119个城市变为废墟，死亡人数达222万人，900多万人无家可归，国民财富损失了45%，50%的工业设备和交通运输遭到不同程度的破坏。1946年其国民生产总值只有战前的62%。当时日本的社会经济状况可以形容为：生产瘫痪、物资匮乏、通货膨胀、社会动荡，经济面临崩溃。在这样的情形下，日本举国一致，发奋图强，在日本政府和国民的共同努力及美国的大力扶植下，仅用了20余年的时间，就恢复了崩溃的国民经济，实现了工业现代化，一跃成为世界第二大经济强国。到1991年，日本国民生产总值已达3万亿美元，占世界国民生产总值的15%，人均国民收入在1987年超过美国，仅次于瑞士，居世界第二位。1992年贸易顺差超过1 000亿美元，居当时世界首位。经过战后半个世纪的发展，日本已成为当今世界的生产大国、贸易大国、金融大国，创造了举世瞩目的经济奇迹。

一、战后日本经济的迅速恢复

在第二次世界大战期间，日本各种建设和农业建设遭到严重破坏，国有财产损失总额达992亿日元（按战时价格计算）。战后初期，各种物资，特别是粮食奇缺，物价飞涨，工人大批失业，加上海外军人和家属被陆续遣返回国，全国失业和半失业人数高达1 000万左右。1946年，日本工业生产指数比战前下降了2/3，农业生产指数下降了40%。当时日本经济已到了崩溃的边缘，人民陷入了苦难的深渊。

从1946年始，到1955年止，这10年是日本国民经济恢复时期。这10年，举国上下全力以赴地投入经济的恢复工作，经过经济整顿和改革，日本经济从战争的废墟中走出来，迅速地恢复到战前水平。到1955年除了对外贸易外，其他经济指标都已达到或超过战前的水平，国民生产总值实际增长了1.2倍，人均国民生产总值为275美元，钢产量达940万吨，发电量为652亿千瓦时，主要粮食作物稻谷总产量为1 240万吨。

这个时期日本经济迅速恢复的主要因素有：

第一，进行经济制度和经济体制的改革。战后初期，日本政府在人民民主运动的推动下，在政治改革的同时，进行了一系列的经济改革：(1) 实行“农地改革”。农村废除了封建土地制度，大大激发了农民的生产积极性，促进了农业生产的迅速恢复。(2) 实行保护工人权利和劳动条件的法律。在工厂和矿山企业里，实施了许多保护工人权利和劳动条件的法律，使工人的社会经济地位有了一定提高。(3) 解散财阀。解散了战前的10大财阀，废除垄断法，使一些大企业摆脱了日本财阀的家族统治，为搞活企业，为企业开展公平竞争创造条件。通过一系列的民主改革和经济改革，使农民和工人从封建军国主义长期统治下解放出来，从而大大地解放了生产力，有力地促进了经济的迅速恢复和发展。

第二，确立经济立国和“倾斜式生产方式”的经济发展战略。日本人民在摆脱了长期战争和封建军国主义统治的磨难后，强烈要求发展经济、改善生活、建立和平稳定的生活环境。战后不久，日本政府委托一批专家学者，组织了一个特别调查委员会，对日本的出路进行调查研究，提出意见。1946年初，这个委员会提交一份《重建日本经济的基本问题》的报告。他们在这个报告中提出，只有确定以经济立国的道路，才能使日本经济得到恢复和发展。这个报告反映了日本人民的要求，适应了时代的潮流，也触及到了日本经济的要害。从此，历届日本政府均以经济立国作为基本国策。为了尽快恢复经济，日本政府接受了东京大学有泽广巳教授提出的“倾斜式生产方式”，即重点生产的方针，把当时有限的财力、物力集中发展以煤钢为中心的基础工业，带动整个工业以及整个国民经济的恢复和发展。为此，日本政府对重点企业实行了一系列扶持和优惠的政策。这种重点发展生产的政策，加快了国民经济的恢复。

第三，美国的扶持援助政策和朝鲜战争推动了日本经济的恢复。1948 年，美国推行杜鲁门主义，对日本的占领政策有了重大改变。从战后初期对日本进行的报复性打击政策变为积极扶持政策。如撤销了某些赔偿计划，修改了解散财阀的法令，增加了对日本经济复兴的援助，协助日本政府制止恶性通货膨胀，平衡财政预算等。1948 年底，美国提出“稳定日本经济九原则”，并派出底特律银行董事长道奇来日本具体指导实施。1950 年朝鲜战争爆发后，美国以日本作为侵略朝鲜的军事基地和军需补给基地，对日本提出了大量的军需物资订货，当时接受的各种战争“特需”订单达 23.9 亿美元。从此，日本经济得到了迅速恢复。到 1955 年工业生产已恢复到战前最高水平，日本国民经济离开了战时经济轨道，走上了正常的和平发展道路。

二、战后日本经济的发展

战后日本民主改革，为日本经济的重建和复兴提供了重要的经济、政治和思想保障。日本经济战后大致经历了恢复改组、高速增长和稳定增长三个阶段。在 1945—1955 年的恢复改组阶段，为了实现“经济立国”的目标，在废除军备的基础上，日本政府以经济自立为基点，通过解散财阀、禁止垄断和农地改革等民主化措施，打破了明治维新以来财阀贵族垄断的半封建的经济格局，解放了劳动生产力，为经济恢复和改组创造了有利条件。

20 世纪 50 年代中期的日本，与欧美主要资本主义国家相比还比较落后。1955 年的国民生产总值也只有美国的 1/5，联邦德国的 1/2，人均国民收入只有 220 美元。从 1956 年到 1973 年，这是战后日本经济高速增长的阶段。在国民经济恢复和改组工作完成以后，针对国土狭小、资源短缺的基本国情，日本政府确立了“贸易立国”的经济发展战略。1955 年底的《经济自立计划》、1957 年的《新长期经济计划》、1960 年的《国民收入倍增计划》，是这一阶段指导日本经济高速增长的重要纲领，“神武景气”、“岩户景气”、“伊诺景气”是这一阶段日本经济高速增长的三次高潮。这一阶段，日本是资本主义世界中经济发展速度最快的国家，国民生产总值年平均增长率达 9.8%。到 70 年代初，日本的主要工业品产量、出口贸易和黄金外汇储备跃居世界第二或第三位，并且完成了生产手段、企业管理、经济结构和消费结构的现代化，成为仅次于美国的资本主义第二经济大国。

1973—1975 年，资本主义世界的经济危机中断了日本近二十年经济高速增长的进程，从此日本经济的发展进入了低速增长时期，即“稳定增长时期”。由于资源进口和商品出口形势的恶化，日本的经济发展战略开始从“贸易立国”向“科技立国”转变。为了摆脱能源价格上涨和贸易保护主义盛行对日本经济发展的制约，克服国内生产能力过剩的弊病，增加日本产品在国际市场上的竞争力，日本政府决定推行“科技立国”的经济发展战略，即充分利用人的智力资源，发展独创性的科学技术，全面提高国民经济各部门的技术水平，实现日本经济的高技术化，以此来克服日本经济自身的缺陷，保证日本经济的稳步增长。

1974 年至今，是战后日本经济发展的第三个阶段。这一阶段，在“科技立国”战略的指导下，日本把发展独创性的科学技术放在战略的高度，由过去以吸收和改良外国先进技术为主转变为独创开发科学技术，国民生产总值一直维持 3% ~ 4% 的年平均增长率，发展速度超过了同时期的其他发达资本主义国家。随着产业结构的进一步调整，第三产业和技术密集型产品在国民经济和出口商品中的比重大大提高，尤其是以微电子技术为主导的尖端技术产品出口大幅度增长，在很大程度上保证了日本在世界经济中的领先地位。

从 80 年代后期开始，由于资金“过剩”、日元升值和金融机构激烈的贷款竞争，日本大量的剩余资金流向股票和土地等，股票、地产等价格因此暴涨，货币票面价值的增长大大超过了经济的实际增长，出现了所谓的“泡沫经济”。1989 年，日本银行因担心出现经济过热的现象，决定提高利率，由此诱发了日本股价暴跌、不动产交易瘫痪、资本市场僵化等经济不景气的现象，“泡沫经济”开始崩溃。直到现在，日本经济仍然没有从“泡沫经济”的阴影中完全摆脱出来，一直处于低速增长的状态。“泡沫经济”的出现和破灭，是日本金融机构长期推行低利率政策导致了投机过热的结果，也是日本政府在宏观运营方面的重大失策。事实证明，只有适时地进行产业结构调整，紧跟世界科学技术发展的潮流，才能保持日本经济的持续发展。作为世界经济格局中重要的一极，日本经济能否尽快走出目前的低谷，无疑是当今世界经济能否健康发展的一个重要因素。

总而言之，战前在生产技术方面的积淀，战后全方位的民主改革，日本民族独有的团结、进取和危机意识，善于学习别国长处的民族特点，都是决定战后日本经济飞速发展的内部因素。战后初期相对有利的国际环境，诸如美国的经济援助、朝鲜战争期间的“特需订货”，70 年代中期以前国际市场上廉价的能源等因素，则给日本经济的快速发展插上了腾飞的翅膀。正是这些因素共同作用，日本创造了世界经济史上的一个伟大奇迹。但是必须看到，随着日本经济的高速发展，资本主义内在矛盾也在深化，进入 70 年代后，日本经济的发展面临很多严峻的问题：由于生产能力过剩，市场问题日趋严重。西方国家在经济普遍进入“滞涨”以后，采取了贸易保护主义政策，特别是世界第一经济大国美国采取了严格的贸易保护主义政策，影响了日本经济的发展。能源和原材料价格上涨，供应不稳。日本国土窄小，自然资源贫乏，所需原材料大部分靠进口。这样，国际上原材料和石油等一旦供应紧张，就会影响到日本经济的发展。面对新的形势，日本提出“技术立国”的口号，重新调整了产业结构，相应放慢了发展速度，以求在 20 世纪末和 21 世纪有新的、更大的发展。

三、战后日本经济迅速发展的原因

战后日本经济迅速发展，特别是 1956—1973 年的高速发展，其原因很多，主要有：

1. 进行大规模设备投资和积累

战后日本为在经济技术上赶上欧美先进国家，进行了大规模的设备投资。日本固定资产投资在国民生产总值的比重每年都在三分之一左右，这在主要资本主义国家中是最高的。1955—1970 年的 15 年间，固定资产投资增加了 13 倍以上，达 255.461 亿日元。

设备投资的重点是制造生产资料的钢铁、机械、电力和化学部门。1970 年这个部门的设备投资占全部产业投资的 60% 以上。日本固定资本的更新和扩大是同采用新技术、新工艺、新设备和建立新兴工业部门结合在一起的。新技术、新工艺、新产品是战后科学技术革命的产物，它使各工业部门的生产迅速向机械化和自动化发展，劳动生产率大幅度提高。

日本能够筹集巨额资金进行设备投资，主要有如下原因：（1）由于社会和历史缘故，日本工人的工资，在主要资本主义国家是最低的。日本制造业工人的小时工资 1960 年为 0.3 美元，只相当于美国的 13%、英国的 33.3% 和联邦德国的 47.6%，到 1970 年仍只有美国的 50%。因此，日本企业的剩余价值率和积累率较高。1964—1973 年年平均积累率，日本为 37.9%，美国 15.3%，联邦德国 27%，英国 19%。1956—1973 年，日本资本总积累共达 8 625 亿美元，年平均积累量为 479 亿美元，大部分用于固定资本投资。（2）日美军事同盟给日本经济发展带来了良好环境。由于日本处于美国的军事保护之下，军费开支比较少，1950—1970 年日本政府财政收支增加了 10 余倍，但军费支出一直维持在财政支出的 5% ~7%，而其他主要发达资本主义国家占 15% ~47%。相反在日本的财政支出中用于固定资本开支的比重则是最大的，日本为 40% ~50%，美国为 2.7%，英国为 2.8%，联邦德国为 4.3%。（3）长期保持较高的个人储蓄率。在消费不断增长的条件下，日本仍然长期保持着高储蓄。在 1964—1973 年间，日本的个人储蓄率高达 12.8%，其中 1970 年达到 18.2%，而同期美、英、联邦德国则分别为 4.7%、3.7% 和 9.6%。高储蓄成为高积累的一个重要来源，1966—1975 年，在总积累中，国民储蓄占 62%，比欧美国家高得多。除了上述原因外，日本政府还采取各种减免税，加速折旧和补贴等措施为企业发展筹措资金。

2. 大力引进先进技术，重视引进和创新相结合

战后，日本及时利用了世界科学技术革命蓬勃发展的有利时机，大量从国外引进先进技术。日本战后的设备投资也是建立在引进外国先进技术基础上的。日本引进技术的特点是：数量大、来源广、突出重点、形式多样。1950—1973 年，日本总计用了 43.6 亿美元的费用，引进了 21 863 项外国先进技术，在世界上居于首位。其中 50 年代每年平均引进 233 项，60 年代平均为 1 090 项，70 年代平均高达 2 091 项。日本引进的先进技术既有发达资本主义国家的，也有苏联和东欧国家的，还有发展中国家的，但主要是从美国引进的。日本引进技术不是盲目的，而是同国家的整个经济发展战略结合起来，如 50 年代前半期重点是电力、钢铁、机械等基础工业部门，50 年代后半期则扩大到石油化工、电子、合成纤维等新兴工业部门，70 年代转向原子能、宇航等高精尖的知识技术密集型部门。引进的形式也是多种多样的，既有硬件也有软件，但以引进软件为主，购买外国技术专利和图纸等软件的费用约占引进费用的 80%。通过引进技术，日本不仅

节省了大量的科研费用，而且更重要的是赢得了宝贵的时间。据估计，日本引进技术费用，只相当于国外研制这些技术所花费用的3%左右。通过引进，日本几乎掌握了全世界半个世纪以来全部先进技术。50年代初日本的工业技术水平只相当于欧美国家30年代的水平；到70年代初，日本已赶上欧美，并且在某些地方超过欧美。日本在不到30年的时间内走完了技术先进国家用50年走过的道路，其主要秘密就是引进先进技术。

日本不仅重视引进技术，而且十分重视消化、吸收和创新工作。它对引进的先进技术采取了积极的态度，不是盲目照抄照搬，而是参照本国的特点和需要加以消化吸收，在消化吸收的基础上不断改进和创新，推出更为先进的技术。如钢铁工业，通过引进技术，日本已达到世界先进水平，并开始向国外输出技术。

3. 重视国民教育，重视智力开发

日本经济在战后迅速发展的另一重要原因是：拥有为数众多的人才和高质量的劳动力。这是日本重视国民教育、重视智力开发的结果。日本政府和垄断资本家深知人力投资的重要性，他们反复强调发展教育事业就是“人力投资”和“开发人力资源，是经济活动的一环”。因此，始终把培养多方面的人才、发展各种教育事业放在重要位置。战后，日本保护了一大批科技人才，并充分发挥了他们的作用。战后，日本实行了九年制义务教育。在世界上，日本的文盲最少。目前，日本已普及了高中教育；高中毕业升入大学的约占38%，大学生人数约占同龄青年的30%。1950—1970年日本教育投资由44亿美元增加到98.5亿美元。扣除通货膨胀因素，实际增长了2.1倍，教育经费约占国民收入3%。日本不但重视发展国民教育，而且重视在职人员的职业训练，并制定了一整套职业培训制度。日本有80%以上的企业根据自己特点而制订培训计划，规定了各类人员的培训要求、内容、方法和教材。现在，日本拥有一批具有现代化经营管理知识的高级管理人员，有一支强大的专业科技人员队伍，还有一支受过良好训练的高水平的职工队伍，这是日本经济发展的宝贵资源，是任何其他资源所代替不了的。

4. 积极实行产业合理化政策

从日本产业结构合理化的内容看，主要是改变产业结构，重点则在工业结构，使之适应战后科学技术发展的要求。通过引进国外先进技术同国内的革新相结合，在不断扩大设备投资的基础上，大力发展钢铁、电力、机械、造船、汽车、石油化工等基础工业和新兴工业，使产业结构向以重化学工业为中心转变。为此，日本政府先后实施了两次产业合理化计划和《国民收入倍增计划》。第一次产业合理化计划在1951—1955年期间执行。又从国外引进的先进技术，改造了钢铁、电力、造船、化工等基础工业。接着又在1955—1960年间执行了第二次产业合理化计划，把改造的重点扩大到重化学工业，如石油化工工业、机械工业等。从1961年开始执行的《国民收入倍增计划》中，积极推进以重工业和化学工业为中心的现代化。《国民收入倍增计划》到1970年基本完成，国民收入增加了一倍。这个时期，在国民经济中，工业增长最快，而在工业中，机械工业较之1960年增长2.5倍，化学工业增长2.1倍，钢铁工业增长1.6倍。随着工业产业结构的变化，带动了农业结构、能源消费结构和就业人口结构的重大变化，也引起了出口商品和进口商品结构的变化。

四、经济危机与泡沫经济

1. 经济危机的打击

进入20世纪70年代后，日本由于宏观经济政策几次失败和受到1973年、1975年两次世界经济危机的冲击，结束了经济高速成长时期，进入了长期低速运行时期。

1971年8月10日，美国总统尼克松发表震撼世界的“新经济政策”，即暂时停止美元与黄金的交换，改变美元与其他通货的汇率。日本政府为死守1美元兑换360日元的汇率，使日本银行被迫在十天内买入了约40亿美元。这不仅使日本蒙受了巨额汇兑损失，而且因大量卖出日元，造成货币供给量大增，为日后的通货膨胀埋下了祸根，称为“尼克松冲击”。在此背景下，日本首相田中角荣着手实施他的改造日本列岛的宏大计划。20世纪60年代，随着经济的高速发展，日本出现农村人口大量外流，大城市人口过密以及交通堵塞、住宅不足等各种社会问题。田中的《日本列岛改造论》原本要解决这些问题，并为“日本将来的百年大计打好国基”。但由于实施时机不当，使日本反倒遭受了通货膨胀的巨大打击。因为，在田中内阁开始实施大兴土木的列岛改造计划后，市场的第一个反应就是地价暴涨，土地投机很快席卷全国。由此带来1973年日本全国各地出现抢购风和囤积居奇现象，零售物价随之急剧上升，整个市场呈现危机之状。

与此同时，当年秋季又发生了第一次石油危机。由于中东国家使用石油武器导致石油价格大幅上升，引发发达国家经济危机。1973年12月爆发的经济危机持续了15个月，这是“二战”后日本最严重的一次周期性生产过剩的危机，使日本的生产受到严重打击，结果使日本1974年实际国民生产总值出现“二战”后第一次负增长。至此，日本经济高速增长时代宣告结束。从1974年至1986年日本国民生产总值年均增长只有3.96%。由于采取了一系列的措施，才使日本的国民经济得到了一定的恢复和发展。但是，经济的发展速度，始终停留在较低的水平上。比如，从1975年到1978年，日本国民生产总值增长率一直停留在5.5%的水平上；1979年至1980年是日本国民经济的好转时期，工业生产逐步有所增长；1978年比1977年增长了6.2%；1979年比1978年增长了8.2%，但这个数字同经济危机以前的高速时期相比降低了很多。

2. 泡沫经济现象

20世纪80年代中期，日本经济发展出现了“泡沫经济”现象。日本“泡沫经济”产生的原因主要是由于美元汇率政策发生转变，迫使日元汇率不断上升，日本被迫采取扩大内需来取代出口，于是日本国内的不动产和闲置设施产业因而急速发展，带动土地价格上升，并推动股市连创新高，酿成了以证券和房地产价格脱离实际而狂升为主要特征的“泡沫经济”。1985年9月日元升值，在中央银行贴现率比较低的情况下，大量资金流向股票和土地等行业，从而引起资金过度膨胀。由于企业经营情况普遍良好，股市行情看涨，再加上投机风潮，使得股价扶摇直上，房地产价格也暴涨，造成票面价值的增加大大高于实际的经济增长。在短短的几年时间里，以股价和地价为代表的资产急剧膨胀，使日本经济出现了空前繁荣景象。1985—1989 年，日本土地资产总额由 1 000 万亿日元跃为 2 300 万亿日元，四年间增加 1.3 倍；同期股票市价总额由 241 万亿日元猛增到 630 万亿日元，增加 2.6 倍。在“泡沫经济”的刺激下，不少金融机构、企业和个人一下成为“暴发户”。

“泡沫经济”时期，进行金融交易的货币量比实际需要多出 3 ~ 4 倍，有时甚至高达 10 倍，这实际上是一种金融失控状态。1990 年，经济“泡沫”开始破灭，资产骤然收缩，到 1991 年底，土地资产总额减少 600 万亿日元，降到 1 700 万日元；股票市价总额减少 340 万亿日元，降到 290 万亿日元。这意味着日本损失了两年的国民生产总值。“泡沫经济”的崩溃给日本经济带来了严重的后遗症，突出的是造成了日本经济从 1991 年春开始衰退，随即陷入长时期的经济停滞期。

五、经济转型和改革

从第一次石油危机开始，动荡、低迷、复苏伴随着的最近 38 年，日本经济经历了起起落落，甚至是大起大落。在这个过程中，日本一直进行着经济转型和改革的探索。

第一阶段，1973 年，第一次石油危机爆发，当时正是日本从煤炭经济向石油经济转变的阶段。深受打击的日本积极调整产业结构，将资源从丧失竞争力的领域向未来具有成长潜力的领域转移，淘汰高能耗产业，大力发展汽车组装业和家电等低耗能产业，以及服务业。产业结构调整和节能环保技术的研究使得日本成功地先于其他国家从危机中走出，并在第二次石油危机中免受沉重打击。

当时日本经济的转型主要是制造业的转型，表现在产业结构从“重大厚长”转向“短小轻薄”。主要方式是官民并举，政府和企业共同致力于节能环保技术的研究。当时最为著名的就是通过了“阳光计划”和“月光计划”，前者旨在开发新能源，如风电、水电、核电、潮汐能发电；后者强调对节能技术的研究与开发，提高能源转换效率。此外，节能技术给日本带来巨大利益，降低了对石油的依赖，到 80 年代上半期，日本单位 GDP 能耗比石油危机前降低 1/5，对石油依赖也从 78% 降到 56% 。

第二阶段，随着制造业水平的提高，日本对美欧出口急剧上升，贸易盈余大增。在此背景下，日美贸易摩擦不断升级，美国压制日本开放市场、变革制度、调整汇率。1985 年签署“广场协议”，日元步入大幅升值轨道。这个时期，日本的主要教训就是政府在推动产业结构升级方面力度不够，维持了大量效率较低的企业，对贸易摩擦的严峻性估计不足，未能及时培育新的消费增长点等，使得经济增长压力越来越大。

"广场协议"后日本政府为保持出口增长，常年维持低利率，导致货币供给过剩，同时还有大量外资流入日本。在产能相对过剩、消费基本饱和的情况下，过多的流动性投向了高风险市场，由此制造了日本"股市不倒"、"土地不败"的神话。发现问题后采取的货币政策和房地产政策失当，刹车过猛导致股市和房地产泡沫相继破灭，日本经济进入长达10余年的低迷。这一时期被日本国民称为"失去的10年"。

日本经济陷入长期低迷，除了"泡沫经济"崩溃带来的后遗症，还在于日本政府对"网络经济"的意义认识不足，没有及时推动向"新经济"转型。同时，大量资金和人力都消耗在虚拟的"经济泡沫"当中，贻误了经济结构调整和科学技术升级换代的战略时机。

第三阶段，2002年以来，日本经济开始复苏和全面转型。小泉内阁着手推行一系列改革措施，重点是削减公共事业投资，集中处理银行呆账，推动道路公团、邮政事业等民营化，放低贷款利率刺激消费，努力消除通货紧缩；企业则重点整合内部资源，通过减员增效、大力开发新产品、扩大出口等积极措施，逐步使日本经济摆脱了十年低迷的阴影，重新走上良性循环的轨道。

在"广场协议"前，日本已经意识到出口导向型经济增长方式面临的压力。但是扩大内需的政策，时至今日效果也并不明显。不过，日本政府还是作出了一些有益的尝试。

第一，政府放松对经济的管制。除了上面讲到的对国有企业或有国有成分的企业进行市场化改革、推动民营化外，另一个就是发挥民间资本的作用。主要是政府通过搭建制度上的平台，促进民间储蓄转变为民间资本。日本有完善的中小企业融资服务体系，并且有政策性金融机构负责这项工作。民族资本是平衡外资的重要力量，也是政府力量的有益补充。同时，它也吸纳了大量就业，并为扩大消费提供了强有力地支撑。

第二，通过对外投资，在全球范围形成产业内的贸易链，从而转移贸易冲突，为企业赚取大量利润。日本是一个高外汇储备的国家，但与中国不同，日本是"藏汇予民"。利用高额的外汇储备，日本企业的"走出去"战略实施得相当成功。日本不是简单地进行资本输出，而是以资金、技术、管理和全球战略形成面向全球的资本输出。其中先进的技术是重要依托。对外投资要与经济增长的长期战略安排相协调。过去二三十年，日本海外投资持续增加，成为日本经济的一个重要支柱。

第三，通过海外并购为其全球战略竞争占据有利位置。日本企业国际化程度较高，投资经验丰富，海外并购是其全球战略的一环，意图并不在于购并资产，而在于为在今后全球产业竞争中占据有利位置。比如日本在获取油气开采权方面手段比较隐蔽，一般是利用企业以小规模、分散投资的方式进行，每次获得7.5%或5%的开采权益，动作小，不易引起注意，取得的成效非常显著。2008年以来，面临全球性金融危机，日本一方面进行企业重组，另一方面进行海外扩张，投资领域主要转向了新能源、金融、食品、医药等重点领域，在汽车等领域则相对收缩。

第四，通过科技创新为在未来的全球经济体系重建过程中提前布局，争夺全球竞争制高点，提高其国际影响力。尽管在上一个周期以信息技术为代表的经济浪潮中落在后面，但在新一轮竞争中日本不输人后，主要依靠的就是日本全球居于领先的节能和环保技术。在全球金融危机面前，日本希望以新技术带动新产业、新市场，形成新的经济增长点。

六、日本对外经济关系

日本是一个资源贫乏的国家，因此，对外经济关系极为重要。对外经济关系是多方面的，如对外贸易、资本交流、技术交流、劳务交流、对外援助和国际旅游等。这里就日本对外关系两个重要方面，即对外贸易和资本输出进行阐述。

(1) 对外贸易的迅速发展

对外贸易是日本经济迅速发展乃至成为世界经济大国的决定性的条件。在战后初期，日本在发展本国经济问题上，就曾经有“开发主义”和“贸易主义”之争，最后日本基本上采取了贸易主义，并且后来逐渐形成了“贸易立国”的经济发展战略。20世纪50年代初期，日本陆续加入了一些国际组织，诸如国际货币基金组织和国际复兴开发银行、联合国亚洲和远东经济委员会、关税及贸易总协定等。60年代初又加入了经济合作与发展组织，承担了贸易、资本自由化的国际义务。这样就为日本“贸易立国”创造了良好的外部条件。为了适应“贸易立国”要求，建立了外向型经济体制。由于日本制定了符合本国国情的外贸体制和外贸政策，所以使日本贸易经济迅速发展，在战后很短的时间内就成了贸易大国，现在已经是世界第一流的贸易大国，世界最大的“贸易黑字大国”。

日本的对外贸易有以下特点：第一，在世界贸易中的地位不断提高。日本1960年的对外贸易额为85.5亿美元，1970年增加到382亿美元，平均每年递增16.2%。进入70年代后，尽管受到了世界性经济危机和国际贸易保护主义的影响，日本对外贸易依然发展很快。1975年对外贸易额增加到1 176亿美元，1980年增加到2 703亿美元。1971—1980年的10年间，日本贸易增长了6倍左右。进入80年代，日本贸易增长额虽有放慢，但1985年的对外贸易额已高达3 063亿美元。

日本对外贸易的增长速度，不仅大大超过了工业的增长速度，而且也大大超过了其他发达资本主义国家对外贸易的增长速度。以出口贸易为例，战后1950—1985年的35年间，日本每年以10%的速度增长。由于日本外贸高速增长，使日本在世界出口贸易中的比重迅速提高。1960年日本出口贸易占世界出口贸易的3.2%，1970年上升为6.2%，1980年为14.3%。由于比重的提高，日本在世界经济贸易中的地位，由50年代的第7位上升到70年代的第3位，先后超过加拿大、意大利、法国和英国，成为仅次于美国和联邦德国的世界贸易大国。而就世界工业品贸易来说，日本1985年占世界贸易的17.9%，高于联邦德国(17.1%)和美国(15.3%)，居世界首位，以后一直领先。同时，日本的进口产品也在相应地迅速增加，特别是从东南亚各国进口产品增加最快，从而推动了这些国家的经济发展。

第二，进出口贸易结构发生重大变化。日本又称“加工贸易国”。日本制成品在出口贸易中所占比重一直很大，1960 年为 89%，1970 年为 96%，1980 年为 98%。这在发达资本主义国家中也是最突出的。出口的商品结构也随着产业结构调整而发生了明显变化。50 年代，日本出口大宗是纺织等轻工产品，60 年代重工产品、化工产品占了重要位置；70 年代后，除重工、化工产品外，还有高科技产品。这些产品虽然附加价值高，但适应国际消费方向，从而使日本出口贸易迅速增加。

日本的进口商品结构为适应出口商品的变化，也发生了变化。战后初期以天然纤维等轻工业原料和某些机械设备为主。当时仅棉花和羊毛就占进口额的 40% 以上。到 60 年代后期进口产品结构发生了明显变化，从轻工业原料向重工业化工原料和食品等过渡。1965 年进口的商品构成中，粮食占 22%，燃料占 20%，其他初级产品占 38%，工业制成品仅占 20%。进入 70 年代以后，日本进口商品的结构已经转化为以重、化工原料和食品为主。1985 年，日本进口的新产品中，粮食占 14%、燃料占 44%（其中仅石油就占 36.5%），初级产品占 16%（其中纤维品只占 1.6%），其他工业品占 29%。特别是进入 80 年代以来，随着日本产业结构向高级化发展，日本的工业制成品进口比重上升。总之，日本的这种进出口贸易结构是与不同时期的产业结构相适应的。

第三，商品进出口地区发生重大变化。战前日本进口商品 40% 来自中国、朝鲜以及东南亚，出口商品 50% 为亚洲国家。60 年代，日本出口商品主要是：以东南亚国家为主的亚洲市场，以美国为主的北美市场，还有以欧共体为主的西欧市场。70 年代以后，日本在巩固原有市场的基础上，又开辟了中东、拉美、非洲、苏联、东欧和中国市场。1983 年，日本出口中，亚洲市场占 38%，北美市场占 31.6%，西欧市场占 16.2%。日本的进出口贸易向多极化发展。1985 年，日中贸易达 150 亿美元，占日本贸易总额的 4%，中国成为日本的第五位贸易伙伴。

第四，对外贸易由逆差转为顺差。日本在现代化建设过程中，由于大量进口原材料和能源，因而在 50 年代曾出现大量贸易逆差，到 60 年代后，由于经济的迅速发展，大量出口制成品，贸易状况迅速好转，贸易由逆差变为顺差。60 年代后半期为 2.1 亿多美元，70 年代前半期为 53 亿多美元，1983 年增加到 205 亿美元，1986 年已达到 831.44 亿美元。

由于出口量的急剧增加，日本的国际收支情况迅速好转，从而使外汇储备大量增加。1971 年外汇储备突破了 150 亿美元大关，达到 152 亿美元；1977 年达到 200 亿美元；1981 年达到 284 亿美元；1987 年已达到 708.44 亿美元。

日本对外贸易的发展，激化了它与欧美国家的竞争和矛盾。美国是日本最重要的贸易伙伴。由于日美贸易中，美国贸易赤字越来越大，因而激起了美国政府和人民对日本的不满和反击。日美垄断资本之间的矛盾日趋激化。同样，由于日本在贸易中，对西欧和发展中国家产生了大量顺差，也加深了日本和这些国家的矛盾。这就是70年代后，日本同这些国家产生大量贸易摩擦，诸如贸易保护主义等等的背景。

（2）资本输出的发展

日本进入50年代后期开始有了资本输出，不过由于当时经济力量薄弱，资本输出的数量不大。到了60年代后期后，由于日本经济的迅速发展，特别是贸易顺差和外汇储备迅速增加以后，日本垄断资本大力扩大资本输出规模，逐渐发展成为资本输出的主要国家。到80年代后期，日本成为世界主要金融大国，净资本输出遥居世界之首。日本的资本输出主要特点有：

第一，资本输出增长速度快。据统计，日本资本输出净额，1964年为4.5亿美元，1970年为20亿美元，1975年为30亿美元，1981年达到227.5亿美元，平均每年增长26%。80年代前四年，日本输出资本900多亿美元。1981年，日本在国外纯资产显著增加，到1987年净额累计372亿美元，超过联邦德国和美国；1985年猛增到1 298亿美元，超过美国和英国，成为世界最大债权国。

第二，私人垄断资本输出比重上升。自70年代后，国家和私人垄断资本在日本资本输出中所占比重发生了重大变化。1951—1979年资本输出累计达318亿美元，其中日本国家垄断资本输出占57.3%，私人垄断资本输出占42.7%。1980—1985年，日本资本输出达到826.46亿美元，私人垄断资本比重上升到79%，国家垄断资本比重降为21%。

第三，资本输出地区发生变化。80年代以前日本资本输出的主要地区是亚、非、拉，特别是东南亚地区。1951—1979年在日本的对外直接投资中，发展中国家占55.4%，发达资本主义国家占44.6%。进入80年代以后，日本在对外直接投资中所占比重，发展中国家下降为49.6%，而发达资本主义国家上升为50.4%。

从日本对外资本输出的变化中，还可以看出这样一种趋势：日本的资本输出，已经由资源开发转向制造业，特别是电子工业和汽车工业，而大力发展这些产业的国家名为发达资本主义国家；日本的资本输出由集中向发展中国家转向发达资本主义国家，也表明日本资本输出向多角化和分散化发展。

第四，资本输出形式的多样化。日本资本输出的主要形式有：直接投资、贷款，证券投资、经济援助等。日本资本输出，除大量直接投资外，就是贷款，1985年底已达6 500亿美元，还购买了国外大量不动产。现在日本已成为世界名副其实的金融大国。

本章小结

掌握日本政治与经济现状，正确认识日本在世界多极化中的地位和作用。

关 键 词

日本政治

思 考 题

1. 分析日本政治与经济。
2. 试比较美国和日本政治制度的差异。
3. 简论日本经济转型和改革的启示。

第七章

俄罗斯的政治经济分析

第一节　俄罗斯的政治

俄罗斯的全称是俄罗斯联邦，首都是莫斯科。俄罗斯是总统共和制的民主联邦国家。俄罗斯国家元首是总统，总统由公民按照平等、直接的原则，以不记名的投票方式选举产生，任期为 4 年。总统同时也是俄罗斯联邦武装力量总司令。总统和政府是国家执行权力机关。政府主席（总理）经过俄罗斯下议院国家杜马协商后由总统任命。俄罗斯联邦会议是国家的立法权力机关，它由上议院联邦委员会和下议院国家杜马组成。

一、俄罗斯法制

1993 年 12 月 12 日通过的宪法是俄罗斯独立后的第一部宪法，它规定俄罗斯是共和制的民主联邦法制国家，确立了总统制的国家领导体制。俄罗斯联邦会议由联邦委员会（上院）和国家杜马（下院）组成，每届任期 4 年。联邦委员会由每个联邦主体的立法机关和权力执行机关各出一名代表组成，主要职能是批准联邦法律、联邦主体边界变更、总统关于战争状态和紧急状态的命令，决定境外驻军、总统选举及弹劾，中央同地方的关系问题等。国家杜马中的一半按简单多数原则由全国 225 个大选区选出，另一半按比例制原则从各党派中选举产生，其主要职能是通过联邦法律、宣布大赦、同意总统关于政府首脑的任命等。俄联邦政府是国家权力最高执行机关。

俄罗斯宪法、民法、行政管理条例和刑法是俄罗斯司法机构的执法依据。俄罗斯的司法机构包括俄联邦宪法法院、俄联邦最高法院、俄联邦最高仲裁法院、各级地方司法机关（联邦主体、州、地区和市级的司法机构）和仲裁法庭系统。俄联邦宪法法院根据总统提名由联邦委员会任命的 19 名大法官组成。宪法法庭的司法管辖权包括：裁决是否符合联邦法和宪法法规；没有正式生效的国际条约；联邦国家权力机关之间发生的纠纷；联邦主体和地区权力机关之间关于权限上的纠纷；联邦主体最高权力机关之间的纠纷。

除此之外，宪法法院有权力解释俄联邦宪法和检验法律条款是否符合宪法。

俄联邦最高法院是裁决民事、刑事、行政和其他在法庭（包括民事和军事法庭）管辖权下的案件的最高司法机关。对所有法院的活动实行司法监督，并对所有下级法庭作出的判决的合法性和论据充足与否进行检验。其司法管辖范围包括民事、刑事、行政案件；专门的法庭裁决特殊的法律纠纷案件，例如军人之间或者雇主和雇员之间的纠纷。

俄联邦最高仲裁法庭是对经济纠纷裁决的最高司法机关。俄联邦最高仲裁法庭审理法人之间（企业、组织和机构）的财产及其涉及的非财产纠纷案件。根据俄罗斯联邦法律规定，在特殊情况下法庭审判可以有陪审团的参加（1993 年 7 月 16 日关于对《俄罗斯联邦的公诉制度》的补充与修订、《俄罗斯联邦刑事诉讼法》和《行政处罚管理条例》）。

在加入欧洲理事会（1996 年）之后，俄罗斯也在欧洲法院的司法管辖下。所以目前欧洲法院是俄罗斯联邦及俄罗斯公民最高的司法机构。

俄联邦总检察院的职责是监督俄罗斯法律的执行、人权保障、进行刑事追究和协调执法机关工作。俄联邦的检察院系统是下级机关服从上一级及俄联邦总检察院的集中统一体制（俄联邦宪法第 129 条、1992 年 1 月 17 日颁布的《俄联邦检察院法》的 1995 年修改本）。俄罗斯检察院系统包括俄联邦总检察院、俄联邦各主体检察院和各个城市和区级的检察院。俄联邦总检察长根据总统提名由联邦委员会任免，而副总检察长由联邦委员会任命。俄联邦各主体的检察长是与各联邦主体国家权力机关协商后由俄联邦总检察长任免的。各个城市和市区等地方的检察长直接由俄联邦总检察长任命。检察长任期为 5 年。

二、俄罗斯的政治党派

俄罗斯联邦实行多党制。该体制始于 1993 年。正是在这个时期，依据俄罗斯新宪法，半数以上的俄罗斯下议院国家杜马议员是按照党派名单通过选举进入议会的。

在 2001 年 6 月根据俄罗斯总统普京提议，通过了《政党法》。该法律生效后，只有各党派和有政党参与的选举团体才有权力推荐候选人参加各级选举。而对于单席位选区的选举也有相应的法律规定。《政党法》同时还制定了其他一系列的规定：

（1）政治党派必须在总统、议会、州长和其他选举中推举自己的候选人。长时间忽视选举对政党的利益没有好处，这样会给该政党成员带来各种不愉快事件，包括取消注册资格。

（2）联邦党派必须拥有不少于 1 万名成员和在至少一半以上联邦主体内建有人员不少于 100 名的党派分部。

（3）每年各党派必须提交给司法部年度财务报表，这些财务文件可以公开发表。

所有这些措施使联邦级政党规模更大、影响力更强、更具透明性。目前从众多的政治党派和运动组织脱颖而出的只有几个党派：

——俄罗斯统一党，领导人是鲍里斯·格雷兹洛夫。该党在俄罗斯国家杜马拥有大多数席位。政治家评价该党是中派政党。

——俄罗斯联邦共产党，领导人是根纳季·久加诺夫。该党是俄罗斯现行的自由市场经济政策的反对派。

——俄罗斯自由民主党，领导人是弗拉基米尔·日里诺夫斯基。他的意识形态是反西方和反北大西洋公约组织，而亲近国际专制制度国家，主张恢复俄罗斯军事实力和提升俄罗斯在国际事件中的影响力，并认为为此甚至可以采取武力手段，但总体上支持总统的政治方针。

——祖国—民主联盟，领导人是德米特里·罗戈津和谢尔盖·格拉济耶夫。该联盟是人民爱国力量的联合。

右派政治力量的代表们虽然在近期的选举中没有进入议会，但在俄罗斯政治生活中仍然起到一定作用，他们是：

——右翼力量联盟，领导人是奥列格·别尔米亚科夫。批评总统在某些方面的行为，但支持克里姆林宫与西方伙伴关系的路线以及和国际恐怖主义的斗争，支持俄罗斯市场经济改革的政策。

——亚博卢民主党（苹果党），领导人是格利戈里·亚夫林斯基。该政党把自己称为是“建设性的反对派”，并批评现阶段的政府路线。最爱谈的话题是“经济政策”问题。该党特别强调维护人权。

——生活党，领导人是联邦委员会主席谢尔盖·米罗诺夫。其创建人评价该党为“干实事的党派”，并断言该党派有能力使俄罗斯人过上公正和有尊严的生活。该政党在纲领里提倡建立一个“市场和非市场经济成分平衡”的经济体制。

三、俄罗斯的外交政策

苏联解体后，俄罗斯作为苏联的继承国，以独立国家身份在国际社会中进行了重新定位。最初俄罗斯为了尽快加入西方大国俱乐部和保持世界大国地位，选择了“亲西方一边倒”的外交政策。但是，西方大国出于传统的戒备心理和战略利益的考虑，并没有把俄罗斯视为可靠的合作伙伴，反而趁机向俄罗斯的传统势力范围大举推进，挤压俄罗斯的国际发展空间，削弱俄罗斯的国际影响。在这种情况下，为了维护民族利益和大国利益，俄罗斯从 1993 年起摒弃了唯西方马首是瞻的外交路线，代之以东西方兼顾的务实的全方位外交政策。普京上台后，强调要建立一个强有力的国家政权体系，普京政府采取了一系列有力措施强化国家权威，很快稳定了政治局势，中央集权化趋势也不断加强；同时，大力推进行政改革和司法改革，把两者作为加快政治经济体制建立和发展的关键。

1. 重视独联体一体化进程

俄罗斯是独联体的中心和主导力量，但苏联解体初期，俄罗斯对独联体的发展并不十分重视。在亲西方外交政策受挫后，才开始意识到独联体对俄罗斯的重要意义。俄罗斯通过推动独联体一体化进程来确保这一传统势力范围，并抵制西方大国对这一地区的渗透及其所造成的离心倾向，从而确立俄罗斯在独联体地区的主导地位，并以独联体为依托增加俄罗斯在国际事务中与西方抗衡的砝码。

2. 进一步发展同亚洲及其他地区国家间的联系

俄罗斯积极推行新亚太政策，积极谋求发展同亚太大国的关系和加入亚太地区政治经济组织及地区一体化进程。

3. 积极倡导和推进世界多极化，实施“积极参与”的外交政策

在全方位外交当中，西方国家，特别是美国仍然是俄罗斯外交政策的重点。俄罗斯对美国等西方国家的基本政策目标是，政治上建立“平等伙伴关系”，经济上争取援助，军事上谈判削减核武器，从而得到实际利益，保住世界大国的地位。

普京基本继承了叶利钦后期的外交战略，实行以国家利益为基础的全方位外交政策，但也有新的特点：第一，突出强国意识和大国地位，把“捍卫大国地位”作为外交的主要方针。第二，突出国家现实的经济利益，实用主义色彩浓重。第三，积极推动多边外交，强调发挥国际组织的作用。第四，加强与西欧的合作，力争融入欧洲。

第二节 俄罗斯的经济

俄罗斯联邦有着统一的经济空间，其基础是联邦所有制、联邦预算（除地方各级预算外）以及统一的货币税收与信贷体系。俄罗斯境内禁止设置海关关卡、征收关税和其他费用以及妨碍商品、服务和资金自由流通的其他任何手段。俄罗斯联邦的统一货币是卢布。

一、俄罗斯的金融

1. 银行

俄罗斯实行两级银行体系。处于第一级——管理级的是俄罗斯中央银行（俄罗斯银行），它制定金融信贷政策，监控通货膨胀的进展速度和其他银行的业务活动。处于第二级的是所有其他银行。就其业务性质，它们分为专业化银行和综合银行。综合银行进行信贷、结算、财务等所有业务，专业银行则提供一定种类的服务或只从事一种业务。现在俄罗斯金融信贷的主要趋势是资本集结。俄罗斯的银行早就成为世界金融体系不可分割的部分，俄罗斯银行服务的标准更接近欧洲规范。俄罗斯大约三分之一的银行在莫斯科。

2. 投资

俄罗斯经济增长的一个主要因素是对国内企业固定资本的巨额投资。今天俄罗斯已经建立起吸引外资所必需的法制体系，1999 年通过了联邦法律《俄

联邦外国投资法》，这一法令旨在“使俄罗斯联邦经济吸引并有效利用国外的物质、金融资源和先进技术与工艺”，为外国投资者提供符合国际法规范的稳定条件。

3. 税收

当代俄罗斯共计约有20个税种，除了各联邦主体共有的之外，还有区域性和地方性税种。税收品种和最高税率由国家立法机构确定。除此之外，还有专门的制度，如针对小企业和农业企业的简化征税系统、针对个别经营行为（如家政服务、装修、零售等）统一征收的税种。但预算的80%来自五个税种：利润税、增值税、矿产税、所得税和消费税。到目前为止，税收负担主要由企业承担，这也是“年轻的”市场体系所特有的。但随着时间的推移，重心将向自然人税收方面转移。现在俄罗斯对自然人一律课以13%所得税（无累进比例），这属于世界上最低之列。但重要的不仅在于确定税种，而且在于征收。俄罗斯联邦财政部联邦税务局负责监控税款的缴纳。在俄罗斯逃税将被追究行政和刑事责任，对情节轻微者处以罚款，有重大犯罪行为者最长可判处7年监禁。

4. 金融

俄罗斯财政体系：集中管理财政、国家预算、预算外基金和国家信贷。俄罗斯财政体系的核心是国家或联邦预算，它是国家的财政计划（当年收入与支出时间表），需联邦委员会以联邦法律的形式确认。正是借助于联邦预算才实现了国家财政收入和国内生产总值的再分配，为国内经济发展和在俄罗斯全境实施相应的社会政策储备了资金。当今俄罗斯的预算建立在税收和其他缴纳费用的基础上，税收收入保障了大部分预算进项。

5. 俄罗斯国家预算支出

俄罗斯国家预算支出可以分为两部分：其一是用于发展物质生产及完善生产部门的资金；其二是非生产领域的维持与发展资金。国家借助预算调控物质生产部门和非生产领域之间的资金分配。最近几年俄罗斯预算的收入稳定增长而且越来越平衡。

二、俄罗斯经济制度改革

1. 经济转型概述

苏东剧变之后，这一地区的国家立即开始实施从原有的以公有制为基础的计划经济向以私有制为基础的市场经济的转型。

其经济转型不仅是指由计划经济体制向市场经济体制的过渡，而且包括基本经济制度的转变这一更为重要的内容。除了匈牙利以外，绝大多数国家的经济转型都采用了激进的“休克疗法”（Shock Therapy）方式。

经济转型的基本内容可归纳为三个方面：通过私有化改造所有制结构，转换基本经济制度；通过自由化废除计划经济体制，建立市场经济体制，实行经济运行机制的转型；改变政府调控宏观经济的手段和方法，调整经济政策，通过财政和货币紧缩政策稳定宏观经济。

2. 私有化是经济转型的核心与关键

苏联经济转轨的方向，决定了它们必然选择私有化的道路。私有化是指财产所有权的转变，即把公有财产转变为各种形式的私有财产，其中以股份制为主的法人私有形式居多。其最终目标，是要把以公有制为主体的所有制结构改造成以私有制为主体的所有制结构，使社会制度变迁不可逆转。

私有化如果按资产分配方式来说，可分为有偿私有化、无偿私有化和重新私有化（退还原主）三种。私有化按私有化对象的规模可划分为“大私有化”和“小私有化”两种。

俄罗斯的私有化可以分为两大阶段：第一阶段是证券私有化阶段，从1992年1月至1994年6月30日，以无偿私有化为主。第二阶段是现金私有化阶段，从1994年7月1日开始，私有化从无偿转让为主变为按一定价格出售。私有化并没有带来预期的成效，却普遍导致国有资产的严重流失。

3. 俄罗斯金融工业集团

俄罗斯政府组建金融工业集团主要是仿效西方跨国公司的经营运作方式，在金融资本和工业资本一体化的基础上，对现有经济进行重新设置和结构改革。金融工业集团在其他经济转型国家并不多见，它不是私有化的一般产物，而是具有俄罗斯特色的私有化产物。

从所有制和经济行为的角度看，俄罗斯金融工业集团具有“官方”或“半官方”性质，许多金融工业集团都是在政府的指令下组建的，许多集团的领导人现在或曾经是政府要人，或者同政府有着政治经济利益联系。金融工业集团组建的过程实际上就是国家垄断资本同私人垄断资本融合的过程。因此，很大程度上显示出国家垄断资本主义的性质。

俄罗斯金融工业集团在社会政治经济生活中发挥着重要作用。其经济实力不断增强，经济效率普遍较高，对国民经济的影响和控制作用不断扩大，起着一定的推动和示范作用。另外，在吸引国内外投资方面发挥了积极作用，还有利于参与国际竞争。但大型集团也导致地区和部门经济垄断的发展，妨碍竞争和经济效率；金融工业集团还加速了国有资产流失和资金的外流，加剧了社会的两极分化。

强大的金融工业集团还通过直接进入政府担任要职、控制媒体掌握舆论导向、资助政党和政治势力等多种方式干预俄罗斯政治。1996年的总统大选就明显地展示了金融工业集团左右国家政治局势的能力。普京执政以后，金融工业集团的政治影响有所削弱，但仍是俄罗斯政治和经济生活中一支不可小看的力量。

4. 经济转型的结果

经过十多年的大力推进，俄罗斯的经济转型基本完成，主要表现为：大规模的私有化运动已基本结束，初步形成了以私有制为主体的混合所有制结构，市场经济体系初步建成。但俄罗斯出现了严重的经济危机。主要表现在：生产大幅度下降，通货膨胀恶性发展，居民生活水平下降，失业急剧增加，社会两极分化严重，对外贸易恶化，外债负担加重。

经济转型之所以付出如此巨大的代价，其主要原因大致有几个方面：一是激进的改革方案不符合国情；二是经互会的瓦解和苏联的解体，使各国原有的经济联系遭到破坏；三是各国政治制度转型与经济转型同时进行，政局动荡多变，加大了经济改革的难度。

在经历了长短不一、程度不同的经济转型的危机后，俄罗斯进入了经济稳定持续的发展阶段。普京政府确立了振兴俄罗斯经济的基本构想，在保证经济市场化改革方向的条件下，不断强化国家对经济的调控，着手解决困扰经济发展的一些长期性问题。在经历了金融危机造成的严重衰退后，从 1999 年下半年俄罗斯经济开始出现好转，至今仍保持着增长势头。

俄罗斯经济出现全面好转是多方面因素综合作用的结果。从内部原因看：第一，政府积极有效的治理工作对经济的恢复具有一定的促进作用。第二，随着市场经济体制框架的建成，经济法规的不断建立，社会经济关系逐步理顺和规范化。第三，激进转轨措施的负面影响已基本释放，经济进入了恢复性增长阶段。第四，卢布贬值的短期作用。从外部因素看，国际市场石油价格和工业原材料价格回升并居高不下是俄罗斯经济增长的重要因素。俄罗斯经济虽已进入了相对稳定的增长阶段，但是近几年的快速回升在很大程度上还是恢复性增长。俄罗斯经济发展潜力虽然巨大，但要实现稳定持久的快速发展还有一些深层次问题需要解决，还面临着一些内忧外患。第一，俄罗斯经济结构的畸形化程度有增无减，经济增长严重依赖原料工业。第二，投资严重不足在一定时期内仍然是经济发展的制约因素。第三，由于贫困人口偏多，居民购买力低，所以内需的增长达不到预期的刺激国内生产的速度。第四，俄罗斯经济现在已形成了严重的原材料出口依赖性，尽管 2005 年世界市场油价飙升使俄罗斯经济得益不小，但仍然不可否认，国际能源价格的波动是影响和牵制俄罗斯经济稳定增长的一个外部隐患。

本章小结

掌握俄罗斯政治与经济现状，正确认识俄罗斯在世界多极化中的地位和作用。

关　键　词

俄罗斯政治

思 考 题

1. 分析苏联解体的主要原因。

2. 苏联解体后俄罗斯政治与经济在哪些方面进行了改革？

第八章

欧盟的政治经济分析

欧洲联盟（European Union），简称欧盟（EU），总部设在比利时首都布鲁塞尔，是由欧洲共同体（European Community，又称欧洲共同市场）发展而来的，主要经历了三个阶段：荷卢比三国经济联盟、欧洲共同体、欧盟。欧盟其实是一个集政治实体和经济实体于一身、在世界上具有举足轻重的巨大影响力的区域一体化组织。

第一节　欧盟的政治

欧洲联盟初始成员国有6个，分别为法国、联邦德国、意大利、比利时、荷兰以及卢森堡。欧盟现有28个成员国（2013年7月1日克罗地亚正式加入欧盟后为28个），人口5亿，GDP约为16万亿美元。欧盟的盟旗是蓝色底上的十二星旗，不是因为欧盟一开始只有12个国家，代表了欧盟的开端，而是这个十二星旗代表的是圣母玛利亚的十二星冠，寓意圣母玛利亚将永远保佑欧洲联盟。欧盟28国总面积432.2万平方公里。欧盟正式成立后，将《欢乐颂》正式定为欧盟的“盟歌”。同时，为了避免由于用不同的语言演唱这首歌曲而可能引发的不必要争端，因此只有曲子被用来作为欧盟之歌。新版的欧盟“盟歌”将是以贝多芬著名的《欢乐颂》为基础改编而成的说唱版本。

欧盟目前已经制定了一个单一市场，通过一个标准化的法律制度，其中适用于所有会员国的保证人、货物、服务和资本的迁徙自由。它保持了一个共同的贸易政策，包括农业和渔业政策以及区域发展政策。其中15个会员国已通过了一个共同的货币——欧元。在对外政策上，欧盟代表其成员在世界贸易组织、八国集团首脑会议和联合国的会议上发言，维护其成员国利益。

2001年，欧盟已经体现的作用主要在司法和内政事务方面，包括许多会员国之间根据申根协定取消护照管制。而且在某些领域，它取决于会员国之间的协议。欧盟重要的机构和组织包括欧盟委员会、欧洲议会、欧洲联盟理事会、欧洲理事会、欧洲法院的司法和欧洲中央银行。欧盟国家公民选举议会每5年一次。

1. 欧盟成员

欧盟主要语言：英语、法语、德语、西班牙语和意大利语（语言冲突时以英语为准）。

欧盟创始国为法国、联邦德国、意大利、荷兰、比利时和卢森堡六国，至2013年7月1日止共有28个成员国，按英文名称排序，他们是：

1	Austria	奥地利
2	Belgium	比利时
3	Bulgaria	保加利亚
4	Cyprus	塞浦路斯
5	Croatia	克罗地亚
6	Czech Republic	捷克共和国
7	Denmark	丹麦
8	Estonia	爱沙尼亚
9	Finland	芬兰
10	France	法国
11	Germany	德国
12	Greece	希腊
13	Hungary	匈牙利
14	Ireland	爱尔兰
15	Italy	意大利
16	Latvia	拉脱维亚
17	Lithuania	立陶宛
18	Luxembourg	卢森堡
19	Malta	马耳他
20	Netherlands	荷兰
21	Poland	波兰
22	Portugal	葡萄牙
23	Romania	罗马尼亚
24	Slovakia	斯洛伐克
25	Slovenia	斯洛文尼亚
26	Spain	西班牙
27	Sweden	瑞典
28	United Kingdom	英国

2. 欧盟旗帜

1986 年 5 月 29 日欧盟旗帜正式悬挂，会旗为天蓝色底，上面有 12 颗金黄色的星，是圣母玛利亚的象征。制作会旗的目的是表示要建立一个统一的欧洲，增强人们对欧洲联盟和欧洲统一性的印象。欧盟的会徽：1988 年 1 月开始使用，会徽的底呈蓝色，上面 12 颗星围成一个圆圈，代表欧盟的 12 个国家。

欧盟旗帜早在欧盟尚未存在时就已经设计了，1955 年，最初是欧洲煤钢共同体设计的，当时该组织只有 6 个成员国。蓝底上是由 12 枚金星组成的圆环，灵感来自文艺复兴宗教画上的圣母脑后的“十二星冠”。“十二星冠”源于《圣经·启示录》12 章一节：“这时，天上出现一大异象：有一女子身披太阳，脚踩明月，头戴十二星辰的冠冕……”，此女子通常被解读为圣母玛利亚。因此，“星冠”的构思，象征欧洲民族的完美统一。1986 年，盟旗正式使用时，成员国恰好 12 个，数字的对应纯属偶然。欧洲联盟使用的这面“蓝天金星旗”，原本是欧洲理事会自 1955 年开始使用的会旗。欧洲议会于 1986 年决定沿用这张“蓝天金星旗”作为欧洲联盟的旗帜。旗子的底色为深蓝，中间为一个“十二颗五角金星环成一圆”的图案。

欧盟的盟歌：贝多芬第九交响曲中的《欢乐颂》。

欧盟的铭言：多元一体。

欧洲日：每年的 5 月 9 日。

3. 欧盟的宗旨

欧洲共同体的基础文件《罗马条约》规定其宗旨是：在欧洲各国人民之间建立不断的、愈益密切的、联合的基础，清除分裂欧洲的壁垒，保证各国经济和社会的进步，不断改善人民生活和就业的条件，并通过共同贸易政策促进国际交换。在修改《罗马条约》的《欧洲单一文件》中强调：欧共体及欧洲合作旨在共同切实促进欧洲团结的发展，共同为维护世界和平与安全作出应有的贡献。

欧盟宗旨是“通过建立无内部边界的空间，加强经济、社会的协调发展和建立最终实行统一货币的经济货币联盟，促进成员国经济和社会的均衡发展”，“通过实行共同外交和安全政策，在国际舞台上弘扬联盟的个性”。

4. 欧盟的扩张

欧洲一体化建设的两条主线分别是深化和扩大，其中，深化是指通过基础条约的修改以渐进的方式使共同体深化在各项政策的范围和权限的发展，而扩大则是指加入到一体化建设的成员国数量增加。迄今为止，欧盟已经进行了六次扩大，成员国数量从最初的 6 个创始国增加到了 28 个。从 1973 年首次扩大迎来英国、丹麦和爱尔兰，到 2004 年和 2007 年先后加入的 12 个主要是前东欧社会主义国家的新成员，欧盟国家的组成无论是规模、制度，还是经济结构、发达程度，都进入了一个前所未有的复杂阶段。

早在欧共体成立不久的 20 世纪 60 年代，以英国为代表的北欧三国（另外两个分别为与英国关系密切的爱尔兰和丹麦）出于贸易份额的考虑就已开始了加入欧共体的努力。但在法国总统戴高乐的阻挠下，欧盟的第一次扩大一直到 70 年代才得以实现。受到一体化建设成就的鼓舞，刚刚完成向民主政治过渡的南欧国家（希腊、西班牙和葡萄牙）也先后提出加入欧共体的申请，并于 1981 年和 1986 年相继通过欧盟的两次扩大成为正式成员国。90 年代欧盟统一大市场计划的提出让仍然留在欧洲自由贸易联盟（EFTA）的国家感受到了贸易出口下降的威胁，但如何保持冷战期间的中立地位一直是奥地利、芬兰和瑞典考虑加入欧共体的顾虑，90 年代冷战的结束也为它们加入欧盟最终扫清了一大政治障碍。就在欧盟成立的同时，也开始了这些国家的入盟谈判。最终 1995 年 1 月 1 日的欧盟第四次扩大引来了奥地利、芬兰和瑞典三个新成员国，将总数增加到 15 个。

冷战的结束还使欧盟的扩大迎来了一次前所未有的契机，出于地缘政治变化的考虑，欧盟在《马斯特里赫特条约》刚刚通过一周之后便与波兰、匈牙利和捷克斯洛伐克等国签订了合作协议，制定了向这些国家提供财政援助和帮助重建的"法尔计划"。1993 年的哥本哈根欧洲理事会还制定了包括民主体制、市场原则和接受欧盟现有共同法律体系的三项"哥本哈根标准"，作为所有中东欧国家入盟的标准，以满足未来这些国家的入盟需求。最终 2004 年 5 月 1 日欧盟迎来了从人口和国家数量上都堪称空前的历史性扩大，接纳了包括 8 个前中东欧国家和两个地中海小国。2007 年 1 月 1 日，欧盟再次实现了第 6 次扩大，增加了保加利亚和罗马尼亚两个新成员，将成员国总数提高到 27 个。按照《欧洲联盟条约》第 49 款规定，"任何尊重人类尊严、自由、平等、民主、法制，以及尊重人权等价值观并致力于共同促进这些价值观的欧洲国家均可申请成为联盟成员"。

相比欧盟早期的扩大，21 世纪初的这些东扩带有一定的风险和不确定性，对欧盟的运行机制和老成员国的心理都是一次考验和挑战。因为中东欧国家无论是在体制还是经济实力、社会制度等各方面与老成员国都存在巨大差异，特别是由于人均收入差距的进一步扩大，导致扩大前成员国之间收入趋同方面取得的成果因此被淡化，无论是理论还是之前的扩大也不支持新老成员国会出现自动趋同的假设。相反，只有同时具备必要的增长要素和配套的经济政策时，这种国家间的有条件趋同才有可能出现。因此欧盟东扩遇到的第一个挑战就是找出这些能够促进增长的要素，同时在经济政策上加以协调。东扩的第二个挑战来自成员国数量增加和制度差别造成的决策复杂性，原有的欧盟体制设计是针对数量较少、发展水平相似的成员国构成，而经过数次扩大，尤其是东扩后产生的新欧盟显然需要采用新的治理结构。

为应对扩大可能带来的新挑战，欧盟于 1997 年签署了《阿姆斯特丹条约》，并在共同体支柱下通过《稳定与增长公约》，为单一货币的引入制定了财政纪律的框架，同时在《欧洲经济共同体条约》中补充了就业与社会政策协调的内容。但《阿姆斯特丹条约》未能就应对可能到来的大批新成员的未来制定适当的制度框架。为了应对即将到来的 10 个新成员国可能带来的机构运转问题，欧盟于 2000 年再次召开政府间会议，并最终于 2001 年 2 月签署《尼斯条约》。《尼斯条约》主要对机构和决策机制进行了改革，包括委员会人数、理事会中各成员国权重、有效多数与一致通过各自适用的表决议案以及议会组成等内容，从而为欧盟历史上的第五次也是规模最大的一次扩大扫清了机制方面的障碍。2001 年，布鲁塞尔欧盟首脑会议期间发布了《莱肯宣言》，将多年来欧洲人热议的制宪问题提上了日程。经过一年多的艰苦工作，以法国前总统吉斯卡尔·德斯坦为首的制宪委员会终于完成了欧盟宪法草案的制定工作，并经成员国首脑讨论和审核后于 2004 年 10 月 29 日正式签署。但此后在提交成员国批准程序过程中，《欧盟宪法条约草案》却遭到了法国和荷兰的否决，最后只得经过一段“反思期”后以修改条约的方式通过了“保留原草案 90% 内容”的《里斯本条约》，实现了“不以宪政化之名而行宪政化之实”。《里斯本条约》在经济领域最引人关注的条款就是将“社会市场经济”写入了《欧洲联盟条约》，提出要“努力实现建立在经济平衡发展、价格稳定、具有高度竞争性的社会市场经济基础之上的欧洲的可持续发展，以实现充分就业、社会进步以及高度保护环境并改善环境质量”。这是欧盟首次在基础条约文本的层次上对欧盟经济的属性进行界定，也是对其社会经济发展方式和目标作出的具有明确法律意义的界定，标志着欧盟为一体化的未来发展确定战略方向的决心和意愿。

5. 欧盟的发展趋势

从里斯本战略以来的欧盟重要战略性文件和政策实践来看，欧盟经济模式的标志性特征始终没有发生根本性转变。无论是里斯本战略中期评估后的重启新战略，还是金融危机后的《里斯本条约》和 2020 战略都明确传达出一个信息，就是要发展兼顾经济活力和社会凝聚力的欧盟社会市场经济。

在不改变核心价值观的前提下，欧盟从里斯本战略以来不断重申对经济增长的重视。从里斯本战略下的“最有活力和竞争力的知识经济体”到 2020 战略下的“灵巧型、可持续性和包容性增长”，欧盟在逐渐完善和调整战略目标的同时也反映出对经济增长的重视和渴望。欧盟的决策者非常清楚，无论是要降低失业率还是保证健康财政的可持续性都离不开强劲的经济增长。这对于欧盟经济模式的可持续性尤为重要，因为低失业率和健康的财政正是欧盟社会市场经济模式追求的两大基本目标（稳定和社会凝聚）所包含的重要指标。换句话说，欧盟经济模式的两大核心目标：稳定和凝聚的实现都必须以增长为基础。此外，现阶段的欧盟在本质上仍然是民族国家的集合体，它的经济模式未来能否获得成功除了依赖于经济增长的恢复，更多还要依赖成员国，尤其是大成员国的政治决心。

（1）增长的紧迫性

研究表明，欧盟国家在二战以后的近 30 年间曾经在人均 GDP 方面向美国快速趋同，从而大大缩短了欧美之间的差距。然而从 20 世纪 70 年代开始，这种趋同的趋势在“老欧洲”国家逐渐止步，欧盟整体人均 GDP 停留在美国 70% 左右的水平。从 20 世纪 90 年代后期一直到金融危机之前的十几年间，除东欧原社会主义国家外的欧盟成员国经济增长率一直落后于美国。

诚如布兰查德（O. Blanchard）所言，欧盟国家相对于美国的人均收入较低很可能是社会偏好不同的选择结果，而且欧美之间的经济发展差距也没有人们想象的那么大，而是基本相当，至少在相对劳动生产率方面。另外，欧盟还在促进落后地区的追赶与消除地区和国家间不平等方面取得了较大的成功。但在人口老龄化和日益加剧的全球化竞争压力下，迟缓的增长不仅使得欧盟经济模式自身在效率方面始终存在短板，而且使欧洲国家一直引为自豪和坚持的社会模式也愈发显得难以为继。“增长必须成为欧洲的头号经济重点，不仅是要出现在领导人的宣言中，更重要的是要落实到他们的行动中”，因为一个经济表现出活力的欧盟将会有助于新成员国的一体化，反过来，强劲增长的新成员也有助于给欧盟带来更多的活力，为全球经济的发展作出贡献。而快速的经济增长对欧洲模式可持续发展的重要性也是不言而喻的，因为相比其他发达经济体欧洲模式更加关注社会公平与社会凝聚。“由于人口老龄化、技术进步和全球化等变化日益加速，对社会保障的需求也在不断增加。如果不能尽快实现里斯本进程对经济社会发展战略目标的承诺，目前形成的欧盟社会契约就会陷入危险，并最终使建立在和平与繁荣基础上的一体化进程受到威胁”。近年来南欧国家的经济、财政状况恶化以及令人失望的结构改革成果使欧盟国家增长的任务显得更加紧迫，因为这些国家的情况证明，作为一体化最重要成果的经济趋同效果确实正在受到威胁。一旦经济趋同中止甚至发生逆转，不仅一体化的规模效应将会大打折扣，而且欧盟经济模式的根基也会因此动摇。而如果不采取坚决的促增长措施，欧盟经济将会进一步下行并失去国际竞争力。反过来还会威胁到欧盟迄今为止取得的最大成就，即社会经济模式的稳定基础。

从 2005 年里斯本新战略重启后到金融危机前，欧盟经济在经济增长和就业方面本来已经开始恢复活力，多个国家出现了私人债务快速增长，公共债务基本保持稳定和缓慢下降的趋势。然而金融危机以后，随着经济刺激计划的推出，欧盟的公共债务平均增长达到了 20%，多个国家甚至突破了稳定与增长公约规定的警戒水平。与此同时，金融市场对欧元区国家的高债务水平也愈发不能容忍，这些国家的融资成本不断升高，使得债务问题日益恶化。多数欧盟国家因此面临着降低公债水平的挑战，而多个国家甚至还要同时面对降低家庭和企业债务的挑战。莱因哈特（Reinhart）指出有五种方式可以降低高债务率：经济增长、大规模的财政紧缩、债务违约或重组、剧烈的通胀、金融抑制和通货膨胀的同步实施。但这其中只有经济增长不会产生副作用，而且有助于公共和私营部门同时降低债务水平。首先，更高的增长可以带来更高的政府收支平衡和用于偿债的私人收入；其次，更高的增长可以减少过去的债务积累，这对那些债务占比已经超过 GDP 一倍的国家意义更加重大；最后，更高的增长可以通过提高债务的可持续性来降低支付风险，从而降低风险溢价。欧盟经济增长紧迫性的另一个原因还在于缺乏增长的社会模式将变得不可持续，这一点早在 2003 年的萨皮尔报告中就已得出了结论。

从私人债务的角度来看，由于信贷需求下降和供给因素的共同作用，多数欧盟国家的信贷总量在危机后的 2008 年开始出现明显下降。虽然这有助于降低债务负担，但公共债务和私营部门债务的同步下降却有可能妨碍经济增长的恢复，甚至造成更低增长和更低信贷的恶性循环。无论是供给面还是需求面都存在隐患，供给面是潜在增长受危机影响可能走弱，需求面是在公共和私人债务水平降低的共同作用下，可能拖累私人总需求的增长。因此当前形势下欧盟头等重要的事情就是尽快恢复增长进程。“2020战略”对增长的强调显然表现出了欧盟决策者对增长的重视，但它提出的治理方法仍然需要改进，才能使那些增长落后的国家在结构改革方面取得更快的进步。对于那些劳动生产率相对较低而且实际汇率被高估的南欧国家而言，产品和劳动力市场的改革更是至关重要。

以欧盟目前的一体化程度而言，成员国已经很难在其他国家经济陷入困境的情况下通过单独采取措施来恢复经济增长，即使得到欧盟层面的支持也是如此。短期来看，久拖不决的欧元区债务危机和银行业危机是拖累市场信心的主要因素，即便对那些财政可持续性不存在问题的国家也一样。危机与增长之间会形成一种恶性循环，只有采取有效应对危机的措施，才能打破这种僵局，使增长的恢复成为可能。

（2）政治一体化的必要性

在判断欧盟经济模式的未来时应当注意到一个事实，那就是欧盟作为一个起步于各国和平愿望和依靠规模经济的一体化组织，虽然在许多经济和社会政策领域已经实现了全部或部分主权的转让，从经济力量和规模以及制度和协调机制等方面也已经形成了一个大致的统一经济体，但在过程和范围上仍然没有完成超国家实体的建构。这一点无论是在最初的《罗马条约》还是最新通过的《里斯本条约》中都没有改变。因此，欧盟经济一体化的任何进步都还要取决于各成员国的政治意愿。纵观历史，无论是经济一体化的启动阶段还是统一大市场项目的建设，欧盟成员国，尤其是像德国和法国这样的大成员国的政治决心，才是推动一体化建设的决定性动力，这也是德法被称为“欧洲发动机”的主要原因。从欧盟经济模式形成的历史来看，德国社会市场经济方案曾经发挥了重要的影响力，它的几个重要特征包括机构设置和运行机制都在欧盟层面的制度建设中得到发扬光大。包括欧洲统一货币政策和欧洲中央银行在内的经济货币联盟几乎可以视为是德国货币政策和德国央行的翻版。我们有理由推断，随着欧盟社会市场经济法律地位的确立，这种建立在德国模式基础上经过强化的社会市场经济模式在可预见的未来仍将发挥主导性的作用。实际上，从危机期间德国政府和德国央行在救助方案出台过程中反复强调财政纪律和欧盟27个成员中有25个同意签署反映德国稳定导向的《欧盟财政契约》这两件事也可以得到进一步佐证。

1993年欧洲联盟建立以来，关于欧盟未来的发展方向就一直是欧洲研究的热门话题，也是欧盟决策者一直在思考的问题。无论是从一体化深化和扩大的角度还是从提高经济效率的考虑出发，政治一体化都是欧盟未来既定的发展方向。2001年莱肯会议后开始的欧盟制宪过程从本质上来说就是将政治一体化向联邦制推进的一次尝试。虽然最终《欧盟宪法草案》并未获得通过，而是在修改后以《里斯本条约》的身份得以实施，但它基本保留了草案中的主要内容，在机构改革和改善欧盟行动力方面为未来欧洲一体化的发展奠定了基础。尤其是《里斯本条约》对欧盟社会市场经济模式的界定更是为欧盟未来的经济和社会发展奠定了基础，也为未来欧盟国家子模式的改革指明了方向。《里斯本条约》在加强欧盟对外行动能力方面也取得了突破性的进展，实际上未来欧盟在国际经济交往中能否实现经济利益最大化，在很大程度上也取决于欧盟在政治上能否作为“集体行动者”发挥作用，并且也取决于欧共体的政治能力，而这种能力的大小又是由大成员国发挥的主导作用和各成员国的政治合作程度所决定的。

2009 年 6 月 15 日，欧盟委员会主席巴罗佐在欧洲议会的一次讲话中对欧洲的未来作出如下评价：“危机后的经济不可能也不会与危机前相同。我们需要重建经济模式，回归社会市场经济的核心价值。我们需要建立一个基于机遇、责任和团结的经济和社会。这是一种不再依赖货币和财政刺激的重新确立新增长源泉的经济，一个拥有开放和良好运作的市场的欧洲，一个明智投资和绿色增长的欧洲，一个拥有更为有效的规则和监管的金融市场的欧洲，一个深深植根于统一市场并充分发挥其潜能的欧洲，一个抵制分裂和保护主义的风险的欧洲。”从短期来看，目前的危机对一体化的影响是负面的；但从长期来看，危机对一体化的发展又是一个契机。危机可能会使欧元区集权的货币政策和分权的财政政策之间的矛盾更加突出，但也会因此推动这一结构性矛盾的解决。实际上，经济一体化会促进发自政治动机的其他领域的一体化，反过来，经济一体化的推进也需要来自政治一体化的推动。纵观欧盟一体化的发展历程，每一次具有重大影响力的制度跨越都离不开政治精英的智慧。

第二节 欧盟的经济

全球化无疑是深刻影响当代经济的一个最重要现象。有些人认为全球化通过市场的扩大带来了机会，在实现规模化的同时提高了劳动分工的专业化、技术的扩散范围，由此推动了创新和生产率的增长，是欧洲一体化深入和扩大的直接推动力。对另一些人来说，全球化却被视为是对奠定欧洲战后经济社会成就的传统价值、制度和政策基础的威胁，是欧洲国家 20 世纪 90 年代以来经济增长迟缓的罪魁祸首。在我们看来，全球化既不是能够使欧盟经济自动重回增长轨道的灵丹妙药，但也绝不是摧垮欧洲经济模式的洪水猛兽。

从经济理论的角度来看，全球化能够通过更大范围的有效资源配置促进经济增长和社会福利增加，因此无论是作为个体的成员国还是作为整体的欧盟经济模式都可以从全球化进程中得益。但得到的利益结果不会在个人、地区和国家之间以平均的方式分配，也不可能自动取得，而是取决于决策者的正确判断，以及对政策能否成功作出调整。因此欧盟应该在努力调整政策的制定和执行，向弱者提供足够的保护，使其免于全球化带来的不确定因素伤害，同时在促进竞争和经济改革这几项任务之间找到平衡点。另外，潜在的经济和社会利益能否实现还要取决于多个条件，如劳动力和产品市场是否足够灵活，福利国家是否有效以及能否通过大幅度创新突破生产可能性边界。鉴于欧盟国家普遍处于二战以来经济追赶的末期，最后这一点对欧盟特别重要。另外，全球化带来的低价格、高生产率和高收入只能在中长期实现，但高失业率和收入不平等却可能在短期内出现。因此，欧洲政策的主要议题就是如何在享受全球化利益的同时继续降低它所带来的成本。

广义的经济全球化或者说国际化可以追溯到19世纪或者更早以前，而狭义的经济全球化则始于第二次世界大战以后。尤其是20世纪90年代以来，随着冷战的结束和新的国际政治经济格局形成，生产要素的跨国流动呈现加速的趋势，发达国家之间贸易往来和相互投资发展迅速，各种国际经济机制开始形成，经济互相渗透、互相依存的程度也越来越高。从本质来看，欧洲经济一体化与全球化是经济资源融合在不同层次的表现过程，两者应该是相互促进、并行不悖的。但由于欧盟福利国家制度失去了经济高速增长的支持，在全球化时代日益显现出效率低下和管制僵化的弊端，加上技术变迁和人口老龄化等因素的影响，以及全球化带来的外部竞争日益加剧，欧盟国家的经济社会模式也出现了不适应的状况。缓慢的经济增长不仅自身不可持续，而且导致福利国家制度的不可持续。

1. 欧盟的经济模式改革

对欧洲一体化各个历史阶段取得的成果进行分析可以发现，欧盟从战后至今的经济增长与经济一体化各阶段的制度成就有着密不可分的关系。其中关税同盟带来的是静态的增长效益，单一市场创造了兼具静态和动态的经济收益，而经济货币联盟则同时对增长和稳定作出了积极贡献。但上世纪80年代以来欧盟相对其他发达经济体经济增长缓慢的事实说明，在全球化带来的大规模生产、人口老龄化和技术进步等压力下，欧盟国家现有的技术和长期就业模式已经不能适应当今的快速技术变迁和激烈的全球竞争，而且尚未找到突破生产可能性边界的方法。欧盟现在更需要的是在经济一体化过程中可以带来长期增长的动力，即影响潜在产出能力的长期供给条件。由于欧盟国家普遍处于二战以来经济追赶的末期，如何扩大生产可能性边界，为福利国家的结构改革提供新思路，并尽快重启欧盟国家对其他发达经济体的收入追赶，对欧盟经济模式有着更深的长远意义。

在过去的二三十年间，世界经济经历了快速的技术进步和贸易格局的变化，以中国为代表的新兴经济体通过经济和政治改革释放出了巨大的市场经济能量，使全球经济以前所未有的速度和范围不断扩张。全球经济的快速变化对欧洲既是机会也是挑战，“对那些能够凭借正确技术和技能迅速反应的人来说这种变化意味着机遇，而对那些依赖过时技术和技能而且调整缓慢的人来说变化就是威胁”。对于欧洲的经济政策决策者来说，挑战就在于如何尽快制定并实施能够使经济增长更灵活和社会保护更完善的经济和社会改革，因为此前的欧洲福利国家基本制度是建立在某些有效假设的基础之上，其中“绝大部分的福利是在一个民族国家的工业社会中获得的，而这个社会本身能在有规则的正常劳资关系中接近实现充分就业。但是，在全球化的时代，在知识和资源自由流通、劳动市场和人口结构发生激烈变化的时代，我们已不再能够运用这些假设了”。

面对以全球化为代表的各种挑战，欧盟经济模式最大的不适应性表现在劳动力市场和社会政策方面。这些建立于20世纪五六十年代的政策和理念在当时面对的是一个相对稳定的经济社会环境，当20世纪末和21世纪初的环境发生巨变后，它们便逐渐表现出明显的“功能性失调”特征。战后形成的欧洲福利国家模式曾经对经济和社会进步作出过贡献，使西欧国家在1945—1975年间经历过以增长、稳定和社会凝聚为标记的前所未有的“辉煌三十年”，现在却因无法适应日益快速的变化渐显发展的疲态，从而趋向于维持现状，但显然“维持现状（无论是技术现状、贸易现状还是工作现状）和安稳的机会成本近年来都已大幅增加”。

早在20世纪80年代欧盟决策者就已意识到了全球化对欧洲经济增长的挑战。80年代中期设计单一市场方案的主要目的就是希望通过它的建设为欧洲经济注入新的活力，同时改善宏观经济环境。也正是在这一背景下，欧盟开始制定共同体层面上协调的共同科技政策，包括1983年推出的欧洲信息技术研究战略计划（ESPRIT）和1984年开始的多年度研发框架计划（FP），大力支持技术研发项目，希望以此应对全球化和技术变迁的挑战。90年代的经济货币联盟计划也是希望通过促进宏观经济稳定和单一市场以便更好地应对全球化带来的竞争挑战。进入新世纪后的欧盟则将重点转移到了社会模式的改革，包括劳动力市场和社会政策的改革。

目前来看，这些重要的制度性成就尚未释放出足够的经济活力，相反，欧洲的经济绩效却是持续下降，在过去的二三十年间，潜在增长率已经降低了近1个百分点。据计算，20世纪80年代欧盟的GDP年均增长率为2.4%；90年代欧盟为2.3%，美国为3.3%；2000—2005年，欧盟和美国的GDP年均增长率分别下降为1.7%和2.3%。从2005年到2008年金融危机爆发前，受经济周期因素和欧盟重启里斯本战略改革的共同影响，欧盟经济增长的表现开始好于美国，2005—2007年，欧盟GDP年均增长率达到2.8%，超过了美国的2.4%。结合欧盟90年代以来的制度建设和增长数据可以看出，欧洲经济增长在过去这段时间里表现迟缓有两个主要原因：一是与全球化和技术进步相比，欧洲在制度方面取得成就的速度和强度不足：单一市场的进步太慢；欧盟预算受历史影响在资源配置上过于倾向农业，对研发和创新投入不够；货币联盟的财政框架在增长和稳定方面还远未发挥改善成员国公共财政质量的作用。二是成员国没有配合欧盟推行必要的配套改革，过时的劳动力市场和社会政策未能使单一市场、研发公共支出和货币联盟完全释放出应对全球化和技术进步挑战的潜力。

由此看来，摆在欧盟决策者面前的任务很简单：推行劳动力和社会政策改革，全球化的挑战就能转变为契机。原因在于改革能使扩大后的单一市场实现商品、服务、资本和劳动力的自由流通，从而为新老成员国创造更多的增长机会，使欧盟经济整体释放出活力；公共研发支出能带来创新，货币联盟也能因此增加应对冲击的灵活性。但要真正实施这些改革却是困难重重，尤其是老成员国常常将扩大视为一场零和博弈，即新成员获得的利益必将以老成员国的利益损失为代价，连欧洲的产业重组也被视为和全球竞争一样的负担。但如果不改革，无论是单一市场还是货币联盟都面临着全球化等环境变化带来的重大威胁，因为如果市场不够灵活，不能使资源实现跨企业、跨行业和跨地区的必要转移，欧盟国家就注定会受到东扩、全球化或技术进步带来的结构性冲击影响。对于欧元区成员国来说，市场导向的灵活性改革显得更加重要，因为单一货币政策排除了它们使用汇率应对结构性冲击的可能性。当缺乏适当的市场调整机制时，成员国必定会使用财政政策作为应急的手段，这种做法不仅与货币联盟的财政规则产生冲突，而且可能因为财政政策的不可持续威胁到货币联盟自身的生存。

2. 欧盟运行机制

从本质来看，欧盟国家都是实施市场经济体制的私有制国家。欧盟的基本条约中也一直把建立有效的内部市场视为基本原则。按照西方经济学的主流观点，市场经济的运行规律就是在保证竞争的前提下，依靠价格机制形成供求关系，来自动调节生产和消费等市场关系，最终实现社会经济的有序运行。但如果简单地把市场和"机制"联系在一起，使市场过程视为预先确定好了因果关系的机械流程，就是一种错误的认识。因为经济过程极其复杂，各种因素对这一过程的影响使得它更多地表现为一个经济行为过程。另外，在市场经济激发私人积极性从而带来活力和创新力的同时，还需要建立一套社会福利秩序来保证人的基本尊严。社会市场经济最初的倡导者米勒－阿尔马克就是基于这样的经济伦理提出了"社会和解"的公式，"试图使公正、自由和经济增长的理想目标达到一种理性的均衡状态"。他曾经说过，"社会市场经济的目标是，在竞争经济的基础上，将自主性和一种恰巧由于市场经济的绩效而得以确保的社会进步联系起来"。从《里斯本条约》中对欧盟经济的属性、目标和实现手段来看，这些基本因素不仅完全得到了保留，而且还有强化的特征和趋势。

3. 适度的国家干预

现代国家干预主义的理论基础来源于20世纪30年代大萧条之后形成的凯恩斯主义宏观经济学理论，即认为经济运行当中的有效需求不足、市场不稳定以及货币政策的无效性应当通过反周期的财政政策来加以纠正，使经济恢复增长。但从欧洲大陆国家，特别是德国的情况来看，国家干预在政策的层面上有着更多的"本土"理论解释：首先，在经济政策方面，秩序自由主义者在强调市场经济个人自由和个人价值观的同时，指出这种"自由"不会自发地产生，而必须有人为的和文化的社会秩序加以维护。因此国家需要通过建立有效的"充分竞争"的价格体系，采取积极的经济秩序政策，建立有效的奥尔多秩序。其次，由于市场经济的本身无法完全避免社会冲突的产生，纯粹的市场分配所引起的社会问题无法通过市场机制得到解决。"如果资本主义没有受到公共权力的足够制约，没有受到金钱以外的其他社会价值的竞争，资本主义越是成为短期财富的创造者，就越有可能变成长期社会价值的破坏者"。艾哈德也曾经说过："我不愿意毫无保留地，也不愿意在发展过程中的任意一个阶段，接受市场经济的正统法则，根据这些法则只有供应与需求是决定价格的，所以政治经济学家根本不应当干涉有关价格的事情”。显然，他并不完全相信“无形之手”能够自然完美地调节好经济的运转，而是认为国家应当适当干预。一方面要倡导通过秩序政策保证个人自由与市场自由，另一方面应该强调通过社会政策对社会不平衡进行调整。

由于欧盟还不是完全意义上的民族国家，政策的实施需要按照授权原则和辅助性原则在成员国和超国家机构之间制定和协调，欧盟层面上的国家干预主要体现在一体化过程中逐步建立的包括规范经济事务的法律体系——“经济宪法”和为实现公平目标而制定的社会政策和凝聚政策。前者是为了建立使市场经济有效运行的经济秩序，后者是为了纠正市场经济的机制缺陷，保证社会安全和社会公正所必需的社会福利秩序。

社会市场经济的理论首先赋予了欧盟通过经济宪法为建立有效内部市场进行干预的必要性，因为“竞争秩序的建立一方面靠自发演进和市场选择，另一方面则需要国家通过秩序政策来型塑（竞争是一场由国家主持的演出）”。欧盟在一体化过程中通过签订或修改条约的方式制定了一整套规范经济事务的法律文件，包括一级立法的条约、法院判例、二级立法（欧盟理事会和欧委会的规定、指令和决定）等。这一套超越国家法律但又不同于国际法的欧盟法律体系是欧盟层面的超国家机构和成员国都必须遵守的，也是欧盟实施国家干预建立经济秩序的工具。这一点在欧盟的竞争政策和统一货币政策两个方面表现尤为突出。

由于在欧共体成立初期统一市场的目标更多地针对经济效率的提高，对社会政策的干预只局限于建立男女同酬和增加雇员的流动性等基本原则。但欧盟国家对社会公平的观念长期以来已经形成了广泛共识，从二战后到 70 年代的欧洲福利国家模式曾经取得了巨大的成就，期间国家干预的中心目标就是维持全面就业，社会政策作为凯恩斯宏观经济政策的补充被视为是实现这一目标优先使用的工具。另外，社会保障机制本身也能带来正面的宏观经济效果，所以这 30 年的经济增长在很大程度上是建立在工业发展、大众消费和全面推行社会保障这三者之间的良性互动关系基础之上。80 年代后随着福利国家改革浪潮在西欧国家中的兴起，欧盟在决策方面开始表现出介入成员国社会政策领域的倾向。尤其是从 2000 年的里斯本进程开始，欧盟在对待社会政策的态度上发生了很大改变，提出要在共同体层面上推进“欧洲社会模式的现代化”。在欧盟委员会看来，社会支出是能够促进欧洲经济发展的“生产性要素”。这种观念实际上是对福利国家思想的一种超越，为社会市场经济视角下通过国家干预建立社会福利秩序找到了新的理论依据。

与此同时，为了保证市场经济体制的顺利运行，国家干预又必须保证“适度”，即不能妨碍正常的市场经济秩序，不能妨碍市场经济规律的正常发挥。用秩序自由主义者的话来说，就是“经济政策应当仅限于经济秩序层面，尽可能避免对经济过程的干预”。国家干预的这种“适度性”表现在欧盟政策的层面，就是经济宪法的实施要受到基础条约中规定的基本原则严格限制，即辅助性原则、授权原则和对称原则（见《欧洲联盟条约》第 5 条）。以研发政策为例，为了在鼓励研发的同时避免造成政策性垄断和新的市场扭曲现象，欧洲联盟在制定科技政策时往往比较注重“竞争前”领域的研究，包括公司所从事的与商业化相去甚远的基础性研究，并且在竞争政策的框架下通过对国家援助规定上限。“一旦研究更接近于市场，特别是在产品和工序开发方面，对补贴的监督就变得非常严格”。

4. 稳定的宏观经济运行环境

从结果来看，稳定的宏观经济环境实际上是国家干预政策产生的结果。在自由的市场经济条件下，经济发展过程不可避免会出现周期性的波动。因此社会市场经济理论强调国家应当有责任加以调节干预，减轻或防止日常经济运转中发生幅度过大和过强的起伏给经济乃至社会造成的危害。无论是弗赖堡学派主张的秩序理论和秩序政策还是社会自由主义者主张的社会秩序，最终目的都是为了创造一个有利于经济和社会发展的稳定的制度环境。应当指出的是，稳定的宏观经济环境不仅对于经济的长期增长有着至关重要的意义，而且也是社会公平实现的重要保证。

在欧洲经济模式框架下，稳定主要意味着两层含义：稳定的价格体系（低通胀率）和健康的财政状况。在欧洲一体化进程至今50多年的时间里，稳定和增长呈现出截然不同的发展轨迹。在第一次石油危机爆发的20世纪70年代以前，欧盟的稳定一直保持在较高的水平，随后出现了一段相对起伏较大的不稳定期，这种状况一直持续到1992年《欧洲联盟条约》签订之前。随着欧盟条约的签订和建设经济货币联盟计划的起步，欧盟的稳定性也发生了根本性的转变，不但是在实行统一货币前的90年代，而且至今也还是世界上币值和消费价格指数最平稳的地区。原因就在于《欧洲联盟条约》明确规定价格稳定为导向的货币政策处于绝对优先的地位。条约第140款规定，准备加入经济货币联盟的欧盟成员国必须遵守条约所规定的关于赤字、债务、利率、汇率和通胀等5个量化趋同指标（马约趋同标准）。1998年10月，欧洲中央银行的行长理事会进一步对价格稳定作出了数量上的准确定义：“价格稳定应该定义为欧元区的消费价格指数的年度同期比增长低于2%”。正是有了以上法律层面的制度保证，在20世纪的后十年里欧盟经济的稳定性才得到了很大程度上的恢复：公共赤字和通货膨胀率都达到了历史上前所未有的低水平。

欧盟的稳定宏观经济环境主要是通过两个政策工具实现的，这两个重要的稳定工具的形成都与德国在欧盟经济政策制定过程中发挥的重要影响力密不可分，也从一个侧面反映了德国社会市场经济理论中秩序自由主义者的秩序政策观。第一个政策工具包括独立的欧洲中央银行体系及其制度的统一货币政策。受20世纪70年代以后弗里德曼的货币主义影响，欧洲的决策者认为通货膨胀不仅和失业之间不存在长期的此消彼长作用，而且还可能给市场经济的运行带来沉重的负担，破坏市场功能的正常发挥。因此，在1993年通过的《欧洲联盟条约》中规定了欧洲中央银行的独立地位，明确任何欧盟机构和成员国都无权干涉它的运行。条约还规定由欧洲中央银行负责制定欧元区国家实行的统一货币政策，其首要目标就是维持价格稳定。由此欧盟通过制度的手段获得了市场机制正常运行的一个重要保证。

由于经济货币联盟统一货币政策与成员国分权的财政政策之间存在着先天不平衡，为了避免在遇到不对称冲击时成员国的应对措施之间可能产生的矛盾，就必须在宏观经济层面上进行财政政策的协调，因为健康的政府财政是宏观经济稳定必不可少的条件，也是欧盟经济模式中稳定特征的一个重要表现。为此欧盟在设计经济货币联盟的同时就考虑制定确保宏观经济稳定环境的第二个政策工具，即在《马斯特里赫特条约》中规定通过实施共同遵守的财政纪律来约束成员国政府的财政行为。20 世纪七八十年代的经验表明，使用财政政策抵补负面经济冲击的作用是非常有限的，赤字和债务累积性增长反而构成了对财政政策作为稳定工具的限制，而且对经济增长带来不利的影响。为了避免这种成员国之间的负面溢出效应，也是在德国的压力下，1997 年阿姆斯特丹会议上欧盟国家就《稳定与增长公约》达成协议，强调了强化财政纪律作为经济货币联盟的长期特征。回顾十年来实施统一货币政策以来的欧元区经济运行状况，至少在维持价格和金融市场的稳定目标上，欧元让欧洲货币市场告别了不稳定，成为欧洲人抗击货币危机的一个盾牌。如果没有欧元，欧洲面对当前的金融危机，将会陷入混乱，许多货币将会贬值，欧洲大市场也将受到威胁。

2008 年金融危机后，欧盟为应对经济的大幅衰退制定了“欧洲经济复苏计划”，在强调团结和社会公正的原则下，提出使用扩张性财政政策拯救陷入衰退的实体经济，但欧盟反复强调财政刺激政策应该是“有针对性和临时性的”，应该充分尊重稳定与增长公约，而且也从 2009 年下旬开始准备关于退出战略的协调和综合方法，将重点转向财政巩固和结构改革等中长期发展目标。但大规模的财政刺激政策已经在客观上使欧盟国家的财政赤字大幅增加，并最终从希腊开始引发了一场影响深远并延续至今的欧洲主权债务危机。不可持续的债务问题不仅使欧元区统一货币政策与分散的财政政策之间矛盾的先天不足暴露无遗，而且也使欧盟的决策者意识到了在欧盟层面上加强经济治理和政策协调的重要性。2012 年 3 月 2 日在布鲁塞尔举行的欧盟春季峰会上，除英国和捷克以外的 25 个欧盟成员国正式签署了《经济货币联盟稳定、协调和治理条约》，简称“财政契约”(Treaty on Stability, Coordination and Governance in the Economic and Monetary Union, TSCG)，开始向更高的财政稳定努力。根据该协议，欧盟有权对违反欧盟财政纪律的成员国实施半自动制裁，并且要求把平衡预算纳入各国立法规定中，这意味着欧盟朝着建立财政联盟方向又迈出了重要的一步。从欧盟经济模式的角度来看，这项政府间条约可以说是欧盟稳定导向的宏观经济政策一个新的注脚，也是未来推动欧盟经济增长的又一大政策工具。

5. 强调竞争的市场秩序

早在欧共体创始之初，欧洲的决策者就意识到一体化的成果可能会受到经济实践中的市场分割和保护主义的侵害。因此 1957 年的《欧共体条约》中就提出要建立一个能够“保证内部市场中竞争不受扭曲的制度”，而到了《马斯特里赫特条约》中，竞争原则更是上升为一个明确的指导性原则。从此以后，竞争政策在统一市场的框架内始终不断得到补充和加强，而到目前为止竞争政策仍然是欧盟的宏观经济政策结构中一体化程度最高的政策之一。

在社会市场经济的设计方案中，经济宪法框架下最重要的一项原则就是竞争原则。《欧共体条约》制定竞争规则的初衷是将竞争视为一种工具，用来通过共同市场实现既定的目标，即“平衡发展和持续性增长”。简单来说，这些目标在经济学上的含义就是要通过资源的合理配置实现社会福利和经济效率的最大化。按照福利经济学的第一定义，完全竞争市场可以通过供求关系的平衡来实现资源的最优配置和福利的最优平衡，实现“帕累托效率”。假定产品价格等于边际成本，企业的自由进入使竞争过程淘汰市场上无效率的企业，消费者剩余始终保持在最高水平，完全竞争市场便可以实现配置效率。但完全竞争的要求在现实中的市场往往很难满足，要想有这样完美的市场，除了要求经济参与者最大化利润和效用的行为以外，还需要数量无限多的生产者和消费者，产品的多样化，市场信息的完整等苛刻条件。尽管如此，欧盟仍然在努力完善市场条件的同时将完全竞争的利益作为一种制定政策的参考。

另外，配置上的效率未必导致生产的有效率，因为更多的竞争意味着更多的企业会出现在市场上，虽然价格会向边际成本靠拢，但这也会导致规模经济的低度发展。由于市场上参与竞争的企业数量太多，使得竞争市场带来的正常盈利可能无法同时保证足够的资源配置和适当的创新激励，在中长期中竞争的负面效应可能会导致增长放缓，最终损害消费者利益，这也是欧盟在制定竞争政策时重点关心的一个问题。总的来看，欧盟社会市场经济模式下的竞争政策表明相对于生产者，欧盟更关心消费者的利益，相对于生产效率，更关心配置效率，这一点与美国反垄断当局在对待垄断与竞争关系的态度有着明显差别。

欧共体选择制定共同竞争政策还有两个政治方面的考虑：首先是成员国管辖的竞争政策存在冲突的可能，因为在创立之初，共同体的主要成员国只有德国已经制定严格的竞争法。成员国政策的不同步或调整不仅会使政策实施进程放慢，而且后果变得不可预测。一旦所有成员国的竞争政策全部到位，各种随意性以及竞争政策不可避免的调整就意味着非常苛刻而繁琐的协调，代价将远远超过实施共同政策。其次，成员国在制定竞争政策时往往不考虑自身策略可能产生的博弈后果。反之，欧共体的共同竞争政策可以从外部性的影响来考虑使这一安排次优化，实现共同市场和统一大市场的目标。

2002 年负责制定欧盟宪法草案的欧洲制宪会议按照不同议题成立了包括“经济治理”和“社会欧洲”小组在内的多个工作组，这些工作组分别讨论各自主管议题，形成统一意见后向大会提交最终报告。经过讨论后，“经济治理”和“社会欧洲”都同意将“社会市场经济”作为欧盟经济体系特征写入《欧盟宪法草案》。由于两个小组对这一概念的解读不尽相同，在提交的最终报告中又在“社会市场经济”前增加了“具有高度竞争性”的限定词。这一限定词的增加，更好地表明了欧盟经济模式对“社会市场经济”概念的理解，即在强调社会公平的同时，通过完善竞争秩序增强欧盟的经济竞争力。毕竟，“竞争是获致繁荣和保证繁荣最有效的手段，只有竞争才能使作为消费的人们从经济发展中受到实惠。它保证随着生产力的提高而俱来的种种利益，终于归人们享受”。由于在实施的过程中受到代表不同价值观的利益集团的各种解读和修订，艾哈德之后的德国社会市场经济政策或多或少偏离了秩序自由主义对经济秩序最初的定义。而《欧盟宪法草案》，包括之后通过的《里斯本条约》对欧盟经济模式中竞争特征的强调实际上是社会市场经济概念的理性回归。

6. 欧洲主权债务危机及其影响

主权债务是指一国以自己的主权为担保从外国所借的债务。随着债务占GDP的比重大幅增加，积累到一定阶段，就会出现一国不能偿付其主权债务，从而发生违约的现象，于是就发生了主权债务危机。主权债务危机的解决方法主要有两种：违约国向世界银行或是国际货币基金组织等借款；与债权国就债务利率、还债时间和本金进行商讨。

(1) 欧洲主权债务危机的进程

欧洲主权债务危机首先爆发在希腊。2009年12月11日，希腊政府表示国家负债高达3 000亿欧元，创下历史新高。2009年12月8日，惠誉将希腊主权信贷评级由“A－”下调至“BBB＋”，前景展望为负面。随着全球三大评级公司下调希腊主权评级，希腊的债务危机愈演愈烈。2009年12月15日希腊发售20亿欧元债券。2009年12月7日希腊数千人游行示威，抗议政府实行财政紧缩政策。2009年12月23日希腊通过2010年度危机预算案。

2010年5月10日，鉴于欧盟几个国家主权债务危机有扩散之势，欧盟和IMF斥资7 500亿欧元救助欧元区成员国，以遏制主权债务危机在欧洲的蔓延。2010年5月19日希腊获得145亿援款，市场风险偏好有所提升。2010年6月7日在卢森堡召开的欧元区财长会议确定了4 400亿欧元贷款方案的最终细节。一旦欧洲主权债务危机加深，这项后备贷款计划将启动。欧盟的救市行动未从根本上改变市场预期，在经历了反弹后，全球金融市场重新步入下跌轨道，欧元对美元的比价跌破了美国次贷危机爆发时的最低点，创下了自2006年4月以来的新低。

(2) 欧洲主权债务危机的影响

债务危机已不仅是欧元区的问题，同样是美国、日本和英国的问题，不断增长的国际恐慌对美国经济复苏构成威胁，使其复苏进程放缓。类似恐慌的情绪同样对中国经济产生影响。从美国次贷危机到欧洲主权债务危机，其发源地都是发达国家，这表明这些国家金融和财政政策都隐含着一些问题。受欧洲主权债务危机的影响，全球金融市场和股票市场波动较大，对市场信心形成比较大的影响，进而延缓全球经济复苏的进程。全球经济陷入到高负债、低增长的困境，市场需求持续低迷。在这样的背景下，全球经济增长变慢，走出危机的进程也相应延长。

本章小结

正确认识欧盟在世界多极化中的地位和作用，了解中国与欧盟关系的确立与发展。

关 键 词

欧盟

思 考 题

1. 欧盟的主要机构是如何运作的？
2. 欧盟在国际事务中有何影响？
3. 欧盟的发展趋势如何？

第三部分

国际政治与经济微观分析

第九章

国际贸易政治经济分析

国际贸易不仅仅是一个经济问题，也牵涉到政府决策和政策制定，因而从政治和经济学的角度来分析国际贸易就显得尤为必要。国际贸易的政治经济学是自 20 世纪 90 年代以来主流经济学界国际贸易学研究中最热门、最重要的课题之一。什么是国际贸易的政治经济学呢？简言之，就是在分析国际贸易的模式及政策时考虑政治的因素。从狭义的范围来看，是考虑国内各阶层、各利益集团的作用，分析各利益集团从自己的私利出发，如何影响一国贸易政策的制定，从而影响贸易流。从广义的范畴来讲，如同我们已知的，一国的经济基础决定上层建筑，但国际贸易的政治经济学则着力在用当代西方经济学的理论模型与计量实证来考虑一国的上层建筑（政府政策）如何反过来影响其经济基础。

第一节　国际贸易政策的经济学分析

对于国际贸易政策，实际上已经有为数众多的经济学家展开过分析，这些分析所依据的理论主要有：市场失灵理论、贸易条件改善论、战略性贸易政策等，这些分析给我们很多启发，但由于忽视了政治因素的影响，对国际贸易政策的分析并不全面。

一、经济学对国际贸易政策决策的解释

关于贸易保护政策的选择，在纯经济分析方面所作出的阐释如下：

1. 贸易条件改善论：即一国进出口商品在国际市场上占有一定优势比例时，可通过征收合适的进口税或出口税，改善贸易条件，使进口价格下降或出口价格上升，从而增加本国福利。当然，征收关税势必产生成本，因为它扭曲了生产和消费的动因，但只要一国征税所带来的贸易条件改善的收益超过其生产、消费扭曲的成本，那么该国就可以通过征税提高其福利水平。

2. 市场失灵论：即国内某市场的运行机制发生扭曲。例如，因结构性失业，劳动力市场无法出清；资本市场存在缺陷，资本不能向预期高回报的新兴部门迅速转移，从而阻碍该部门发展；新兴工业可能产生技术外溢，即先行企业承担起步成本，并创造出有形产品以外的无形利益（如知识和新市场），被后进入的企业无偿利用，使先行企业不能以未来收益补偿无形贡献，所以它不愿首先进入该产业，这样，私人部门不能以应有的速度发展新兴产业。面对这些国内市场扭曲，次优理论主张：此时，政府的不干预政策已不再是最佳选择，因为适度的政府干预所造成的某一市场激励机制的扭曲可以通过弥补其他市场失灵的结果而实现帕累托改进，增进国民福利。针对资本市场不完善，政府可能采用关税手段保护新兴产业以提高其利润，鼓励其尽快成长。

3. 战略性贸易政策论：传统的新古典贸易理论是以完全竞争的市场结构为前提条件，而不完全竞争却是现实经济中的常态，这样自由贸易政策就不具备效率优势。20 世纪 80 年代发展起来的战略性贸易政策论证了在寡头市场结构下，贸易政策可使干预者获得有利的“战略效应”。在寡头垄断市场结构下，价格与边际成本相偏离，因此寡占行业内存在着超额利润，这便引起了国际上为数不多的几家企业之间争夺这些超额利润的竞争，一国政府出于自身利益的考虑，通过干预来改变博弈的规则，以帮助本国企业在国际竞争中获得占领市场的战略性优势或者分享外国垄断企业的利润。战略性贸易政策包括战略出口政策和战略进口政策，前者是由布朗德和斯潘塞提出的，其基本观点是政府实行出口补贴，可提高本国企业的市场占有率，从而使国内企业的利润上升，外国企业的利润下降，由此实现了利润转移。如果新增的利润能够抵补政府补贴的成本，就可提高国民收入。后者是由克鲁格曼提出的，其基本观点是运用适当的关税不仅可以将外国企业从本国消费者身上赚取的垄断利润转移到国内，从而限制外国企业在本国市场进行销售的垄断高价，而且可以鼓励国内企业提高产量，使其边际成本下降，市场份额增加，这样国内企业可以产生更大的规模经济，增强其国际竞争力。

二、经济学理论解释贸易政策决策的不足

上述论点解释了为什么一国不实施单边贸易自由化，它为政府偏离自由贸易而实行保护贸易提供了辩护。但是，这些观点不同程度地存在着理论逻辑上的脆弱性。

1. 贸易条件改善论：贸易条件改善是以贸易伙伴国的贸易条件恶化为代价的，这种“以邻为壑”的做法很可能引起贸易伙伴国采用同样手段进行报复，最终可能引致关税战，导致贸易剧烈萎缩，降低世界福利水平。

2. 市场失灵论：贸易政策不是纠正市场失灵的最佳选择，只是一种利用外部手段治理内部失灵的“次佳选择”。处理某种国内市场失灵时，应“对症下药”，针对失灵根源制定国内政策（如国内税或补贴）进行干预。贸易政策与国内扭曲根源只有间接联系，间接的政策定会带来较高的干预成本。贸易政策的分析表明，直接采取生产补贴的办法比关税等手段效果更好，因为生产补贴只会造成生

产扭曲，但可避免消费扭曲。

3. 战略性贸易政策论：战略性贸易政策在理论上无一般原则，其原因在于没有一个单一的寡头垄断模型，这样最佳贸易政策通常随厂商的竞争行为类型的不同而不同。在实践上，战略性贸易政策的运用需要大量完备的微观信息，因为政府需要比较准确地掌握市场结构、厂商行为、厂商预期利润等情况，也需要准确了解与该产业争夺资源的其他产业的情况。此外，战略贸易政策仍面临着外国报复的威胁。

由此可见，贸易政策选择的纯经济分析并没有为解释现实中的贸易保护主义提供坚实有力的理论依据，这促使经济学家着手进行贸易政策的政治经济学分析，从政策决策的过程中探寻选择贸易保护政策的真正根源。贸易政治经济学的基本论点是贸易政策的制定中国内政治经济诸因素综合作用和国与国之间相互作用的结果。

第二节　政治因素影响国际贸易的原因、途径

一、政治因素影响国际贸易的原因

经济学界对国际贸易作用的分析，共有四代理论：首先是亚当·斯密和大卫·李嘉图的比较优势理论，第二代理论是以赫克歇尔－俄林为代表开创的要素禀赋理论，第三代理论是克鲁格曼开创的新贸易理论，第四代理论是 Melitz 2003 年以来开创的异质企业贸易理论，详见表 9－1。这四代理论的共同特征，是发现自由贸易具有巨大收益：要么使资源得到良好的配置，要么是获取规模经济收益，要么是发挥优胜劣汰的选择作用。任何一个读过并仔细推导过上述经济学模型的人，都应当能体会到模型的优美之处，以及对现实的巨大解释能力。

表 9－1　　国际经济学的四个发展阶段及其代表性人物

理论阶段	开创性人物	经典文献
古典贸易理论	亚当·斯密	国富论（1776）
	大卫·李嘉图	政治经济学及赋税原理（1817）
新古典贸易理论	伊·赫克歇尔 本特利·俄林	区际贸易与国际贸易（1933）
新贸易理论	保罗·克鲁格曼	规模经济、垄断竞争与国际贸易（1979）
新新贸易理论	马克·梅里兹	贸易对行业内分配和总生产率的影响（2003）

但如果自由贸易能够具有深刻的理论基础，能够给世界上的人们带来如此广博的收益，那为什么世界上还有那么多人反对自由贸易？为什么自由贸易的诸多政策在现实中屡受阻挠？其中一个重要的原因，可能是很多人片面分析了问题，只看到国际贸易暂时的、或者局部的影响，而没有分析其带来的长远和全局性的收益。另一个原因，在于国际贸易可能引发暂时性的制度摩擦，或者就业摩擦，这会使得深受影响的人产生反对情绪，进而运用选票、抗议、游说等手段影响决策者，这就是我们本章要分析的内容——国际贸易的政治经济学。

二、政治因素影响国际贸易的途径

需要注意的是西方国家既是奉行自由贸易精神的国家，也是主张公平贸易、运用贸易保护主义来干扰自由贸易的国家。这两者看似矛盾，实际并不矛盾，因为西方国家既奉行自由的秩序观，在政治生活中也奉行民主精神，这样选民的利益诉求就会影响到贸易政策。具体地来说，这些影响途径有以下几种：

1. 选票。选票是选民影响政府贸易政策最直接、最普遍的形式，普遍民主制度的实施使得现实中每一个居民都有影响政策的机会，尽管单个人的影响力非常有限，但一旦贸易政策影响一群人、一个行业的利益时，选票的力量就非常强大，谋求选举胜利的政治家就不得不考虑这一部分人的利益。

2. 议会。除了影响行政机关，西方国家的选民还可以通过各种途径影响立法机关。以美国为例，选民可以通过捐献来直接见到参议员，至于众议员则更容易见到，由于众议员每 2 年改选一次，所以众议员必须紧跟政策热点、紧跟选民意愿，反映这部分选民的声音。

3. 行业协会及利益集团。在欧美国家，个体具有自由组合和讨论的自由并能相对容易地成立各种组织，因而为了保护自身利益，每个人可能要加入多个协会。在美国有保护棉农利益的棉农协会，有保护脐橙种植者利益的脐橙协会，甚至有保护步枪爱好者利益的步枪协会等。在本章，我们将对选民、议会、行业协会及利益集团影响贸易政策的具体途径展开详细分析。

第三节　选民对国际贸易的影响

一、选民对国际贸易政策的影响

在国内政治市场上，贸易政策需求者是选民，他们追求个人利益的最大化，投票选举那些能够增加其利益的候选人。政治家和官员等决策者作为贸易政策供给者，与一般理性经济人一样是自利的，追求自身利益的最大化。正如安东尼·唐斯指出，人们求官的目的在于收入、地位和权力，并且都会遵循以最少的稀缺资源实现其目的的原则来进行活动。贸易政策供给者，必须应对来自需求者的各种利益诱惑、压力或游说，追求最大的政治成功。贸易政策作为国内政治市场上的商品，其均衡价格是由政治市场的供求关系决定的。

鲍德温认为，采用自由贸易政策实现帕累托最优是以下列苛刻的条件为前提的：(1) 经济市场是完全竞争的。(2) 规模收益不变。(3) 收入再分配可行且再分配成本为零。(4) 以直接投票的简单多数原则确定当选且投票成本为零。(5) 政策的决策采取全民公决制。(6) 信息是完全的。(7) 社会中个人的偏好完全一致。(8) 生产要素的存量一定且在部门之间自由流动。显然这些理论假设过于理想化，如果放宽以下几个关键性假设，那么贸易保护主义会在政策决策中以少胜多。

1. 存在收入再分配成本。倘若那些从自由贸易中获利的人通过一次性的税收转移补偿那些在自由贸易中受损者的损失之外，仍有净盈余，则政治决策者会采取自由贸易政策。但是收入再分配往往产生经济成本和社会成本，而且政府在进行收入再分配时也常常受到许多客观条件的限制，致使损失补偿不能顺利实现。相反，保护贸易政策的收入转移方式不仅隐蔽而且成本较低。克劳斯认为，当政府想隐瞒收入转移时，通常采用征收进口关税的手段，这样做不是为了缩小贫富差距，只是为了向一特殊利益集团转移收入。假如政府直接向该集团提供补贴以转移收入，则政府的意图是显而易见的。

2. 信息和投票成本。作为赞同自由贸易的主要力量，出口部门意识到贸易保护主义加强必然会导致国外报复，从而影响其出口贸易。但由于这种损失是间接的和难以事先定量的，所以他们很难将其出口利益转化为有效的政治行动。而作为自由贸易的社会受益者，消费者在进行成本和收益分析时，受制于减免关税机会成本的无形性和间接性以及从自由贸易中分摊的收益很少，从而缺乏参与投票的动力，这些选民由于合乎理性的无知而不参加投票。

3. “免费搭车”问题。贸易政策通常偏向于较小的、比较集中的利益集团。奥尔森认为政治中的公共物品性质（贸易政策具有这种性质）导致集团成员的免费搭车，由此引起集体行动的困难，只有小集团、组织良好的集团才能有效地克服这种困难，这是因为在小集团中，成员人数很少，每个成员都能从有利的政策中获得较大的收益，所以通过集团成员自发、自利的行为就可获得有利于自己而牺牲大多数人利益的政策。在组织严密的集团内，每个成员都能认识到集团行动的利益所在，并存在有力的约束和奖惩机制阻止其成员成为免费搭车者，从而集体行动极易取得成功。贸易政策的政治经济学经验论证了利益集团决定着关税结构。一般而言，对最终消费品征收的关税高于中间品和原材料，原因在于大而分散的消费者集团与小的特殊利益集团相比，信息、成本和搭便车问题使其处于劣势，难以向政府施加足够的压力。可见，集体行动的困难解释了为什么有些政策不但得不偿失而且受损选民远超过受益选民却仍被采纳。

4. 不完全信息和代议制。在全民公决规则下，最终关税率取决于中间选民的最优税率，而在议会民主制度下，因政治市场上信息不完全，政治家不能充分反映普通选民和消费者的意愿。“自利”的政府为争取政治支持最大化或选举概率最大化，往往需要大量的政治资金进行广告宣传、民意调查等活动，这样利益集团就通过提供政治捐助来直接影响政府决策。克鲁格认为，不同于增加社会财富的寻利行为，寻租活动不能增加社会商品和服务的价值，只是一种追逐私利的特殊形式，它造成了经济资源的浪费。此外，当寻租活动使政府承诺对任何进口竞争行业进行贸易保护时，技术落后和效率低下的企业将失去改进技术、提高质量、增强竞争力的内在动力，这不仅造成了消费者福利损失，而且导致行业或国家竞争力的系统性下降，这些构成了贸易保护社会成本的重要组成部分。

由此可见，保护贸易政策之所以替代经济上帕累托最优的自由贸易政策，是基于上述种种理论假设与现实存在很大的差距。经济市场的不完全竞争和政治市场的不完善是影响贸易政策选择的两大因素。经济市场的不完全竞争，使自由贸易政策不具备效率优势，从而不再是最佳选择；政治市场的不完善，是政治体系中特殊利益集团进行游说活动的动因，它使得贸易政策在现实中总是被利益集团的政治意图所左右，致使贸易政策产生的成本总是远远超过其带来的收益，由此人们对贸易理论的实践意义产生了怀疑。

二、选民对贸易政策的影响——基于多数票理论的分析

多数投票理论也称为中间投票人理论，它来源于理性选择。自从阿罗不可能性定理提出后，基于个人偏好的政策形成问题一直困扰着理论界。20 世纪 80 年代后，人们开始基于不同的政治框架来研究集体选择问题。经典的微观经济理论告诉我们，社会中每一个理性的个人都有自己的偏好，他的行为（消费选择）是他在收入约束下效用最大化的结果；由此实现的个人最大效用（间接效用函数）是个人特征变量（如个人收入、消费习惯等）和社会经济变量（如价格）的函数。但是，上述的个人效用最大化结果并没有考虑政府行为的影响。政府的政策会以种种形式影响经济系统参数（以价格表示），该参数的变化必然导致上述所说的个人间接效用的变化。政府的政策行为也是有约束的（最为典型的是政府预算约束），该约束是政策变量与经济体系参数的一种关系。将政府政策约束植入个人间接效用函数，个人间接效用就成为个人特征变量和政府政策变量的函数。显然，对于追求效用最大化的每一个人，都有使自己效用最大化的政策偏好，且该政策偏好是他本人个人特征变量的函数。这种从个人福利最大化和政府政策约束中得到的个人的政策偏好就是所谓的极大幸福点。

由于每个人的个人特征变量不同，每个人的政策偏好也不同，由此产生了不同选民的最优政策之间的冲突。政策的制定便成为在个人政策偏好基础上如何将政治行动变成均衡政策的问题。根据阿罗不可能性定理，在一定条件下，纯粹多数投票规则无法将不同的个人偏好加总为政策选择。如果要得到问题的解，只能对个人偏好或加总方法方面施加各种约束。通过个人偏好约束得到问题的解就是中间投票人理论的内容。个人偏好约束的常用形式是单峰偏好。单峰偏好指的是每个选民的效用在一维政策空间中都存在一个且只存在一个最大值，随着政策变量水平远离该最大值，该选民的效用水平单调递减。如果每个选民都具有单峰偏好，且选民数量是单数，稳定的均衡政策总是存在的，该均衡政策恰恰是中间选

民的最优政策选择。

只有中间投票人的最优效用对应的政策水平会稳定地得到超过半数以上选民的支持，故在单峰偏好假设下，按照简单多数投票规则肯定存在一个均衡政策。由于该均衡政策就是中间投票人最优选择下的政策水平，因此多数投票理论也被称为中间投票人理论。

多数投票理论（或称中间投票人理论）反映了政策形成中的大多数人的意志。Mayer（1984）较早地用该理论研究了贸易政策的内生性，Mitra 和 Dutt（2002）则对该理论在贸易政策中的应用给予检验，结果发现中间投票人的资本劳动比与社会平均资本劳动比的差距越大，资本丰裕国家的贸易壁垒越高，而劳动丰裕国家的贸易壁垒则越低。

多数投票理论不仅可以解释国内贸易政策的内生性，而且还可以解释国际贸易政策合作。任何一国的单边贸易政策都不仅仅局限于影响本国国内的经济参数并产生分配效应，同时还通过贸易条件、贸易流量等因素影响贸易伙伴国的经济参数和福利水平，因此极易引发伙伴国相应的贸易政策变动。因此，在现代贸易世界里，纯粹的单边贸易政策很难行得通，它的结果不是诱发贸易战，就是引起贸易政策合作。贸易战会造成两败俱伤，因此，理性的政府往往通过贸易政策合作获取双赢的结果，因此，在贸易联系日益密切的今天，贸易政策合作也就成为大势所趋。

一国在什么条件下才会参与贸易政策合作呢？传统贸易理论认为，各国通过操纵贸易条件以最大化本国福利的结果会造成世界福利损失。因此，在传统贸易政策合作理论中，减少或消除该效率损失就是双边（或多边）合作的动机（Bagwell and Staiger，2000）。与传统贸易合作理论不同，从多数投票理论角度来看，贸易政策的形成不是政府追求社会福利最大化的结果，而是选民在单峰偏好约束下投票选举的结果，反映的是以中间投票人为代表的多数选民的政策偏好。由于国内均衡政策水平恰好是中间投票人的政策选择水平，相对于单边贸易政策，贸易政策合作只有在增进本国中间投票人福利时，合作政策才能得到中间投票人的赞成，贸易政策合作才是可行的。然而，在一国可行的政策合作在伙伴国那里未必可行。如果政策合作以所有合作方的合作意愿为必要条件，那么该合作组织（或条约）存在的前提就是它能同时增进每一合作方中间投票人的福利（Levy，1997）。

如果将个人间接效用函数通过价格表示为他所在的经济体系中资本劳动比的函数，并且其效用水平在他的资本劳动比与社会资本劳动比相等的那一点取得最小值（因为从该点往右，中间投票人的资本劳动比低于社会资本劳动比，中间投票人表现为劳动要素相对丰裕），那么，社会资本劳动比越高，劳动密集产品的相对价格也越高，中间投票人的收入和效用水平越高（Stolper-Samuelson 定理）。同理，从中间投票人的资本劳动比与社会资本劳动比相等的那一点往左，中间投票人发生要素密集度逆转，由劳动相对丰裕转变为资本相对丰裕，社会资本劳动比越低，资本密集产品的相对价格水平越高，中间投票人的收入水平和效用水平越高。在封闭经济状态下，假定中间投票人是劳动相对丰裕的（社会资本劳动比高于自己的资本劳动比），由本国社会资本劳动比和社会效用水平确定的相对价格就决定了该中间投票人的保留效用水平。如果贸易政策合作使得合作经济体的资本劳动比高于本国封闭状态下的资本劳动比，作为劳动要素相对密集的中间投票人的收入和效用水平也会随之提高，中间投票人就会接受该合作。如果贸易政策合作使得合作经济体的资本劳动比低于本国封闭状态下的资本劳动比，中间投票人的收入和效用水平就会下降，他就会拒绝该合作。但是，与本国封闭状态相比，如果经济合作体的资本劳动比下降足够大，以至于超过该中间投票人的禀赋点，使中间投票人发生要素密集度逆转，并且中间投票人的收入和效用水平的提高能达到他在封闭状态下的保留效用水平，那么，该中间投票人又会接受贸易政策合作。可见，合作经济体的资本劳动比的高低是决定中间投票人拒绝还是接受该合作的关键因素：它在中间投票人禀赋点的某个邻域内形成一个拒绝域，该拒绝域两边分别是两个接受域。这一点同样适用于每一个潜在的合作伙伴国。

如果有两个贸易伙伴国要结成自由贸易区（以此代表贸易合作形式），那么，使得该贸易区成立的充分必要条件是自由贸易区的资本劳动比落在两国中间投票人的共同接受域之内。它要求：第一，两国中间投票人的拒绝域不能相交。理由很简单，因为自由贸易区的资本劳动比必然位于两国各自的资本劳动比之间，如果两国中间投票人的拒绝域相交，就意味着自由贸易区的资本劳动比使两国中间投票人的福利下降，没有一方会同意该贸易政策合作。第二，自由贸易区的资本劳动比不能落在任何一方的拒绝域内，因为自由贸易区的成立依赖于参与方的全体一致。当一个可行的双边自由贸易区扩展为多边时，多边一体化经济的资本劳动比对双方的影响有可能产生两种状态：（1）一方中间投票人受益但另一方受损；（2）双方中间投票人同时受益。第一种情形出现的条件是：相对于可行的双边自由贸易区，当吸收第三国加入后，多边（三边）一体化经济的资本劳动比落在处于两国封闭经济资本劳动比之间的双边自由贸易区接受域之内。这时，只要多边自由贸易区的资本劳动比不是恰好与双边自由贸易区相等，那么，多边合作必然使原来双边中的一方受益，另一方受损。如果是自由贸易区的初创，多边自由贸易区的受益国（中间投票人）考虑到受损国（中间投票人）的反对，他一开始就不会同意双边自由贸易区的成立。在此情形下，一个多边可行的自由贸易协定使得双边自由贸易协定变得不再可行。第二种情形发生在多边自由贸易区的资本劳动比位于两国中间投票人（左边或右边）同一方向的接受域内。在这样的区间内，两个国家中间投票人的福利在多边情形下都会高于各自的封闭状态下的福利水平，初创的多边自由贸易区一定是可行的。

三、选民对两国贸易关系的影响

国际贸易关系的政治经济学从国际关系的角度研究贸易政策的选择和变化，国际贸易实际上是一种反映国与国之间相互关系的形式和途径，因此各国的相互作用决定了贸易政策的选择和变化。在国际关系的政治经济学学术传统中，现实主义学派在很长时期内占据主导地位，它将国家作为分析单位，认为理性的国家追求自身利益最大化，即通过成本和收益分析，国家作出实现利益最大化的选择。现实主义学派强调国家政治与经济利益之间的关系，认为一国的贸易政策仅仅是一国对外政策的反映，制定贸易政策的动机在于提高国家竞争力以获取更大的经济、政治甚至意识形态上的利益。一国对外贸易政策的选择是由其在国际政治经济中的地位决定的，并随着其国际地位的变化而变化。一些实力强大的国家相对国际地位的变化导致国际贸易体制随之发生改变。这就是由金德尔伯格在1973年出版的《大萧条中的世界》一书中提出的霸权稳定理论。霸权稳定理论认为，一个居霸主或主宰地位的强国通过"控制原料、控制资本来源、控制市场并在价值极高商品的生产中具备竞争优势"而拥有了巨大的经济实力，从而可以对世界经济的正常运转发挥至关重要的作用。这个霸主国出于开明的个人主义和安全目标，必然要求并试图构筑自由开放的国际贸易体制，并且通过制裁、报复等手段来执行自由开放的经济规则。霸权国具备稳定和维护国际自由经济体系的能力，它向世界市场提供了自由贸易这种公共产品。

由于存在着"免费搭车"的问题，霸权国家往往在长时期内为提供该产品付出远远超出它应承担的费用，使其他国家从霸主国的"慷慨"中得到了经济上不同寻常的好处，一些国家的经济实力迅速增强。同时自由贸易也增进了世界各国的福利水平。霸权稳定理论能够在历史上找到佐证，即两次世界经济大发展均发生在有霸主国存在的情况下，一次是19世纪中期至20世纪初期的英国统治下的和平年代；另一次是二战后美国统治下的布雷顿森林体系时代。霸权稳定理论认为，一旦霸主国的经济地位下降，使其逐渐丧失了维持国际经济秩序的能力，便开始从自由贸易的立场后退，转而实行贸易保护主义。一个有力的历史佐证是，20世纪30年代的大萧条部分地是由于尚未成为世界霸主的美国未能握住昔日霸主英国交来的接力棒所致，这一时期主要工业化国家均实施"以邻为壑"的保护贸易政策。

在贸易政策实践中，从20世纪30年代中期直到80年代，美国和其他工业化国家已逐步取消了关税及其他一些非关税壁垒，但是按照前文中所分析的贸易政策的政治性，一国削减贸易壁垒在政治上怎能获得通过呢？赫莱尼尔等用国际谈判模型解释了这一事实。他们认为，为了消除那些可能会阻止采取自由贸易政策的政治障碍，通过一系列国际贸易谈判，可以将减少进口限制与促进出口联系起来，即让出口商参与并获得直接的好处，从而有助于扩大社会支持。这样经过谈判达成双边或多边贸易协议要比单方面削减关税容易，因为单方面实施减税会招致国内强烈的反对。另外，在"囚徒两难"的困境下，各国政府作出的最佳决策都是选择保护，这样势必爆发贸易战，使两国福利恶化。然而如果政府之间达成了贸易协定，则各自的行为必然受到约束，从而有助于避免贸易战的发生。第二次世界大战以来，在关税及贸易总协定（GATT）的组织下，举行了8轮以关税减让为核心的多边贸易谈判，达成一系列多边贸易协定，这些贸易协定实际上是各国相互间让步妥协的结果。谈判官员之所以在削减关税上作出让步，正是出于政治因素的考虑，来迎合与进口竞争的生产者集团。

贸易的政治经济学阐明了贸易保护率水平的行业特征：最终消费品等进口所占比例较大的行业、纺织业等就业人数多的行业和钢铁、汽车、半导体等寡头垄断行业易于获得较高的贸易保护率。贸易保护率水平的高低取决于不同行业的产出水平、进口需求弹性、进口渗透率以及他们是否有效地组织形成利益集团。产出水平越高，保护率越高，这是因为该行业在国民经济中占有更重要的政治地位。当利益集团组织性越强，进口需求弹性越小时，保护率就越高。对于有效组织起来的行业，进口渗透率越低，保护率就越高。利益集团人口比例越大的行业，贸易政策就越趋向于自由化。关于各个行业贸易保护水平的高低可以采用经济计量方法进行分析，这方面大量的研究文献验证了贸易保护政策的政治经济学理论。

第四节　议会对贸易政策的影响

一、议会对贸易政策影响的权力基础

本节我们主要以美国为例，分析议会对贸易政策的影响。在美国历史上，贸易政策一直占有重要地位。在整个 19 世纪，美国外交政策的一个基本内容就是为“新兴产业” 提供贸易保护主义。在 20 世纪 30 年代的经济大危机时期，美国是当时国际贸易战的始作俑者和主要参与者。在第二次世界大战之后推进建立全球自由贸易体制的过程中，美国扮演了发起人和全球规则制定者的关键角色，并在一段时间内实行了单方面的自由贸易政策。但是，在冷战后期，尤其是冷战结束以来，美国树起公平贸易的大旗，在双边贸易中大搞以贸易报复为核心内容的“单边主义”，从而对全球多边贸易体制的未来走向产生了复杂影响。

在现实生活中，美国的贸易政策主要由下面几个部分组成：（1）国会制定的贸易法和其他宏观立法中有关贸易的内容；（2）主管贸易事务的行政机构颁布的行政法规；（3）贸易法庭的裁决所确立的惯例；（4）与外国订立的贸易条约或行政协定，其中绝大部分是不须经过国会批准的行政协定，如美日关于日本汽车输美自动设限协定；（5）美国所参加的多边国际协定（如世界贸易组织或北美自由贸易协定）中的有关规则，这是因为这些国际贸易规则与美国的国内法息息相关，两者有强烈的互动性。事实上，由于美国的政治和贸易优势地位，国际贸易规则很大程度上是受美国影响的；而反过来争取世界经济的立法权也一直是美国政策所追求的重要目标。

贸易政策的决策权是国会与总统共享的，但是与其他外交决策相比，国会在贸易问题上的决策权具有更明确的宪法依据。美国宪法第一条第八款明确规定，国会有权“管制同外国的、各州之间的和同印第安部落的商业。这一条款还规定国会有征税的权力，其中包括征收关税的权力，征税权也是国会贸易权的重要来源和组成部分。相比之下，总统的贸易决策权不如国会那么清楚，其规定主要包括：宪法第二条第一款规定总统拥有行政的权力，贸易政策要由总统来执行；第二条第二款规定总统有与外国缔结条约的权力，与外国签订商务条约或贸易协定当然属于这一范畴。国会的全部宪法权力都可以用来干预外交决策，只不过“弹劾权和战争权”这两项一般用不上而已。具体情况如下：

（1）立法权。国会可以决定外贸机构的增减，可以通过针对某个贸易问题的法律。有些议员常常在别的法案中附加上涉及贸易事务的修正案。另外，议员可以争取在本院通过无法律效力的决议案，表达对某一贸易问题的意见，以影响舆论，向总统施加压力。

（2）财权。通过控制外交预算来影响政府的对外援助、对联合国的态度等外交活动。由于行政协议无须参议院批准，因此，国会对行政协议的监督主要是财政拨款监督。

（3）外贸管制权。由于宪法明确规定国会有权“管制与外国的通商、制定和征收关税”，因此，国会拥有明确而不可分割的贸易权力。这一点与安全问题很不一样。

（4）人事批准权。总统任命贸易官员须经参议院批准。

（5）条约批准权。宪法第二条规定，缔约权（含贸易条约）属于总统，但是同时又规定须经出席参议员 2/3 的批准。

（6）调查权。国会常常通过调查听证的方法对外交政策和贸易政策进行监督和干预。最引人注目的调查方式，是成立一个特别委员会专门调查某一种事情。

二、国会影响贸易政策的具体方式

国会影响美国贸易政策的方式，也就是国会如何利用自己手中握有的权力，确保贸易保护主义由一种思想演进为美国贸易政策所采取的措施。它主要利用下述渠道达到了以上目的：

（一）举行听证会或提出议案以实现国会贸易保护主义的主张

保护主义的听证会被认为是获取真相和事实及听取各方面意见的最佳途径。国会经常利用它来对贸易政策进行监督和干预，其首要目的是影响公众舆论或实际行动。筹备听证会的议员常常倾向于支持特定利益集团的观点，举行听证会之前似乎就对问题有了既定答案，被邀请作证的人员大部分与议员观点相通。2007 年 5 月 9 日，美国众议院筹款委员会贸易小组联合另外两个有关贸易的小组举行三方联合听证会，主题为“关于汇率操纵及其对美国商业和工人的影响”。但公布的听证会目的已预先设定了中国政府人为干涉货币汇率并对美国经济与就业产生了影响，这使得作证的人员不得不围绕这一结论加以证明。即使有反对者，这种异议的声音也得不到共鸣。主持此次会议的贸易小组主席莱文（Sander Levin）的保护主义立场广为人知，在听证会中，他认为目前的问题不在于美国是否需要对中日两国在汇率领域的干涉性政策采取行动，而在于应该采取何种形式的措施。这一听证会得出的结论显而易见。

同样，提出议案也是为了在国内制造舆论，向行政部门和相关外国政府施压，以达到贸易保护主义的目的。美国宪法规定，所有法案由国会自行提出，因此在形式上只有国会议员才有权提出议案。议员每年大约提案1万多条，至于它们能否成为法律，这并不是议员最为关心的问题，他们的目标是要向倡导贸易自由主义的行政部门发出信号。根据美国商务部的统计数据，2006年美国贸易逆差达到7 636亿美元，其中，对华贸易逆差约占三分之一。民主党控制的国会（110届）就此不断展开提案活动，仅在2007年1月就提出关于中美贸易的议案达8个之多，内容主要涉及人民币汇率、中国廉价产品的制造环境以及政府补贴等，这对美、中两国政府形成了强大的压力。美国政府对华贸易政策日趋强硬：2007年2月，美国就中国的补贴政策向世贸组织提出磋商申请；3月，美国政府改变了23年来两党一致的对非市场经济体不征收反补贴税的政策，决定对来自中国的铜版纸适用反补贴；4月宣布将中国的知识产权以及出版物市场准入两个问题诉诸WTO争端解决机制。中国也作出了政策调整：3月，取消了向本国大型出口商提供的优惠可达10%的银行贷款利率政策，宣布放松进口规则，以缩小贸易顺差；4月，国家保护知识产权办公室公布2007年中国保护知识产权行动计划6，中国商务部取消了83个税号钢材的出口退税，并将其余税号钢材的退税率从8%下调至5%；5月，中国宣布自5月21日起人民币兑美元交易价浮动幅度扩大至5‰。

（二）通过立法直接实现国会贸易保护主义的主张

立法是宪法明文规定的国会最基本的权力之一。通常，国会在贸易法案中直接规定有关贸易保护主义的条款。这包括反补贴条款、反倾销条款、例外条款、危险点条款、301条款以及调整性援助等。根据1897年的丁利关税法（Dingley Tariff Act of 1897），美国财政部长如果发现外国政府用“补助金或拨款”补贴出口，便可以征收反补贴关税。1921年反倾销法（Anti-Dumping Act of 1921）要求，如果外国卖主被发现以低于其国内市场的价格向美国市场出口，美国则可以采取相同的措施。《1934年互惠贸易协定法》（The Reciprocal Trade Agreement Act of 1934）设立了“例外条款”，其目的是要把美国竞争力弱的商品排除在关税减让之外；1948年的贸易修正案加入了“危险点条款”，主要是为了阻止有损于美国国内市场的外国商品进口。《1962年的扩大贸易法》（The Trade Expansion Act of 1962）增加了“调整性援助”，当进口商品使美国国内生产受到严重损害时，美国政府对此类企业提供资金援助，促使他们调整生产，加强竞争能力。《1974年贸易改革法》中的301条款授权美国贸易代表对损害美国知识产权等的国家进行监管。这样，美国国内受到贸易冲击的企业和个人可以依据法律获得保护。目前，针对中国的贸易保护主义措施主要是301条款以及反倾销。中国连年被锁定为“301条款”的监管对象。自2001年至2007年3月，美国对中国实行了31起反倾销，针对中国的反倾销措施已占美国案件总数的25%。

（三）通过修正案实现国会贸易保护主义的主张

修正案就是对一项法案、决议或提案提出修改建议。这主要包括两类：一类是国会对成文法的修改。随着美国贸易状况的改变，无论是国会还是行政部门均认为已有法规不能解决现有的贸易问题，贸易政策执行部门的裁决往往找不到法理依据，导致贸易伙伴的不断申诉。在上述2007年3月30日的反补贴事件中，美国商务部就面临着法理难题：早在20世纪80年代，美国法律就确定了反补贴法不适用于来自非市场经济体国家。对此，国会议员多坚持对美国《1930年关税法》中第701部分第1条第1款加以修改，在“国家”后加入“包括非市场经济国家”，在第771部分第5条第5款E下加入针对中国的反补贴计算方法。

另一类修正案是国会对已经提出的议案进行修改，这是该项提案成为法律必经的程序过程。一项统计说明，在美国众议院最后通过的议案中，25%附有修正案，而参议院的这项比重则高达80%。以2000年对华永久正常贸易关系提案为例，最终众议院通过的条款被附加上保护性条款，参议院的表决亦是如此。因此，经由修正案，国会使贸易保护主义合法化，保护了狭隘的美国产业利益。

以上阐述了国会影响美国贸易保护主义的主要方式。另外，国会还有其他方式，如财权、对条约的建议权、对外交人员任命的批准权等等，都可以发挥作用，使政府制定的贸易政策含有贸易保护主义的主张。施莱辛格（A. M. Schlesinger）曾感叹道：如果某个部门主义迎合国会的要求，那么它就更容易得到授权。

三、当前美国国会对贸易政策影响的特征

当前在国际背景变化的同时，美国国内的变化也很显著。其中，对贸易体制有影响的主要是如下三方面：

第一，国会结构更加松散，参加贸易决策的委员会数量增加。原来国会主管贸易政策的委员会主要是众院筹款委员会和参院财政委员会。但是，在20世纪六七十年代，由于受到反战运动、民权运动的冲击，美国政治开始改革。其中，在称为“民主研究同盟”（Demo-ratic Study Group）的那些民主党众议员领导下，国会众议院首先进行了改革。原来由南方民主党资深议员把持的各重要委员会，其权力被分配到小组委员会，法案的协调日益困难。在贸易政策上，国会内部事权分散，更多的议员开始利用贸易政策讨好选民。加上前面提到贸易谈判的重点已经转移到非关税贸易壁垒，而非关税壁垒涉及面广泛，于是相关委员会都有正当理由干预贸易政策。在小组委员会层面，这种多方卷入的情况就更复杂了。结果，出现了不少跨委员会的议员团体，如钢铁议员团（Steel Caucus）、纺织议员团（Textile Caucus）、蘑菇议员团（Mushroom Caucus）等等。

第二，利益集团对决策的干预加深。20世纪60年代后期以来，利益集团的数量和活动范围大幅度增加。这里的原因首先与选举制度有关。1968年以后，

在总统和国会议员选举中已普遍实行了党内预选，这增加了公众参与的机会，也给利益集团影响选举和政策以更大的空间。其次，在70年代的国会改革中，除了委员会结构改革，还包括国会决策透明化、公开化。当时国会订立了不少阳光规则（sunshine rules），不仅允许公众参加听证会，而且可以旁听听证会之后的法案细则拟定程序，这使利益集团可以更仔细地监督议员的行为。另外，议员助手和国会辅助机构的增加，使得游说议员助手成为利益集团游说工作中的重要方面。还有，就利益集团与行政部门的关系而言，由于参与贸易决策的行政部门越来越多，除了美国贸易代表办公室，还有国务院、商业部、财政部、劳工部、能源部和农业部等，这就增加了利益集团的游说管道。最后，自70年代以来，在各个政策领域逐渐形成了专业化的关系网。这种关系网由国会议员或助手、行政机构官员和利益集团的专家共同组成。这些专业人士长期相互来往，形成了相近的观点或价值取向，他们的职位也常常互换。这种关系可以大大提高利益集团的游说效率。

第三，政党在贸易政策上的立场转变。从19世纪一直到1945年第二次世界大战结束，美国两党在贸易政策上的分野是比较明显的：共和党支持高关税，赞成贸易保护；民主党则支持低关税，赞成自由贸易。这是因为，共和党的政治基础是工业化的东北部和中西部各州，它们要求用保护主义手段抵御外部（主要是欧洲）工业产品的竞争，而民主党的政治基地主要是南部纺织品出口州和中西部农业州，它们有很大的出口利益，因此倾向于自由贸易。但是，战后美国工业拥有了强大的出口优势，共和党开始摆向自由贸易。相反，由于纺织品等劳动密集产业出口优势消失，再加上工会对制造业工作机会转移海外不满，民主党日益倾向保护主义。到了1984年审议贸易法时，由于美国贸易逆差剧增，两党议员的保护主义情绪都在增强，党与党之间差异缩小。当然，今天的美国几乎无人自称是“保护主义者”，也确实没有人想回到1930年以前的保护状态。他们的基本倾向是在享受自由贸易利益的同时，通过一定的保护措施来获得更大的相对利益。

第五节　行业协会对贸易政策的影响

一、行业协会的规模与作用

行业协会在贸易政策的制定过程中起着非常重要的作用，它把分散的生产者或消费者组织起来，阐明自己在某些贸易政策上的立场。在美国历次执行贸易保护主义措施过程中，美国的各种行业协会都起到了重要作用。美国是世界上行业协会发展迅速的国家之一。据2000年《美国统计摘要》记载，2000年全美已有非营利性质的各类行业协会组织 22 434 个，其中贸易、工商业协会组织 3 815 个，农业协会组织 1 113 个，科技、工程类专业协会有 1 332 个。绝大部分美国企业都参加协会组织，有的甚至参加不同类型的几个协会。行业协会把企业从不同角度联系起来，在各行各业起到协调、服务的作用。随着职能的扩展，它们在社会经济中占据越来越重要的地位，美国新贸易保护主义的强化，就同各类行业协会的活动密切相关，它们的角色和作用如下：

1. 充当申诉代表，发起“不公平贸易”调查。在美国，行业协会密切围绕本行业企业和生产商的利益服务，当成员遭受进口商品的不良冲击时，协会组织就会出面向政府有关部门请求进行“不公平贸易”损害调查并采取相应的产业保护措施。

2. 进行院外游说，影响贸易政策制定。美国宪法授权国会征收关税和贸易立法，而参众两院则由代表全美不同地区和不同利益集团的议员组成。行业协会作为众多利益集团中的一支主力队伍，为维护本行业的利益，会积极同立法和政府机构接触，通过直接游说、法院诉讼、影响选举甚至是抗议示威的方法对贸易政策的制定施加影响。一旦面临产业损害的威胁，它们就竭力促成贸易保护法案通过。早在中国“入世”之前美国对华最惠国待遇的问题上，以不同行业协会为代表的利益集团就曾激烈地对抗过，其中美国纺织品制造商协会、美国商业与产业协会等劳动密集型行业协会组织站在反方阵营中，大力反对无条件给予中国最惠国待遇。布什总统宣布对进口钢铁加征关税，随后又签署新法案对农业进行补贴，很大程度上是有关利益集团施加压力的结果。

3. 制定标准，设置贸易技术壁垒。贸易技术壁垒是美国重要的贸易保护手段。尽管《贸易技术壁垒协议》要求各成员使用国际标准或以国际标准作为本国技术法规的基础，但还是允许若干例外，即当“这些标准或其相应部分对成员止当目标无效或不适用”时。

4. 提供多种服务，帮助本国企业开拓国际市场。美国现行的贸易政策除了保护国内市场，还要积极促进本国产品出口，配合这一目的，行业协会也发挥了重要作用。美国行业协会主要职能之一是提供信息服务，各行业协会大都有相当健全的信息渠道，能提供市场、技术、社会和政治情报等多种信息，其中以市场信息为主。

二、行业协会的贸易保护机制分析

美国行业协会之所以能在贸易保护中发挥作用，一方面是由于对 WTO 规则的充分利用；另一方面则是对 WTO 条款管辖范围的规避；此外，还和美国独特的政治体制以及现行贸易政策重心的转移有关。

第一，WTO 管辖的多边协议倡导成员降低贸易壁垒，逐步推进贸易自由化；同时为了使各国政府同意签署这些将会大量减少贸易保护的协议，WTO 和现存的其他国际贸易协议或安排一样，规定了保障措施条款。该条款准许成员方政府在特定情况下撤销或者停止履行协议规定的正常义务，以保护某种更为重要的利益，这就为各成员提供了在有必要时违背特定自由化承诺的途径，包括对“不公平贸易行为”（如倾销和补贴）采取措施及WTO一般义务的永久例外。美国在这一正当规定之下让各类行业协会充分行使行业代言人的职能，密切关注并随时向政府汇报有关进口产品造成国内产业损害的情况，政府便能及时发起“不公平贸易”调查或采取“紧急保障措施”。这实际上是充分利用了WTO规则来保护国内相关行业的利益。

第二，美国现行的“公平贸易政策”相比以往来说，将重心从单纯强调市场保护转向提倡公平、互惠与机会均等的贸易，即在欢迎范围广泛的商品和贸易伙伴进入美国市场的同时，也要让美国商品全面进入国外市场，因而在政策取向上更加偏重于鼓励和扩大本国商品出口，这为行业协会充分发挥行业服务职能提供了广阔的空间。在国家政策的引导下，行业协会进一步明确了促进本行业繁荣兴旺的宗旨，承担起信息服务、市场开拓、产品推广等多项责任，这相当于是对国家的促进出口战略提供了民间支持。

第三，作为GATT的创始缔约国和WTO的发起国，美国为参与多边贸易体系确实对国内相关法律进行了修订，按照WTO的要求从政府角度作出了许多贸易承诺和让步，如削减关税，取消数量性限制等。但在市场准入问题上，却借助国内行业协会制定的各种标准，以“行规”的形式将市场严加把守，而WTO规则并不能对此进行约束。原因在于，美国的行业协会一般是相关企业自愿组织成立的团体，从法律性质上讲属私法人，相应地由这些私法人制定颁发的主要用于规范和约束本行业内成员行为的“行规”属于私法范畴；而WTO规则是成员政府间的承诺和协定，一般被认为属于国际公法，所以无法触及也不能干预私法领域的规定。正如霍克曼和考斯泰基在评价《贸易技术壁垒协议》时指出的：“标准协议的一个不足之处是，有关对工业行会建立的自产品标准的措辞在许多地方属于希望的性质，这反映出WTO只约束政府行为的事实，私人企业超越了其管理权限。”这实际上是通过规避WTO条款的管辖实施贸易保护。

三、中国如何发挥行业协会在国际贸易中的作用

在当前世界经济走弱，国际经济环境趋于严峻的形势下，美国的贸易保护行为不仅损害了贸易伙伴的利益，而且产生了极其不良的示范效应，很多国家纷纷效仿美国采取相应措施保护国内市场。目前中国已成为新贸易保护主义的直接受害者。现阶段中国行业协会虽然在数量上已初具规模，但由于体制原因，尚未形成完善的运作机制，而且职能也十分有限。我们应该充分借鉴美国的经验，加快行业协会建设，在入世后的新环境下充分发挥行业协会的保护作用。

1. 加快政府职能转变，向行业协会下放权力。中国加入世贸组织客观上提出了转变政府职能的要求，即政府要放开对企业的直接行政管制，政府和企业之间的沟通主要通过行业协会来进行。所以政府不应再继续包办可由行业协会来完成的事务，而应该把相应的权力下放给行业协会，使行业协会真正成为市场沟通

协调、监督管理、服务维权的主角，真正成为沟通政府和企业的桥梁纽带。

2. 运用行业协会的“维权”职能，发挥其在反倾销应诉和申诉中的作用。目前中国正经受着外国反倾销调查和国内市场遭某些外国产品倾销的双重损害，但中国企业相对比较分散，单个企业的力量十分薄弱，很难独自承担反倾销应诉和申诉的维权工作，以前就经常出现因中国企业应诉不积极而遭到外国反倾销制裁和申诉不及时致使产业损害扩大的情况。借鉴美国的做法，我们要让相关行业协会作为同行企业的代表在反倾销应诉和申诉工作中发挥作用，以强化其维护行业权益的职能。

3. 加快相关立法，为中国行业协会的建立和运作提供法律依据。中国至今还没有一部规范行业协会组织和行为的专门法律，政府对行业协会的监督管理也缺少应有的法律规范，这在很大程度上造成了中国行业协会法律地位不明确，职能权限狭窄，不能像美国的行业协会那样充分发挥行业保护作用。因此必须加快这方面的立法，以规范中国行业协会的组织行为，维护其合法权益。

第六节 利益集团对国际贸易的影响

一、利益集团的界定

根据国际贸易理论，实行自由贸易能够最有效地实现资源配置，而贸易保护主义的代价则是明显的。在新古典经济学中，往往假设，一国本着追求社会福利最大化为宗旨设置关税水平，那么在一个不存在国内资源配置扭曲的开放小国，所谓的“最优关税”便是零关税，关税的存在只会背离政府的初衷。然而，现实果真如理论所言吗？

当今世界，许多国家为保护本国工业而提高关税水平，即便加入 WTO，仍然变相地通过手段灵活、多种多样的非关税壁垒，限制他国商品的流入。贸易保护主义仍长期存在，并不断发展。国际贸易理论对这种现象作出种种解释，包括最优关税论、收入再分配论、保护幼稚产业论、战略性贸易政策理论等等，但并没有为贸易保护政策提供一个坚实的理论基础，而且也缺乏经验证据支持。这种与新古典经济学精神相悖的贸易政策，在二三十年前，由于没有一套完整成型的经济理论，往往被认为是在政治环境的黑箱操作中所决定，经济分析对此的解释力十分有限。然而，现在越来越多的经济学家已逐渐意识到，贸易政策的选择其实来源于经济与政治因素的相互作用，关税实为政治经济体系中的内生产物。

事实上，贸易政策的制定与实施并非完全是经济考虑的结果，政治因素可能会产生重要的甚至是决定性的影响。国际政治经济学综合运用公共选择、利益集团等理论，将利益集团、政党等行为主体纳入了国际经济学的分析框架，探讨了贸易保护政策产生的国内政治因素。

在该体系中，利益集团被认为扮演了重要角色。早在20世纪30年代，谢茨施耐德（E. E. Schattschneider，1892—1971）便在《政治学、压力和关税》这部著作中，强调了利益集团在1929—1930年美国关税法案的修订中所产生的影响。进入20世纪五六十年代，随着公共选择理论的产生，利益集团对贸易政策影响的经济分析逐步发展完善。越来越多的研究表明，由于政府与公众、个人与集体之间存在着利益分歧，利益集团便可以以众多方式向政府决策者施加政治影响与压力，贸易政策实为利益集团游说政府的结果（Tullock Gordon，1967）。

对于利益集团影响贸易政策的途径、方式以及政府的决策过程，经济学家有着各自不同的理解与假设，并且围绕这些假设，发展出一系列理论模型，揭示了利益集团对贸易政策的影响力以及最终贸易政策取向。

利益集团又称压力集团、院外集团。一般说来，它是“为某种共同的利益的冲动所驱使而联合起来的一些公民”（诺曼·杰·奥恩斯坦等，1981）。据笔者的理解，利益集团可以定义为，具有特殊利益要求或政治主张，为了维护自己的利益或主张而以压力方式影响政策、法律的制定、修订和实施的社会团体。

美国的政治可以称为利益集团政治，早在立国之初，美国的利益集团就引起了有识之士的普遍关注。在美国，利益集团名目繁多，政治活动的各个方面都要受到利益集团的影响。其中，既有正式的也有非正式的，既有静态的交叉重叠又有动态的分化组合，而且还处在不断的发展变化之中。按照不同的标准，美国的利益集团可以作不同的分类，最广泛使用的分类标准是利益集团的活动目标。按照利益集团活动目标的性质，美国的利益集团可以分为两大类：以维护成员经济福利为主要目标的利益集团和以维护成员非经济利益为主要目标的利益集团。需要说明的是，上述各不同领域的利益集团内部往往又包括众多数目不等、规模较小、共同利益更加密切的利益群体。在各领域的利益集团中，工商业利益集团一直是一支影响巨大的力量，它对美国政治，尤其是立法活动，具有相当的影响力，是白宫和国会的主要游说者。由于代表了广大公众的共同利益，一些公共利益集团近年来也有明显的发展，力量正在逐步壮大。

二、利益集团影响贸易政策的机制

（一）公共政策的制定过程

美国公共政策的制定过程与其政治体制密切相关，从总体上讲，可分为以下几个阶段：

1. 提上议程

美国政府需要处理的事情千头万绪，想使某个问题得到重视，被提上议程，并非易事，这里既要有实际的需要，也要有政治的因素。

2. 形成政策

这又涉及许多具体的步骤。首先，有关部门或人士要收集各种相关的资料及信息，并送到分析专家及决策者手中；然后，形成若干不同的建议，由支持和反对这些具体建议的人和利益团体在决策者面前陈述自己的观点，最常见的方式就是国会举办的各种公开听证会；最后，由决策者选择最佳方案。根据宪法的规定，很多重大问题，总统个人还不能说了算，必须由国会投票使其“合法化”。

3. 执行政策

由于涉及不同的政府部门，许多政策需要部门之间的协调，甚至成立部门之间的协调委员会，涉及外交政策时，还需要国家之间的协调。同时，在政策的执行过程中，也会出现很多争议。为此，要有机构对它们作出仲裁。

4. 评估政策

一个政策得以贯彻执行，并非意味着政策过程的结束，还必须对该政策的执行情况进行监控、评估，以确认该政策是否取得了预期的效果，需要做哪些调整。在传统的公共政策研究领域，学者们一般都将研究的重点放在公共政策的形成过程上，似乎只要正确地制定了公共政策，执行就会自然而然地使政策结果与政策目标相一致，其实不然。由于多种因素的影响，公共政策执行的结果往往会偏离预定的目标，甚至是背道而驰。

(二) 利益集团左右美国公共政策的活动方式

当一个利益集团确定了自己的要求后，就要把这种特殊的要求传达到政策中心，对公共政策的制定过程施加影响。“利益集团对决策的影响取决于它们的经济实力、规模、团结程度、目标的单一性、组织和领导等因素，然而，集团总是在一定的政治和政府环境中运作的。上述这些因素正是通过与这一环境的联系和相互作用而使利益集团获得实际的权力。”(James Burns，J. W. Peltason and Thomas E. Cronin，1984) 为达到目的，利益集团采取的活动方式多种多样。一些学者分析了利益集团表达利益和对决策施加影响的策略，并把这些策略分为合法性的接近渠道和强制性的接近渠道两类，每类又有多种活动方式；还有一些学者把利益集团的活动方式概括为两种战略及十四种策略。所谓战略，是指利益集团在某种政策上所采取的合作计划，而策略则是指实现这种计划的具体做法。利益集团所采取的战略，既可能是“内部”的，也可能是“外部”的，或者把“内部”和“外部”的战略结合起来。

三、美国贸易政策的演变及其利益集团的作用

自北美独立战争结束以来，美国的对外贸易政策大致经历了五个阶段，其中，保护主义始终贯穿于美国的对外贸易政策之中。第一阶段，对外贸易政策由混乱迈向成熟稳定（1783—1812 年）；第二阶段，贸易保护政策与自由贸易政策交替存在（1812—1861 年）；第三阶段，贸易保护政策占主导、自由贸易政策间或出现（1861—1934 年）；第四阶段，自由贸易政策占主导、贸易保护政策相伴相随（1934—1974 年）；第五阶段，贸易保护政策的复归（1974 年至今）。纵观美国的对外贸易政策，20 世纪 80 年代以来，发生了两次重大的转变。一是从战后鼓吹“多边自由贸易”转向 20 世纪七八十年代的“自由与公平贸易”，强调双边主义

和单边主义；二是从 80 年代“自由与公平贸易”转向 90 年代的“公平贸易”，采用强硬的进攻性政策。

考察美国贸易政策的嬗变，至少可以得出这样一个结论：在不同的历史时期，美国对外贸易政策表现出来的侧重点有所不同。随着政治形势的变化、各利益集团彼此间实力的消长，在适当的时候，自由贸易政策和保护贸易政策都能表现出各自的优势，同时，又体现出自由之中有保护、保护之中有自由的突出特点。这对于正确理解利益集团与美国贸易政策之间的互动关系不无裨益。美国的立法部门、行政部门和利益集团构成了影响贸易政策制定的主要力量。在贸易政策制定过程中，这三种力量的不同角色使美国的贸易政策制定具有突出保护性、鼓励参与性、强调制衡性和追求灵活性等特点。无论是总统还是国会，都不敢忽视选民的要求。选民对总统和国会来说，不是分散的个人，而是形成了一定势力的利益集团。一般说来，虽然消费者能够从支持自由贸易中获得巨大的社会福利，但是，由于存在着“免费搭车”的现象，以及在某一具体贸易问题中个人利害关系较小，故而不能使他们很好地组织起来。相反，少数商业集团却能够因集中的既得利益而有效地进行游说活动，这便是所谓的“集体行动逻辑”。保护贸易的中坚力量包括与进口竞争的厂商（典型代表是纺织服装行业、钢铁行业）、依赖国内市场的中小企业、工会（如美国汽车工人联合会）和部分法学界人士（如国际环境法中心）。公众的态度因作为消费者和雇员的双重身份以及个人的理念差异而具有一定的矛盾性。但是，民意测验表明，公众通常更倾向于保护贸易和对贸易伙伴采取贸易制裁措施，特别是在经济衰退和贸易逆差剧增的时期。近年来，“美国消费者协会”也的确是站在反自由贸易立场上的。特定的利益集团自我组织起来，在“什么或哪个是好的贸易政策”的论辩中，扮演着不可替代的角色。事实上，每一个大的公司、农场主、进口商、出口商、消费集团等都在华盛顿有常设机构。游说者们尽其所能去使贸易政策的制定者和普通民众相信他们的特定诉求是与整个国家的利益相辅相成的。出口和进口利益集团的各方在政治行动委员会和劳联—产联（AFL – CIO）中的政治角逐和利益交换决定了国会最终的投票格局。通过到华盛顿游说来获得国会通过贸易保护法案，这些贸易保护法案对总统的自由贸易主张会起到很大的牵制作用。

四、利益集团对贸易政策的影响——一个政治经济学的分析框架

依据赫克歇尔—俄林定理（H – O 定理），一国会出口其资源密集型的产品、进口资源稀缺型的产品。作为上述进出口偏好的结果，富余要素生产者会在贸易增长中受益，而要素稀缺者则会受损。在其他条件相同的情况下，一国的富余要素所有者会要求政府避免冲突的产生和升级，但是，稀缺要素所有者的想法很可能与此不同。基于上述分析，罗纳德·罗戈斯基（Ronald Rogowski，2003）认为，国家类型不同（分为发达国家和发展中国家），不同利益集团对贸易增长的反应也不同。在发达国家，资本所有者倾向于自由化的贸易增长，但是，劳动力或土地所有者则希望政府采用贸易保护政策以限制贸易增长；发展中国家与此相反。

他进一步认为，无论是发达国家，还是发展中国家，贸易增长会对同一种要素的所有者产生相同的影响。因此，相同要素所有者具有相同的贸易政策偏好。不同要素所有者的集合构成了不同的利益集团。“要素—阶级”可以成为不同贸易联盟的划分依据。这种划分法虽然有着相当的解释力，但是，它要有一个必需的前提，即要求各种要素可以完全自由流动。在此前提下，不论各要素存在于哪个部门，相同要素所有者都会获得相同的收益变化。但实际上，生产要素通常与使用它们的具体经济部门发生联系，在大多数情况下，也很难从一个部门转移至另一个部门，这就产生了“专有要素”（Specific Factors）问题。考虑到专有要素的存在，所以不能完全以要素为标准划分不同的利益集团，而应细化至以行业为界限研究贸易增长对不同利益集团的影响以及利益集团的相关反应。由于贸易增长，投入出口行业的专用要素会获得不断增长的回报，而那些投入与进口品竞争行业的专用要素则会蒙受损失。在此情况下，即使同一要素的使用者内部成员之间，也会因为要素专有性的不同而遭遇不同的结果。为此，应该以行业作为利益集团划线的标准。至少从短期来看，“行业”分析法要比“要素—阶级”分析法更能解释美国不同利益集团的构成及游说行为。

史蒂文·马吉（Steven Magee，1987）曾指出，行业模式通常描绘了冷战后美国贸易游说的特征。在日益开放和复杂的国际贸易中，实际的贸易增长对国内利益集团的收益影响可能会更为具体，即只发生在特定的企业而不是更广泛的部门或行业之间。海伦·米尔纳（Helen V. Milner，1988）的研究表明，那些最少依赖出口和多国化经营的企业往往通过要求贸易保护以回应进口商品的竞争；那些出口较多但没有多国化经营的企业对待贸易增长的政治游说偏好会阵营分化，有些倾向贸易保护，而另一些希望自由贸易；出口和多国化两方面都更为国际化的企业则偏向贸易自由和增长。

五、如何扬长避短地发挥利益集团在贸易中的作用

中国正在从单一性社会向多样性社会转型。在社会转型过程中，一个令人瞩目的现象是：整个社会的利益结构发生了分化与重组，原有的利益格局被打破，新的利益群体和利益阶层逐步形成，并组合成特定的“利益集团”。然而，在贸易决策和贸易谈判中，仍然没有形成制度化的正规渠道。在政策制定过程中，中美两国的利益集团发挥了不同程度的作用。就影响力而言，美国的利益集团是巨大的；而在中国，实际上，相当大部分的利益集团并没有起到应有的作用。必须承认，对贸易政策研究的探究过程，颇有为美国“量身定制”的感觉，尤其是“利益集团”理论，为分析美国贸易政策的主导因素提供了坚实的科学依据。不难发现，美国的贸易政策具有典型的“寡头政治”特征。决策者之间的政治冲突、需要与交易决定了美国贸易政策的制定要屈从于少数利益集团。所以，笔者把利益集团纳入了贸易和冲突的分析框架，着重探讨了利益集团对美国贸易政策嬗变的影响。一方面，作为经济政策的组成部分，贸易政策必须依据变化了的贸易环境不断地加以调整。从上文的分析中可以看出，美国利益集团给我国产品出

口造成的消极影响会成为未来决定中国贸易政策走向的一个主要因素。另一方面，对华贸易取得的巨额收益使美国出现了一批拥护和支持减少贸易摩擦的利益集团。在很大程度上，因为它们的游说，紧要关头，美国政府的对华政策便会出现弱化的迹象，避免了两国之间的严重冲突。机电产品、纺织类产品和高技术产品是中国对美出口的主要产品，也是当前中美贸易摩擦最为集中的领域。而在这三类产品的出口中，大部分又是以美资为首的三资企业的出口为主。为此，中国政府应积极发挥在华美资企业的作用，充分挖掘它们对美国政策的影响力。

案例分析

美国钢铁工业保护政策

材料一：钢铁工业保护背离了关税设计规则

在现代经济中，一国征收进口关税的主要目的之一是保护国内产业。保护国内产业的效率则由有效保护率来衡量。根据有效保护率理论，国内产品所受到的有效保护与关税结构具有直接的关系，若中间投入品的名义税率不等于最终商品的名义税率，则会使最终商品所受到的有效保护与名义保护发生背离。进口中间投入品的名义税率与最终商品的名义税率相比越小，则最终商品受到的有效保护越大；相反，如果进口中间投入品的名义税率大于最终商品的名义税率，则最终商品所受到的有效保护将小于名义保护，甚至可能为负。因此，通过关税结构的合理安排，可以在扩大贸易自由化的同时，使目标制成品行业受到的有效保护程度增加。

Balassa（1965）、Hecht（1997）等学者通过统计分析发现，发达国家与发展中国家均已逐步形成了“原材料—中间投入品或半制成品—最终制成品”，由上游产业到下游产业，逐级递增的梯形关税结构。“梯形结构”也被认为能够有效保护本国市场和产业，而应成为各国在设计关税结构时所应遵循的准则（Corden，1966）。

然而，现实中却存在着诸多例外，有的国家对国内某些产业链的保护并未采取理想的梯形结构，甚至反其道而行之。由 WTO 公布的 Trade Policy Review 2004 显示，欧盟在木制品、造纸、碱性金属等产业上的保护力度便呈“倒梯形”；而日本则在制药、动物饲料等产业上，对中间产品的保护超过了最终制成品，真正严格符合梯形关税结构的只有食品制造、工业化学制品以及橡胶制造产业。而最突出的例子，则是美国为保护国内钢铁业于 2002 年 3 月 5 日动用了 201 条款，宣布此后三年，美国 10 种钢铁产品的进口关税将从当前的 8% 提高到 30%。此举使得钢材消费产业的有效保护率大打折扣，严重背离了逐级递增的梯形关税结构。

——以上资料部分摘编自刘海云、吴韧强《关税结构的政治经济学解释》，《经济学季刊》，2007 年，第七卷第 1 期。

材料二：钢铁工业保护案例背后的各方博弈

在美国的经济学家看来，贸易政策的最终制订明显是国内各利益集团争夺的政治产物。以美国对钢铁产业的保护为例，尽管有钢铁产品消费商联盟的反对，但是20多年来美国的钢铁产业在争取贸易保护方面是十分成功的。例如，1969年签订的钢铁“自愿限制协议”，80年代的钢铁产品的启动价格机制，在1998至2002期间，已经有148个对钢铁和钢铁相关产品进行反倾销（AD）和反补贴税（CAD）的调查。截止到2003年7月，有134个反倾销和35个反补贴税调查是关于钢铁相关产品的。

美国钢铁产业成功地获得保护贸易政策的关键在于，钢铁生产商、钢铁工人工会以及“钢铁城”的国会议员的紧密团结。直到1989年，钢铁产品消费商才成立了美国钢铁消费产业联合会，并开始有效地运作，抵制钢铁产品保护的扩张。因此自1989年以来，钢铁产品的配额没有约束，而且在1993年以后的反倾销诉讼中，钢铁产业也很少获得成功。但是在2002年，美国总统布什却对钢铁产品启动了201条款，实施了保障措施。美国20多年对于钢铁产业的政策取向，完全由这些利益集团的争夺所左右。

对钢铁产业进行保护的最常被引用的理由就是保护就业。钢铁生产商和钢铁产业工会认为：由于廉价的进口钢铁产品，而且是不公平的外国竞争使得美国钢铁企业被迫停产、关闭工厂、甚至破产，致使大量钢铁工人失业。1974年美国钢铁工人的就业人数是512 000人，而1992年下降到140 000人。问题的关键还在于，这些钢铁企业大多集中在美国的中西部州，这些州在政治上却是游移不定的。1974年的51万就业人口，确实能够在美国的选举中起到一个举足轻重的作用。为了达到其贸易政策目标，钢铁产业联合会及钢铁工人工会几乎通过所有可能的途径来限制外国钢铁产品进入美国市场。这些手段包括：施加压力迫使国会提供直接的法律救济；游说政府机构签订多边钢铁部门协议；最重要的是根据贸易救济法提出成百上千的诉讼。因此，很长时期，美国的钢铁贸易政策在很大程度上取决于“钢铁三角”，也就是钢铁生产商、钢铁工人工会和钢铁城的国会议员构成的联盟。

随着1989年美国的钢铁消费产业联合会的成立，以及美国钢铁产业地位、就业人数的下降，90年代针对钢铁产业的保护政策就不如前20年那么明显。钢铁产品消费产业联合会提出：美国政府应该考虑的是高工资的、高效益的钢铁消费产业的工人就业，还是牺牲这些更有竞争力的产业就业去获得在钢铁产业低工资、低效益的就业岗位。因为钢铁工人人数下降，钢铁工人的选票对政治家们的吸引力下降。钢铁产业在美国经济中的地位为高技术产业所取代，或者可以说，钢铁产业与钢铁消费产业给美国经济增长带来了不同的影响，再加上90年代的钢铁企业与70年代的不同，有些中小型的钢铁企业的技术和管理水平极高，因此产业内部的团结力量也不如以前。因此，美国政府对钢铁产业的保护意愿也就不那么强烈。直到小布什总统就职后的2001年，钢铁产业因为支持小布什总统而得到获得政府提供保护的承诺。

阅读与思考：

（1）试查阅美国钢铁工业协会的相关信息。

（2）请尝试运用本章讲述的内容，分析选民、行业协会、议会等行为主体在美国钢铁保护政策问题上的作用。

（3）Grossman and Helpman（1994）的“Protection for Sale”（国内译为“保护待售”）是解释这一问题的经典文献，感兴趣的同学可以参阅这篇文章。

本章小结

国际贸易不仅仅是经济领域内的问题，还牵涉到贸易政策制定等政治问题。了解政治因素参与经济活动的过程，具体地要了解：（1）为什么单纯的经济学分析不能完全解释国际贸易问题？（2）影响国际贸易政策制定的主体有哪些？（3）各种行为主体影响贸易政策的渠道是什么。

关 键 词

国际贸易政策　利益集团　行业协会　保护待售

思 考 题

1. 为什么单纯的经济学模型解释贸易问题时会存在不足？
2. 美国行业协会的规模有多大？对贸易政策的影响机制有哪些？
3. 利益集团是通过什么渠道影响贸易政策制定的？

第十章

国际投资政治经济分析

第一节　国际投资理论

一、对外直接投资

1. 定义

对外直接投资是国家间各种资源流动中的一种。在许多场合下，它既是长期资本的来源，又是技术与其他专业知识的一种来源。国际经济学通常把国际直接投资定义为：对一家大部分股权为投资国居民所拥有的外国企业提供贷款和购买其股权的各种资金流动。而按照日本一桥大学著名学者小岛清的说法：所谓直接投资不单纯是资产的经营，而是伴有经营权即企业经营上的控制权（ownership），即以参加企业经营管理为目的，取得外国现有企业的股份；或将现有企业收买、合并过来，在国外建立新的完全属于自己的子公司（即 100% 控股）；或建立合办法人，并持有其股份，取得开办事业活动所需要的实物资产，伴随有参加经营因素的长期贷款（如跨国公司总公司对其国外子公司的贷款）等。

美国商务部于 1956 年规定，如果某外国公司完全受美国公司控制，或某外国公司 50% 以上的股份被一群无组织的美国人所拥有，或某外国公司 25% 以上的股份由一个美国人（或法人）所拥有，则美国人对该公司的投资就属于外国直接投资。

美国经济学家彼得·林德特（Peter H. Lindert）指出：直接投资和有价证券（非直接）投资的区别集中于控制权的问题上。“只要投资企业拥有接受投资的企业 10% 以上的股份，那么，无论是新购股权还是单纯贷款，都构成直接投资。”

从上述定义我们可以看出以下几方面特征：

首先，直接投资不是单纯的资本外流，而是资本、技术、经营管理知识的综合体由投资国的特定产业部门向东道国的特定产业部门的转移。它是一种伴有经营权的长期资本的流动。国际企业为了取得经营控制权，必须掌握东道国企业一定量的股份。但实际上，要确切界定直接投资法定应掌握的股权比例是比较困难的。例如，在有的情况下，仅仅掌握 10% 的股份就能控制经营权。但在另一种情况下，即使掌握了49%的股份，但如果余下的51%为一方所独占，投资企业还是不能获得经营权，所以拥有多少股份才能享有经营权，要根据实际情况来决定。

其次，投资者要对国外子公司具有实际的控制权，除了资金的直接投入外，还包括注入管理技能、商业秘密、技术、商标使用权以及有关发展市场的各种指导等。正如小岛清所指出的："从经济学的角度说，所谓对外直接投资应该理解为向接受投资的国家传播资本、经营能力、技术知识的经营资源综合体(package)。这里所说的经营资源是指在经营企业中发挥各种能力的主体，从表面看来是以经营者为核心的，更实质地说，是指经营管理上的知识和经验，包括专利、技术、秘密以及市场调查方法等广泛的技术性的专门知识，销售、采购原料、筹措资金等在市场上的地位，以及商标或信用、情报收集、研究开发等的组织。"应该指出，在实际操作中，直接投资在很大程度上不只是一种资本流动。在许多情况下，它在开始时甚至可能根本就没有什么资本净流动发生。有时，母公司完全依靠在东道国借取的创办企业的金融资本，然后再加上它的商标、经营原则以及较少属于有形资产的其他一些资产。获利以后，企业就通过内部利润的再投资和新借入的资金求得发展，同时还把一部分利润返回给母公司。最终，母公司就会积累起一笔数额庞大的股份资本。如此操作的原因在于跨国企业担心政治风险，害怕国外子公司被没收。这种做法类似于外汇市场上的套期保值，以借资保资的方式来对外进行直接投资。企业用在东道国的借款来与其在该国的大部分有形资产相匹配，把这些有形资产充作这些借款的抵押品。一旦子公司被没收，国际企业可以免除债务来抵消其在那个国家的部分或全部资产损失，而母公司的技术、市场秘密以及管理技能等一般不会被没收。母公司对其国外的子公司的投资之所以越来越集中在较能移动的资产，特别是集中在无形资产上，其主要动机就是保值。

综上所述，对外直接投资（Foreign Direct Investment）是指外国投资者以控制企业经营管理为核心，以获取利润为目的在国外创立一个永久性企业的投资行为。其典型的形势，一是在国外创办分公司及子公司，二是在东道国取得对一家现有的厂商企业的控制权。所谓"永久性"是相对的，投资者可以按照自己经营的意图决定企业经营的期限，少则几年，多则20—30年，甚至50年以上。

跨国公司进行国外直接投资最大的特点是投资者对海外企业拥有控制权。所谓"控制权"是指投资者对所投资的企业持有一定的股份，因而能够行使投票表决权并在经营管理中享有发言权。直接投资所进行的是直接的"股权投资"，投资的目的是为了取得所投企业的经营管理权。

在国外直接投资的两种典型形式中，新建比收购难度大。新建（Green Field）是指从无到有建立新企业或新工厂，形成新的生产设施，具有新的生产能力。收购（Acquisition）是指一公司收购另一公司的股权或资产，从而达到接管另一公司的目的。收购通常又有两种形式。一是吸收兼并，即一家或几家公司统一并入一家续存公司（Surviving Company）。二是创新合并（Consolidation），即参与合并的公司全部消失，组建一家新的公司，新公司拥有各参与公司的全部资产，并承担其全部责任和债务。这种收购业务常见的方式有两种。一种叫公开收购，即 TOB（Take Over Bid），是指大公司按高于股票市场的价格收购对方公司有表决权的股份。由于这种收购方法手续简便，因而在收购过程中被广泛使用。另一种叫杠杆收购，即 LBO（Leverage Buy Out），是指先由大公司设立一家虚拟公司，然后由该公司出面向银行借款，或自行发行债券。前一种做法，该虚拟公司自行发行债券，从社会上筹集所需的资金。跨国公司采用 LBO 方式的好处在于不需亲自出面收购别的公司，并可以避免短期内发生大量负债而引起股东对公司经营状况的不满。

在对外直接投资的政策管理和统计中，有些国家把拥有 10% 以上的股权视为直接投资，也有些国家把拥有 25% 以上的股份资本视为直接投资，因此，国际上尚没有一个统一的判别直接投资最低股份的标准。

从资本移动形式来考察，国外直接投资已不是单纯货币资本的移动，而是货币、技术、设备、企管知识和经验等要素的一揽子转移和组合。在当今经济全球化趋势日益加强的情况下，越来越多的国家把它看做是发展经济和开展技术合作的一种重要形式，因而更加重视它在世界经济中的地位和作用。

2. 对外直接投资的模式

就投资动机来看，对外直接投资有自然资源导向型、市场导向型、劳动力导向型、战略导向型等几种具体形式：

（1）自然资源导向型投资（Resources Oriented Investment）是指企业为了保障自然资源的供应、克服某些资源投入的不足，在全球范围内寻找资源。这种资源寻求型的投资，一则可以对资源供给的量和质进行有效的控制，二则能够有效减少市场竞争中价格波动的危险。

（2）市场导向型投资（Market Oriented Investment）是指企业为了扩大产品在世界市场上的销售规模而进行的跨国资本投放。具体做法是企业将产品制造过程中的某些环节转移到产品的销售市场进行就地加工组装、就地销售。这样做有利于绕过关税壁垒和非关税措施，降低生产成本，增加竞争能力，扩大市场份额。

（3）劳动力导向型投资（Labor Force Oriented Investment）是指企业以寻求劳动力、降低生产成本、提高效益、增加利润为目的的跨国资本投放。以工业发达国家为基地的跨国公司工资成本相对昂贵，而发展中国家人力资源丰富且工资成本低，生产场地的转移有利于降低成本、增加利润。

（4）战略导向型投资（Strategy Oriented Investment）是指大企业着眼于全球竞争力而进行的投资。这种因战略因素所冒的投资风险，可能会使预期经济效益最终成为泡影。因此，其决策应是慎之又慎，其决策过程从战略到财务各个环节应周密计算，以防万一。这是短期利益和长远利益的对立统一，也是上述模式的综合和升华。

3. 与对外间接投资异同

对外直接投资包括货币资本、技术、设备、管理技能和企业家声誉等无形资产，对外间接投资则只包括货币资本。对外直接投资不涉及资产的所有权变更，即这种投资是在企业内部进行的跨越国界的投资，而对外间接投资是在市场上进行的跨越国界的投资，资产的所有权在市场交易的同时在买方和卖方之间易手。对外直接投资其目的是获得对外投资企业经营管理的控制权，对外间接投资的目的则是获取金融资产收益。另外，在企业的资产负债表中，对外直接投资属于在厂房、设备或其他有形资产和无形资产上的投资；对外间接投资则列入企业持有的有价证券项目。

4. 对外直接投资的动因与条件

企业为什么要进行对外直接投资？这种动因包括获取生产资源、开拓新市场、提高效率，以及为了逃避母国政府的管制等。

（1）获取生产资源

以比母国更低的成本在国外获取生产资源，是企业进行对外直接投资的最初动因之一，目的是保证原材料供应，并增强企业在现有市场中的竞争优势，从而获得更多利润。企业期望在国外获取的生产资源大体上分三类：一是自然资源，二是廉价劳动力资源，三是技术和管理技能。

以获取自然资源为目的的跨国公司，多数以生产中间产品为主的企业。这类企业可能来自发达国家或自然资源匮乏的发展中国家。它们在国外投资建厂，以保证国内生产所需的矿石、能源、农产品和其他原材料。例如，汽车轮胎生产企业在国外建设橡胶种植园，石油公司在中东地区投资勘探和开发石油。有的企业进行对外直接投资，是为利用只局限于东道国当地的资源，如旅游、汽车租赁、建筑、医疗和教育服务等。

以获取廉价劳动力资源为目的的跨国公司，基本上是劳动力成本较高的发达国家的企业。这类企业在劳动力成本低的发展中国家或新兴工业化国家投资，建立劳动密集型生产基地，生产的中间产品或最终产品出口到母国或其他国家。东道国通常设自由贸易区或免税区，吸引这类投资。母国有时也会对跨国公司从其国外子公司进口的产品减免关税。不过，随着东道国经济发展，劳动力成本趋于提高，跨国公司需要把生产向劳动力成本更低的国家转移。因此，只要东道国经济发展较快，这种以获取廉价劳动力为目的的直接投资，不可能长期在一国维持下去。

以获取技术和管理技能为目的的跨国公司，主要是发展中国家或新兴工业化国家中的企业。直接投资流向美国和欧洲经济发达国家的高新技术产业。例如，韩国、印度的一些企业通过合作联盟的形式在经济发达国家设立分公司，提高自己的技术能力和管理水平。

（2）开拓新市场

以开拓市场为目的的对外直接投资，是指在东道国设立生产性子公司，为当地市场或邻近国家市场提供产品或服务。在多数情况下，企业已经通过出口形势将产品打入东道国市场，只是因为东道国关税或运输成本提高，企业才放弃出口，转向当地生产。东道国市场发展到一定规模并具有良好发展前景，是跨国公司进行这类直接投资的前提。

以开拓新市场为目的的许多跨国公司，把国外子公司看作独立发展的生产单位，而不是跨国经营活动整体中的一个有机组成部分。因而，这些国外子公司趋于根据当地市场情况独立制定决策或发展规划。到80年代末，跨国公司的这类对外直接投资占世界对外直接投资的比重达45%，其中30%投向发展中国家。

（3）提高效率

跨国公司为提高效率进行对外直接投资，目的是利用各国在生产要素、文化、经济体制、政府政策等方面的差异，在全球范围内合理配置资源，从而获得规模经济、范围经济或分散风险所产生的效益。从事这类对外直接投资的企业，通常是具有丰富国际经验的大型跨国公司。效率的提高则产生于产品的专业化跨国生产。这要求跨国公司的产品和生产过程具有很高的标准化程度，并能在国际市场上得到广泛认同。实际上，达到这些标准的公司即是前文所提的全球公司。

（4）其他动机

跨国公司进行对外直接投资，有时出于其他一些动机，如逃避性投资、辅助性投资和被动性投资。

逃避性对外直接投资，是指跨国公司为了逃避母国政府的管制或法规而将生产设施通过直接投资方式转移到其他国家。发达国家跨国公司把容易对环境产生污染的企业转移到发展中国家，就属于这类投资。这类对外直接投资多数来自于政府对经济活动干预较多的国家，并集中在受到研究管制的行业。

辅助性对外直接投资，是指跨国公司为了促进或支持其他经营活动而进行的投资。通过这类投资建立的国外附属机构通常不以营利为目的，而是为了保证公司其他经营活动的顺利开展。多数辅助性对外直接投资与国际贸易有关。例如，在国外建立批发、零售和市场营销网点，以促进产品的出口。另一类辅助性对外直接投资是在世界不同地区建立区域性总部，负责管理和协调区域内子公司的生产经营活动，以及负责沟通与母公司之间的关系。

被动性对外直接投资，是指跨国公司在其他国家通过直接投资获得企业股份或资产经营权，但是不积极参与管理。被动性对外直接投资大体上分为两类。一类是专门从事买卖企业的大型集团公司，以获取资本收益为目的在国外进行的直接投资。另一类是小型企业或个人在国外房地产上的投资。

5. 对外直接投资的前提条件

跨国公司进行对外直接投资还需要具备一些前提条件。

首先，跨国公司要具备能够与东道国当地的竞争对手抗衡的竞争优势。优势主要表现在资本、技术、专门知识、管理技能、市场营销技巧以及生产、广告或新产品研制中达到的规模经济等方面。

其次，跨国公司必须具备能够有效协调国外子公司生产经营活动的组织能力。一个企业拥有专门知识、技术或规模经济优势，并不能保证对外直接投资的成功。企业可以通过出售技术许可证或出口商品发挥这些优势。如果企业通过对外直接投资发挥这些优势的作用，则必须建立有效的组织系统作为保证。

最后，东道国能够提供一些有利条件，吸引跨国公司的直接投资。例如，许多发展中国家政府为了吸引国外直接投资，制定优惠政策，改善投资环境，建立保税区和经济特区等等。

二、对外直接投资的理论解释

1. 垄断优势理论

垄断优势理论也称特定优势论，是产业组织理论在跨国公司和直接投资领域应用研究的结果，是关于跨国公司凭借其特定的垄断优势从事国外直接投资的一种跨国公司理论。

20 世纪 60 年代初，美国学者海默（S. H. Hymer）在他的博士论文“国内企业的国际经营：对外直接投资的研究”（International Operations of National Firms: A Study of Direct Foreign Investment）中首次提出了垄断优势论。在其论文中，海默研究了 1914—1956 年美国对外投资的资料，发现 1914 年前美国几乎没有对外证券投资，直到 20 世纪二三十年代开始出现对外证券投资。二战后，美国对外投资迅速增加，但对外证券投资发展却异常缓慢。海默得出对外直接投资与对外证券投资有着不同行为表现的结论，并以垄断优势论加以解释。20 世纪 70 年代，由海默的导师查尔斯·金德尔伯格（Charles P. Kindleberger）对该理论进行了补充和完善，从而形成了跨国公司理论的基础——垄断优势论。该理论同时又被称作“海默—金德尔伯格传统”（H - K Tradition），它代替了“赫克歇尔—俄林模型”（H - O Model），成为研究对外直接投资最早最有影响的基础理论。

垄断优势论是在批判传统国际资本流动理论的基础上形成的。传统的解释国际资本流动理论，即要素禀赋论，假定：各国的产品和生产要素市场是完全竞争的；各国生产要素的边际产出或价格由各国生产要素禀赋的相对差异决定；资本从资本供给丰裕而利率低的国家流向资本供给稀缺而利率高的国家；国际资本流动的根本原因在于各国利率的差异；对外投资的主要目标是追求高利率。海默根据美国商务部关于直接投资与间接投资的区分准则，实证分析了美国 1914—1956 年对外投资的有关资料，指出：由于现实的市场是不完全竞争的市场，面对统一市场的各国企业之间存在着竞争，若实行集中经营，则可使其他企业难以进入市场，从而形成一定的垄断，这样既可获得垄断利润，又可减少由于竞争而造成的损失，因此，跨国公司实际上是一个垄断者，或寡占者。

海默认为，跨国公司垄断优势是外部市场不完全的结果。其中市场的不完全性主要体现在以下四个方面：① 产品和生产要素市场的不完全；② 规模经济导致的市场不完全；③ 政府干预经济而导致的市场不完全；④ 由于关税及其他税赋导致的市场不完全。

海默认为，传统的国际资本流动理论，能够说明证券资本的国际流动，但它不能解释二战后发达国家企业对外直接投资以及与投资相联系的企业技术和管理才能的转移。他具体研究了美国企业的对外直接投资行为，发现这些企业主要分布在资本相对密集、集约程度高、技术先进、规模经济明显的一些部门，这些部门又都是垄断程度较高的部门。海默因此提出，一个企业或公司之所以对外直接投资，是因为它有比当地同类企业或公司有利的特定优势。这种“企业特定优势”（Firm-specific Advantage），即企业国际化经营的垄断优势，拥有这种优势比在当地生产能够赚取更多的利润。

海默的垄断优势理论认为跨国公司的垄断优势主要存在于以下方面：① 技术优势；② 先进的管理经验；③ 雄厚的资金实力；④ 信息优势；⑤ 国际声望；⑥ 销售渠道优势；⑦ 规模经济优势。

垄断优势理论还试图解释美国企业选择直接投资，而不依赖出口和许可证交易方式以充分利用其垄断优势的原因。海默认为，美国企业从事直接投资的原因，一是东道国关税壁垒阻碍企业通过出口扩大市场，因此企业必须以直接投资方式绕过关税壁垒，维持并扩大市场；二是技术等资产不能像其他商品那样通过销售获得全部收益，而直接投资可以保证企业对国外运营及技术运用的控制，因此可以获得技术资产的全部收益。通过研究，海默还发现，美国企业海外直接投资以独资经营为主要形式。

2. 产品生命周期理论

早在20世纪30年代，美国经济学家、诺贝尔经济学奖获得者西蒙·库兹涅茨（Simon Kuznets）和阿瑟·伯恩斯（Arther F. Burns）就曾指出，各种工业产品一般都会经历一种有规律的发展周期，即开发期、成长期、成熟期和衰退期四个阶段。

产品生命周期原是市场营销学中的概念，1966 年美国哈佛大学教授雷蒙德·维农在“产品周期中的国际投资和国际贸易”（International Investment and International Trade in the Product Cycle）一文中，将产品生命周期理论运用于分析国际直接投资活动，并先后于 1971 年、1974 年和 1979 年多次阐述和补充其理论。由于雷蒙德·维农是从产品生命周期的不同阶段来阐述跨国公司对外直接投资活动的，故他的理论被称为国际直接投资的产品生命周期理论（Product Life Cycle Theory）。

雷蒙德·维农认为，垄断优势理论无法彻底说明大型跨国公司为何必须采取建立海外子公司的方式占领市场，而不是通过产品出口或出售技术专利以达到获利的目的。雷蒙德·维农运用营销学的学说来揭示它的理论，营销学中的产品生命周期是指产品从进入市场到退出市场有一个由弱而盛、再由盛而衰的过程，经历产品创新、成熟与标准化三个阶段。

第一阶段是产品创新阶段。任何产品的初始创新方向都会受到市场消费需求的引导，而消费者的需求偏好和其对产品的选择则会由于收入的高低而产生不同的层次。维农的研究是从他所在的美国市场这个发达国家的代表作为创新国开始的。他认为，由于美国的人均收入高以及相应的劳动成本高，所以美国市场对产品创新进行引导时要求企业积极研制节约劳动并能满足高收入消费偏好的高档消费品和资本、技术密集型产品，这样才能发挥具有美国特色的比较优势。作为产品的创新过程，美国在产品的生产上占有优势，在此阶段，新的创造发明刚从试验转入商业应用，技术还不完善，产品还不定性。在这种情况下，产品生产只能集中在国内，国外市场的需求主要是通过出口方式得到满足。雷蒙德·维农在研究新产品出现在什么样的国家时指出，研制新产品需要有技术优势和资金优势，发达国家具备这种优势，因而新产品往往是在发达国家首先出现，这也决定了今后的国际投资流向是由发达国家向不发达国家投资这一主流趋势。

第二阶段是产品成熟阶段。市场对该产品的需求量急剧增加，产品的技术已趋完善，产品已经定型，消费者有条件对不同品牌、型号的同类产品进行比较，因此对降低成本的要求十分迫切。此时，这种产品的国外市场需求量增大，逐渐有大量出口，但同时有关原材料供应、运输以及其他问题的出现，还有进口国的贸易壁垒以及当地竞争者仿制产品的出现，使创新的生产企业要通过出口维持和扩大其国外利益变得越来越困难。当产品的边际生产成本与边际运输成本之和大于在国外生产的平均成本时，对企业最有力地选择是，把新增加的生产转移到国外，以节约总成本。因此，他们必须对外投资（投资地区一般是收入水平和技术水平与母国相似的地区）并设立子公司，进行就地生产，一边维持和扩大出口市场，保障其利益。

第三阶段是产品的标准化阶段。在此阶段，产品和技术都完全标准化，公司的技术优势已消失，随着竞争的加剧，成本和价格问题变得十分突出。为了保持竞争优势，同时为了降低成本，占领当地市场，创新企业开始将产品的生产转移到劳动力价格更低的劳动密集地区，跨国公司在此阶段的投资流向主要是发展中国家。

在上述产品的整个生命周期中，跨国公司在外建立子公司是发生在第二阶段（在其他发达国家）和第三阶段（在发展中国家），见图 10－1。按照这种理论，到国外建立子公司的跨国公司一般都拥有技术和产品的垄断优势。这种优势是当地企业所没有的，或许也不能在市场上买到。他们对外投资建立子公司的目的就是为了维持其垄断优势，并充分利用当地优势，以在国外谋取最大化利润。

产品生命周期理论的核心是国际直接投资企业拥有不发达国家厂商所没有的产品和工艺上的特有优势。那么，为何发达国家企业就有条件拥有这样的优势呢？按照雷蒙德·维农的观点，发达国家有产生和推进新产品、新工艺的客观市场基础、需求基础和资源基础。

3. 内部化理论

内部化理论（The Theory of Internalization）又称市场内部化理论，是当代西方比较流行的关于对外直接投资的一般理论。该理论是由英国里丁大学学者巴克利（Peter J. Buckley）和同事卡森（Mark C. Casson）在 1976 年合著的《跨国公司的未来》一书中提出的。1981 年，加拿大学者拉格曼（Alan Rugman）出版的《跨国公司的内幕：国际市场的经济学》一书，进一步发展了内部化理论。所谓内部化，是指把市场建立在公司内部的过程，以内部市场取代原来的外部市场，公司内部的转移价格起着润滑内部的作用，使内部市场像外部市场一样有效地发挥作用。内部化的思想来自科斯的交易成本学说，是当代西方较为流行、较有影响的一般理论。

该理论建立在三个假设的基础上：（1）企业在不完全市场上从事经营的目

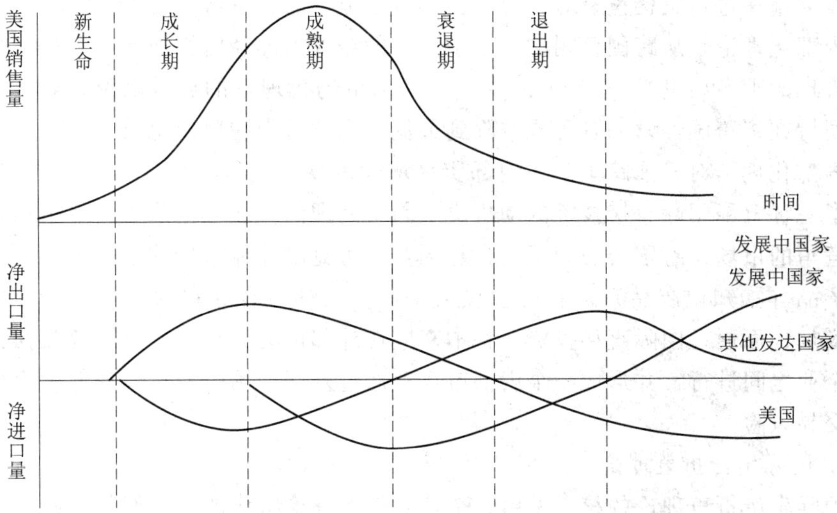

图 10－1 产品生命周期与国际贸易

的是追求利润的最大化。（2）当生产要素特别是中间产品的市场不完全时，企业就有可能统一管理经营活动，以内部市场取代外部市场。（3）内部化超过国界时就产生了跨国公司。

巴克利在《跨国公司的未来》一书中指出：影响企业交易成本从而导致市场内部化的因素有四个，即产业特定因素、区域因素、国家因素和企业因素。

产业特定因素是指由产品特性差异所出现的市场交易故障使企业走向内部市场化，该因素与产品性质有关，主要取决于中间产品的特性和结构。这里的中间产品主要是指技术、信息、商誉等。这些产品要实现其专有权的价值，会因市场不完全而遇到困难。例如，买方对专有技术缺乏认识，因而不愿出合理的价格，要向买方证明其作用并确信其价值，就必须使买方有较多的了解，但这类产品本身要求严格保密，故不如进行纵向一体化，在内部加以充分利用。

区域因素则主要是指由于地理位置、社会心理以及文化等差异所造成的外部市场交易故障使得公司走向内部市场化。

国家因素是指由于东道国的政治、经济、法律等制度上的差异所出现的市场交易障碍使得企业走向内部市场化。

企业因素则是指由于企业组织结构、管理经验、控制和协调能力的差异所出现的市场交易障碍而导致企业内部化。如在母公司下设若干子公司，消除母、子公司之间组织管理水平上的差异，以减少外部市场剧烈变化给公司带来的不利影响。

总之，在市场不完全、市场交易出现故障且交易成本不断增加的情况下，企业只能采取内部市场取代外部市场的办法来控制企业内的资源配置和商品分配，这时对外直接投资的跨国公司便出现了。

由于跨国公司内部市场的存在，它们在研究开发、规模经济上占有优势，在绕过贸易壁垒进行直接投资时，要比国内或东道国的竞争对手更胜一筹。

内部化理论是从跨国公司的充足条件，即企业内部经营管理（主要是从财务成本管理的观点出发），来研究跨国公司内部市场化理论的。可以说，它是对跨国公司旨在将跨国经营的各种成本降到最低限度的行为的理论说明。

内部化理论对目前跨国公司内部贸易增长的现象进行了深入细致的研究后，提出了一种解释国际直接投资的动机决定因素的理论。该理论认为世界市场是不完全竞争的市场，跨国公司为了其自身利益，为克服外部市场的某些失灵，以及某些产品（如知识产品）的特殊性质或垄断势力的存在导致的企业市场交易成本的增加，而通过国际直接投资，将本来应在外部市场交易的业务转变为在公司所属企业之间进行，并形成一个内部市场。通过外部市场内部化，降低了交易成本和交易风险。

4. 国际生产折衷理论

国际生产折衷理论的核心是由三个核心优势理论组成的，它们是：源自各种特有优势理论、海默垄断优势理论的所有权优势（Ownership Advantage）；源自巴克利、卡森等内部化理论的内部化优势（Internalization Advantage）以及源自较系统的区位经济学理论、戈登直接投资区位选择理论的区位优势（Location Advantage）。

邓宁在《国际生产与跨国企业》中指出：企业要发展成为跨国公司，应具备三个优势，即厂商优势（所有权优势）、内部化优势、区位优势，这三种优势（简称为 OIL 优势）必须同时齐备，缺一不可。如果缺少其中一两个优势，企业就不会进行对外直接投资，而选择商品出口或特许权转让的方式；如果仅有厂商优势和内部化优势，而无区位优势，则意味着缺乏有利的投资场所，只能将有关优势在国内加以利用，进行生产，予以出口；如果没有内部化优势和区位优势，仅存在厂商优势，包括无形资产优势，则企业难以内部利用，只得转让给外国企业。

邓宁认为，决定对外直接投资的三项因素之间是相互关联、紧密联系的。用公式表示就是：国际直接投资 = 所有权优势 + 内部化优势 + 区位优势。该理论把是否完全具备三个优势同企业选择参与国际经营活动的三种形式有机地结合在一起，还总结了各行业跨国公司建立和发展的原则，并指出各行业的跨国公司在具体内容和表现形式上是不同的。

厂商优势（所有权优势）解释的是企业为什么能对外直接投资；区位优势则是指东道国要素禀赋优势以及东道国政府的鼓励或限制，要素禀赋包括自然资源、人力资源和市场容量等，区位优势说明的是跨国公司对外直接投资的选址及其国际生产布局；内部化优势在于避免外部市场的不完全对企业产生的不利影响，实现资源的最优配置，并使垄断优势得以充分发挥。

跨国公司既然拥有厂商优势、区位优势和内部化优势，下面需要进一步说明的是，为什么它拥有这些优势？各类跨国公司所拥有的为什么又是各不相同？邓宁认为："从根本上说，这是由不流动的国际资源分布不同导致的，是由各国特有的生产和市场环境所决定的。国际资源要素禀赋不同是解释大多数已开发资源为目的的对外直接投资的基础。如果再把东道国贸易壁垒、关税和税收优惠与限制等政府政策这些非市场因素考虑在内，它又可以解释进口替代型的对外直接投资。这样，既可解释南北之间、南南之间、东西方之间的国际贸易和对外直接投资根源，同时还可解释发展中国家早期的对外直接投资。”因此我们说，国际资源分布理论是跨国公司国际生产的一个重要基础理论。

但国际资源分布不同并不是跨国公司组织国际生产的唯一原因。如果世界上存在最终产品和中间产品的完全市场，那么只需要国际贸易就行了，而没有必要存在国际生产。但是，事实上，那些从事多项经济活动，不只在国内从事生产也在国外从事生产的跨国公司，它们的生产经营活动并不是通过外部市场来交易，而是通过公司内部转让来实现的。这是因为国际市场存在“市场缺陷”即不完全竞争，跨国公司利用自己的内部市场机制来代替它，其目的就是要避开市场缺陷。这一理论就是市场缺陷理论，它是跨国公司国际生产的又一重要理论。

因此，可以归纳出，企业进行对外直接投资，必须具备三种优势，即所有权优势、内部化优势和区位优势。

表 10－1　　企业跨国经营三种模式比较

经营方式	所有权优势	内部化优势	区位优势
对外直接投资	√	√	√
出口	√	√（×）	×
技术转移	√	×	×

第二节　跨国公司

一、定义

在英文文献中，有关跨国公司的名称多种多样，其中最常见的有四种：国际公司（International Corporation）、多国公司（Multinational Corporation）、全球公司（Global Corporation）、跨国公司（Transnational Corporation）。不同的名称虽然都表示从事跨国经营活动的企业，但其内涵却存在较大差别。这种差别产生于跨国公司在不同发展阶段上的演变历史，以及不同类型的企业跨国经营战略。

既然跨国公司有多种不同名称，那么对它有不同定义也就不足为怪了。下面按照不同标准简述一些较为重要或具有代表意义的定义。

1. 结构性标准

（1）跨国公司是在两个或两个以上国家从事经营活动的企业，包括私营企业和国有企业。这个定义强调企业跨国经营的地理区域和活动范围。

（2）跨国公司是在不同国家拥有多个工厂或多个经营单位的企业。这个定义强调以对外直接投资为基础的跨国经营管理。

（3）跨国公司指其股份所有权归多个国家居民或企业所有的公司。这个定义强调所有权的多国性。如果一个企业实现跨国生产经营，但所有权完全归属于一国的居民，则不能被称作跨国公司。至于一国企业拥有另一国企业多大比例的股份才算是跨国公司，不同国家有不同标准。

2. 经营业绩标准

（1）跨国公司在国外的经营业绩，如销售额、利润、雇员人数或资产额，所占比例应该在25%以上。也有专家选择了不同的比例标准。这个定义强调国外生产经营活动的范围和成效。对于不同行业中的企业，选择不同经济指标衡量，得到的结果往往不同。

（2）跨国公司是从事大量对外直接投资，并有效控制和管理国外资产的公司。根据这种定义，拥有国外企业股份但不介入日常管理活动的公司不能称作跨国公司。

3. 跨国程度

英国著名跨国公司研究专家邓宁也曾提出衡量跨国公司的标准，这些标准包括：企业拥有或控制的国外子公司的规模和数量；企业从事增值活动所在的国家的数量（这类增值活动包括采矿种植、销售、银行、宾馆等等）；在企业总资产、收入或职工人数中，国外子公司所占比重；企业的管理或股份国际化程度；企业的高附加值活动，如研究与开发等的国际化程度（这种标准可以衡量企业在国外生产的“质量”或“深化程度”）；企业因管理或为协调分散于不同国家的经营活动而建立的组织优势的形式和程度。

目前，被广泛采用的一种简易方法是构造跨国指数来衡量企业的跨国经营程度。跨国指数通常是三个比率指标的平均数，这三个比率指标是：国外资产/总资产、国外总销售额/总销售额、国外雇员/雇员总数。

二、跨国公司的特征

跨国公司与生产经营活动全部局限于一国的国内企业相比，具有许多不同之处，这些不同之处可以从他们各自所处的政治、社会和经济环境中体现出来。这也决定了跨国公司在经营战略、组织结构、财务结算等方面与国内公司有明显区别，这些区别形成了跨国公司的主要特征。

1. 风险承受能力强

跨国公司的生产经营活动除了要经受来自母国的经营风险外，还要面对国际经营环境中可能出现的各种风险，包括政治风险，如东道国政治体制差异、政治局势不稳定以及政府政策变化等；财务风险，如汇率变化、通货膨胀、经济衰退或国际收支恶化而引起的进出口限制导致的企业损失；法律风险，如司法制度差异、税收的歧视待遇、双重课税等；其他风险，如文化差异、社会对私人财产和公司义务的态度等。因此，跨国公司必须具备很强的风险承受能力，才能在国际环境中获得成功。

2. 竞争战略灵活多样

在国际市场上竞争，跨国公司必须针对不同东道国市场上不同竞争对手的特点制定竞争战略。在战略制定过程中，既要考虑对东道国经营环境差异的适应性，又要考虑低成本材料来源和全球性规模经济效率；既要考虑全球性竞争条件，又要考虑在一个东道国采取的战略行动可能在其他东道国中产生的影响；既要考虑公司总部需要通过一体化领导对分散于世界各国的经济活动进行统一协调，又必须考虑各国外子公司为了对当地市场需求作出灵活及时反应需要的自主权。因此，跨国公司竞争战略的制定和实施要比国内企业复杂得多，其面临的许多挑战以及必须考虑的许多选择和因素是国内企业制定的实施竞争战略过程涉及不到的。

3. 财务核算复杂、难度大

首先是用于核算的货币种类较多。纯国内企业只采用本国货币交易，币种单一。跨国公司的交易活动要涉及多种货币，大大增加了业务结算的难度和复杂性。由于各国货币随经济形势变化而不断发生变化，到时汇率发生变动，所产生的外汇风险可能会给跨国公司造成重大损失。因此，跨国公司首先必须具备较好的国际财务管理能力，能够准确分析和预测东道国形势变化以及国际市场上的汇率变动趋势。其次，各国的经济法规、税率和会计核算制度不同，也增加了跨国公司财务管理的难度。具有较强财务管理能力的跨国公司则可以利用东道国在税率获利率上的差别，通过转移价格或内部资金调动，获取更大利益。

4. 组织管理、协调能力强

跨国公司的生产经营活动分布在世界各地，组织机构的分支多、规模大，必须具备强有力地组织管理能力，才能有效地协调世界各地的生产经营活动，保证跨国经营战略目标的顺利实现。与纯国内企业相比，跨国公司的组织管理不但要考虑产品和职能上的差异，还必须考虑地理区域上的差异。由这种地理区域上的差异产生的时间和距离上的障碍，以及语言和文化上的隔阂，极大地增加了组织管理和协调的难度。因此，跨国公司既要根据跨国经营战略设置精炼的组织机构，又必须采用现代化的交通和通信设备，最大限度地提高协调全球经营活动的效率。

5. 生产经营活动的多样化程度高

企业的多样化经营活动分为三种类型：一是产品扩展多样化，指企业的业务扩展到与现有产品生产或需求有一定程度联系的产品领域；二是地域市场多样化，指一处产品的销售扩展到不同地理区域的市场中；三是混合多样化，指企业的业务扩展到与现有产品和需求不相关的产品领域。与纯国内市场相比，跨国公司除了可以实行产品的生产扩展多样化和混合多样化外，更主要的是可以开展地域市场扩展多样化活动。跨国经营，实际上就是一种多样化经营活动。各国经济发展通常是不平衡的。因此，跨国经营提高了企业抵御风险的能力。如果一个东道国或母国经济出现不景气现象，跨国公司可以从其他东道国的业务盈利中获得支持。而且，通过各东道国之间人力、物力和财力有目的的调动，可以加强跨国公司在某一东道国或地区市场的竞争能力。

三、跨国公司对世界经济的影响

跨国公司在当今世界经济中发挥着巨大的作用。大到国际经济事务，小到家庭日常生活，处处都可以感受到跨国公司的影响。“可口可乐”、“佳能”、“飞利浦”这些品牌几乎在世界各地都能见到。在许多行业中，跨国公司已占据了垄断地位。具体来说，跨国公司对世界经济的影响主要体现在以下几个方面：

1. 加速了资本的国际流动

跨国公司是以对外直接投资为基础发展起来的企业实体，是各国对外投资的主要机构。因此，跨国公司的发展，促进了资本的跨国流动，提高了资金的利用效率，推动了世界经济发展。跨国公司以对外直接投资的形式在东道国建立子公司，无论采用合资经营还是独资经营，都必须注入资本，产生资本流出。经营获得的利润汇回母公司，产生资本流入。

除直接投资外，跨国公司还从事各种证券投资，在母国以外的证券交易市场上买卖股票和债券。这也构成了国际资本流动。

跨国公司对外资活动的发展促进了跨国金融机构的发展，进一步加速了国际资本流动。反过来，跨国银行、跨国投资公司和跨国保险公司等金融机构的发展也推动和支持了跨国公司的发展。

2. 扩大了国际贸易

世界范围内国际贸易的增长与跨国公司的发展有直接关系。跨国公司的内部贸易具有一般国际贸易的某些特征。例如，它是商品的跨国流通，是两个经济实体的商品和劳务交易，会影响两国的国际收支等。另外，跨国公司的内部贸易与一般国际贸易也有较大区别。首先，内部贸易不存在所有权的转移，跨国交易的商品和劳务只是在公司内部各组成部分之间转移。其次，交易价格不是由国际市场的供需关系所决定，而是由公司总部从整体利益最大化角度统一制定，参与交易的各方往往也不是把追求利润最大化作为目标。第三，内部交易实行计划管理，内部贸易的商品数量、商品结构和国家质检的流向，由公司总部统一计划、调拨和调节。实际上，跨国公司的内部贸易是把本该由外部市场机制调控的国际贸易内部化。

除了中间产品和最终产品的内部贸易外，跨国公司对扩大国际贸易的促进作用还表现在以下方面：

（1）伴随对外直接投资所产生的商品输出和输入。在东道国建立生产型子公司，往往需要从其他国家购入所需的各种机器设备。投入生产后，可能还需进口原材料和零部件。若东道国政府制定了吸引外资的优惠政策，这类进口贸易就可以避开关税壁垒和进口限制。

（2）技术贸易是内部贸易的一个重要组成部分，包括专利技术、专有技术、管理技能和相配套的各种技术性服务。跨国公司为了保持技术优势，防止技术向外扩散，许多技术只限于公司内部使用。跨国公司的技术密集程度越高，技术创新活动越活跃，技术内部贸易的比重就越大。

3. 促进了经济全球化的发展

传统的国际贸易以各国的比较优势为基础。各国根据本国需要和资源优势，集中生产某些产品，然后借助对外贸易，互通有无。跨国公司的发展大大改变了各国的国际市场上互通有无的贸易格局，打破了各国自成体系的分工与协作，促进了全球经济一体化的发展。

首先，许多行业的全球性市场已经形成。实行全球战略的跨国公司以全球市场需求为服务对象，按统一标准设计和生产产品，向世界各国销售，如“可口可乐”饮料和肯德基快餐。在这些全球性市场中，相互之间竞争的已不是出口类似产品的国家，而是生产经营同类产品的大型跨国公司。跨国公司的价格调整或产品更新会对全球市场和各东道国市场产生重大影响。

其次，跨国公司全球范围的生产分工与协作体系逐步建立和加强。为提高效率、降低成本，跨国公司通过在全球范围内利用各国特有地理、资源和市场等优势，在不同子公司之间实行专业化分工和协作，合理配置有限资源。

当然，跨国公司对世界经济也会产生负面影响。作为经济实体，跨国公司出于自身利益考虑，在制定和实施跨国经营战略时，往往不会考虑东道国或是母国利益。例如，在东道国避税、把重能耗重污染的产业转移到东道国等。

第三节　中国企业“走出去战略”

一、出口方式

企业进入国际市场的方式多种多样，可以通过国际贸易、国际合作、对外直接投资等，本节将主要从国际贸易角度来探讨企业全球化经营的出口方式，可以分为直接出口和间接出口。

1. 直接出口

直接出口就是指生产企业绕过国内中间商，独立承担一切出口业务，直接向国外中间商、分销商，乃至最终消费者销售产品。这一方式的特点是更加向目标市场靠近，企业自己设立出口销售网点而不使用国内出口商，与国外中间商或用户建立并保持直接联系，它是出口贸易的高级形式。一般地，当企业通过间接出口取得国际营销经验后，可转向直接出口，使企业成为真正的国际营销企业。企业直接出口的方式很多，其中主要的形式有：

（1）设立出口部或国际业务部

即在公司内设立出口销售部，由该机构负责企业的全部出口销售任务。他们既可以在中国组织的各类国际产品交易会上与外国客商谈判，签订外销协议；也可以派代表到国外同外商谈判，寻找生意，直接接受外国客户的订货。为了调动该机构的积极性，可以把他们变成一个自负盈亏的实体。

（2）设立国外销售分公司或子公司

企业在某国销售产品达到一定数量时，为了控制该市场，可以在该国设立国外销售分公司或子公司。这些公司的设立，可以使生产企业在国外开设一个窗口，可以使得企业的出口活动更直接地面向当地顾客，为国内的出口部门作一很好的补充。销售分公司或子公司在当地市场不仅可以处理产品的外销业务，而且其职能还扩大到负责存储、促销、市场信息的收集、当地市场调研、产品服务、提高企业在国际市场的知名度等方面，并将企业的国际营销计划的控制置于一个更加有效的范围内。但在国外设置销售机构的费用较高，因而有时几家企业联合在外国设立销售公司。

（3）利用国外的经销商或代理商

当企业到一个不熟悉的外国市场从事营销活动时，为了尽快打开该国市场，利用外国的经销商或代理商是一种有效的形式。企业采用该方式时，选择好外国的经销商或代理商是决定企业成效的关键。国外经销商是通过向出口企业购买产品并拥有所有权，然后通过自己的分销渠道将产品销售出去的一种中间商。国外代理商则不拥有产品的所有权，他们代表生产企业在该国销售产品，收取代理费或佣金为报酬。利用这种方式直接出口，可以减少风险，因为当地市场问题都由它们来处理、协调，而无须企业过多考虑，这样可以降低企业因为不熟悉当地市场而带来的风险。对于初次涉入国外某一市场的企业来说，不失为一种行之有效的方式。

（4）派遣出口销售代表

出口企业在目标市场国家没有销售机构或代理商情况下，为了争取更多的出口业务，可以定期向这些市场派出销售人员，在目标市场上直接与顾客打交道，以争取得到一定数量的外销订单。这种方法虽然表面看起来显得不十分稳定，但对一些企业来说也不失为一种直接出口的好途径。

直接出口有着以下一些优点：首先，企业对国外目标市场的控制能力比较高。由于企业直接参与国际市场营销活动，可以使企业迅速了解国际市场情况，从而掌握和控制国际市场销售。企业在直接出口过程中，直接与外国的中间商和用户打交道，因而可以迅速了解国际市场上供求的变化和竞争状况等信息，并可根据国际市场的变化组织营销活动，掌握市场竞争的主动权。其次，可以获得较高的利润。利用直接出口模式，企业不需要与国内中间商分享利润，能够避免国内中间商的盘剥和控制，可以根据国际市场的供求状况决定产品的价格，从而获得更多的利润。第三，丰富了企业从事国际贸易的经验。企业在直接出口中直接与外商打交道，既了解了各国的国情，也学会了从事国际市场营销的知识，这就为企业在国际市场的汪洋大海里搏击风浪打下了基础。

但是，事物总是包含着两个方面的，直接出口给企业带来较大利益的同时，也存在着一定的不足。其缺点是：首先，投资较大。企业在直接出口中，要建立自己的国际市场营销组织，要拥有一定的销售渠道和一批熟悉国际市场营销业务的专业性人才；并且信息需求量较大，要不断根据国际市场情况改变自己的生产和销售活动，从而使企业的投资增加。其次，风险较大。直接出口由于是企业直接参与国际贸易活动，当商品出口到他国时，往往会遇到国外目标市场的关税或各种非关税壁垒，从而增大了出口的难度。

从上述直接出口的优缺点中可以看出，该方式并不是任何企业和产品均适用，它只适用于那些拥有自营出口权，外销业务量较大，对有关出口的业务知识熟悉，有较充足的启动资金的较大企业，而对那些规模较小的企业适用性不大。

2. 间接出口

间接出口就是企业把生产出来的产品卖给国内的出口中间商，然后由这些中间商组织产品的出口。这种出口渠道其实是由中间商从事国外的营销活动，企业本身并没有直接参与国际营销活动，是一种被动的出口形式，生产企业在出口销售中没有任何主动权。具体做法有以下四类：

（1）利用出口经销商

生产企业把产品卖给出口经销商，出口经销商拥有商品的所有权，在国际市场上自主经营、自负盈亏。许多中小企业家无外销专业知识，或对国外市场不了解，或自己在海外无其他现成的销售渠道，常常采用这种间接方式。

（2）利用出口代理商

生产企业委托出口代理商代理出口产品，出口代理商不拥有产品所有权，受生产企业委托，为生产企业出口牵线搭桥，寻找市场机会，生产企业拥有经营出口产品的决策权。

（3）补充出口

生产企业在国外无任何渠道，但国内生产另一种产品的工厂在国外有现成渠道。在某些情况下，企业可以利用该厂的外销渠道出口自己的产品。补充出口的前提是国外顾客希望得到成套产品。

（4）出口联营

它就是指一些标准化程度较高的原料或中间产品生产商联合起来经营外销业务。联营的中心组织代替联营的各个成员对外谈判，统一某些产品价格，统一发单，统一运输，部分起到了国内出口商的作用。

间接出口有着以下一些优点：首先，投资小、成本低。间接出口的企业一般不需要改变自己的生产线和营销组织与任务，企业可以不增加专门的出口业务机构，也不必派国际市场营销人员去国外了解国际市场营销的产品、价格、销售渠道、促销、结算、运输等，从而节约了出口销售费用。其次，所承担的风险较小。间接出口是由中间商负责产品的出口销售业务，企业只要把产品交给中间商就可以了，由于出口中间商大多具有丰富的国际市场营销经验，很大程度上可以起到防范风险的作用，减少了出口国际市场营销经验不足而导致失误的可能性。第三，具有一定的灵活性。企业开展国际贸易往往是一个渐进的过程。通过间接出口，企业可以向中间商学习一些先进的国际营销经验，当企业具备了一定能力后，大多不会停留在出口这一阶段。而间接出口这一方式一般并无长期约束力，改变较容易。

但是间接出口也存在着明显的缺点：首先，企业出口贸易控制能力极为有限，无法掌握国际市场营销的主动权。间接出口的业务是由中间商来完成的，企业与国际市场相隔离，市场信息反馈慢，且准确性不高，企业无法真正全面了解国际市场情况。对市场行情、市场需求不熟悉，企业的产品、价格、利润等完全受制于出口中间商，也就无法根据国际市场的要求调整自己的产品结构。生产什么，怎样生产，完全听从中间商的安排，从而使企业完全处于被动地位，丧失了国际营销的控制权。其次，企业的利润较低。由于间接出口所得的利润要在生产企业和出口中间商之间分配，并且分配的权力在出口中间商手中，因而给生产企业的利润一般较少。第三，如果对服务及保证条款失控，会给企业进入国际市场造成不良的影响。

从上述间接出口的优缺点中可以看出，该方式只适合缺乏国际市场营销知识和经验的企业，因为这种进入国际市场的渠道不要求出口企业直接参与国际市场营销活动，企业所承担的风险较少，也不必为此进行大量的资金投入。但由于该方式限制了企业在国际市场上的发展，随着企业实力的增强，应逐步向直接出口或到国外直接投资的方式过渡。

3. 出口方式的优缺点

出口方式的优点主要表现为：（1）出口可免除企业在东道国建造生产设施的高额成本；（2）在一个地区集中生产后出口，可实现规模经济；（3）目标市场的政治、经济形势恶化时，可以较低的成本终止业务。

其缺点主要表现为：（1）若东道国生产成本更低时，在该国组织生产将优于出口方式；（2）出口势必产生高额出口费用，运输费、保险费等，使得产品在国际市场价格优势不显著；（3）贸易壁垒的存在，使出口这一方式显得更加脆弱，关税会降低产品价格优势，且种类繁多的非关税壁垒使得某些产品在国际市场如履薄冰；（4）出口方式对国外市场的营销活动控制较低。

二、投资方式

（一）独资企业

1. 独资企业的概念

独资企业（solo proprietorship，individual enterprise）是一种传统的国际直接投资方式，即母公司投资、拥有境外子公司100%的股权。它是最简单、最古老的企业形式，在当前国际直接投资中仍然占有较大比重。

国际独资经营企业是指由某一外国投资者依据东道国的法律，并经东道国政府机构批准设立、全部资本为外国投资者所有、投资者独享企业利润并独自承担经营风险、在东道国境内设立的企业。

2. 独资企业的类型

国际独资经营企业大致可以分为国外分公司和国外子公司两种形式。

(1) 子公司

子公司(subsidiary company)是指全部股份资本由母公司单独投入，依法在东道国登记成立的具有独立法人资格的独资企业。与分公司不同，虽然受母公司控制，但子公司是一个具有法人资格的、完整的独立公司。其基本法律特征是：① 子公司具有自己独立的公司名称和公司章程；② 子公司具有自己独立的行政管理机构(尽管在母公司的控制之下)，如股东大会和董事会；③ 子公司具有自己的财务报表，具有独立的财产，是进行自负盈亏、独立核算的经济实体；④ 子公司可以独立地以自身的名义进行各类民事法律活动，包括进行诉讼。

设立国外子公司的优势：

第一，经营更加自主。由于子公司具有东道国批准的企业法人资格，因此，在公司经营范围和业务上，具有更大的自主决策空间，而且子公司在东道国还可以获得股权式的投资的灵活性。

第二，筹资更加自主。由于子公司可以通过母公司的担保出售股票和以其他方式筹资，也可以在东道国当地银行贷款，而不必像分公司那样，在东道国贷款必须由其母公司担保。

第三，降低风险。由于子公司一般为有限责任公司，其责任以其出资额为限。因此，在子公司经营不善时，投资方不必承担过多的风险。

一般而言，各国对外商在本国设立的子公司在税收上均视为本国公司。尽管各国法律条文不尽相同，但大多要求子公司缴纳所得税，而且，子公司在东道国汇出利润时，还必须缴纳利润汇出税。子公司没有义务向母国纳税，只有当其利润实际上汇回母国的时候，才在母国纳税。

设立子公司的劣势：

第一，办理手续比办理分公司的更复杂，费用也比较高。各国对子公司的设立与经营一般都有具体的法律规定，通过子公司形式进行直接投资在投入时要花费较多的人财物资源。

第二，不利于采用避税手段和进行内部转移定价。由于各国对子公司的税收都有较严格的规定，所以加大了子公司通过转移定价的方式进行避税的难度。

(2) 分公司

国外分公司(branch office)(包括分行、分店等)是母公司根据全球战略安排，依法在东道国注册登记设立的，并在组织上作为母公司的一个部分的国外企业。分公司在法律上和经济上没有独立性，不具有法人资格，因而必须以外国企业的身份在东道国从事经营活动。所以，分公司是母公司在海外的派出机构，是母公司不可分割的一部分。分公司的基本特点表现在：① 分公司没有自己独立的公司名称、公司章程，而只能使用与母公司同样的名称和章程。② 分公司一般以母公司的名义并根据其指令进行业务活动，基本上没有自己的主权。③ 分公司没有自己独立的财产，分公司的所有资产属于母公司，母公司以自己的资产对分公司的债务负责。④ 分公司不是根据东道国的法律设立的，但作为母公司在东道国的代表，必须在东道国登记、注册，以外国企业的身份活动。因此，母国政府可对海外分公司行使外交保护权。

设立分公司的优势：

第一，手续简便。在国外采用建立分公司的方式进行投资，只需少量的登记费用就可以在东道国取得分公司的营业执照。很多国家规定，外国企业进行分公司申请时，只需经过登记程序以及正式授权书，即可取得营业许可。从管理角度来看，分公司通常隶属于母公司的独资机构。

第二，由于分公司的管理人员完全受母公司的控制，所以母公司能够直接和全面地领导与控制分公司的经营活动。

第三，因为分公司不具备法人资格，东道国对分公司在其国内的财产没有法律上的管辖权，因此分公司可以较方便地在东道国之外转移财产。

许多国家的税法都规定，本国企业所属的国外分公司的所得与其母公司的国内所得一并纳税，因此，无论分公司的盈利是否汇回母公司，均将其列入母公司一年的所得并纳税。在这种条件下，从母公司的角度看，由于其分公司所得并入母公司，因此，若分公司出现亏损，可以与母公司的国内盈利相抵，从而减少母公司的纳税基数。从东道国的角度来看，对分公司汇出的利润一般不作为红利而对其征税。这样，如果母公司认为国外分支机构在设立的最初几年中可能出现亏损，就倾向于设立分公司。

设立分公司的劣势：

第一，风险较大。分公司作为母公司的一个派出机构，母公司要对分公司的债务负无限责任，这毋疑加大了母公司的经营风险。

第二，影响较小。由于分公司在东道国完全是作为母公司的一个附属机构而从事经营活动，开展的业务和经营范围都受到限制，因此，分公司的影响面比较小，开展业务活动比较单一。

3. 独资企业的优劣势

独资企业的优势在于：

第一，有利于母公司统一决策和实施全球战略。跨国公司为了更好地在全球范围内配置资源，就必须有统一的管理和决策中心，强化对各国分支机构/公司经营活动的协调和管理。在独资经营情况下，投资方拥有对独资企业的绝对控制权，保证了投资者在经营过程中不受他人资本的制约，能独立地行使经营决策权，这样就可以避免各个子公司之间产生矛盾和不协调的现象。同时母公司可以根据自身的整体利益，把全球范围的投资完全纳入自己的战略安排中，以实现其投资目标，使自身利益最大化。

第二，便于采用转移定价机制。转移定价是跨国公司内部贸易的定价机制。它具有双重功能：一方面，它是跨国公司组织与管理内部市场，实施资源“最优”配置的必要工具；另一方面，它又是跨国公司利用国际税赋差异及其他政策差异、追求利益最大化的工具和手段。典型做法是利用“高价进口、低价出口”

的内部贸易将东道国制造的利润转移到母国和税赋较低的第三国。转移定价还可以使跨国公司逃避东道国和母国的一些政策管理，降低经营风险。采用国际独资经营企业的直接投资方式，可以较为容易地实现转移定价。

第三，更好地发挥垄断技术优势。垄断技术优势理论认为，来自国外的投资者必须拥有当地生产者不具备的独特的垄断优势，而技术优势则是垄断优势的一个重要组成部分。由于独资企业中没有投资者以外的人参与经营、管理、分享利润、占有技术，因而投资者倾向于将先进的技术投入到独资企业。相对于其他方式的对外直接投资，采用国际独资经营企业的方式可以更好地发挥垄断优势，可以充分使用投资者拥有的先进技术、管理经验和经营诀窍来保证产品的高质量和获取高收益。

独资企业其劣势在于：

第一，独资企业面临的风险较大。由于市场的不确定性，企业的跨国投资会遇到一系列风险，这些风险包括市场风险、投资环境风险，甚至政治风险。国际独资企业的资本全部来自母公司，它不能像其他形式的企业那样与合作伙伴共同承担风险，而是要独自承担企业经营的全部风险。

第二，独资企业可以涉及的行业较少，因而发展受到限制。这是因为，一方面，一些国家从国家经济安全和保护民族产业的角度出发，限制和禁止外资在某些行业设立独资经营企业；另一方面，独资企业没有现成的生产基地和合作伙伴，而且不能利用股权的方式融资，使自身发展受到了一定的限制。

就投资国而言，其最大的缺点是投资风险比较大，当独资企业进入了一个全新的市场，遇到的对手、问题要比合资企业多，竞争更激烈，因而其经营风险就大。

根据国际独资经营企业的优势和劣势，我们可以看出，这种投资形式对东道国的影响主要体现在如下方面：

第一，弥补东道国生产的不足，提高东道国的技术水平。对于东道国而言，国际独资经营企业在没有任何资金投入的情况下提供了产品和服务，在一定程度上弥补了东道国生产的不足。同时，独资经营企业还可以避免合资合作经营在出资、分配、经营管理和技术保密等方面引起的矛盾，从而使外商更乐意投入先进的技术。这样，东道国的技术水平也就“水涨船高”，或多或少地有所提高。

第二，增加东道国的收入。就东道国而言，国际独资经营企业在不提供投资的情况下获得收入，增加了东道国的 GDP。这些收入包括国际独资经营企业的税收收入、使用东道国土地而支付的土地使用费，以及投资者在国内购置设备、原材料等方面形成的收入。

第三，增加东道国的就业，提高管理水平。从成本的角度来看，国际独资经营企业的大部分员工和管理人员都来自于东道国，这样就可以缓解东道国的就业压力。同时，国际独资经营企业还会产生一系列的“溢出效应”，提高东道国的管理水平，促进东道国的经济发展。

总之，如果东道国的政策对路，以高新技术为主，产品市场以出口为主，那么就会有利于东道国产业结构的调整，增加东道国的出口创汇以及增加就业机会，对东道国的经济发展也会有一定的积极作用。

(二) 合资企业

1. 合资企业的概念

国际合资经营企业是国际化企业与东道国企业共同出资、共同管理的企业，它通常分为股份有限公司与有限责任公司两种形式。这两类公司的共同点是股东就其所认购的股份尽出资义务，并以出资额为限对公司债务负责任。这类公司的差别是：股份有限制公司股东人数较多，没有上限限制，全部资本划分为等额股份，且可以通过公开发行股票的方式筹集资金；有限责任公司的股东人数不能过多，在法律上有上限限制，资本不必划分为等额股份，且不能发行股票。股份有限制公司适合建立较大的企业，但对公司发起人要求较高，且手续繁琐。有限责任公司则对法定资本要求较低，设立手续简便，是建立中小型海外企业的理想形式。

合资企业，是由两个或两个以上国家的国民或企业依照所在国的法律联合起来，由各方提供资金、设备、技术知识，共同经营的以营利为目的的企业，主要指合资经营的股份有限制公司。它是独立的法人，具有起诉、被诉和借款的行为能力，国际上通称为“Joint Venture”。它的基本特点是共同投资、共同经营、共担风险、共负盈亏，是在“平等”、“互利”基础上的合伙关系。所谓“平等”，是指各方实力各不相同，但他们是平等的合作伙伴；所谓“互利”，是指根据股份的大小和对企业贡献的多少，合理分配盈利，而不是利润各得其半。目前世界上发达国家和发展中国家中合资企业发展都很迅速，在发展中国家尤其受欢迎。

2. 合资经营企业与其他合作形式的比较

合资企业已成为当今跨国公司进行国外直接投资的重要形式。它以协议形式将各方结合在一起。合伙方既享有对外经营方面的共同利益，又有企业内部控制权和利润分配问题上的矛盾。合资企业在对外经营方面利益上的一致性，使它与其他国际经济合作形式相比有较大的优越性。其优越性表现在：

(1) 合资企业的利用外资属于直接投资，其引进外资的方式不同于外国贷款。后者为间接投资，债权方不参与企业经营，只求还本付息，以吃利息为主要目的；债务方利用外国贷款自行采购机器设备、技术专利，自产自销，自负盈亏。

(2) 合资企业不同于商品贸易。商品进出口的买卖关系是一种临时性关系，一旦交易完毕，双方关系了结。而合资企业是一种相对固定的长期的合作关系。一般项目的合资期限原则上为 10 ~ 30 年，对于投资大、建设周期长、资金利润率低的项目，合资期可以延长到 50 年。

(3) 合资企业引进技术的方式不同于单纯技术贸易。前者以技术作代价入股，技术能否在企业生产中发挥最大的效能，直接关系到合伙各方的经济利益；后者只是将技术作为一般商品买卖，技术出售方不存在分享利益的问题。

(4) 合资企业与补偿贸易也不同。在补偿贸易形式下，引进外国公司的机器设备，是一种商业信贷基础上的买卖关系，补偿的条件是在合同中商定的，补偿完毕，双方关系终止。而且在补偿贸易合同执行过程中，接受贷款方是独立的经营的。合资企业的机器设备是作价入股，按股份分享企业利润。

在各种股权投资方式中，合资经营企业是最为普通的形式，跨国公司和东道国都乐于接受。跨国公司为了争夺国外市场，掠夺国外廉价资源，谋取高额垄断利润，在国外子公司所有权问题上，过去相当长时间里坚持独资经营，以便对企业实行严格控制，使技术和经营方针保密，减少由于企业管理和利润分成产生的矛盾。

但是随着发展东道国的经济地位的日益增强，在国际经济合作中与跨国公司讨价还价的实力逐步增强，迫使跨国公司逐渐采取弹性策略，接受灵活的股权形式。

3. 跨国公司合资经营的好处

(1) 通过向合资企业提供机器设备、原材料、零部件等，实现资本输出带动商品输出的目的。

(2) 利用向合资企业提供技术专利、技术诀窍、管理技能等，带动技术知识的出口。

(3) 由于企业是内外合资，因此可以较少或避免东道国政府没收或政策变化的风险。

(4) 可以利用当地合伙者熟悉东道国市场情况和政策法律的优势，增强企业的竞争能力。同时，可以通过当地合伙者的关系，取得当地资金融、物资供应、产品销售等优惠。

(5) 合资企业产品往往是东道国需要进口或当地市场紧俏的产品，这就有了一个潜在的和稳定的销售市场。

4. 东道国采用合资经营企业的好处

(1) 引进外国公司直接投资可以弥补经济发展过程中投资的结构性空缺，达到均衡发展的目的。同时，外国资本可以弥补本国建设资金的不足。

(2) 对企业来说，可以借用外部生产投入要素，引进技术设备，填补自身的技术空白，促进企业的技术改造和产品的更新换代。

(3) 可以利用外国公司的销售体制，将合资企业产品打入国际市场，扩大出口创汇，实现企业外汇平衡和对外资本金及利息的外汇支付。

(4) 可以通过吸收外籍人员参与企业的经营管理，提高企业的生产效率和管理素质。

(5) 可以给当地市场带来更多就业机会、原材料供应、配套协作企业的发展和税收增加等效益。

合资经营企业引进外国直接投资，实际上是实现分散性生产投入要素的聚合，达到分散的较小的生产投入要素所不能达到的发展规模。

三、契约方式

契约进入模式是国际化企业与目标国家的法人单位之间长期的非股权联系。

1. 许可证协定

许可证是指在国际技术贸易中，技术输出方和技术引进方之间签订的协议或合同。双方签订了协议或合同，引进方就意味着得到了使用某项技术许可的书面证明。国际间的技术贸易通常都是通过双方签订协议或合同，将输出方某项技术的所有权出售给引进方，双方执行合同的过程就是技术贸易的实现过程，这种技术贸易就称为许可证贸易。

许可证合同通常称作许可证协议（Licensing Agreement），它是进行一项许可证交易时由供方和受方所签订的一种技术转让合同。它既是规定双方权利义务的一种法律性文件，又是供方转让技术，受方支付报酬费用的一种商务性文件。

（1）从技术转让的类型来看，许可证贸易有三种基本类型：专利使用权（Patent）、专有技术使用权（Know-how）和商标使用权（Trade Mark）。在技术贸易中，三种方式有时单独出现，如单纯的专利许可或单纯的商标许可或单纯的专有技术转让，但多数情况是以某两种或三种类型的混合方式出现。

专利许可使用。在这种模式下，许可方将自己的专利使用权允许被许可方在一定的时间和范围内使用。该模式的特点是：正确的选择可以给企业带来诸多商机，巨额利润，而错误的选择则会给企业造成很大的损失。在激烈的国际市场竞争中，如何安排专利许可战略对一个企业来说是事关重要的。和其他模式相比，该类型是最为普遍的许可证贸易。

商标许可使用。在这种模式下，许可方将自己的商标使用权允许被许可方在一定的时间和范围内使用。商标使用许可合同是许可人与被许可人就使用注册商标的期限、形式、条件、费用等所达成的协议。该模式的特点是：对于许可人来说，通过运用商标使用许可这一商标策略，以较小的人力、财力、时间就得到较高的声誉，提高产品的市场占有率，为企业带来良好的经济效益。对被许可人来说，企业可以回避资金、品牌、市场的劣势，借别人的品牌进入市场。

专有技术许可使用。专有技术又称为技术诀窍、技术秘密、专门知识等，是未申请专利或未授予专利权或专利法规定不授予专利权的，利用科学技术知识、信息和经验作出的产品、工艺、材料以及其改进等技术方案。专有技术具有秘密性、实用性和价值性、未取得专利保护的技术等特征。该模式的特点是：一方面被许可人不容易获得完整的专有技术，另一方面被许可人如果获得完整的专有技术，则容易给许可人带来技术流失的问题。

（2）从被许可方所享有的使用权的大小，许可证贸易又有五种类型：

① 普遍许可证。这是指在合同规定的地区和期限内，被许可方可以使用转让的技术，同时许可方仍保留对该项技术的使用权和再出售给别人使用的权利。② 排他许可证。这是指在合同规定的地区内，被许可方在合同的有效期内享有独占所购进技术的使用权，许可方不得再将这项技术售给第三者，但许可方仍保留使用这项技术的权利。③ 独占许可证。这是指除被许可方外，包括许可方在内的任何人在合同有效期内不得在合同规定的地区内使用已经转让的技术并销售产品。④ 可转售的许可证。这是指被许可方在合同规定的地区内，不仅他自己

享有某项技术权利，而且还可将此项使用权转售给他人，但被许可方要对许可方负责。这种许可证合同是在普通许可证合同的基础上订立的。⑤ 交换许可证。这是由当事人双方以价值相当的技术互惠交换的一种协议。

表 10－2　　许可证贸易的模式比较

普遍许可	排他许可	独占许可	可转售的许可	交换许可	
专利许可	√	√	√	√	√
商标许可	√	√	√	√	√
专有技术许可	√	√			

注释：“√”表示存在该模式。一般而言，在该项技术所对应的实物商品的市场容量不大时，如果专利权人自己不准备实施这一技术则一般选择独占许可，则买卖双方成为伙伴关系。如果出售普通许可证，则在这个不大的市场上形成多家竞争，结果使产品价格下降，从而影响许可证价格。当该技术所对应的实物商品有广泛的市场容量，一家独占不了，多家竞争也不会使该实物商品价格大幅度下跌，这时就选普通许可证。而普通许可能迅速覆盖市场，可以使该技术的效益迅速实现。

另外，特许专营是一种特殊的许可协定，特许专营基本上是一种专业化的许可协议。在该协议下，许可人不仅把自己的无形财产（通常是商标）销售给被许可人，而且还要求被许可人遵守严格的经营规则。许可人经常为被许可人的连续经营提供帮助，广泛地被使用在零售业的国际化过程中，如麦当劳、Body Shop（1 300 家分布在 45 个国家，90% 以上为特许加盟店）。

案　例

麦当劳的特许经营

麦当劳是运用特许经营的公司，前身是由莫里士和理查·麦当劳兄弟于 1930 开办的一家汽车餐厅。

麦当劳全球连锁经营模式，即所谓的特许经营体系使得它的供应商、特许经营店主、雇员以及其他人员共同向顾客提供了他们所期望的高价值。该公司通过授权加盟麦当劳向符合条件的特许经营者收取首期使用费，并按特许经营者每月销售额收取服务费和许可费。

案　例

可口可乐——以特许占领全球市场

可口可乐已有 100 余年的历史，在碳酸饮料行业占有无可比敌的占有率。正是可口可乐神秘配方使得可口可乐能够在今天给全球各地的分公司作授权生产方式。可口可乐公司总部提供“可口可乐原液”，其余 99.67% 的原料，比如水、碳酸、砂糖、香料和各种添加物全部由当地调配。各地分公司的生产和销售的基本方式、广告宣传、员工教育都由总部来决定，具体业务由各地分公司自己来开展，这包括各种瓶子、罐子、装罐机器、输送工具、冷却机、搅拌机、纸杯等。

可口可乐的授权生产方式使得它可以在世界各地建立销售网络，建立良好的零售线路。

2. 交钥匙工程

交钥匙工程，是指企业通过与外国企业签订合同并完成某一大型项目，然后将该项目交付给对方的方式进入国外市场，一般适用于设备制造商拓展海外市场。

案　例

中国通讯设备企业走出国门的重要一步：交钥匙工程

在中国的对外援助中，很重要的一个方式是无偿捐助设备，帮助他们发展通讯事业。华为、中兴等中国企业的产品就这样送入俄罗斯、东南亚、南非等地区。设备是无偿送出去的，企业只能从政府处领到一定的津贴。企业接到的往往是“交钥匙工程”。所谓交钥匙，就是从建网、盖机房一揽子全由设备供应商包了，运营商等到测试成功后，拿到机房钥匙就可以用了。但是它为中国企业在海外树立了口碑。当他们对市场有一些了解后，就开始在当地设立办事处，做起了生意。

巨龙是典型的例子。该公司于 1998 年承担了古巴青年岛电信的“交钥匙”工程。该工程在当地好评如云，巨龙为此获得殊荣。1999 年，该公司与古巴电子集团成立合资公司“巨鳄通信公司”。2001 年，巨龙获得古巴电信 2 亿美元的供货合同。

华为、中兴、大唐等中国设备制造商都是沿着这条路走入国际市场。

3. 国际生产合作

从品牌角度来看，企业参与国际化合作生产经营可分为两大类型：一是使用自有品牌，二是使用他人品牌。前者按照品牌的来源又可分为自创品牌和并购品牌，例如：海尔跨国经营使用的就是自创品牌，而格兰仕初期就为其他国外品牌生产产品。后者依品牌使用方式又可分为租赁品牌和代工或贴牌（OEM/ODM），中国企业很少使用租赁品牌方式，但很多企业都有以代工或贴牌方式参与国际市场经营的经历。

(1) OEM

OEM (Original Equipment Manufacture), 指原始设备制造, 即按原公司(品牌公司)委托合同进行产品开发和制造, 用原公司商标, 由原公司销售或经营的合作经营生产方式。与现代工业社会有着密切的关系, 也称为"代工"或"贴牌生产"。一些著名的品牌商品制造商, 常常因为自己的厂房不能达到大批量生产的要求, 又或者需要某些特定的零件, 因此向其他厂商求助。这些伸出援手的厂商就被称为OEM。如将之引申到IT领域的话, 则表示那些进行代工的生产商。例如电脑的风扇, 英特尔或AMD公司本身并不生产, 它们通常会找像日本三洋公司这样的专业电机制造企业作风扇OEM生产。

制造业的工序是一条环环相扣的价值链, 从研发、设计、采购、生产、库存、营销到运输等环节, 缺一不可, 一个企业或一个国家不可能在所有的价值环节都是世界上最有竞争力的。因此, 选择自己最具竞争力的环节才是明智之举。而现阶段, 中国凭借低廉的劳动力成本, 在生产环节具有了相当的竞争力, 所以, "中国制造"迅速取代"日美制造"而成为新世纪制造业的代名词。制造业的快速发展已经为中国赢得了"世界工厂"的美誉, 在这一过程中OEM功不可没, 它让许多制造企业都获益匪浅, 并通过OEM在国际市场上崭露头角。

OEM作为国际化的一种方式, 是经济全球化的产物。在20世纪70年代以前, 跨国经营的主体是先发企业(以欧美大企业为代表), 经营方式主要是将自有品牌扩展到其他国家和地区。进入80年代以后, 经济全球化日益发展, 国际产业分工日益细化, 先发企业开始考虑外包这种新的生产方式, 从而导致了许多后发企业开始以OEM方式参与国际化经营。从全球制鞋业来看, 首先是韩国企业, 然后是中国台湾企业, 再后才是中国大陆企业。

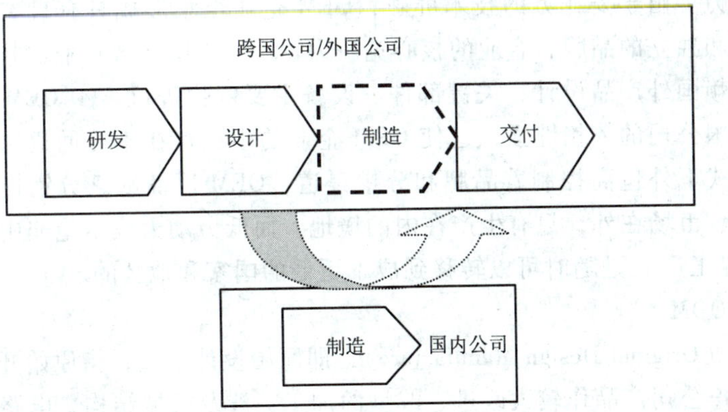

图10-2 OEM示意图

以OEM方式参与国际化经营, 是后发企业的现实选择。后发企业在参与国际化经营时, 面临众多强大的竞争对手。这些对手实力强大, 拥有技术优势和品牌优势。后发企业由于实力弱小, 大多拥有自主的知识产权, 在国际市场无品牌优势可言。如果采取自有品牌方式参与国际化经营, 很难取得实质上的成功。如果采取 OEM 方式，则可以充分发挥自己在生产制造环节的竞争优势，同时避免自己在研发和品牌营销环节的竞争劣势。因此，后者是一种现实的选择。

以 OEM 方式参与国际化经营，同时也是后发企业的合理选择。在经济全球化环境中，先发企业的核心能力主要集中在研发、品牌和营销领域，而在制造领域逐渐失去优势。先发企业为追求持续发展，必须在制造领域寻求合作伙伴。这是一类新的商业机会，后发企业正好有能力抓住这个机会，成为先发企业的合作伙伴。如果后发企业善于经营，不断提升自己的 OEM 能力，短期合作将发展成为长期合作，最后的确可以形成一种共生关系。而共生关系的形成和稳固，将使 OEM 厂商与其品牌商成为一个共同的利益体，从而保证后发企业的可持续发展。

OEM 战略正逐步成为中国企业走向世界的一项重要战略选择，其优势体现在：① 有利于消化过剩的生产能力和闲置资源，同时也解决了部分剩余劳动力的就业问题。② 起步容易，投入小、见效快，企业进入和退出的壁垒较低。③ 可以规避一定的市场风险，有利于学习先进的管理方法和生产技术，缩短与国外发达企业的差距。④ 为企业的强大积累资金和市场经验，为企业的长远发展积蓄力量，奠定基础。⑤ 在与强势品牌企业尤其是国际知名企业的合作中，通过共享其品牌，中国企业可获得产品的宣传效果、实现销售渠道共享、延续产品的生命周期，提高生产能力，获得规模经济效益，从而构建自身的核心竞争优势。

OEM 为中国企业掌握先进技术、熟悉竞争规则提供了捷径。但其弊端也十分明显：① 不利于中国企业培养自有品牌，也不利于民族工业的发展。② 获得的利润有限。OEM 厂商在国际垂直分工中处于下游，企业受到了来自上游委托方的利润挤压，获利空间狭小。③ 企业无法通过 OEM 获取核心技术，培育自身的研发能力。由于委托方的技术屏蔽，OEM 企业很难形成具有自主知识产权的技术体系和独立的品牌，企业的核心竞争力较小。中国多数行业的核心技术与装备基本依赖国外产品设计，关键部件、设备主要依赖进口。④ OEM 企业自主性差，对跨国公司的依赖性强，这使 OEM 企业的生产存在不可回避的风险。在这种生产模式下外包商控制着品牌和分销渠道，OEM 厂商缺乏分销控制权，基本处于技术、市场在外，只有生产在内的境地。而低劳动力成本绝非中国的独家优势，“世界工厂”是随时可以转移到成本更低的国家和地区的。

（2）ODM

ODM（Original Design Manufacture），即原始设计制造，指原始开发商应客户要求对客户公司产品作较大改进、改型的加工，涉及机械结构、电路结构、软件功能上的重大改动，或者是根据客户需要为其重新设计订制产品的加工过程，均属于 ODM 的范畴。但和 OEM 一样，产品贴客户公司的商标，由客户公司经营销售。某制造商设计出一种产品后，在某些情况下可能会被另外一些品牌的制造商看中，要求配上后者的品牌名称来进行生产，又或者稍微修改一些设计（如按键位置）来生产。这样做的最大好处是其他厂商减少了自己研制的时间。例如一些日本品牌的笔记本电脑实际上就是由中国台湾厂商代工生产的。事后，台湾笔记本电脑制造商只要修改某些设计细节或配件便可以以自己的品牌名称进行批量生产，原因在于它们为这些日本品牌做的是 ODM。

ODM 战略旨在帮助企业利用生产投入过程自主开发产品，创建自己的品牌核心竞争力。实现 ODM 战略的核心，是如何摆脱对委托品牌依赖，变被动经营为主动经营。这主要体现在两个方面，一是利用技术的外溢效应，即利用委托方提供的设备和技术从事技术创新活动，实现设备改造和产品技术升级。二是按客户要求设计、开发产品，以自己的品牌实行定制营销，强化基于客户的关系管理。

授权经营往往与专利保护相关联。委托方提供的技术标准，隐含着专利权下的独占权。受托企业要独创自己的品牌，就一定要突破这些标准，这要求 ODM 战略下受托企业一定要树立品牌意识和知识产权保护意识。在 OEM 生产的过程中，虽然使用他人的商标，但如果能利用好这种契机，逐步输出高质量的自有品牌，就可能加速品牌的推广和培育过程。事实上许多家电企业恰恰短视，一些厂商为获取短期利益，将自己开发、设计的创新产品贴牌生产，忽视“先发技术”的保护；一些厂商则自视产品附加值低，甘心定位于加工单位，缺少“小产品，大市场”的经营观念和战略的眼光，缺少中长远的战略规划。而 ODM 生产则使格兰仕成为“全球家电制造中心”的标志。

实现 OEM 向 ODM 转变的对策：

① 严格规范、管理 OEM 授权协议，掌握主动权学习效应的形成，应建立在熟练掌握外来技术的基础上。因此 OEM 生产厂商应规范签署定牌协议，要求委托方提供详细的技术图纸和技术参数，必要时提供技术设备。一方面可通过技术指导和信息沟通及时了解海外渠道和市场信息，另一方面有利于代工厂商掌握核心技术以实现一次创新，同时在遭遇合同纠纷时有重要的维权依据。我国企业往往在这方面重视不够，不少制造企业名义上贴牌生产，实质上提供的是自己的技术产品，将“技术的先创权”拱手让给他人。

② 加大科技投入，重视技术创新。ODM 的核心，是技术创新，即通过新产品发明和工业设计来实现产品差异化。在 OEM 的分工格局中，只有那些开发、设计能力强，能够提供多种差异化产品和产品解决方案的代工企业可能与外商形成稳定的供应链联盟。根据产品生命周期理论，发达国家向发展中国家转移的制造业产品往往是成熟期产品（多为普及型产品），对高端技术产品，外商往往选择独资经营。在资金、技术相对弱势的情况下，中国企业的技术创新活动迫切需要政府、行业协会等多方面的配合。

③ 将知识产权内容纳入品牌战略体系。OEM/ODM 已成为市场营销和产品经销的一种策略。跨国公司在进行品牌扩张的同时，也利用 OEM 来消化自身过剩的生产能力，实现东道国的市场扩张，同时从高端技术角度研究中国产品的技术需求。

④ 组建战略联盟，形成协同优势。一是审慎选择战略联盟伙伴。联盟伙伴不仅应有强大的品牌优势，更应重视产品设计技术的指导和市场前沿信息的反

馈。只有双方主动将技术优势、管理优势、制造优势联结，才能形成强大的协同优势，使受托方尽快实现技术提升。二是要加强国内企业的合作，组成专利战略联盟。如今国际上组成战略联盟是大的趋势。联盟内互相优惠使用对方专利技术，取长补短，做强做大，联盟外收取统一的许可费用，以分摊高额开发成本和高风险，抗击外国跨国公司的攻势，在世界市场上赢得主动。

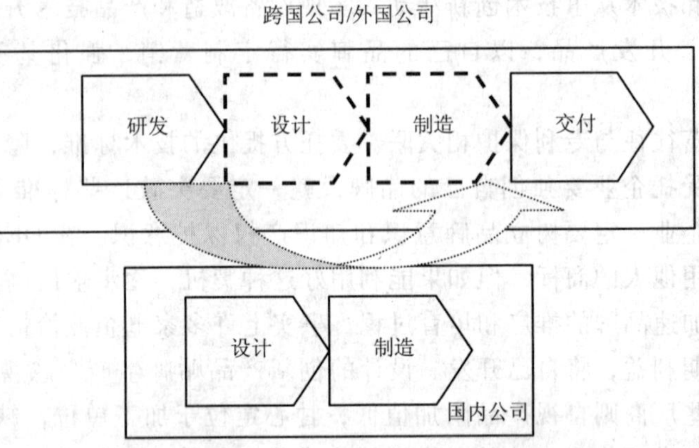

图 10－3　ODM 示意图

案　例

格兰仕的国际化

OEM 与 ODM，即初期为了占领外国市场不惜将自己的产品贴上外国企业的牌子，然后将自己设计的产品冠以自主品牌销往海外。

格兰仕从一开始就把战略目标定位在“对跨国公司而言属于低附加值的长线型成熟性产业中，快速做大、做强，成为最强的专业化家电产品供应商和服务商”。

格兰仕除了中国总部的研发中心，还在美国、日本、韩国、欧洲等国家和地区积极寻求与当地专业科研机构、知名企业研发中心的合作；在中国香港、加拿大、墨西哥设立了分公司，在韩国、美国、法国、英国、俄罗斯、西班牙等国家设有商务分支机构，分销网点遍布全球近 200 个国家和地区，在世界范围内和 200 多家跨国公司进行经贸合作。

4. 国际战略联盟

国际战略联盟是指两个或两个以上的跨国公司为实现某一共同的重要目标而建立的合作伙伴关系。联盟的动因一般为：（1）竞争的压力、资源的限制、高成本等因素强迫企业寻求伙伴，持续地创新；（2）产品本身的技术需求超越个别企业的技能、资本与经营技术；（3）通过建立战略联盟可以确保企业能进入其他国家或地区的市场；（4）战略联盟可以提供重要的学习机会。

本章小结

联系实际思考跨国公司对东道国和世界政治与经济带来的多方面影响。掌握对外直接投资的相关理论解释，了解跨国公司在国际市场中的作用以及其经营对东道国乃至世界的政治经济影响，掌握企业跨国经营的几种主要方式。

关 键 词

对外直接投资　跨国公司　ODM/OEM

思 考 题

1. 什么是跨国公司？
2. 对外直接投资的主要形式有哪些？
3. 企业跨国经营的几种主要方式有哪些？

第十一章

国际金融政治经济分析

第一节 国际收支理论

一、国际收支概念

国际收支（balance of payments）是一国居民在一定时期内与外国居民的各项经济交易的货币价值总和。可以从以下三个方面理解国际收支：

其一，国际收支是个流量概念。与国民收入类似，国际收支是对一定时期内（一般是一年）交易的汇总。与之对应的存量概念为国际投资头寸（international investment position），指在一定时点上，经济体在全球的资产与负债的价值总和，国际投资头寸的变化主要由国际收支中的各种经济交易引起，而存量的变化同样也会影响国际收支流量的记录。

其二，国际收支记录的是通过货币计量的经济交易。国际收支统计不以收支为基础，而是以交易为基础，不涉及货币支付的交易可以折算成货币加以记录。这里的“交易”指一种反映经济价值产生、变更、交换、转移或消失的经济流量，包括商品和金融资产所有权的变化，服务、劳动和资本的提供等。

其三，国际收支记录的是一国居民与非居民之间的交易。国际收支统计中，“居民”是个经济统计概念而不是单指地理概念，指一个国家经济领土内具有稳定（通常一年或一年以上）经济利益中心的经济单位。所谓的经济领土，一般包括一个政府所管辖的地理领土，还包括该国天空、水域和邻近水域下的大陆架，以及该国在世界其他地方的飞地。居民与公民不同，判断后者的标准以国籍为依据。例如，若留学美国的学生逗留居住时间超过一年以上，未必获得绿卡，但统计上认定该学生为美国居民；但一国大使馆等驻外机构是所在国的非居民，而是派出国的居民；国际组织是任何国家的非居民。

二、国际收支平衡表

国际货币基金组织于1993年出版了《国际收支手册》第五版，并在其中指出：“国际收支是一种统计报表，它系统地记录了在特定时间内，一经济体与世界其他地方的各项经济交易。大部分经济交易是在居民和非居民之间进行，包括货物、服务和收入，对世界其他地方的金融债权和债务的交易以及转移项目（如礼赠）。从会计意义上讲，需要建立对销项目以平衡单方面交易。交易定义为一项经济流量（flow），它反映了价值产生、转化、转换或消失，并涉及货物或金融资产所有权的变更，服务的提供或劳务及资本的提供。”这为各国编制国际收支账户提供了依据。

（一）国际收支平衡表的编制原则

国际收支平衡表使用复式记账法，根据一国居民在一定时期内（通常为一年）与外国居民之间的经济交易性质和特点进行分类汇总，编成符合国家经济政策管理需要的会计平衡报表。根据复式记账“有借必有贷，借贷必相等”的原理，每一笔国际经济交易都要分别记录在国际收支平衡表的借方和贷方。一国与他国的每一笔贸易流量都一定对应着一笔金融流量，即一国对他国资产负债的相应变化。因此，每笔交易都由记录在国际收支账户中两方面的价值流动构成。从一国角度出发，每笔交易都涉及以下两种价值相等、方向相反的流动：

贷方（credit）（+）：一国从国外获得收入接受支付的价值流动，例如出口。

借方（debit）（-）：一国向国外进行支付的价值流动，例如进口。

从另一个角度看，国际收支平衡表的记账原则可以简化为两个简单原则：一是，凡是引起本国外汇收入的交易记入贷方，引起本国外汇支出的交易记入借方；二是，凡是引起本国外汇市场外汇供给的交易记入贷方，引起外汇需求的交易记入借方。原则上，贷方项目总和最终与借方项目总和相等，即国际收支账户的净余额为零。

（二）国际收支平衡表的账户设置

国际货币基金组织编制的国际收支平衡表通常分为以下三大账户：经常账户、资本和金融账户、错误与遗漏账户。

1. 经常账户（current account）

经常账户是国际收支账户中最基本的项目。根据国际货币基金组织的规定，包括居民与非居民之间发生的所有涉及经济交易的价值流动，主要有货物、服务、收入和单方面转移四个子项目。

（1）货物（goods）。商品项目是实体物品（physical goods）的买卖，有时也被称为“有形贸易”（visible trade）。商品项目主要包括一般商品、加工品、商品修理、运输工具、在港口获得的商品及非货币黄金等五项。按国际货币基金组织的规定，进出口商品都使用离岸价格（Free On Board，FOB）。

（2）服务（service）。服务进出口亦称为“无形贸易”（invisible trade）。服务项目内容庞杂，主要包括运输、旅游、通信服务、建筑服务、保险服务、金融服务、计算机和通信服务、专有权征用和特许及其他商业服务等十一个方面的内容。

（3）收入（income）。收入主要包括雇员报酬和投资收入两项。雇员报酬包括出入境、季节性和其他非居民工人（如大使馆雇佣的当地员工）获得的薪金或类似的现金所得（如向美国教授支付一次性讲演酬金）。投资收入指居民的对外金融资产和负债的收入和支出，包括直接投资收入、证券投资收入和其他投资收入。直接投资和证券投资收入又分别包括股权收入（股息、红利、再投资收益）和债权收入（利息）；其他投资收入包括其他资本（如贷款）的利息所得，原则上还应包括家庭的生命保险储备和养老基金净权益的估算收入。

（4）单方面转移（unilateral transfer）。也称为经常转移（current transfer），指一经济体居民实体向另一非居民实体无偿提供实际资源或金融资产。根据《国际收支手册》第五版的相关规定，将转移分为经常转移和资本转移。经常转移包括政府转移（如政府间相互赠予、经常性国际合作及对收入和财政支付的经常性课税等）和其他转移（如个人汇款、奖金和非生命保险权益汇兑等）。

2. 资本和金融账户（capital and financial account）

资本和金融账户包括资本账户和金融账户两大部分。

（1）资本账户（capital account）。资本账户主要包括资本转移和非生产性非金融资产的获取或处置两个组成部分。资本转移包括三项所有权转移：固定资产所有权的资产转移，与固定资产的获取或处置有关或以其为条件的资产转移，债权人不要求任何补偿地豁免的债务。非生产性非金融资产的获取或处置指各种无形资产如专利、版权、商标、经销权以及租赁和其他转让合同的交易。

（2）金融账户（financial account）。金融账户包括一经济体对外资产和负债所有权变更的所有权交易。根据投资类型或功能，分为直接投资、证券投资、其他投资、储备资产四个组成部分。与经常账户不同，金融账户各个项目并不按借贷方总额记录，而是按净额来计入相应的借方或贷方。

具体包括：① 直接投资（direct investment）。投资者对另一经济体拥有永久利益，可以采取在国外直接投资或合资合作建立分支企业或采用购买国外企业一定比例（最低10%）股票的形式。② 证券投资（portfolio investment）。证券投资的主要对象是股票和债务凭证，债务凭证又可分为债券、货币市场工具和其他金融衍生品工具（如期权）等。③ 其他投资（other investment）。包括短期和长期商业信用、贷款、货币和存款及其他。④ 储备资产（reserve assets）。指货币当局可随时动用的金融资产，包括货币黄金、特别提款权（Special Drawing Rights，SDRs）、在基金组织中的储备头寸、外汇资产（货币、存款和证券）及其他债权。

3. 错误与遗漏账户（errors and omissions account）

按照复式记账原则，国际收支账户借贷双方的净差额应该等于零，实际情况并非如此。不同账户统计资料来源和口径不相同、记录时间不同、人为因素导致系统性漏报国际交易（如走私、逃税、逃避外汇管制的黑市炒汇、携带现钞出入境等资本外逃），这些因素都会造成统计上的误差。因此，在国际收支账户中人为设立平衡调整账户——错误与遗漏，其数目与上述两个账户余额相等但方向相反。自20世纪80年代初以来，全球漏记的经常账户净余额通常为全球商品服务出口和收入的2%左右，就数值本身而言是可接受的误差率，但它是两个方向的误差相抵后的净误差。从一国角度来看，若该统计误差占全部国际收支账户的比重不超过5%，均被认为是可接受误差。否则，国际收支账户没有实现真正平衡，而是人为调整达到平衡，该国国际收支统计和国际经济交易管理存在问题。

三、国际收支不平衡的原因及影响

产生国际收支不平衡的原因十分复杂，根据产生原因的不同，国际收支不平衡可以分为以下几种类型：

（1）临时性不平衡。一国遭受的自然灾害、战争或动乱、罢工等临时性因素会影响到该国的进出口，导致国际收支不平衡。但这些因素是暂时的，会随着时间推移和情况变化，很快得到纠正或自动修复，也称为临时性不平衡。在浮动汇率制度下，这种性质的国际收支失衡有时根本不需要政策调节，市场汇率的波动就能将其纠正。在固定汇率制度下，一般也不需要采用政策措施，而只需动用官方储备便能加以克服。

（2）周期性不平衡。经济周期对一国国际收支产生重要影响。经济衰退期，国民收入减少，有效需求下降，导致进口下降，可能引起国际收支顺差；相反，经济繁荣阶段，国民收入上升，有效需求增加，投资需求骤然上升，部分产品转向内销，同时进口增加，可能引起国际收支逆差。资本流动也受经济周期的影响。通常，经济萧条期，资本流出量较大，经济景气时期，预期较乐观，可能导致资本大规模流入。开放经济条件下，一国的国际收支状况经常受到贸易伙伴国经济周期的影响。二战后，发展中国家的出口对象大多是发达国家，后者处于衰退期时，发展中国家的出口下降，出现国际收支逆差。与经济周期相关联的国际收支失衡也不会长期存在，是中短期现象，随着经济周期波动而自动调整。比如，1981—1982年发达资本主义国家在衰退期普遍伴有巨额国际收支逆差。再比如，美国在1990—1992年衰退期中，就伴有对日本的贸易逆差（日本当时还没有进入衰退期）。

（3）结构性不平衡。结构性不平衡指国内生产结构不能适应国际市场需求结构变化而引起的国际收支不平衡。国内生产结构调整和发展滞后引起本国出口竞争力下降，不能适应国际市场竞争而导致国际收支不平衡。通常，一国的产业结构决定进出口商品结构，产业结构是影响进出口商品结构层次和优化程度的最直接、最重要的因素。如果产业结构不能适应世界商品供给结构和需求结构的变化，该国出口减少、进口增加，国际收支出现逆差或逆差扩大；反之，出现国际收支顺差或顺差扩大。结构性不平衡是发展中国家国际收支失衡的主要类型，原因在于发展中国家出口品需求收入弹性小、价格弹性大，进口品需求收入弹性大、价格弹性小，出口难以大幅度增加。若进口品价格上涨快于出口品时，贸易条件趋于恶化，国际收支支付困难。二战后，发展中国家出口品集中在初级产品和半成品，工业制成品是主要的进口品，国际市场上工业制成品价格上扬迅速，初级产品价格上涨缓慢，发展中国家处于产业结构调整阶段，不能立刻适应国际市场变化，出口品国际竞争力下降，国际收支出现失衡。产业结构调整是一个缓慢的长期过程，结构性失衡对一国国际收支状况的影响更深远，带来的负面影响也是长期的，所以各国尤其是发展中国家更重视这种失衡，采取各种对策解决结构性失衡。

（4）货币性不平衡。一国货币具有对内和对外两种价值。货币的对内价值通常用通货膨胀率衡量，对外价值用汇率测量。若一国的通货膨胀率较高，该国货币对内贬值，国内物价持续上涨，出口品的成本和价格上升，国际收支恶化。若货币对外升值，即货币汇率上浮，出口品的相对价格（用外币表示）上涨，出口品竞争力下降，进口支出增加，国际收支恶化。与货币币值相关的国际收支失衡称为货币性失衡。究其根源，国际收支失衡的原因是货币性的。货币性失衡可以是短期的，也可以是中期的或长期的。

（5）收入性不平衡。收入性不平衡是一个比较笼统的概念，可以概括为一国国民收入相对快速增长，导致进口需求的增长超过出口增长所引起的国际收支失衡。国民收入相对快速增长原因是多种多样的，可以是周期性的、货币性的，或经济处在高速增长阶段所引起的。当国际收支发生不平衡时，一国将对其进行调整。国际收支调节的目的，从简单和直接的意义上讲是要追求国际收支的平衡；从更深一层的意义上讲，尤其是当国内经济处于不平衡的情况下，是要追求国际收支的均衡。只有认清国际收支不平衡的原因和数量，才能采取恰当的手段，实现这一目的。

案　例

美国经常账户为何长期逆差

自美联储推出第四轮量化宽松政策（QE4）以来，全球又掀起了新一轮的“货币战”，各国货币相继出现竞争性贬值，贸易失衡问题再次成为焦点。美国作为世界上最大的贸易逆差国，其经常项目长期逆差问题更是备受关注。

经常项目是国际收支平衡表中最基本、最重要的项目，其主要包括商品贸易收支和服务贸易收支。据美国商务部统计，2012 年第一季度，美国经常账户逆差扩大至 1 373 亿美元，为自 2008 年四季度以来最高；第二季度经常账户逆差为 1 181 亿美元；第三季度虽收窄至 1 075 亿美元，但其绝对数额仍不容乐观。新世纪以来，美国一直注重服务与科技的创新，其服务贸易长时间处于盈余状态，但是上面的数据却显示其长期出现大量赤字，追根溯源，这些逆差主要的来源是商品贸易（2011 年，美国贸易赤字达 4 659 亿美元，其商品贸易赤字就高达 7 830 亿美元，约占 GDP 的 5%），尤其是商品贸易中的石油贸易：据美国商务部数据显示，美国仅进口石油资源所产生的逆差就占其总逆差的 50% 左右，2008 年美国石油及产品逆差高达 3 863 亿美元，占对外贸易总逆差的 57%，比美方统计的对华逆差还多 1 200 亿美元。据 IMF 预计，未来几年美国经常账户逆差仍将维持在高位而美国彼得森国际经济研究所的研究结果更令人不安，它指出 2011—2015 年美国经常账户逆差的规模将远大于 IMF 预测规模。

贸易失衡冰冻三尺非一日之寒，通过对历史数据和资料的总结，美国经常账户持续逆差的具体原因有以下几点：

一是高财政赤字政策。2011 财年，美国财政赤字高达 1.3 万亿美元，占 GDP 的 8.6%，2011 年贸易逆差也创三年新高，达 5 580.2 亿美元。美国财政部数据显示，2012 财年（截至 9 月 30 日），美国联邦财政赤字仍高居 1.089 万亿美元，为连续第四个财年超过万亿美元大关。美国彼得森国际经济研究所研究表明，财政收支被证明是经常项目失衡的重要驱动因素，若财政收支出现任何增长，经常项目增长往往会相当于前者的 20% ~30%。

二是美国人高消费、低储蓄的习惯，造成对国外尤其是中国产品需求旺盛。美国经济以消费为主导，国内储蓄率很低，消费占整个 GDP 的比重在 2004 年已达 72% 以上。美国财政部数据显示，2008 年全球金融危机爆发前几年，美国储蓄率平均仅为 2.8%，美国国民净储蓄率、私人储蓄率和储蓄占 GDP 的比例总体都呈下降之势。

三是美国处于国际产业分工的高端，虚拟经济繁荣，实体经济衰弱，出现产业空心化格局，导致其大量进口，经常账户持续逆差。

四是高技术产品出口限制政策。美国产业的比较优势为资本技术密集型的高科技产业，劣势为劳动密集型产业，美国大量进口劳动密集型产品和资源密集型产品（石油）的同时，却严格限制高科技产品出口，这必然造成贸易失衡，尤其是中美贸易失衡和与石油输出国的贸易失衡。这些原因显示，美国经常项目持续的逆差并不是由一个原因、一个国家所导致的。美国作为大国会从世界各国进口商品（2008 年中国向美国出口的货物仅占美国进口货物的 12.1%），因此，美国经常账户的逆差是多个国家、特别是其他东亚国家及中东产油国的持续顺差共同促进和维持的。

资料来源：中国财经报，2012 年 2 月 7 日，第 8 版。

四、中国的国际收支分析

（一）改革开放以来中国国际收支的变化

自改革开放以来，中国的国际收支状况在不同的阶段呈现出不同的特点。自 1982—2009 年近 17 年来，中国的国际收支经历了以下发展阶段：

1. 1993 年以前，国际收支状况相对平稳

自改革开放到 1993 年，中国的国际收支状况相对比较稳定，经常项目和资本项目都没有出现持续扩大的“顺差”。1982—1993 年期间，中国刚刚开始实施改革开放，处于摸索试探性阶段，虽然有 5 年出现逆差，但逆差总量仅为 64 亿美元。这是因为虽然中国早在 1979 年便开始实施改革开放战略，但这一阶段人民币存在一定高估现象，而且汇率贬值缓慢，中国国际贸易环境没有得到明显改

善。因此，经常账户也没出现持续的“顺差”。资本项目与经常项目顺差相比，虽然只有1992年为逆差，但并没有呈现持续扩大的趋势，顺差规模比较稳定。

2. 1994—2000年，国际收支“双顺差”开始出现

1994—2000年，中国除了在1998年的资本与金融项目出现小额逆差之外，其余年份均保持“双顺差”。“双顺差”的出现是因为1994年人民币汇率由1993年的1美元兑换5.8元人民币调整为1美元兑换8.7元人民币，人民币汇率的变动使中国国际贸易环境得到改善，国际贸易得到迅速发展。随着“J曲线效应”的渐渐显现，经常项目顺差经过1995年的短暂回落后开始上升，并一直保持在较高水平。1994年以来，中国资本与金融项目也仅在1998年为小额逆差，其余年份均为顺差。“双顺差”的趋势在1997年以后有所缓解，主要是受到了亚洲金融危机的影响。随着中国加入WTO，“双顺差”很快进入了新一轮的增长。

3. 2001—2004年，国际收支“双顺差”规模迅速扩大

2001年以来，“双顺差”状况呈现出迅速扩大的趋势。这是由于中国经济经过数年调整，已经走出亚洲金融危机的阴影，加上2001年中国加入WTO，中国国际贸易环境得到进一步改善，使得经常项目顺差进一步扩大。至2004年，经常项目顺差已从2001年的174亿美元上升至687亿美元，短短的4年时间内增长了近4倍。在服务贸易中，作为其最大的顺差项目——旅游项目的顺差，除了在2003年受“非典”影响导致明显下降之外，近几年来一直呈明显的上升态势，显示出中国入境旅游的快速发展势头以及中国旅游业国际地位的明显提升。在经常项目顺差持续扩大的同时，资本与金融项目顺差规模也迅速扩大，从2001年的348亿美元上升为2004年的1 107亿美元，增长了近3倍。总体上，这一阶段无论是经常账户还是资本账户都迅速增长。

4. 2005年至今，国际收支“双顺差”结构有所变化，差额激增

从2005年开始，“双顺差”格局出现的变化值得我们关注。2005、2006年在货物项目顺差额大幅增长的带动下，中国的经常项目顺差额大幅增加，2005年开始突破1 000亿美元，2007年甚至上升至3 718亿美元。经常项目顺差占国际收支总顺差的比重在2006年达到了96%。在2008年，中国的经常项目顺差为4 161亿美元，经常账户顺差进一步扩大，2009年，经常账户顺差达到2 971亿美元，比2008年有所降低。资本账户方面，2005年以来中国对外直接投资项目逆差额大幅增加，这是因为随着经济持续快速增长、企业自身实力的增强，越来越多的企业加快了其“走出去”的步伐，通过收购兼并等方式积极开展境外直接投资。2005年以来证券投资资产项目差额开始转为逆差且规模持续扩大，这表明在国内和国际两种因素的综合影响下，中国对外证券投资开始大幅增长。在2008年，资本账户顺差189.65亿美元，到2009年，资本账户顺差为1 448亿美元，资本账户顺差大幅度增加。

（二）中国国际收支双顺差的原因及对经济的影响

1. 中国国际收支双顺差的原因

根据已有的统计数据，中国国际收支双顺差格局自1999年开始一直持续到2009年，时间长达10年。2005年以来经济双顺差规模尤其巨大，其原因表现在：

（1）国内储蓄高于国内投资导致的内部失衡。高储蓄的结果是一国必须通过实物输出（出口）或资本输出（对外投资）的方式将本国剩余的资源借给他国使用。国内储蓄高于国内投资反映出中国宏观经济的内在不平衡，而对外不平衡正是对内不平衡的充分反映。近些年，由于教育、医疗和住房成本越来越高，三农问题尚未取得明显进展，转型时期失业问题突出，收入分配差距仍较大，社会保障的覆盖面还不够宽，加之金融体系不发达，家庭和企业被迫过度储蓄，中国的储蓄率呈进一步攀升之势，目前已逾45%，比英美的约15%的储蓄率高出许多。这就意味着当前的经济存在着流动性过剩与资金投入不足共存的现象，也意味着储蓄不能形成足够的消费需求，不能有效转化为投资，从而导致生产与消费的不平衡，即生产结构不能适应需求结构的变化，无法满足多种类、多层次的需要，导致有效总需求不足，并进一步造成就业困难和需求增长乏力等问题。同时，中国当前还存在着技术创新能力差、产品附加价值少、地区差距大、城市化水平低等问题。这些都影响到内需的扩大和内部平衡的实现，其结果只能是过剩储蓄转移到境外，必然进一步扩大国际收支顺差。

（2）中国长期实施的出口鼓励政策。改革开放以来，为了解决资金、外汇短缺与经济发展的矛盾，中国采取一系列鼓励出口的优惠政策，发展沿海外向型经济，尤其是1994年人民币汇率的并轨改革更是有力地促进了出口。1998年，为应对亚洲金融危机以后出口乏力、内需不振的形势，国家调整了出口退税率，同时采取一系列措施鼓励扩大出口和利用外资；2001年底，中国加入世贸组织；2005年初，纺织品配额被取消。这些有利于外向型经济发展的政策措施的实施和体制环境的形成，都使得中国出口商品竞争优势得以进一步发挥，出口高速增长。

（3）国内金融市场和外资政策的扭曲。虽然国内储蓄很丰富，银行积累了大量的储蓄存款，但是许多潜在投资者如中小企业难以从银行得到足够的融资支持；资本市场不发达，储蓄也不能通过其他渠道转化为国内投资，鼓励外资进入的各种优惠政策使得企业可以通过合资方式引入外部资金。外商直接投资带来的外汇流入并不是以购买外国资本品的方式，即通过经常项目逆差的形式流出，而是这些外商将直接投资带来的外汇简单地卖给中国人民银行，然后用换来的人民币购买国内资本商品，投资生产的产品进一步通过出口产生经常项目顺差，从而产生了“双顺差”的格局。如果企业能够进入国内信贷市场，又或者如果没有偏向性的外资政策，就不会有外商直接投资流入，或者即使有外商直接投资也会产生经常项目逆差，而不会产生“双顺差”的格局。

（4）国际间产业结构的转移。分析10多年来的海关统计数据可知：第一，在双边贸易中，中国顺差增加较大的市场主要是美国、欧盟等，而同一时期，中国对亚洲地区却由顺差转变为逆差；第二，在商品结构上，中国顺差集中在工业制成品，尤其是在轻纺和机电产品上，而同一时期，初级产品进出口却由顺差变为逆差；第三，从经营主体看，外商投资企业进出口已经由逆差变为顺差；第四，从贸易方式看，加工贸易顺差远远大于一般贸易顺差。如果对比中国一些主要贸易伙伴国的同期统计，可以看出，在中国对美、欧贸易顺差迅速增加的同时，亚洲几个主要经济体对美、欧的顺差是成比例缩小的。也就是说，原来设在亚洲其他几个经济体的加工出口产业，尤其是其末端加工工序，已经大量转移到中国，这样也就把他们对美、欧的贸易顺差转移了过来。所以，10 多年来中国商品进出口的迅速增长和顺差的扩大，与国际间产业结构的调整、部分加工出口产业以外商投资形式由亚洲其他经济体向中国转移有着直接的关系，这归根结底是由中国在世界产业结构中的分工角色造成的。

（5）国内宏观调控的力度逐渐加大。信贷、土地的紧缩，出口退税的减少等宏观调控政策，一方面抑制了投资，减少了国内需求，导致进口增幅下降；另一方面，前一阶段大量投资所形成的产能已经开始释放，高速增长的外商直接投资带动加工贸易出口增加，全球经济增长强劲，都导致国内产品出口强劲增长。

（6）人民币升值预期的压力不减。不仅外国政府继续在向中国施压，国内一些专家学者也认为目前的升值幅度不足。为避免人民币升值后受到损失，很多厂商开展提前错后操作：一是提前交货，争取早日结汇，由此带动了部分产品出口的大幅增长；二是一般贸易项下部分商品被推迟进口。

（7）为了引入战略投资者而引入股权资本。目前，中国引资的目的已经由过去的两大目标——弥补本国储蓄不足和引进外国先进技术，变为三大目标，这第三大目标是引进战略投资者以推进体制改革。由于中国国企改革进展缓慢以及 WTO 的过渡期结束，于是引进战略投资者和鼓励收购与兼并成为深化改革的重要手段。2005 年中国企业海外上市引入数百亿美元，今后通过收购与兼并流入资金的数量很可能会继续增加。

（8）全球过剩流动性的输入。2001 年以来，美联储开始实行了长达两年多的低利率政策，与其宽松的货币政策同步，中国资本项目顺差开始持续增长，人民币升值的国际压力也高涨，这些事件不是巧合。事实上，正是由于世界三大经济体长期的低利率政策，创造了全球过剩的流动性，推动石油价格和全球资产价格上涨，也强行推动着过剩的流动性流向中国。

2. 中国国际收支双顺差对经济的影响

国际收支的顺差在一定程度上说明中国国际收支状况良好。国际收支顺差意味着在一定时期的对外经济交往过程中，一国国际收入大于其国际支出。它表示一国持有国外资产的增加，是一国国际收支处于有利地位的表现。对于一个经济处于成长过程中的发展中国家来说，持续顺差意味着该国国际经济竞争力的增强，对外经济联系开放度的扩大，以及该国国际经济地位的提高。就中国而言，从 1994 年实行汇率并轨后，中国产生的国际收支的“双顺差”正是表明了这一点。它说明从1994年开始中国经济状况有了很大的改善，中国国际收支快速增长有利于经济的进一步发展，外资、外贸也有很大发展。从2005年中国贸易顺差突增的现实看，中国贸易顺差的规模在未来几年有可能持续扩大。尽管持续存在的高额贸易顺差必定会对中国宏观经济起到一定的促进作用，但是也会产生诸多不良影响，给经济发展带来不可预知的风险。

（1）导致央行"对冲"操作任务艰巨，削弱了央行货币政策的独立性和货币政策调控的有效性。近年来，由于双顺差引起的外汇储备迅速增加，外汇占款增量和基础货币增量之间的差距越来越大。在国际收支双顺差仍将维持甚至可能更加严重的情况下，对冲过多的流动性是中国货币政策在一段时期内的重要任务。同时，央行旨在弱化基础货币大量投放的负面影响，"对冲"操作带有很大的被动性，使央行要付出很大的代价才能得到预期效果，限制央行货币政策调控的空间和主动程度，也影响央行的政策调控效果。

（2）导致经济增长的动力结构不均衡，不利于实现经济增长向内需主导型模式的转变。出口导向战略的实施和与之配套的优惠政策的过度推行导致中国外贸依存度过高，进出口总额占GDP的比率从2002年的42.7%上升到2007年的近70%。经济增长对外部需求的依赖越大，经济的不确定性就会越大。例如，中国的出口增长率与美国GDP增长率高度相关，这种现象表明中国出口在很大程度上会受美国国内经济的影响。

（3）造成人民币持续的升值压力。无论是经常账户还是资本账户，顺差格局最终都会导致货币市场上人民币的需求增加，在人民币的供给不变或减少的情况下，人民币的价格会上升，即人民币汇率升值。

（4）加剧了中国与相关贸易伙伴国的贸易摩擦。中国长期的双顺差也就意味着相应贸易伙伴国的逆差，贸易摩擦在所难免。近几年来，随着中国国际收支顺差的扩大，越来越多的贸易伙伴国认为中国一些行业的出口是一种倾销，最终通过提高关税税率或者发放配额的方式来解决这种摩擦。

（5）导致投资过热、资产价格泡沫和通货膨胀等一系列消极后果。由于中国实行的是强行结汇制，人民银行必须要用相应的人民币"买"，顺差带来的外币增加，人民币投放数量的增加导致流动性过剩。流动性的过剩，必将通过加大投资和需求来缓解，投资的增加导致投资过热，需求的增加则会产生资产泡沫和通货膨胀等消极后果。

由此可以发现，一旦负面问题出现，国际收支的双顺差必然危及整个宏观经济和金融系统的稳定，给中国经济的健康运行带来不确定性。

第二节 汇率制度与汇率变动的经济影响

汇率在国际贸易中具有核心作用，通过汇率可以比较不同国家的商品和服务的相对价格，本节将介绍汇率及其相关概念；同时，不同的货币制度下，汇率的决定基础是不同的。因此，本节还将介绍不同国际货币体系下的汇率决定基础及一般均衡汇率的决定。

一、汇率制度及其演变过程

所谓汇率制度（foreign exchange rate regimes）是指一国货币当局对本国货币汇率变动的基本方式所作出的一系列安排或规定。国际汇率制度的演变大体可以分为三个阶段：国际金本位制度下的固定汇率制度、布雷顿森林体系下的固定汇率制度和牙买加体系后的多元化汇率制度。

（一）金本位制度下的固定汇率制度

固定汇率制度（fixed exchange rate regime）是指政府用行政或法律手段确定、公布及维持本国货币与某种参考物之间的固定比价，使汇率围绕货币平价（parity）在很小的范围内上下波动。从国际货币制度发展历史来看，1973 年以前，国际间实行的是固定汇率制度，其中又分为两个阶段，即二战以前的金本位制度和二战以后的布雷顿森林货币体系。

金本位制度（gold standard）是以黄金为一般等价物的货币制度，包括金币本位制、金块本位制和金汇兑本位制。在金本位制度下，各国都以法律形式规定每一单位本国铸币的黄金含量，即法定含金量（gold content）。各国发行货币基础是持有的黄金储备量，黄金可以在国际间自由的输出和输入。因此，两国货币兑换的价值量基础表现为其含金量之比——铸币平价（mint parity）或金平价（par of exchange），构成汇率决定的基础。如 1925—1931 年英国规定 1 英镑金币的重量为 123.274 4 格令（grains），成色为 22K，即 1 英镑含 113.001 6 格令的纯金，美国规定 1 美元金币的重量为 25.8 格令，成色为 0.900 0，则 1 美元含 23.22 格令的纯金。根据含金量之比，英镑与美元的铸币平价为 113.001 6/23.22 = 4.866 5，即 1 英镑 = 4.866 5 美元。

由于价值规律的作用，外汇市场实际汇率会以金平价为中心上下波动，但是波动的范围局限于金平价加减黄金输送点所规定的范围。例如，在英国和美国之间输送 1 英镑相等黄金的运费为 0.03 美元，则外汇市场上 1 英镑实际汇率会以 4.866 5 美元为中心，即在 4.836 5—4.896 5 美元之间上下波动，一旦英镑的汇率超出这一范围时，贸易商都会以黄金需求替代对英镑的需求。在纸币流通的金块和金汇兑本位的货币制度下，黄金与纸币不再自由兑换，黄金不能进入流通，金本位制度下的黄金输送点和铸币平价也不复存在，但货币汇率依然有其价值基础，汇率决定的基础是各国货币的购买力，且受外汇市场供求状况的影响。

（二）布雷顿森林体系下的固定汇率制度

1929—1933 年经济危机时期，国际货币体系一片混乱，资本主义各国普遍实行纸币本位制。纸币作为价值符号，政府参照过去金属货币的含金量，用法令规定纸币的含金量。但是，实行纸币流通的国家普遍存在着纸币贬值现象，纸币的法定金平价与其代表的含金量严重脱节，且汇率的变化受通货膨胀和国际收支的状况制约。

二战后，1944 年形成的布雷顿森林体系（bretton woods system）时期，通过国际协议建立起汇率决定的“双挂钩”机制，即各国货币与美元挂钩，美元与黄金挂钩，汇率波动范围不得超过上下 1%（牙买加协定后扩大波动范围）。一旦外汇市场超过这一范围，各国政府和美国都有义务联手干预外汇市场，使其回到规定范围内。各国实际上是根据本国货币的实际购买力来规定金平价。当金平价与货币购买力严重背离时，外汇供求将出现明显失衡现象，根据国际货币基金组织（IMF）规定，当一国国际收支出现根本性不平衡（fundamental disequilibrium）时，各国可以经由 IMF 核准而予以改变，调整金平价，称之为法定贬值（devalue）或法定升值（revalue），使之与货币购买力重新保持一致而维持外汇供求的大体平衡。因此，布雷顿森林体系下的固定汇率制是通过人为规定的货币之间的固定比价而实现的，又称为可调整的钉住汇率制度（adjustable pegged exchange rates），从 1946 年一直持续到 1973 年。

与金本位制度相比，从形式上看，布雷顿森林体系中，各国一般都规定纸币的金平价，即纸币名义上或法律上所代表的金量，金平价无疑是决定两国货币汇率的价值基础，但在现实生活中，其发行不受黄金储备的限制，纸币发行量往往超过由流通中所需含金量按金平价决定的数量，汇率的基础是纸币所实际代表的金量。金平价仍是构成各国货币兑换的基础，但是，由于纸币不能与黄金自由兑换，并且黄金不能自由输入和输出，金平价只是作为政府维持与美元的固定汇率比价的一种参考依据。

（三）牙买加体系后的多元化汇率制度

自 20 世纪 80 年代以来，选择具有更加灵活性的汇率制度的国家（地区）不断增加，国际汇率制度呈现弹性化趋势。以浮动汇率和资本自由流动为特征的后布雷顿森林体系，即“没有体系的体系”，也称牙买加货币体系。

浮动汇率制度（floating exchange rate regime）是指一国货币不再规定黄金平价，不再规定汇率波动的上下限，而听任市场的外汇供求自动决定本国货币对外汇汇率，其中央银行不再承担维持汇率波动界限而进行外汇市场干预的义务。进入 60 年代后，美国经济势力衰退，国际收支持续逆差，美元地位下降，固定汇率制摇摇欲坠。70 年代起，美元先后贬值两次，固定汇率制于 1973 年宣告垮台。从此，国际汇率制度进入浮动汇率制的历史阶段。

在浮动汇率制下，虽然各国政府表面上对汇率不加干涉，听任其自由涨落，但是这种自由波动，只是名义上的、表面上的，各国政府从本国情况出发，都或多或少地对汇率水平进行干预或指导，并极力避免汇率剧烈波动。因此，浮动汇率制类型繁多。

1. 按政府是否对外汇市场进行干预划分

按政府是否对外汇市场进行干预划分，浮动汇率制包括自由浮动（free floating）和管理浮动（managed floating）。自由浮动又称“清洁浮动”（clean floating），指货币当局对外汇市场不加任何干预，完全听任汇率随市场供求状况的变动而自由涨落。管理浮动又称“肮脏浮动”（dirty floating），指货币当局对外汇市场进行干预，以使市场汇率朝有利于自己的方向浮动。由于国际市场竞争异常激烈，汇率的变化对国际收支影响较大，为了保护本国利益，各国政府采取各种不同措施对汇率的浮动进行干预。目前，各主要工业国所实行的都是管理浮动，绝对的自由浮动纯粹是理论上的假设而已。

2. 按浮动方式划分

按汇率浮动的方式区分，浮动汇率制可分为单独浮动（independent floating）和联合浮动（joint floating）。单独浮动是指本国货币不与外国任何货币发生联系，其汇率根据外汇市场的供求状况单独浮动。目前，美元、澳大利亚元、日元、英镑等货币均属单独浮动。

联合浮动又称共同浮动或集体浮动，指国家集团在成员国之间实行固定汇率制，同时对非成员国货币实行同升同降的浮动汇率。例如，1973 年 3 月欧洲经济共同体为了稳定的货币区，对成员国（法、荷、比、丹、原联邦德国）之间的货币实行固定汇率，并规定上下浮动的界限为货币平价上下各 1.125%。当某成员国货币受到冲击时，其他五国采取一致行动干预市场，以维持其规定比价，但对美元和其他货币则实行浮动。1979 年 3 月，欧共体建立了欧洲货币体系，成员国货币与欧洲货币体系确定比价，并重申成员国之间保持固定比价。如今，欧盟主要成员国已统一为单一货币欧元。

（四）影响汇率制度选择的主要因素

一国选择什么样的汇率制度，取决于其经济特性，如经济规模、金融市场发达程度、对外贸易依存度、通货膨胀率同世界平均水平差异、进出口商品结构与外贸的地理方向等因素。

1. 经济体的结构性特征

第一，经济规模与开放程度。最适度货币区理论（the theory of optimal currency zone）强调所选的汇率制度应与国家的经济结构特征契合，有利于提高国家的整体福利水平。从经济规模来看，一国的经济规模越大，越倾向于采用浮动汇率制；反之，则倾向于采用固定汇率制。从经济开放程度来看，开放程度高的国家更倾向于选择固定汇率制。

第二，对外贸易依存度。贸易依存度指外贸额与国民生产总值的比值，它反映一国经济的对外依赖程度。贸易依存度越高，汇率波动对经济的冲击力越大。这样的国家适于采用弹性较小的汇率制度。

第三，劳动力和资本的流动性。最早进行研究的蒙代尔（Mundell，1961）认为浮动汇率制只能解决不同通货区之间的需求转移问题，不能解决同一通货区内不同地区间的需求转移问题。因此，同一通货区内在汇率制度之外要有一个调节需求转移和国际收支的机制。

2. 金融市场的发达程度

第一，金融市场规模的大小。金融市场规模较小，则容易受到汇率变化的冲击。

第二，国内外资产的可替代程度。替代程度低，意味着外国经济波动和外汇市场变化对本国经济的影响小。

第三，货币市场和期汇市场的完善程度。完善的货币市场和远期外汇交易能分散风险，约束投机行为，在汇率变化的情况下稳定外汇市场。

第四，市场投机的性质。弗里德曼（Friedman，1953）把外汇市场的投机分为稳定性投机和不稳定性投机。稳定性投机低价时买进，高价时卖出，在获利的同时也能自动熨平外汇市场上的汇率波动。而不稳定性投机则会放大汇率风险，迫使货币当局不得不采取固定汇率制。

第五，外汇管制的程度。严格的外汇管制限制了外汇和资本的国际流动，扭曲了价格信号，使实际汇率与名义汇率背离，汇率浮动的有利之处不能得到发挥。

3. 宏观经济冲击的来源及性质

如果冲击来自国内且属于名义量的变化（货币供给、货币需求的异常波动），则固定汇率制优于浮动汇率制。如果冲击属于实质经济的变化（来自国内或国外的，如消费需求从国产品转向进口品），那么浮动汇率制是较好的选择。国内名义量变化产生的冲击具有整体性。与其他冲击相比，较少地影响国内商品的比价关系，实行固定汇率制的空间和余地较大。

4. 国家的信誉

国家信誉度与汇率灵活性之间存在此消彼长的替代关系。一般认为，出于稳定物价的目的而宣布实行固定汇率制表明了政府反通货膨胀的决心。当国家的信誉度在重压之下越来越脆弱时，应该及早放弃固定汇率制，否则该汇率制度也将被市场力量摧毁。对于没有建立起健全的财政、货币政策体系的发展中国家来说，固定汇率制简便易行，透明度高。

一个经济规模宏大、对外贸易依存度较低、国内金融市场发达并与国际金融市场联系密切的多元化国家，一般倾向于货币单独浮动。反之，则一般倾向于实行固定汇率制或盯住汇率制。例如，随着中国经济实力的增强和金融市场的发展，汇率制度也从固定汇率制逐步转变为有管理的浮动汇率制。

二、汇率概述

汇率（exchange rate）指一种货币与另一种货币兑换的比率，也就是以一种货币表示的另一种货币的相对价格（比如，美元/英镑，或英镑/美元）。汇率是货币具有的一种价格，是一种金融资产价格。一国货币有其对内价值及对外价值，利率是一国货币对内价值的体现，而汇率是一国货币对外价值的体现。汇率同利率一样，都是重要的金融变量。汇率又称为汇价、外汇行市、外汇牌价或外汇兑换率。一般来说，两种货币中被报价的货币称为基础货币，单位通常是 1 或 100，表示基础货币相对价格的货币称为报价货币。如每 100 美元价值人民币 827.25 元，其中美元为基础货币也叫被报价货币，人民币为报价货币。

1. 直接标价法

直接标价法（direct quotation）是以一定单位的外币为基准，将其折合为若干本国货币的报价方法，即以本国货币表示外国货币的价格。例如，2013 年 10 月 4 日中国公布的美元兑人民币牌价是 USD1 = CNY6.121 8，同一天美国纽约外汇市场公布欧元兑美元的牌价为 EUR1 = USD 1.347 0。

直接标价法的特点是：在直接标价下，外国货币的数量固定不变（为一定单位），本国货币的数量随外国货币或本国货币的币值的供求变化而变动，升高时则表明本币币值下降，外汇汇率上升；反之，若是下降，则表明本币币值上升，外汇汇率下降。可见，在直接标价法下，汇率的升降与本币对外价值的高低成反比。目前，除英镑、欧元和美元外，世界上绝大多数国家的货币都采用直接标价法。中国国家外汇管理局公布的外汇牌价也采用直接标价法。

2. 间接标价法

间接标价法（indirect quotation）是以一定单位的本币为基准，将其折合为若干外国货币的报价方法，即以外国货币表示本国货币的价格。如 2013 年 10 月 4 日纽约外汇市场美元对日元的报价为 USD1 = JPY98.631 0。间接标价法的特点与直接标价法正好相反，即本国货币的数量固定不变（为一定单位），外国货币的数量随本国货币或外国货币的币值的供求变化而变动，升高时则表明本币币值上升，外汇汇率下降；反之，若是下降，则表明本币币值下降，外汇汇率上升。

世界上采用间接标价法的国家主要是英国和美国两个国家，英镑和美元都曾经是世界上最主要的货币之一。欧元出现后，也成为世界最主要的货币之一，所以其报价也采用间接标价法。

第二次世界大战后，由于美元的特殊国际地位，大多数国家一般都会报出本国货币与美元的牌价。所以，还有一种约定俗成的美元标价法，即以一定单位的美元为基准，将其折合成若干他国货币的标价方法。目前，在国际外汇市场上，货币的报价除了英镑、澳大利亚元和欧元之外，大都采用美元标价法。因此，美元标价法对除了美国之外的其他国家来说，是直接标价法，而对美国来说，则属于间接标价法。

三、汇率变动的因素及经济影响

汇率变动取决于国际收支、通货膨胀、经济增长以及政府宏观经济政策等多方面的因素。反过来，汇率的变动也会对上述各因素产生重要的影响，因为汇率变动，可以转换国内商品与进口商品的需求导向；可以改变资金在内向型和外向型企业部门间的分配，可以改变名义资产的实际价格比，从而对整个经济中需求和支出产生影响；还可使价格、工资和消费水平发生变动等。

（一）影响汇率变动的因素

在纸币制度下，国际汇率体系经历了布雷顿森林体系下的固定汇率和 70 年代以后的浮动汇率两个时期。纸币制度下的汇率无论是固定的还是浮动的，都已失去保持稳定的基础，任何能够引起供求关系变化的因素都会造成外汇行市的波动。

纸币制度下，影响汇率变动的主要因素有以下几个方面。

1. 国际收支差额

一国国际收支差额既受到汇率变化的影响，又会影响到外汇供求关系和汇率变化。其中，贸易收支差额又是影响汇率变化最重要的因素。当一国有较大的国际收支逆差或贸易逆差时，说明本国外汇收入比外汇支出少，对外汇的需求大于外汇的供给，外汇汇率上涨，本币对外币贬值；反之，当一国处于国际收支顺差或者贸易顺差时，说明本国出口等外汇收入增加，进口等外汇支付较少，外汇供给大于支出，同时外国对本国货币需求增大，会造成本币对外升值，外汇汇率下跌。

国际收支或贸易收支逆差导致本币贬值，国际收支或贸易收支顺差导致本币升值可以在大多数现实的例子中得以证实。第二次世界大战后初期，美国巨额的贸易顺差促使美元供不应求，出现“美元荒”，为美元成为中心货币奠定了基础；而 60 年代以后美国巨额的国际收支逆差又迫使美元在 1971 年和 1973 年两次大幅度贬值。80 年代中期以后美国对日本持续大量的贸易逆差也是导致美元对日元不断贬值，日元对美元汇率步步攀升的主要原因。

2. 利率水平

利率也是货币资产的一种“特殊价格”。在开放经济和市场经济条件下，利率水平变化与汇率变化息息相关。主要表现在当一国提高利率水平或本国利率高于外国利率时，会引起资本流入该国，由此对本国货币需求增大，使本币升值、外汇贬值；反之，当一国降低利率水平或本国利率低于外国利率时，会引起资本从本国流出，由此对外汇需求增大，使外汇升值、本币贬值。

一国提高利率水平多数情况下是为了紧缩国内银根，控制投资的扩大和经济过热，它对外汇市场的作用就是使本币在短期内升值；而一国降低利率水平则主要是为了放松银根，刺激投资的增加和经济增长，它对外汇市场的作用就是使本币在短期内贬值。这是货币政策手段之一的贴现率政策实施的结果，各国货币当局往往通过调整中央银行的贴现率来促使利率水平的变化。正是因为利率对汇率的这种作用，一国政府可以将调整贴现率作为干预资本流动和汇率变化的措施。当然，这种做法必然影响到国内经济状况，效果也是短期的。

3. 通货膨胀的因素

纸币制度下，货币所代表的实际价值（用货币购买力来体现）是汇率决定的基础。纸币制度的特点决定了货币的实际价值是不稳定的，通货膨胀以及由此造成的纸币实际价值与其名义价值的偏离几乎在任何国家都是不可避免的，而这必然引起汇率水平的变化。具体地说，一国通货膨胀率提高，货币购买力下降，纸币对内贬值，其对外汇率下跌。进一步说，汇率是两国货币之比价，其变化受制于两国通货膨胀程度之比较。如果两国都发生通货膨胀，则高通货膨胀国家的货币会对低通货膨胀的国家的货币贬值，而后者则对前者相对升值。

4. 财政、货币政策

一国政府的财政、货币政策对汇率变化的影响虽然是较为间接的，但也是非常重要的。一般来说，扩张性的财政、货币政策造成的巨额财政收支逆差和通货膨胀，会使本国货币对外贬值；紧缩性的财政、货币政策会减少财政支出，稳定通货，而使本国货币对外升值。但这种影响是相对短期的，财政、货币政策对汇率的长期影响则要视这些政策对经济实力和长期国际收支状况的影响如何，如果扩张政策能最终增强本国经济实力，促使国际收支顺差，那么本币对外价值的长期走势必然会提高，即本币升值；如果紧缩政策导致本国经济停滞不前，国际收支逆差扩大，那么本币对外价值必然逐渐削弱，即本币贬值。

5. 投机资本

随着浮动汇率制度的产生以及西方各国对外汇管制和国际资本流动管制的放松，外汇市场投机活动已经十分普遍。因此，投机资本对市场供求关系和外汇行市的影响也就不容忽略。但是，投机资本对汇率的作用是复杂多样和捉摸不定的。有时投机风潮会使外汇汇率跌宕起伏，失去稳定；有时投机交易则会抑制外汇行市的剧烈波动。例如，当国际金融市场上出现利率、汇率等价格的地区差或时间差，或者利率预期、汇率预期发生变化时，必然会吸引大批国际游资（Hot Money）涌入外汇市场，这会增大外汇交易规模，加剧汇率波动；而当外汇市场汇率高涨或暴跌时，投机性的卖空、买空交易会抑制涨跌势头，起到平抑行市的作用。

6. 政府的市场干预

尽管第二次世界大战后西方各国政府纷纷放松了对本国的外汇管制，但政府的市场干预仍是影响市场供求关系和汇率水平的重要因素。当外汇市场汇率波动对一国经济、贸易产生不良影响或政府需要通过汇率调节来达到一定政策目标时，货币当局便可以参与外汇买卖，在市场上大量买进或卖出本币或外汇，以改变外汇供求关系，促使汇率发生变化，这就是作为货币政策之一的“公开市场业务”。为进行外汇市场干预，一国需要有充足的外汇储备，或者建立专门的基金，如外汇平准基金、外汇稳定基金等，保持一定数量，随时用于外汇市场的干预。政府干预汇率往往是在特殊情况下（如市场汇率剧烈波动、本币大幅度升值或贬值等），或者为了特定的目标（如促进进出口、改善贸易状况等）而进行的，它对汇率变化的作用一般是短期的。

7. 一国经济实力

一国经济实力的强弱是奠定其货币汇率高低的基础，而经济实力强弱通过许多指标表现出来。稳定的经济增长率、低通货膨胀水平、平衡的国际收支状况、充足的外汇储备以及合理的经济结构、贸易结构等都标志着一国较强的经济实力，这不仅形成本币币值稳定和坚挺的物质基础，也会使外汇市场上人们对该货币的信心增强。反之，经济增长缓慢甚至衰退、高通货膨胀率、国际收支巨额逆差、外汇储备短缺以及经济结构、贸易结构失衡，则标志着一国经济实力差，从而本币失去稳定的物质基础，人们对其信心下降，对外不断贬值。与其他因素相比较，一国经济实力强弱对汇率变化的影响是较长期的，即它影响汇率变化的长期趋势。

8. 其他因素

在现代外汇市场上，汇率变化常常是十分敏感的，一些非经济因素、非市场因素的变化往往也会波及外汇市场。一国政局不稳定、有关国家领导人的更替、战争爆发等等，都会导致汇率的暂时性或长期性变动。其原因在于无论是政治因素、战争因素或其他因素，一旦发生变化，都会不同程度地影响有关国家的经济政策、经济秩序和经济前景，从而造成外汇市场上人们的心里恐慌，人们或者寻求资金安全、保值，或者乘机进行投机、获利，都会进行迅速的外汇交易，引起市场行情的波动。另外，诸如黄金市场、股票市场、石油市场等其他投资品市场价格发生变化也会引致外汇市场汇率联动。这是由于国际金融市场一体化，资金在国际间的自由流动，使得各个市场间的联系十分密切，价格的相互传递成为可能和必然。

（二）汇率变动的经济影响

1. 汇率变动对贸易收支的影响

相对稳定的汇率，有利于进出口贸易成本的计算和利润的核算，促进生产和进出口贸易的发展。汇率不稳定，必然增加国际贸易的风险，在贸易双方不能准确地计算进出口贸易的成本和收益的情况下，显然很难顺利有效地进行贸易。汇率变动对贸易收支的具体影响，一般认为，一国本币汇率下跌有利于扩大出口，限制进口，促进贸易收支的改善。但从实际情况看，一国货币贬值能否改善国际收支，关键取决于进出口商品的需求弹性和供给弹性。进出口商品的需求弹性越大，货币贬值才能引起更大的需求，供给弹性越大，货币贬值才可以提供更大的市场供给。在这样的条件下，货币贬值可以有效地改善国际收支。那么究竟在什么具体条件下，货币贬值才能发挥对国际收支应有的调节作用呢？这里有一个条件，即马歇尔—勒纳条件：只有当一国进口需求的价格弹性和出口需求的价格弹性之和的绝对值大于1，其货币的贬值才能有效地使国际收支得到改善。

2. 汇率变动对非贸易收支的影响

汇率变动对非贸易收支的影响主要表现在两个方面。第一，汇率变动可以影响无形贸易。一国汇率降低意味着外币的购买力相对提高，本国商品和劳务相对低廉，这有利于该国旅游和其他劳务收支的改善。第二，汇率变动影响单方转移收支情况。一国货币汇率下跌，如果国内价格不变或上涨相对缓慢，对该国的单方转移收支发生不利的影响。

3. 汇率变动对国际资本流动的影响

汇率变动对国际资本流动的影响非常复杂，国际资本流动主要是为了追求利润与资金安全。本币汇率上升，本币的购买力增强，从而会刺激本国资本扩大对外投资。本币贬值对资本流动的影响，取决于贬值如何影响人们对该国货币今后变动趋势的预期。如果本币贬值后人们预期贬值的幅度不够，那么汇率还会进一步的贬值。贬值对国际资本流动的长期影响和短期影响也有所不同。长期资本流动主要取决于劳动生产率、资本利润率的高低。一国货币贬值对外国投资者有相互矛盾的影响。本国货币贬值意味着等量的外国货币可以在本国支配更多的资源，吸引长期资本流入该国；同时本币贬值也意味着外国投资者的生产成本（特别是依赖进口较多的投资者）增加，它对长期资本流动会起到相反的作用，因为这将使外商投资利润汇回本国时遭受损失。短期资本流动对货币贬值的反应更为敏锐。当一国货币开始贬值，为了避免持有该国货币可能遭受的损失，本国货币会发生资本外逃，另外，存放在本国银行的短期国际资本或其他投资（如证券等）也会调往国外。有时上述行为加剧了本币贬值。如该国货币贬值，并已到位，在具备投资环境的条件下，投资者不再担心贬值受损，外逃的资本就会抽回国内。需要说明的是，汇率变动对资本流动的上述影响，是以利率、通货膨胀等因素不变或是相对缓慢变动为前提的。

4. 汇率变动对外汇储备的影响

就储备货币的汇率变动来看，汇率变动会改变储备货币的实际价值。某种货币升值，那么，持有这种储备货币的国家就会增加收益，但是发行该货币的国家就会增加债务；如果某种储备货币贬值了，持有这种储备货币的国家就会遭受损失。长期来看，储备货币汇率的变动可以改变外汇储备资产的结构。汇率看涨的货币，在外汇储备中的比重就会提高；汇率看跌的货币，在外汇储备中的比重就会下降。

5. 汇率变动对物价的影响

贬值对国内物价水平的影响是复杂的。根据需求理论，在进出口产品的需求弹性比较高的前提下，本国货币贬值可以提高进口商品的国内价格、降低出口产品的国外价格。通过相对价格的变化，进口减少，出口增加，从而使生产进口替代品和生产出口品的国内产业得以扩张。因此，贬值可以从这两方面分析，在贬值对国内物价上涨压力的情况下，带动国内产量与就业的增长。但是，在实践中，贬值不一定会达到上述的理想结果。因为贬值会通过各种传导机制，反作用于国内经济的运行，抵消贬值带来的好处。贬值对国内物价的影响，并不像传统理论所说的那样，仅仅取决于进口商品和出口商品的需求弹性，还取决于国内的整个经济制度、经济结构和人们的心理预期。只有当进出口商品的需求弹性都比较高，并且从整体上来讲，工资收入者和企业对生活费用和生产成本的上升反应不灵敏，政府采取必要的措施来抵消进出口物价上涨的影响时，货币贬值对物价的影响才能较有效地得到控制。

6. 汇率变动对产业结构和资源配置的影响

根据与汇率变动关系是否密切，可以将产业结构划分为国际贸易部门和非国际贸易部门两大块。国际贸易部门的产品主要用于国际贸易，非国际贸易部门的产品主要用于国内消费。本币贬值后，出口产品在国外市场的竞争力提高，出口扩大，整个贸易部门的利润率就会高于非贸易部门，由此会诱使资源流向出口产品制造业或出口贸易部门。这样一来，整个经济体系中贸易出口部门或出口产品制造业所占的比重就会扩大，从而提高本国的对外开放程度，更多的产品将加入同外国产品相竞争的行列。另一方面，货币贬值后，进口商品的价格提高，使原来的对进出口商品的一部分需求转向了本国商品的需求，这样，使国内某些内销产品行业也得到了较快的发展。

案　例

人民币升值原因及影响

2013 年 9 月 27 日外汇局发布 2013 上半年中国国际收支报告，报告显示，人民币对主要货币双边和一篮子多边汇率升值。2013 年 6 月末，人民币对美元汇率中间价为 6. 178 7 元/美元，较 2012 年末升值 1.7% （如图 11 – 1），2005 年人民币汇率形成机制改革以来累计升值 34% 。

图 11 – 1　2013 年上半年人民币对美元、欧元和日元汇率中间价走势

数据来源：中国外汇交易中心

根据国际清算银行（BIS）的数据，2013 年上半年人民币对一篮子货币的名义有效汇率累计升值 5.9%，扣除通货膨胀因素的实际有效汇率累计升值 5.7%，在 BIS 监测的 61 种货币中升值幅度分别居第 1 位和第 3 位（见图 11－2、11－3）。2005 年汇改以来，人民币名义和实际有效汇率累计分别升值 30.5% 和 39.3%，在 BIS 监测的 61 个经济体货币中升值幅度分别居第 1 位和第 2 位。

图 11－2　1994 年 1 月—2013 年 6 月人民币有效汇率走势

数据来源：国际清算银行

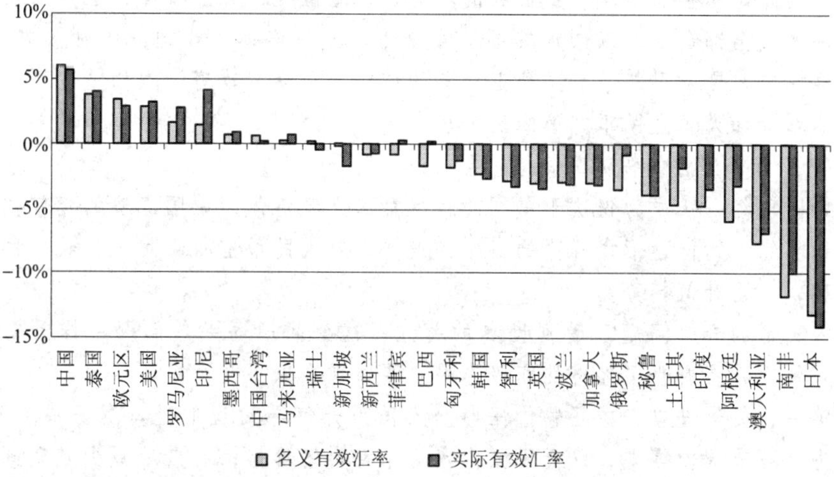

图 11－3　2013 年上半年主要发达经济体和新兴市场货币有效汇率变动

数据来源：国际清算银行

进入 21 世纪以来，全球经济低迷，许多西方国家面临着通货紧缩的巨大压力，与此同时中国经济却与之截然相反，保持着高速增长的态势。在复杂的经济和政治形势下，人民币升值主要是由以下几个原因引起的：

(1) 政治因素——美国和日本政府的施压

2002年2月22日，日本财务大臣盐川正十郎在OECD七国集团会议上向其他六国提交通过提案，要求逼迫人民币升值。日本政府认为中国向全球特别是亚洲国家输出了通货紧缩，这是日本要求人民币升值的主要原因。2003年6月起，人民币升值的主要外部压力从日本转向了美国。2003年6月和7月美国财政部长John Snow和美联储主席Alan Greenspan先后公开发表谈话，希望人民币选择更具弹性的汇率制度，认为盯住汇率制度最终会损害到中国经济。美国方面希望人民币升值的主要理由是中国的货币操纵造成了美国严重的制造业失业问题。他们认为，中国故意操纵货币的汇率，人民币存在着严重的低估现象。正是这一现象使美国的制造业发展出现萎缩，企业大量倒闭，带来了严重的失业现象，到2003年6月美国的失业率已经达到了6.4%，其中90%的失业是制造业的失业，而且美国对中国的贸易赤字在过去几年里也大幅增加，中国由此累积了巨额的外汇储备，到2004年底已经达到了6 099亿美元。由此，美国政府向中国政府施压，逼迫人民币升值。

(2) 巨额的国际收支顺差

"国际收支决定论"认为，一国的国际收支状况是影响汇率最直接的因素之一。当一国有较大的国际收支逆差时，对外汇的需求大于外汇的供给，本币对外贬值；反之则会造成本币升值。从国际收支状况看，我国的经常项目和资本项目收支从1994年人民币汇率并轨以来一直维持较大的顺差。特别是近几年，我国成为全球最大的资本流入国，每年FDI高达500亿美元左右。而且自1985年以来，我国开始对企业出口产品征收的产品税、增值税、营业税等，在产品出口后将其部分或全部退回，以增加其国际竞争力。此举增加了我国的国际收支顺差，进而在一定程度上引起了我国外汇储备的增加。在没有政府干预的情况下，外汇储备的增加加大了人民币升值的压力。

(3) 综合国力的提高

中国已经一跃成为仅次于美国的世界第二大经济体，中国经济的稳定快速增长与世界经济的低迷形成鲜明的对比，投资者对人民币信心十足，导致人民币需求旺盛，产生升值趋势。

人民币的升值问题已受到世界的关注，这个问题同一般问题一样具有两面性。人民币升值对我国经济的积极影响主要体现在以下几个方面：

第一，促进进口，减轻物价压力。人民币升值导致我们进口贸易成本降低，扩大进口环节国内需求，降低了国内市场原材料的价格，有效地减少了我国的输入型通胀压力。与此同时，进口的增加抑制了国内可替代性产品的价格上涨，降低了整体的物价水平，缓解了目前国内市场物价过度上涨的压力。

第二，促进产业结构的调整，促使资金向资本密集行业流动。人民币升值促进进口贸易的发展，使得劳动密集型行业转向资本密集型行业，产业结构随之发生调整。资本流入高科技高附加值的行业，可以加速我国科技产业的发展，提高我国的综合竞争力。

第三，缓解国际贸易摩擦。欧美国家对人民币的不断打压和贸易制约，是希望通过人民币升值降低他们的出口成本，增加他们产品的竞争力。人民币升值对缓解我国的贸易纠纷和摩擦发挥了积极的作用。

人民币升值在一定程度上对我国经济发展有利好作用，但是也有一定弊端。例如，一方面人民币升值使得我国的外汇储备缩水，降低出口企业竞争力，另一方面汇率上升使得国际市场热钱迅速流入我国，不但增加了人民币继续升值的压力，还增加了我国金融市场的不稳定性，影响我国经济的稳定发展。从长远来看，人民币升值对我国的市场重组和产业结构调整，以及劳动密集型产业向资本密集型产业的调整，都有着不可小觑的作用。综合来看，人民币升值对于我国经济发展的利好作用要大于其短期的弊端。

第三节　金融危机的经济分析

由于货币运动与商品资本运动相对分离，国际资本大规模地膨胀，货币供应量远远超过经济增长的需要，于是多余的资金便脱离商品资本运动的轨道而游离于国际金融市场，汇成一股巨大的投机牟利资本，像脱缰的野马一样难以驾驭。同时，国际金融市场的迅速发展，金融的国际化、自由化，现代通讯技术的发达，金融衍生工具的不断创新，也为国际游资流动范围的扩大，冲击力度的增强提供了条件。这在一定程度上集聚了区域间，甚至全球范围内的金融风险，引发了金融危机的发生。

一、金融危机的概念和类型

金融危机在《新帕尔格雷经济学大辞典》中的定义是“全部或大部分金融指标——短期利率、资产证券、房地产、土地价格、商业破产数目和金融机构倒闭数量的急剧、短暂和超周期的恶化”。这一定义采用金融指标对金融领域的描述，说明了金融危机所具有的三层含义：（1）金融危机是金融状况的恶化；（2）金融危机时的金融恶化涵盖了全部或大部分金融领域；（3）金融危机时的金融恶化具有突发的性质，它是急剧、短暂和超周期的。

根据 IMF 在《世界经济展望 1998》中的分类，金融危机大致可以分为以下四大类：

（1）银行业危机。它是指银行过度涉足高风险行业，从而导致资产负债严重失衡，呆账负担过重而使资本运营呆滞，导致储户对银行丧失信心从而发生挤提，银行最终破产倒闭。1907 年美国银行危机爆发，纽约一半左右的银行贷款都被高利息回报的信托投资公司作为抵押投在高风险的股市和债券上，整个金融市场陷入极度投机状态；20 世纪 80 年代的美国 Savings and Loans（S&Ls）储贷业危机，大量的银行破产，由 1989 年的 2600 家锐减到 1987 年的 1481 家；20 世纪 90 年代中期的日本和东南亚金融危机中的各个国家也曾发生大批金融机构的经营困难和破产倒闭。

(2) 债务危机 (debt crisis)。它是指在国际借贷领域中大量负债，超过了借款者自身的清偿能力，造成无力还债或必须延期还债的现象。衡量一个国家外债清偿能力有多个指标，其中最主要的是外债清偿率指标，即一个国家在一年中外债的还本付息额占当年或上一年出口收汇额的比率。一般情况下，这一指标应保持在 20% 以下，超过 20% 就说明外债负担过高。

(3) 货币危机。货币危机又称国际收支危机，是指对于某种货币购买力或汇兑价值投机性冲击导致货币币值的急剧下降，而当局为维护本币币值又迅速地耗尽外汇储备引发的危机。从广义来看，一国货币的汇率变动在短期内超过一定幅度，就可以称为货币危机，有的学者认为这个幅度为 15% ~20% 。就其狭义来说，货币危机是与对汇率波动采取某种限制的汇率制度相联系的，主要发生于固定汇率制度下，它是指市场参与者在对一国的固定汇率失去信心的情况下，通过外汇市场进行抛售等操作，最终导致该国固定汇率制度崩溃、外汇市场持续动荡的带有危机性质的事件的发生。如 1992—1993 年的欧洲货币体系危机就是典型的货币危机。

(4) 系统性金融危机。它是指主要金融领域都出现严重混乱，货币危机、银行危机和外债危机等相继发生，又称“全面金融危机”。近些年来，金融危机越来越表现为多种危机的混合形式，难以严格区分为哪一类，并且在不同类型之间不断演变。典型的混合型危机如日本的经济衰退、东南亚金融危机以及美国次贷危机，都是货币危机、资本市场危机和银行危机相互交织在一起。

二、历次经济危机的金融分析

20 世纪 90 年代以来，频繁爆发的金融危机给各国经济带来了极大的危害。从历史上看，早期比较典型的金融危机有荷兰的“郁金香狂热”、英格兰的南海泡沫、法国的密西西比泡沫以及美国 1929 年的大萧条等等。由于篇幅所限，本文仅回顾20 世纪 90 年代以来所发生的重大金融危机，并重点对 1997 年以后的金融危机进行分析。

(一) 1992—1993 年的欧洲货币危机

90 年代初，两德合并。为了发展东部地区经济，德国于 1992 年 6 月 16 日将其贴现率提高至 8.75% 。结果马克汇率开始上升，从而引发欧洲汇率机制长达 1 年的动荡。金融风波接连爆发，英镑和意大利里拉被迫退出欧洲汇率机制。欧洲货币危机出现在欧洲经济货币一体化进程中。从表面上看，是由于德国单独提高贴现率所引起，但是其深层次原因是欧盟各成员国货币政策的不协调，从而从根本上违背了联合浮动汇率制的要求，而宏观经济政策的不协调又与欧盟内部各成员国经济发展的差异紧密相连。

（二）1994—1995 年的墨西哥金融危机

1994 年 12 月 20 日，墨西哥突然宣布比索对美元汇率的波动幅度将被扩大到 15%，由于经济中长期积累的矛盾，此举触发市场信心危机，结果人们纷纷抛售比索，1995 年初，比索贬值 30%。随后股市也应声下跌。比索大幅贬值又引起输入的通货膨胀，这样，为了稳定货币，墨西哥大幅提高利率，结果国内需求减少，企业大量倒闭，失业剧增。在国际援助和墨西哥政府的努力下，墨西哥的金融危机在 1995 年以后开始缓解。墨西哥金融危机爆发的主要原因有三：第一，债务规模庞大，结构失调；第二，经常项目持续逆差，结果储备资产不足，清偿能力下降；第三，僵硬的汇率机制不能适应经济发展的需要。

（三）1997—1998 年的亚洲金融危机

源于 1997 年的亚洲金融危机，席卷东南亚各国数十年的发展成果，这次危机的发展过程十分复杂。大体上可以分为三个阶段：

第一阶段：在 1997 年 7 月 2 日，泰国宣布放弃固定汇率制，实行浮动汇率制，引发了一场遍及东南亚的金融风暴。当天泰铢兑换美元的汇率下降了 17%，外汇及其他金融市场一片混乱。在泰铢波动的影响下，菲律宾比索、印度尼西亚盾、马来西亚林吉特相继成为国际炒家的攻击对象。10 月下旬，国际炒家移师国际金融中心香港，矛头直指香港联系汇率制。国际金融炒家的剧烈攻击使得香港恒生指数跌破 9 000 点大关。面对国际金融炒家的猛烈进攻，香港特区政府重申不会改变现行汇率制度，恒生指数上扬，再上万点大关。11 月中旬，韩国也爆发金融风暴，虽然国际货币基金组织向韩国提供了帮助，但韩元对美元的汇率还是下降到了 1 737.60∶1。韩元危机也冲击了在韩国有大量投资的日本金融业。1997 年下半年日本的一系列银行和证券公司相继破产。于是，东南亚金融风暴演变为亚洲金融危机。

第二阶段：1998 年初，印尼金融风暴再起，面对有史以来最严重的经济衰退，国际货币基金组织为印尼开出的药方未能取得预期效果。受印尼金融风暴的影响，东南亚汇市再起波澜，新元、马币、泰铢、菲律宾比索等纷纷下跌。直到 4 月 8 日印尼同国际货币基金组织就一份新的经济改革方案达成协议，东南亚汇市才暂告平静。1997 年爆发的东南亚金融危机使得与之关系密切的日本经济陷入困境。日元汇率从 1997 年 6 月底的 115 日元兑 1 美元跌至 1998 年 4 月初的 133 日元兑 1 美元；5、6 月间，日元汇率一路下跌，一度接近 150 日元兑 1 美元的关口。随着日元的大幅贬值，国际金融形势更加不明朗，亚洲金融危机继续深化。

第三阶段：1998 年 8 月初，乘美国股市动荡、日元汇率持续下跌之际，国际炒家对香港发动新一轮进攻，恒生指数一直跌至 6 600 多点。香港特区政府予以回击，金融管理局动用外汇基金进入股市和期货市场，吸纳国际炒家抛售的港币，将汇市稳定在 7.75 港元兑换 1 美元的水平上。经过近一个月的苦斗，国际炒家损失惨重，无法实现把香港作为“超级提款机”的企图。在亚洲各国的共同努力下，金融危机在1999年结束。

1997年金融危机的爆发，有多方面的原因，总结起来可以分为直接触发因素、内在基础性因素和世界经济因素三个方面。

1. 直接触发因素包括：（1）国际金融市场上游资的冲击。国际炒家一旦发现在哪个国家或地区有利可图，马上会通过炒作冲击该国或地区的货币，以在短期内获取暴利。（2）亚洲一些国家的外汇政策不当。它们为了吸引外资，一方面保持固定汇率，一方面又扩大金融自由化，给国际炒家提供了可乘之机。（3）为了维持固定汇率制，这些国家长期动用外汇储备来弥补逆差，导致外债的增加。（4）这些国家的外债结构不合理。在中期、短期债务较多的情况下，一旦外资流出超过外资流入，而本国的外汇储备又不足以弥补其不足，这个国家的货币贬值便是不可避免的了。

2. 内在基础性因素包括：（1）透支性经济高增长和不良资产的膨胀。当高速增长的条件变得不够充足时，为了继续保持速度，这些国家转向靠借外债来维护经济增长。但由于经济发展的不顺利，到20世纪90年代中期，亚洲有些国家已不具备还债能力。（2）市场体制发育不成熟。即包括政府过度干预资源配置，又包括金融体制尤其是监管体制的不完善。（3）“出口替代”型模式的缺陷。“出口替代”型模式是亚洲不少国家和地区经济成功的重要原因。但这种模式也存在着三方面的不足：一是当经济发展到一定的阶段，生产成本会提高，出口会受到抑制，引起这些国家国际收支的不平衡；二是当这一出口导向战略成为众多国家的发展战略时，会形成它们之间的相互挤压；三是产品的阶梯性进步是继续实行出口替代的必备条件，仅靠资源的廉价优势是无法保持竞争力的。亚洲这些国家在实现了高速增长之后，没有解决上述问题。

3. 世界经济因素主要包括：（1）经济全球化带来的负面影响。经济全球化使世界各地的经济联系越来越密切，但由此而来的负面影响也不可忽视，如民族国家间利益冲撞加剧，资本流动能力增强，防范危机的难度加大等。（2）不合理的国际分工、贸易和货币体制，对发展中国家不利。在生产领域，仍然是发达国家生产高技术产品和高新技术本身，产品的技术含量逐级向欠发达、不发达国家下降，最不发达国家只能做装配工作和生产初级产品。在交换领域，发达国家能用低价购买初级产品和垄断高价推销自己的产品。

（四）1998年俄罗斯金融危机

1998年5月俄罗斯金融局势开始发生动荡，突出表现是卢布兑美元的比价由6:1下跌到6.3:1以及短期国债收益率突破80%。1998年8月17日，俄罗斯政府和中央银行被迫宣布提高卢布“外汇走廊”上限，即把原来5.1至7卢布兑1美元的限制，提高到6至9.5卢布兑1美元，卢布实际贬值幅度高达50%。这标志着俄罗斯政府失信于民，金融危机不可避免地爆发了。

从1998年8月17日到9月4日，俄罗斯的股市、债市和汇市基本上陷于停盘交易状态，银行已无力应付居民提款兑换美元，整个金融体系和经济运行几乎陷于瘫痪。1998 年 9 月 4 日，俄罗斯政府被迫宣布允许卢布自由浮动，卢布兑美元的比价猛跌至 17:1（非官方的银行间交易价为 22:1）。由此带来俄罗斯的企业和银行倒闭、物价飞涨、经济衰退。

俄罗斯金融危机的爆发，是在国际社会提供大量援助的条件下发生的，不像东南亚金融危机那样有国际投机资本操纵的背景和导火索。这说明俄罗斯金融危机的根源在于国内的政治和经济因素。导致俄罗斯金融危机的主要因素涉及以下几个方面：

1. 财政收支不平衡，税款收不上来，债务负担沉重。俄罗斯当时有 200 多个税种，而且税率也比较高，但因经济秩序混乱，偷税、漏税和抗税比较严重，导致国家财政入不敷出，而政府又指望通过发行短期债券和对外大量借款来筹措资金，结果又导致严重的债务危机。这种债务危机集中体现在四个方面：（1）截至 1998 年 7 月底，外债为 1 300 亿美元，内债为 700 亿美元，内外债总额已高达 2 000 亿美元，占国内生产总值比重的 43.5%。（2）1998 年上半年采取“血本”筹资的办法，短期国债利率高达 50% ~150%，致使 1998 年下半年需要支付的债务利息高达 60 ~ 70 亿美元。（3）长期拖欠工资和养老金，累计已达 120 多亿美元，且每月还将增加约 17 亿美元。（4）债券市场陷入崩溃。1998 年 8 月底，债券市场上的短期债券收益率已超出 300%，19 个州和共和国的地方政府拒付债券本息，外资也从债券市场上撤资约 100 亿美元，因而政府现已无法再从债券市场上筹集资金，用于弥补财政赤字。

2. 金融秩序混乱，本币信誉低下，银行呆账太多。（1）俄罗斯金融业并不发达，但金融机构却林立丛生。当时俄罗斯约有商业银行 1 800 家，其中半数以上其资产总额在 15 万美元以下。这些商业银行主要从事高息揽存和金融市场的投机活动。（2）俄罗斯中央银行作为唯一货币发行机关，不具有超然独立地位，不能有效履行货币调控和金融监管的职责。主要表现在三个方面：一是在政府的干预下靠大量增发货币来维持财政开支和救助商业银行；二是调控方式不灵活；三是具有明显的盈利倾向。（3）俄罗斯企业和居民对本国金融机构和本币不信任。企业和居民不往本国内的银行里存钱。（4）企业相互之间拖欠资金。同时，由于俄罗斯金融市场，特别是短期债券和拆借市场的收益率水平太高，一般为 50% ~200%，致使企业根本不进行实物资产的投资，有钱就购买短期债券或委托拆借投资。（5）金融犯罪活动猖獗，尤其是企业和银行相互勾结，违法违规操作，形成影子经济和地下经济，使投融资活动的投机性和风险性加大。

3. 资源品出口受阻，粮食产量下降，工业生产萎缩。资源品出口特别是石油和天然气的出口，是俄罗斯取得外汇的主要手段。受国际石油价格持续下滑和世界性工业品供给过剩的影响，俄罗斯出口贸易受到沉重打击。1998 年上半年，俄罗斯还面临严重干旱的威胁，夏粮产量比 1997 年同期减少了 2 000 万吨，引起粮价全面上涨。俄罗斯工业生产也因煤矿工人持续罢工和拖欠工资、养老金的影响而遭受沉重打击，1998 年工业生产增长率将由去年的 1.9% 变为 -3%。与此同时，1998 年上半年俄罗斯失业率比 1997 年同期增加了 1 个百分点，达到 9%；

居民实际收入水平则比1997年同期下降了10%。这些情况综合说明，俄罗斯现实经济已面临衰退与通胀的困扰，必然会导致金融风潮。

4. 政局动荡。俄罗斯政局动荡由来已久。1998年3月俄罗斯总统提名年仅35岁的基里延科为总理，遭到议会下院的强烈反对。虽然总统强制提名和议会下院三次表决勉强通过，但政府与议会之间的政治斗争重新激化。在新一轮政治格斗的时刻，政府提出的经济改革方案和摆脱财政金融困境的大政方针，肯定会遭到议会的强烈反对或拖延表决。基里延科下台，并未根本解决政府与议会之间的政治矛盾，这对解决日益深重的金融危机极为不利。

(五) 1999年巴西金融危机

1999年1月6日，巴西第三大州米纳斯吉拉斯州政府宣布，该州欠联邦政府的134亿美元债务拖延90天偿还，这一消息成为引发巴西金融危机的导火索。延期还债动摇了市场信心，外国投资者加速撤资，大量资金外流，仅1999年1月12日一天就流出12亿美元，1月份共流失约54亿美元。

在外汇储备大量流失的情况下，巴西政府希望通过高利率政策来保持雷亚尔汇率稳定，阻止资本外逃。在很短时间内，巴西中央银行将其基准利率从34%提高到37%，再提高到41%，但是，在盯住美元的汇率制度安排下，高利率并不能改变资本外逃和雷亚尔贬值的趋势。雷亚尔曾一度跌到1美元兑换2.17雷亚尔，许多商业银行出现了挤兑风波。

1999年1月13日，洛佩斯正式宣布改革爬行盯住美元的汇率制度，扩大雷亚尔对美元的浮动区间，即从1.12—1.20雷亚尔兑1美元扩大到1.22—1.32雷亚尔兑1美元，雷亚尔随之急剧贬值，包括巴西在内的全球主要股市大幅下挫。1月15日，巴西中央银行再次放宽雷亚尔对美元的浮动区间，并允诺在18日前中央银行不再采取任何干预措施，雷亚尔随即进一步贬值，一度达到1.50雷亚尔兑1美元。1月18日，巴西中央银行发表公报，宣布实行让雷亚尔与美元及其他主要货币完全自由浮动的汇率制度，即雷亚尔的汇率水平完全由市场来决定，只有当雷亚尔兑美元汇率出现大幅波动时，巴西中央银行才会进入外汇市场进行有限的、暂时的干预。至此，雷亚尔完成了从盯住美元到完全自由浮动的转变。

由于巴西是在外汇储备损失严重的情况下被迫放弃盯住汇率制度的，市场的恐慌情绪久久不能消除，雷亚尔持续下跌，1999年1月29日雷亚尔兑美元的汇率跌至2.20:1，创历史最低纪录。

美国政府出于对本国巨额债权（约160亿美元）清偿安全的考虑，很快牵头组织了“拯救巴西”计划。由于援助及时，危机的恶化趋势很快被遏制，而拉美其他国家在1994年墨西哥金融危机后挤出“经济泡沫”，危机也没有进一步扩散。

巴西金融危机的成因是多方面的，从外部看主要是受亚洲和俄罗斯金融危机的影响，国际贸易环境恶化；从内部看，这次危机是巴西长期积累的经济弊病在一定条件下的大爆发，这些经济问题基本都和巴西政府曾实行的“雷亚尔计划”有关。

20 世纪 80 年代，拉美国家爆发了一场严重的债务危机，巴西也深陷其中，经济发展速度减缓，通货膨胀严重。为了摆脱这一状况，1994 年开始实行稳定货币的“雷亚尔计划”。“雷亚尔计划”一方面将雷亚尔和美元挂钩以稳定货币，另一方面大幅提高利率来治理通胀，大量举债使国内呈现“债务繁荣”。更加严重的是，该计划大肆拍卖国家资产、搞私有化，连国营石油公司也不放过。短短四年，巴西经济已经走到了危机的边缘，这些问题主要表现在以下几个方面：

1. 巨额财政赤字和债务

1997 年赤字额占 GDP 的 6.2%，1998 年更是达到了 7%，远高于世界公认的 3% 警戒线。巴西公共债务水平也令人咋舌，1999 年初外债余额达 300 亿美元，内债逾 3 000 亿美元，债务依存度高达 57.3%。结果，米纳斯吉拉斯州宣布延期偿还所欠联邦债务成了这次金融危机的导火索。

2. 币值高估，经常项目逆差严重

“雷亚尔计划”使得雷亚尔盯住美元，90 年代估计升值达 30% 到 40%，雷亚尔严重高估恶化了巴西的贸易条件。1995 年以来，巴西经常账户连年赤字，1998 年已达 325 亿美元，相当于 GDP 的 4% 左右。

3. 世界最高利率

1995 年巴西赢得了世界上最高利率的“美誉”。1998 年春国债利率是 30%，1998 年 9 月为了阻止资本流出，巴西不惜将利率调到 40%。如此高的利率一方面抑制了私人投资，造成了经济衰退，使得巴西的经济增长率从 1994 年的 5.85% 降到 1998 年的 0.5%，大量工人失业；另一方面吸引了巨额国际游资，1997 年巴西外资银行的资产总值达 984 亿美元，占巴西银行业总资产的 23%。而游资又是漂移不定的，据统计，从 1998 年初到危机爆发，约有 400 亿美元游资逃出巴西，其冲击不言而喻。

（六）阿根廷金融危机

2001 年初阿根廷也进入偿债高峰期，出现债务危机，而此时国内资本外逃日益严重。到了 2001 年 4 月中下旬，阿根廷经济形势急转直下，因内需不旺等原因，工业生产大幅度下降。阿根廷金融市场出现较大动荡，表现为股市指数下挫，债券价格狂跌，国家风险指数上升到前所未有的水平。7 月 11 日，阿根廷比索隔夜利率由 10 日收盘时的 18% 上升到 45%。由于经济恶化、税收减少和债务缠身等多种原因，阿根廷政府推出了“零财政赤字计划”，其主要内容包括大幅度紧缩开支、削减工资和养老金、减少地方政府财政支出以及扩大税源。这项计划一公布，立即遭到反对党、工会及企业家组织的强烈反对，金融市场随之发生大规模动荡。仅 7 月份，阿根廷股票主要股指梅尔瓦的跌幅就高达 20% 以上。

2001 年 8 月中旬阿根廷金融形势进一步恶化，资本市场的崩溃一触即发。10 月底，当阿根廷政府计划与债权银行谈判，重新安排高达 1 280 亿美元巨额债务的消息传出后，金融市场再次出现大幅动荡，政府公共债券价格持续下跌。外国资本纷纷抽逃，在股市下跌的同时，货币市场利率急剧飙升，以致银行间隔夜拆借利率竟高达250% ~300%。鉴于阿根廷没有实现削减财政赤字的承诺，国际货币基金组织拒绝向阿根廷提供12.64亿美元贷款。随后，国际市场开始恐慌性抛售阿根廷国债，阿根廷出现全国罢工、游行示威、哄抢超市，造成社会危机。

2002年初，金融危机再度加剧。阿根廷新政府宣布停止实行比索与美元的联系汇率制度，将比索兑美元汇价由1:1贬值至1:1.40比索，并实行浮动汇率。比索贬值加剧了阿根廷政府面临的信心危机，也未能舒缓外汇体系所面临的压力。为应对金融危机，政府部门削减公务员工资引发了首都布宜诺斯艾利斯大规模群众抗议游行。进入3月份，阿根廷金融市场再度出现混乱，比索大幅贬值，一度跌至1美元兑4比索的低点。比索贬值引发物价飞涨，生活必需品价格一周内上涨30%。此后阿根廷部分地区多次发生居民哄抢商场事件。

此次阿根廷金融危机原因是多方面的，但主要原因是经济连续衰退，对外支付能力出现问题，庞大的外债和脆弱的国际收支打击了投资者的信心。主要表现在以下几个方面：

1. 经济连续衰退。金融危机前期政府推行的大规模私有化、大举借债、固定高汇率、无条件开放本国市场以及高财政赤字的经济政策，为危机埋下了隐患。从1998年起经济持续衰退，失业人口和贫困人口迅速增长，社会动荡不安。国际经济环境变化，不利的外部因素进一步加重了阿根廷的经济衰退。美国经济大幅下滑，给阿根廷的出口造成极大损害。

2. 国际收支严重失衡。1979年以来，阿根廷经常账户年年逆差。过去长期、大量的间接投资流入，使阿根廷累积了大量的外债，导致了外债超过了外汇储备，国际支付能力不足，投资者信心丧失，金融危机爆发。

3. 借债过头并且使用不当。政府不顾国家偿付外债的能力，只顾眼前弥补财政赤字，不计后果地借债。偿付外债有困难时，借新债还旧债。借来的外债大多用于弥补财政赤字和消费，很少建设像样的大项目。债务负担过重并且还债困难导致经济失控。

4. 汇率机制存在缺陷。在没有充足的美元储备保障的前提下，推行自由兑换的固定汇率制，一旦美元储备枯竭，就必然会引发危机。同时由于美元一直走强，在固定汇率制下，阿根廷的出口受到了极大的打击。

5. 社会分裂使国家更加难以治理。政客、贪官污吏、大资产阶级对国家财富疯狂掠夺，阶级分化日益严重，国内矛盾加剧。各种政治势力拉帮结派，又促使社会各阶层不断组合分化，在政治上各行其是，相互对立现象严重。社会的四分五裂使得政府出台的政策，不管正确与否，都难以切实推行。

6. 国际社会救援不力。国际货币基金组织没有展开积极的救援。IMF拒绝向债务累累的阿根廷提供13亿美元紧急援助贷款，从而使阿根廷面临历史上最大的一次债务危机。阿根廷为了获得IMF的250亿美元的贷款，同意削减60%的开支，但仍未能得到IMF的贷款援助。

（七）美国次贷危机

2008年，美国华尔街金融危机不仅迅速波及全球金融市场，而且由虚拟经济向实体经济蔓延。金融危机逐步向经济危机发展，全球经济陷入衰退的风险日益加大。在美国金融危机影响下，全球金融市场剧烈震荡，主要股市大幅下挫，恐惧心理和信心危机笼罩整个市场，即使美国通过大规模救市计划，也未能阻止全球股市暴跌。受美国金融危机冲击，全球各大金融机构经历了连续几个季度的利润下滑和越来越大的资产缩水和信贷损失。更为严重的是，主要经济体经济增速下滑，实体经济遭受的影响巨大。

2007年4月，美国爆发次贷危机，以美国第二大次级房贷公司新世纪金融公司破产为标志，由房地产市场蔓延到信贷市场，因而成为严重的金融危机。由于“蝴蝶效应”金融危机迅速蔓延到欧洲，日本等国家，引发了国际性的全球金融风波，导致全球股市大跌，金融机构陷入危机，经济放缓，很多行业经营不景气，到目前，此次金融危机的影响仍然在继续。

为了应对此次金融危机，美国启动了三轮量化宽松的货币政策。在三轮量化宽松货币政策作用下，美国的经济有了强劲的复苏。但是美国也欠了很多债务，考虑到债务上限问题，美国没有如期在2013年9月份退出QE，同时韩国、印尼等国央行也宣布暂时按兵不动，观察华盛顿方面债务上限谈判的进展。在美国违约风险上升的背景下，IMF、经合组织等国际机构均对美联储启动QE退出可能带来的负面外溢效应发出警告。

这次金融危机，可以用新一代的金融危机理论中的“资产泡沫模型”进行解释。在2002年左右，美国房地产市场非常繁荣，人们预期经济会持续增长，很多金融机构（尤其是银行机构）扩张信用，银行贷款用于购买房地产等资产，过度的风险投资，导致资产泡沫化，资产价格大幅度上涨，进一步扩大了风险投资的数量；在2007年，资产泡沫崩溃，美国房地产价格下跌，利率上升，大量贷款者无法还款，发生违约，金融机构情况恶化，产生流动性危机，这些金融机构不得不抛售资产，由于这两种反馈效应，资产价格进一步大幅度下跌（如图11－4）。

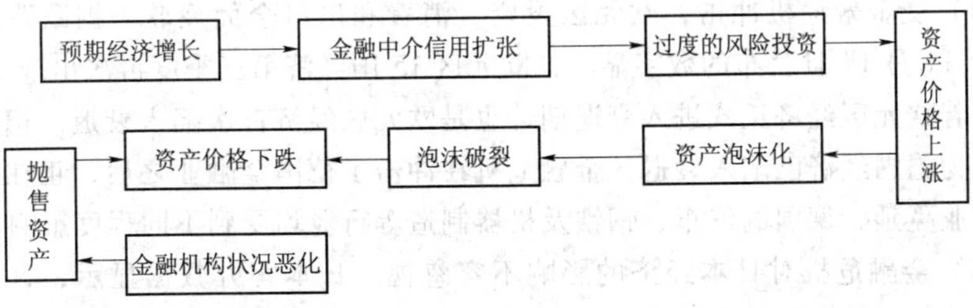

图11－4　资产泡沫模型示意图

由于借款者抵押贷款无法归还，所以很多购买次级抵押贷款债券的金融机构面临着资产缩水的危险。这些次级抵押贷款债券用各种复杂的金融衍生产品作为包装，在世界范围内流动。金融机构的危机很快传递到资本市场，进而影响到各个行业，尤其是资金密集型的行业如汽车行业和钢铁行业等。由于金融危机的传导具有波及效应以及季风效应，因此产生于美国的这次金融危机，波及了其他国家，包括很多发展中国家也受到了冲击，许多国家的贸易伙伴遭到损失，通过贸易效应，这种损失传递到越来越多的国家，导致全球大部分国家的实体经济受到影响。

这次国际金融危机是自20世纪30年代“大萧条”以来最严重的金融危机，是一场“百年一遇”的金融危机。这次国际金融危机发病很急，谁也没有预料到发展得那么迅猛。特别是2008年9月，随着“黑色9月”的到来，世界经济如同害了一场大病。由于经济全球化程度的不断加深和全球金融体系的长期失衡，这场源自美国的金融风暴，深刻地影响着世界经济未来的走向，给世界经济社会发展带来巨大影响，给世界各国经济发展和人民生活带来严重影响，引起了世界各国政府和人民的忧虑。金融危机的影响突出表现为经济增速急剧下滑，失业急速增加。全世界失业人数2008年为1.9亿，2009年增加了5 000多万。贫困的劳动者（每天只能挣取两欧元的人）达到了14亿，占全球经济自立人口的45%。在危机的发源地美国，衰退已经破坏了几百万个工作岗位；在欧盟地区，失业人数为1 750万，比一年前增加了160万。可以预见，危机的演变以及各国的应对将对全球金融经济乃至于政治格局产生深远影响。

1. 国际金融危机对发达国家的影响

（1）数据显示，危机发生的2008年，美国第三季度经济负增长0.3%，这是7年来的最大降幅；个人消费下降3.1%，为28年来最大降幅。作为世界第一大经济体的美国，其经济走势的影响是全球性的。由于各国金融的不断开放，此次金融危机对发达国家经济造成了强烈冲击。美国次贷危机全面爆发后，美国、欧盟和日本等西方主要经济体的金融市场持续动荡。被认为是经济的“晴雨表”的股市，从美国纽约到英国伦敦，从法国巴黎到德国法兰克福再到日本东京，由于西方主要经济体的股市动荡不已，总体呈持续下跌势头。到2008年9月，美国次贷危机愈演愈烈，并逐步升级为全面的金融危机，西方主要经济体的股市遭受更大压力，频频出现暴跌。

（2）受金融危机冲击，欧元区投资、消费和出口全面疲软。据欧盟统计局2008年11月14日公布的数字显示，欧元区15国经济第三季度再次出现负增长，这标志着欧元区经济正式进入衰退期，也是欧元区经济首次陷入衰退。德国经济学家认为德国经济已陷入衰退。金融危机在冲击了德国金融业之后，正在向其他主要行业蔓延，德国的汽车、钢铁及机器制造等行业均受到不同程度影响。

（3）金融危机对日本经济的影响不容忽视。日本官方数据显示，日本经济陷入二战以来最严重的衰退局面。金融危机对日本的直接影响体现在：日本地方银行持有的次贷相关金融商品相对自有资本比例较高，随着这类金融商品的贬值，地方银行经营恶化。金融危机导致日本股市资金外流，股价暴跌。股价下跌的影响已超出虚拟经济范畴。尽管日本受金融危机的直接影响与欧美相比较为轻微，但间接影响比较严重，其表现主要有两方面——股市低迷和出口疲软。此外，欧美国家经济陷入衰退导致日本对欧美的出口疲软，日本实体经济受到打击。以拥有经济高效率著称的日本在寻找新的替代方式，以避免出口的急剧下降。

2. 国际金融危机对发展中国家的影响

虽然国际金融危机由西方世界引发，但它对发展中国家的不利影响要更甚于发达国家。次贷危机通过金融衍生工具传递给发展中经济体，给发展中国家货币政策的调整带来很大压力。金融风暴引起的美欧内需减缓，对发展中国家实现出口和经济增长带来沉重的打击。全球经济增速大幅放缓，导致发展中国家吸引外资和出口出现下降。在经济全球化的背景下，金融危机的影响会无处不在，新兴市场国家也难以摆脱全球经济增速放缓的影响。

本章小结

掌握汇率的概念，熟悉汇率的直接标价法和间接标价法，运用国际经济学理论分析开放经济下的国际收支理论，以及货币政策与财政政策的效果，了解国际资本流动的经济效应，认识布雷顿森林体系的内容，并解释该体系崩溃的原因。

关 键 词

汇率　国际收支　布雷顿森林体系

思 考 题

1. 什么是汇率，汇率变动对经济产生哪些影响？
2. 布雷顿森林体系的主要内容和崩溃的原因是什么？

主要参考文献

[1] 张永安，孙定东．世界经济概论．第2版．上海：上海人民出版社，2010.
[2] 崔日明，任靓．世界经济概论．第2版．北京：北京大学出版社，2013.
[3]《世界经济概论》编写组，高教社．世界经济概论．北京：人民出版社，2011.
[4] 张幼文，屠启刚，李刚．世界经济概论．第2版．北京：高等教育出版社，2004.
[5] 崔日明，刘文革．世界经济概论．北京：北京大学出版社，2009.
[6] 张曙霄，吴丹．世界经济概论．第2版．北京：经济科学出版社，2008.
[7] 庄起善．世界经济新论．第2版．上海：复旦大学出版社，2010.
[8] 黄梅波．世界经济学．上海：复旦大学出版社，2007.
[9] 李秉强．世界经济概论．大连：大连理工大学出版社，2007.
[10] 吕有志，徐孝明．当代世界经济与政治．浙江：浙江人民出版社，2010.
[11] 梁凯音．当代世界经济与政治．北京：清华大学出版社，2010.
[12] 池元吉，李晓，田中景．世界经济概论．第2版．北京：高等教育出版社，2006.
[13] 庄宗明．世界经济学．第2版．北京：科学出版社，2007.
[14] 杨勉，吕艳君，申晓若．当代世界经济与政治．北京：中国传媒大学出版社，2012.
[15] 李景治，林甦．当代世界经济与政治．第4版．北京：中国人民大学出版社，2010.
[16] 冯绍雷，相蓝欣．转型中的俄罗斯对外战略．上海：上海人民出版社，2005.
[17] 孔田平．东欧经济改革之路－经济转轨与制度变迁．广州：广东人民出版社，2003.
[18] 潘德礼．俄罗斯十年：政治经济外交．北京：世界知识出版社，2005.
[19] 保罗·克鲁格曼，茅瑞斯·奥伯斯法尔德．国际经济学．北京：中国人民大学出版社，1998.
[20] 盛斌．贸易保护的新政治经济学．世界经济，2001，1（1）.
[21] 严建苗．国际贸易政策的政治经济学分析．经济学动态，2002（5）.
[22] 金灿荣．国会与美国贸易．美国研究，2002（2）.
[23] [美] 亨廷顿．文明的冲突与世界秩序的重建．周琪，等，译．北京：新华出版社，2010.
[24] [美] 汉斯．摩根索，国家间政治权力斗争与和平．北京：北京大学出版

社，2006.
[25]［日］星野昭吉．变动中的世界政治．北京：新华出版社，1999.
[26] 俞正梁，等．全球化时代的国际关系．上海：复旦大学出版社，2009.
[27] 王逸舟．全球化时代的国际安全．上海：上海人民出版社，1999.
[28] 世界贸易组织："全球化时代的贸易"（Trade in a Globalizing World）．世界贸易报告．2008.
[29]［美］皮厄特拉·里佛利．T恤的全球之旅——一位经济学家对世界贸易的市场、权力与政治的考察．肖建平，蒋玉瑾，译．上海：上海财经大学出版社，2006.
[30] 托马斯·弗里德曼．世界是平的——21世纪简史．湖南：湖南科技出版社，2008.
[31] 王德迅，张金杰．国际货币基金组织．北京：社会科学文献出版社，2004.
[32] 林毅夫．从西潮到东风：我在世行四年对世界重大经济问题的思考和见解．北京：中信出版社，2012.
[33] 尤利·德沃伊斯特，王浦劬，门镜．欧洲一体化进程：欧盟的决策与对外关系．北京：中国人民大学出版社，2007.
[34] 白当伟，陈漓高．区域贸易协定的非传统收益：理论、评述及其在东亚的应用 世界经济研究，2003（6）.
[35] 刘振霞．当代世界经济与政治．北京：中国物资出版社，2006.
[36] 申晓若，白云真．当代世界经济与政治导论．北京：中国经济出版社，2012.
[37] 冯绍雷，相蓝欣主编．转型理论与俄罗斯政治改革．上海：上海人民出版社，2005.
[38] 曼瑟尔·奥尔森．集体行动的逻辑．上海：上海三联书店，1995.
[39] Grossman, G., and E. Helpman. Protection for Sale. American Economic Review, 1994, 84 (4), 833 - 850.
[40] 冼国明，张岸元．跨国公司与美国国会对华政治．世界经济，2004（4）.
[41] 张继康．跨国公司与直接投资．上海：复旦大学出版社，2011.
[42] 隆国强．打造世界水平的中国跨国公司．北京：人民出版社，2013.
[43] 刘晓喆．米德冲突：国际经验与中国面临的难题．上海：上海社会科学院，2008.
[44] 保罗·R·克鲁格曼（Paul R. Krugman），茅瑞斯·奥伯斯法尔德（Maurice Obstfeld），黄卫平，等．国际经济学：理论与政策．第8版．北京：中国人民大学出版社，2011.
[45] 易纲．汇率制度的选择．金融研究，2000（9）.